Über dieses Buch

Margaret Mead berichtet in diesem Buch über die Ergebnisse ihrer Feldstudien bei drei nahe beieinander lebenden Stämmen auf Neuguinea. Ihr Hauptinteresse richtete sie auf die Wechselbeziehung von Temperament und Geschlecht. Die Ergebnisse zeigen, daß eine natürliche Verbindung zwischen Geschlecht und Temperament nicht vorliegt. Bei einem der beobachteten Stämme unterscheidet sich das Selbstverständnis der Männer und Frauen kaum; ein geschlechtsspezifisches Verhalten fehlt fast ganz. Bei einem zweiten Stamm entspricht die Rolle und der Idealtypus der Frau den in Europa und in Amerika gewohnten Verhältnissen; bei einem dritten wiederum ist das Rollenverhältnis der männlichen und weiblichen Stammesmitglieder trotz patrilinearer Erbfolge genau entgegengesetzt. Margaret Meads Beobachtungen zeigen, daß viele Verhaltensnormen »zivilisierter« Gesellschaften nur scheinbar natürlichen Ursprungs sind.

Margaret Mead,

geboren 1901 in Philadelphia, gehört zu den Begründern einer Richtung in der Ethnologie, die als Sozialanthropologie bezeichnet wird. In den Jahren 1925–1933 hielt sie sich mit Unterbrechungen bei Eingeborenen in der Südsee auf. Die Ergebnisse ihrer Forschungen veröffentlichte sie in ihren inzwischen berühmten Studien unter den Titeln ›Coming of Age in Samoa‹, ›Growing up in New Guinea‹ und ›Sex and Temperament‹.

[illegible]

[illegible]

[illegible]

[illegible]

Margaret Mead:
Jugend und Sexualität
in primitiven Gesellschaften

Band 3: Geschlecht und Temperament
in drei primitiven Gesellschaften

Deutscher
Taschenbuch
Verlag

dtv

Die drei Bände ›Jugend und Sexualität in primitiven Gesellschaften‹ (dtv 4032–4034) erschienen 1965 in einem Band unter dem Titel ›Leben in der Südsee‹ im Szczesny Verlag, München.

Ungekürzte Ausgabe
1. Auflage Januar 1970
7. Auflage Oktober 1983: 46. bis 48. Tausend

Die Originalausgabe ist unter dem Titel ›Sex and Temperament‹ im Verlag William Morrow & Co., Inc., New York, erschienen
Übertragung: G. Carnegie
Umschlaggestaltung: Celestino Piatti
Gesamtherstellung: C. H. Beck'sche Buchdruckerei, Nördlingen
Printed in Germany · ISBN 3-423-04034-3

Inhalt

Vorwort zur Ausgabe von 1950

Dies ist mein am meisten mißverstandenes Buch, und ich habe einige Aufmerksamkeit darauf verwendet zu verstehen, warum. Ich sehe die Schwierigkeiten so:

Als ich 1931 daran ging, das Problem der »Prägung der sozialen Persönlichkeiten beider Geschlechter« in Feldarbeit zu studieren, hoffte ich, solch eine Untersuchung würde die Unterschiede der *Geschlechter* ins Licht rücken. Nach zweijähriger Arbeit mußte ich feststellen, daß das gesammelte Material mehr Licht auf die *Temperamentsunterschiede*, d. h. auf die Unterschiede zwischen *angeborenen* individuellen Anlagen unabhängig vom Geschlecht, warf. Solange wir nicht verstehen, wie eine Gesellschaft alle Männer und Frauen einem Ideal des Verhaltens annähern kann, das nur einigen wenigen von ihnen entspricht, oder wir nicht ein Geschlecht mit einem Verhaltensideal identifizieren können, das eine andere Kultur mit Erfolg auf das entgegengesetzte Geschlecht begrenzte, solange, so folgerte ich, werden wir nicht sehr intelligent über Geschlechtsunterschiede sprechen können. Aber nachdem dieses Buch herausgekommen war, ist mir immer wieder – am meisten vielleicht seit der Veröffentlichung von ›Male and Female‹ (›Mann und Weib‹, in dem ich Geschlechtsunterschiede erörterte) – vorgeworfen worden, ich hätte geglaubt, es gäbe kar keine Geschlechtsunterschiede.

Zweitens machen, wie manche Leser meinten, meine Ergebnisse eine Form »zu schön«. Zugegeben, ich wollte etwas über den Gegenstand der Geschlechtsunterschiede erfahren und fand drei Stämme in einem hundert Meilen großen Gebiet. Bei dem einen handeln Männer und Frauen, wie wir es nur von den Frauen erwarten würden – auf eine gutartige, elterliche, passive Weise; beim zweiten handeln beide Geschlechter, wie wir es vom Manne erwarten – auf eine grimmig-aktive Weise; und beim dritten handeln die Männer so, wie es unserem Klischee für Frauen entspricht – sie sind anschmiegsam, tragen Locken und gehen einkaufen, während die Frauen energische, gebieterische, schmucklose Partner sind. Das, fanden viele Leser, sei zu viel. Es sei zu hübsch. Ich müßte gefunden haben, wonach ich gesucht hätte. Diese falschen Ansichten kommen aus dem fehlenden Verständnis dafür, was Anthropologie heißt: Offenheit, mit der man sehen und hören und mit Erstaunen und Verwunderung berichten muß, was man nicht für möglich gehalten hätte. Es stimmt, daß durch eine Laune des Schicksals (und es hätte bloß einer kleinen bedurft: einem anderen Ratschlag eines örtlichen Regierungsbeamten, einem Malariaanfall oder einem anderen Zeitpunkt) irgendeiner dieser drei Stämme nicht gewählt worden wäre und wir uns für einen anderen entschieden hätten; dann wäre das Buch nicht in dieser Form geschrieben worden. Doch das Muster, anscheinend »zu gut, um wahr zu sein«, ist in Wirklichkeit ein Spiegelbild der Form, die in diesen drei Kulturen selber liegt – so, wie Kulturen den verwickelten und systematischen Möglichkeiten unserer gemeinschaftlichen menschlichen Natur folgen. Diese drei Kulturen statteten mich reichlich mit Material darüber aus, wie vollkommen eine Kultur dem einen oder beiden Geschlechtern ein Muster auferlegen kann, das nur einem Bruchteil der Menschheit entspricht.

Drittens ist es schwierig, über zwei Dinge auf einmal zu sprechen: über Geschlecht im Sinne biologisch gegebener Geschlechtsunterschiede und über Temperament im Sinne angeborener individueller Anlagen. Ich wollte darüber sprechen, wie jeder von uns einem Geschlecht angehört und ein Temperament hat, das er mit Angehörigen des eigenen Geschlechts *und* anderen des entgegengesetzten Geschlechts teilt. In unserer heutigen Kultur, die von einer ganzen Reihe *Entweder-oder*-Problemen besessen ist, besteht eine Tendenz zu sagen: »Sie kann nicht auf zwei Hochzeiten zugleich tanzen. Wenn sie zeigt, daß verschiedene Kulturen Männer und Frauen auf eine Weise formen können, die unseren Ideen von angeborenen Geschlechtsunterschieden entgegensteht, dann kann sie nicht gut beanspruchen, daß es Geschlechtsunterschiede *gibt.*«

Zum Glück für die Menschheit können wir nicht nur beides, sondern noch sehr viel mehr als das. Die Menschheit kann die Gegensätze, die in unseren verschiedenen Möglichkeiten des Temperaments liegen, auf unendliche und vielfältige Weise benutzen – die menschliche Kultur kann sowohl angemessene wie unangemessene Verhaltensmuster entwickeln. Die biologischen Grundlagen einer Entwicklung des menschlichen Seins können, obwohl wir ehrlich mit Begrenzungen rechnen müssen, als Möglichkeiten gesehen werden, für die unsere Vorstellungskraft keineswegs ausreicht.

New York, im Juni 1950 Margaret Mead

Vorwort zur Ausgabe von 1963

In den siebenundzwanzig Jahren, die seit dem ersten Erscheinen des Buches vergangen sind, haben die Frauen Amerikas ihr Selbstverständnis immer mehr als Geschlechtswesen gefunden und dafür immer weniger Gewicht darauf gelegt, sich als Individuen zu begreifen. Ein wichtiger Aspekt der Individualität ist das Temperament. Ich würde hoffen, daß die Erforschung der Art und Weise, in der einfache, primitive Kulturen auf der Grundlage des Temperaments aufgebaut haben, einer Verlagerung der gegenwärtigen extremen Betonung der Geschlechtsrollen zu einer neuen Betonung der menschlichen Existenzen als individuelle Persönlichkeiten dient. Männer und Frauen haben viele der gegensätzlichen und verschiedenen Temperamentseinstellungen gegenüber dem Leben gemeinsam.

Seit dieses Buch geschrieben wurde, haben wir uns ernsthaft als eine Art der im Universum lebenden Geschöpfe zu betrachten gelernt, in dem möglicherweise noch viele andere und intelligentere Arten leben. Diese Möglichkeit verleiht der Erforschung unserer eigenen Möglichkeiten einen neuen Beigeschmack: wir sind als Angehörige der einen Spezies mit dem Schutz einer gefährdeten Welt betraut. Jeder Unterschied ist kostbar und muß gehegt werden.

New York, am 26. November 1962 Margaret Mead

Danksagung

Die in den folgenden Kapiteln wiedergegebenen Ergebnisse sind ein Teil des Materials, das Dr. Fortune und ich während unserer zweijährigen Expedition in Neuguinea 1931–33 zusammengetragen haben. Mein Anteil an der Erforschung bestand in der regelrechten Verfolgung meiner Pflichten in der anthropologischen Abteilung des Amerikanischen Museums für Naturgeschichte; meine Reise wurde vom Voss Research Fund finanziert. Ich schulde meinen besonderen Dank deshalb dem Museum, ganz besonders Dr. Clark Wissler, dem Chef-Kurator der Abteilung für Anthropologie, für die Gelegenheit, diese Forschungen anzustellen. Dr. Fortunes Arbeit wurde mit Hilfe des Sozialwissenschaftlichen Forschungsrates der Columbia-Universität durchgeführt. Während der ganzen Expedition konnten wir zusammenarbeiten, arbeitsteilig vorgehen und auf diese Weise viele unserer Ausgaben reduzieren; mein Dank geht daher an beide Körperschaften, die unsere jeweiligen Forschungen unterstützten.

Für die Unterstützung bei der Feldarbeit habe ich besonders Dr. Fortune zu danken, und zwar für die Partnerschaft, die es mir ermöglichte, mit wilderen und in unzugänglicheren Bereichen wohnenden Völkern zu arbeiten, als ich allein jemals erreicht hätte; für die Zusammenarbeit bei der Zusammentragung des linguistischen und ethnologischen Materials, auf dem diese Studien beruhen; schließlich für viel konkretes Material über die Männer-Kulte und alle jene Aspekte des Männerlebens, von deren Studium ein weiblicher Ethnologe praktisch ausgeschlossen ist. Besonders verpflichtet bin ich ihm für seine Analysen der sehr schweren Arapesh-Sprache und für die Berichte über Zeremonien, die außerhalb von Alitoa stattfanden und von deren Besuch mich die bergige Natur des Landes zurückhielt – ich hielt besonders in den Ebenen nach Material Ausschau. Die Arbeitsteilung zwischen uns wechselte je nach der Art des Stammes. Bei den Mundugumor und den Tchambuli fiel ihm ein großer Teil der ethnographischen Arbeit zu; aus diesem Grunde habe ich die Arapesh am ausgiebigsten behandelt und bei der Behandlung der beiden anderen Stämme nur das Minimum an ethnologischem Material wiedergegeben, das zum Verständnis der behandelten besonderen Probleme unbedingt nötig ist.

Für die vorbereitende Orientierung bei der Auswahl eines Feldes, die schließlich zur Wahl des Arapesh-Gebietes führte, bin ich Dr. Briggs von der Universität Sydney verpflichtet, der einige Jahre zuvor zu einer Besichtigung durch dieses Gebiet gereist war. Für den Hintergrund der Arbeit in Tchambuli bin ich der veröffentlichten und unveröffentlichten Arbeit von Gregory Bateson und seiner Assistenz bei der Erlangung einiger Kenntnisse über die Kultur des mittleren Sepik verpflichtet, die es ermöglichten, die Tchambuli-Kultur als eine Abart einer bekannten Kulturform intensiv zu studieren.

Für die administrative Empfehlung habe ich dem Department of Home and Territories of the Commonwealth of Australia zu danken. Für die Unterstützung, Ermutigung und Gastfreundschaft auf seiten von Regierungsmitgliedern bin ich His Honour the Acting Administrator Richter Wanless, His Honour Richter Phillips, dem Regierungs-Anthropologen Mr. Chinnery, den Regierungsbeamten T. E. McAdam und E. D. Robinson, den Patrouillen-Offizieren MacDonald, Thomas und Bloxam verpflichtet. Besonders verpflichtet bin ich Mr. und Mrs. M. V. Cobb von der Karawop-Plantage, die mir großzügigste Gastfreundschaft boten und mir ihre Plantage für die Dauer der Arapesh-Arbeit zur Verfügung stellten. Für viele Gefälligkeiten, besonders beim Transport von Nachschub, habe ich Mr. und Mrs. Thomas Hould of Boram, Mr. und Mrs. MacKenzie von der »Lady Betty« und Messrs. Mason, Overall, Gibson und Eichorn zu danken.

Dieses Manuskript wurde vorbereitet, während die Eindrücke des Seminars über Human Relations vom Sommer 1934 in Hanover noch frisch in mir waren, und ich möchte meinen besonderen Dank Mr. Laurence K. Frank und Dr. Earle T. Engle für ihre während des Seminars entwickelten Einblicke abstatten. Ganz besonders verpflichtet für ihre Kritik an der theoretischen Ausrichtung und detaillierten Unterstützung bei der Einrichtung des Manuskripts bin ich Dr. Ruth F. Benedict und Dr. John Dollard. Für ihre Unterstützung bei der Vorbereitung des Manuskripts danke ich meiner Mutter, Emily Fogg Mead, Miss Marie Eichelberger, Miss Isabel Ely Lord und Mrs. Violet Whittington.

The American Museum of Natural History

New York, im Januar 1935 — Margaret Mead

Einleitung

Wer sich mit primitiven Gesellschaftsformen beschäftigt, wird voller Bewunderung feststellen müssen, welch vielfältige und verschiedenartige Wege die Menschheit gefunden hat, eine Handvoll Fäden zu den schönen, phantasievollen Geweben zu verknüpfen, die wir Kulturen nennen. Die ihn umgebende Natur vermittelte dem Menschen durch eindrucksvolle Vorgänge wie Tag und Nacht, den Wechsel der Jahreszeiten, das unermüdliche Zunehmen und Abnehmen des Mondes, das Laichen der Fische und die Wanderzeiten der Zugvögel die Vorstellung von der regelmäßigen Wiederkehr und dem Kontrast. Seiner eigenen physischen Natur verdankte der Mensch weitere wesentliche Begriffe: Alter und Geschlecht, den Rhythmus von Geburt, Reife und Greisenalter, die Bindungen der Blutsverwandtschaft. Aus dem Erfassen der Unterschiede zwischen den einzelnen Tieren, den einzelnen Individuen, aus den Gegensätzen von Wildheit und Sanftmut, von Tapferkeit und Verschlagenheit, von Phantasiereichtum und schwerfälliger Dumpfheit entwickelten sich die Vorstellungen von Rang und Kaste, vom Priestertum, vom Künstler und vom Seher. Mit diesen ebenso allgemeinen wie einfachen Grundbegriffen hat der Mensch sich seine Kultur geschaffen, in deren Rahmen jedem einzelnen Menschenleben Rang und Bedeutung verliehen wurden. Der Mensch wurde nicht nur eines unter vielen Tieren, die sich paaren, um ihre Nahrung kämpfen und sterben, sondern eben ein menschliches Wesen, mit einem Eigennamen, einem Standpunkt und einem Gott. Jedes Volk gestaltet seine Kultur auf eigene Weise, wählt das zu ihm Passende aus dem Reichtum menschlicher Möglichkeiten und läßt anderes unbeachtet. Wo eine Kultur das verwundbare Ich in den Mittelpunkt stellt, das leicht verletzt ist oder vor Scham vergeht, wählt eine andere kompromißlose Tapferkeit als Ideal und ersinnt, wie die Cheyenne-Indianer, für Überfurchtsame eine besonders komplizierte Stellung, so daß es in dieser Gesellschaft offiziell keine Feiglinge gibt. Jede primitive, in sich geschlossene Kultur hat Spielraum nur für ein paar der zahlreichen menschlichen Begabungen und Veranlagungen und wird die Äußerung aller übrigen, die der von ihr getroffenen Auswahl widersprechen oder ihr beziehungslos gegenüberstehen, verbieten und bestrafen. Im Laufe ihrer Entwicklung macht eine Kultur sich die von ihr ausgewählten, ursprünglich allgemeinmenschlichen Werte und Wertmaßstäbe immer mehr zu eigen und verankert sie fester und fester in ihrem Bau, in ihrem politischen und religiösen System, in ihrer Kunst und ihrer Literatur. Und jede neue Generation wird nun streng nach diesen herrschenden Wertmaßstäben und Grundsätzen geprägt.

Jede Kultur hat ihre eigenen Vorstellungen vom Zusammenleben geschaffen, in denen der menschliche Geist aufgehen kann. Fäden der geschichtlichen Entwicklung, die vielen Völkern gemeinsam ist, werden geordnet, neu verwoben oder ausgeschieden. So werden vielleicht alle Beteiligten zu ein und demselben Verhaltensschema gezwungen, ohne daß Alter, Geschlecht oder besondere Anlagen zu Ausnahmen berechtigen. Oder eine Kultur bemächtigt sich der augenfälligen Unterschiede in Alter, Geschlecht, Kraft und Schönheit, manchmal auch der ungewöhnlichen Veranlagung von Träumern und Visionären, und macht diese Neigungen zu beherrschenden Merkmalen ihrer Kultur. Es gibt Gesellschaften, wie die der Massai und der Zulu, die alle Mitglieder nach dem Alter einstufen, oder die der ostafrikanischen Akikiyu, in der das kulthafte Vertreiben der älteren Generation durch die jüngere einen großen dramatischen Akt darstellt. Die Ureinwohner von Sibirien verliehen psychisch Labilen die Würde von Schamanen und betrachteten deren Aussprüche als Eingebungen übernatürlicher Kräfte, die allen Stammesgenossen als Gesetz galten. Solch ein extremer Fall, in dem sich ein ganzes Volk dem Wort eines Menschen unterwirft, den wir geistesgestört nennen würden, dürfte klar für uns sein. Ihrer Eingebung folgend, beförderten die Sibirier – nach unserer Auffassung unverantwortlich – Anomale in gesellschaftlich wichtige Positionen. Sie erhoben Entartete, die wir ablehnen und notfalls einsperren würden, zu ihren Ratgebern.

Wenn wir zum Beispiel hören, daß bei den Mundugumor von Neuguinea ein Kind, dem bei der Geburt die Nabelschnur um den Hals geschlungen ist, nach angeborenem und unbestreitbarem Recht als zum Maler bestimmt gilt, dann sind wir uns bewußt, vor einer Kultur zu stehen, die nicht nur, wie im Falle der sibirischen Schamanen, ein in unserem Sinn abnormes Temperament institutionalisiert, sondern die eigenmächtig, aber auf höchst kunst- und phantasievolle Weise zwei vollkommen beziehungslose Dinge zusammengebracht hat: den Verlauf der Geburt und die Fähigkeit, verschlungene Muster auf Baumrinde zu malen. Wenn wir weiter erfahren, daß dieser willkürlich hergestellte Zusammenhang so hartnäckig behauptet wird, daß wirklich nur ein auf diese Weise Geborener gute Bilder malen kann, während der normal Geborene nie ein Künstler werden wird, dann erkennen wir die Macht solch unsinniger Gedankenverbindungen, hat die Kultur sie sich erst einmal zu eigen gemacht.

Auch wenn wir auf weniger auffällige Erscheinungen treffen, wenn wir von einem Volk lesen, in dem der erstgeborene Sohn von seinen jüngeren Brüdern unterschieden wird, erkennen wir, daß auch hier die Phantasie am Werk war und eine einfache biologische Tatsache aufwertete. Auch unsere kulturelle Entwicklung läßt uns den Erstgeborenen als »natürlich« etwas wichtiger als die Spätergeborenen ansehen. Aber wenn wir hören, daß bei den Maori der erstgeborene Sohn eines Häuptlings etwas so Erhabenes war, daß nur ganz bestimmte Personen die Haare des Kindes schneiden durften, ohne den sofortigen Tod durch seine Berührung fürchten zu müssen, dann erkennen wir leicht, daß der Mensch auf etwas so Zufälligem wie der Geburtsreihenfolge eine Rangordnung aufgebaut hat. Unsere kritische Objektivität, unsere Fähigkeit, über diese einfallsreichen Flüge der Phantasie zu lächeln, die dem Erst- oder dem Letztgeborenen, dem siebenten Kind eines siebenten Kindes, dem Zwilling, dem im Schafhäutchen Geborenen kostbare oder zerstörerische Kräfte zuschreibt, bleiben davon unberührt. Doch wenn wir uns von diesen primitiven »Konstruktionen« solchen kulturellen Erscheinungen zuwenden, die wir mit primitiven Völkern teilen, bei denen wir also nicht mehr Zuschauer, sondern aufs stärkste beteiligt sind, dann verflüchtigt sich unsere Objektivität. Natürlich ist es reine Phantasie, das Talent zum Malen der Tatsache zuzuschreiben, daß man mit der Nabelschnur um den Hals geboren wurde, oder die Begabung zum Dichten dem Umstand, daß man als Zwilling auf die Welt kam. Leute von abseitiger, ungewöhnlicher Gemütsart, die wir als verrückt bezeichnen würden, zu Anführern oder Sehern zu wählen – das ist keineswegs eine Ausgeburt der reinen Phantasie, sondern Folge einer andersartigen Einstellung, die eine naturgegebene Fähigkeit des Menschen hochschätzt, für die wir weder Verwendung haben noch Achtung empfinden. Aber auf tausend angeborenen

Unterschieden zwischen Männern und Frauen zu beharren, auf Unterschieden, die vielfach ebensowenig mit den biologischen Gegebenheiten der Sexualität zu tun haben wie die künstlerische Begabung mit dem Verlauf der Geburt, auf Unterschieden, deren Zusammenhang mit dem Geschlecht weder allgemein noch unvermeidlich ist – wie im Falle der Verbindung zwischen epileptischen Krämpfen und religiösen Gaben – darin wollen wir keineswegs eine phantasievolle Schöpfung des menschlichen Geistes erkennen, die eifrig bemüht ist, der nackten Existenz einen Sinn zu verleihen.

Die folgende Darstellung befaßt sich nicht mit der Frage, ob es wirklich allgemeingültige Unterschiede – quantitative oder qualitative – zwischen den Geschlechtern gibt, ob die Frau veränderlicher ist als der Mann – was angenommen wurde, ehe die Abstammungslehre die Veränderlichkeit pries – oder weniger veränderlich, wie später behauptet wurde. Sie ist weder eine Abhandlung über das Frauenrecht noch eine Untersuchung über die Grundlagen des Feminismus. Sie will einfach darüber berichten, wie drei primitive Gesellschaften ihr Verhalten gegenüber dem persönlichen Temperament in Beziehung gebracht haben zu den augenscheinlichen Unterschieden zwischen den Geschlechtern. Ich spürte diesem Problem in einfachen Gesellschaften nach, weil es in ihnen noch keine großen Konflikte gibt – sie sind wie ein Mikrokosmos der vielschichtigen Gesellschaftsstruktur von Völkern, die, wie das unsrige, eine geschriebene Tradition und viele widerstreitende geschichtliche Tendenzen in sich vereinigt haben. Diesem Problem bin ich unter den sanften Berg-Arapesh, unter den wilden kannibalischen Mundugumor und unter den anmutigen Kopfjägern der Tchambuli nachgegangen. Für jeden dieser Stämme ist – wie für jede menschliche Gesellschaft – der Unterschied der Geschlechter eines der Themen im großen Spiel des Zusammenlebens, und jeder Stamm hat dieses Thema auf seine Art variiert. Ein Vergleich des jeweiligen Ausspielens der Geschlechtsunterschiede wird uns klarer erkennen lassen, wieweit diese Verschiedenheit gesellschaftliche Konstruktionen sind, die mit den biologischen Gegebenheiten nichts zu tun haben.

Unsere moderne Gesellschaft ist sehr aktiv in diesem Spiel. Sie schreibt den beiden Geschlechtern ganz verschiedene Rollen vor, verfolgt sie von klein auf mit der Erwartung eines unterschiedlichen Benehmens und läßt das Drama von Werbung, Heirat und Elternschaft nach Verhaltensgrundsätzen ablaufen, die für angeboren und daher dem einen oder dem andern Geschlecht jeweils angemessen gelten. Wir erinnern uns zwar dunkel, daß diese Rollen sich sogar im Verlauf unserer westlichen Geschichte geändert haben. Untersuchungen wie ›The Lady‹ von E. J. S. Putnam (1910) beschreiben die Frau als eine unendlich zarte, schmiegsame Gliederpuppe, der die Menschheit ein mit der jeweiligen Zeit wechselndes Gewand anzog, sie dahinschmelzen oder als Herrscherin auftreten, flirten oder entfliehen ließ. Diese Studien behandelten jedoch nicht die Charaktermerkmale, die dem einen oder dem anderen Geschlecht zugeschrieben wurden, sondern nur die oberflächlichen Verhaltensweisen der Frauen – oft nicht einmal aller, sondern nur der Frauen der Oberklasse. Die überspitzte Auffassung, daß die Frauen Marionetten veränderlicher Gewohnheiten seien, klärte die Frage nicht; denn die den Männern zugeschriebene Rolle wurde hiervon nicht berührt. Diese bewegten sich nach allgemeiner Auffassung auf einer speziell männlichen Bahn und überließen die Frauen ihren weiblichen Launen und Liebhabereien. Die Diskussion über die Frau – ihre Stellung, ihren Charakter, ihr Temperament, ihre Versklavung und ihre Emanzipation – hat nur die grundlegende Erkenntnis verdunkelt und erschwert, daß die Rollen der beiden Geschlechter in Übereinstimmung mit der kulturellen Entwicklung geprägt werden, die allen menschlichen Beziehungen zugrunde liegt, und daß der heranwachsende Junge ebenso unerbittlich nach örtlichen Grundsätzen geformt wird wie das heranwachsende Mädchen.

Die Vaërtings griffen das Problem in ihrem Buch ›The Dominant Sex‹ (1923) auf. Ihre kritische Vorstellungskraft ist allerdings durch die europäische Kulturtradition etwas getrübt; sie wissen, daß es in einigen Teilen der Welt matriarchalische Einrichtungen gab und noch gibt, die den Frauen Handlungs- und Entscheidungsfreiheit gewähren, über die in der europäischen Kultur nur die Männer verfügten. Mit einem einfachen Kunstgriff kehrten sie die europäische Situation um und erklärten, daß in matriarchalischen Gesellschaften die Frauen kalt, stolz und herrschsüchtig, die Männer dagegen schwach und unterwürfig seien. Die Eigenschaften der Europäerin wurden den Männern der matriarchalischen Gesellschaften unterschoben, damit war der Fall erledigt. Dieses schlichte Bild kann unserem Verständnis für das Problem wirklich nichts hinzufügen, weil es auf der vereinfachenden Vorstellung beruht, daß sich zwangsläufig das eine Geschlecht unterwerfen muß, wenn das andere stärkere Persönlichkeitsmerkmale entwickelt. Das Mißverständnis der Vaërtings hat seine Wurzel wohl in der herkömmlichen Überzeugung, daß das Wesen beider Geschlechter grundsätzlich anders ist. Diese Auffassung vom Mann als dem Beherrschenden kennt nur eine Alternative: den Pantoffelhelden. Immerhin hielten die Autoren eine andere Herrschaftsform doch für denkbar, weil für das von patriarchalischen Vorstellungen ausgehende Denken eine matriarchalische Gesellschaft nur die Umkehrung der vom Temperament bestimmten Rolle der beiden Geschlechter bedeutet.

Durch neuere Arbeiten, vor allem Ruth Benedicts ›Patterns of Culture‹ (deutsch unter dem Titel ›Urformen der Kultur‹), wissen wir jedoch, daß die menschlichen Kulturen keinesfalls entweder auf die linke oder die rechte Seite ein und derselben Skala gehören und daß die eine Gesellschaft ein Problem, das zwei andere auf völlig entgegengesetzte Weise gelöst haben, total ignorieren kann. Ein Volk, das seine alten Menschen verehrt, ist seinen Kindern gegenüber vielleicht gleichgültig; es kann aber auch sein, daß es, wie die südafrikanischen Batonga, seine Alten ebenso wie seine Kinder geringschätzt oder, wie die Prärieindianer, das kleine Kind und den Großvater verehrt. Ebenso kann es, wie die Manus und teilweise das heutige Amerika, die Kinder als den wichtigsten Teil der Gesellschaft ansehen. Wenn wir in so vereinfachenden Gegensätzen denken, daß alles, was nicht ausdrücklich geheiligt ist, ausgesprochen weltlich sein muß, und daß, wenn die Männer stark sind, die Frauen schwach sein müssen, dann gehen wir an der Tatsache vorbei, daß die Kulturen weit großzügiger mit den Möglichkeiten des menschlichen Lebens verfahren, wenn sie einzelne Züge überbetonen, andere abwerten oder ganz außer acht lassen. Und wenn auch jede Kultur die Rollen von Mann und Frau in irgendeiner Weise institutionalisiert hat, so braucht das keineswegs in Form eines vorgeschriebenen gegensätzlichen Verhaltens zu geschehen oder durch Begriffe wie Herrschaft und Unterwerfung erfaßbar zu sein. Das wenige, das einmal vorhanden war, zwang jede Kultur, die augenfälligen Tatsachen von Alter und Geschlecht in irgendeiner Form zu benutzen. So ist ein Philippinenstamm zum Beispiel der Meinung, daß Männer kein Geheimnis bewahren können; die Manus glauben, daß nur Männer gern mit kleinen Kindern spielen, den Todas wiederum sind die meisten häuslichen Arbeiten zu heilig, als daß sie von Frauen verrichtet werden könnten, und die Arapesh sind überzeugt, daß Frauen härtere Köpfe haben als Männer. In der Arbeitsteilung, in Kleidung und Gebaren, bei sozialen und religiösen Verrichtungen nehmen Männer und Frauen – manchmal nur in einigen dieser Bereiche, manchmal in allen – verschiedene Stellungen ein, und jedes Geschlecht ist gezwungen, sich der ihm zugeteilten Rolle unterzuordnen. In manchen Kulturen kommen diese gesellschaftlich festgelegten Rollen vornehmlich in der Kleidung oder der Beschäftigung zum Ausdruck, werden also nicht als Ergebnis angeborener Wesensunterschiede betrachtet. Frauen können lange und Männer kurze Haare tragen, oder Männer Locken und Frauen kahlgeschorene Köpfe; Frauen gehen in Röcken und Männer in Hosen oder umgekehrt; Frauen weben und Männer nicht, oder Männer tun es und Frauen nicht. Diese simplen Zusammenhänge zwischen Kleidung oder Beschäftigung und Geschlecht kann selbst ein Kind leicht begreifen.

Anders liegen die Dinge bei Stämmen, die das Verhalten von Männern und Frauen auf Grund der Annahme eines echten Temperamentsunterschiedes scharf unterscheiden. So verteidigten die Dakota-Indianer leidenschaftlich als typisch männliche Eigenschaft die Fähigkeit, Gefahren und Entbehrungen jeden Grades auszuhalten. Hatte ein Junge das fünfte oder sechste Lebensjahr erreicht, so konzentrierten sich alle erzieherischen Maßnahmen der Familie darauf, einen echten Mann aus ihm zu machen. Jede Träne, jedes Zeichen von Furcht, jeder Griff nach der beschützenden Hand, jedes Verlangen, weiter mit kleineren Kindern oder mit Mädchen zu spielen, wurde entsetzt als Beweis dafür gedeutet, daß er nie ein richtiger Mann werden würde. Daß sich in einer solchen Gesellschaft das Phänomen des *berdache* entwickelte, des Mannes, der darauf verzichtete, sich der männlichen Rolle anzupassen, Frauenkleider trug und sich weiblichen Beschäftigungen hingab, ist nicht überraschend. Die Institution des *berdache* war aber gleichzeitig eine Warnung für jeden Vater; die Angst, sein Sohn könnte ein *berdache* werden, ließ den Vater verzweifelt gerade die Anstrengungen und den Druck verdoppeln, die den Sohn genau in die unerwünschte Richtung drängen mußten. Der Homosexuelle, bei dem die körperlichen Voraussetzungen der Homosexualität fehlen, gibt den Sexualwissenschaftlern seit langem Rätsel auf. Sind keine Drüsenanomalien festzustellen, so werden frühe Umwelteindrücke und Identifizierung mit dem

Elternteil des andern Geschlechts zur Erklärung herangezogen. Im Verlauf unserer Untersuchung werden wir Gelegenheit haben, uns mit der maskulinen Frau und dem femininen Mann, soweit sie in diesen Stämmen vorkommen, zu beschäftigen, und zu fragen, ob es stets eine herrschsüchtige Frau ist, die als maskulin, stets ein sanfter, nachgiebiger Mann, der Kinder oder Stickereien liebt, der als feminin gilt.

In den folgenden Kapiteln werden wir uns mit den verschiedenen Ausprägungen der Geschlechterrollen unter dem Gesichtspunkt des Temperaments befassen und mit der allen Kulturen eigenen Annahme, daß gewisse Wesensäußerungen von Natur männlich, andere von Natur weiblich seien. In diesem Punkt scheinen die Primitiven auf den ersten Blick aufgeklärter zu sein als wir. Ebenso wie sie wissen, daß die Götter, die Ernährungsgewohnheiten, die Heiratsbräuche des nächsten Stammes sich von ihren eigenen unterscheiden, und daher nicht darauf bestehen, daß eine Form die richtige oder natürliche, alle anderen unnatürlich und falsch seien, so sind sie sich häufig darüber klar, daß die Wesenseigenschaften, die sie für naturgegeben männlich oder weiblich halten, von den »natürlichen« Veranlagungen der Männer und Frauen in den Nachbarstämmen abweichen. Trotzdem hat jeder Stamm eine einigermaßen festgelegte Haltung gegenüber dem Phänomen des Temperaments, eine Vorstellung von dem natürlichen Mann und der natürlichen Frau und feststehende Begriffe, mit denen die von der Norm Abweichenden gerichtet und verdammt werden.

Zwei der hier behandelten Stämme wissen nichts von Temperamentsunterschieden zwischen Männern und Frauen. Sie gestehen ihnen unterschiedliche Rollen in Wirtschaft und Religion zu, unterschiedliche Geschicklichkeit, unterschiedliche Anfälligkeit für Zauberei und übernatürliche Einflüsse. Die Arapesh sind überzeugt, daß Malen in Farben sich nur für Männer eigne, während die Mundugumor die Fischerei für eine ausgesprochen weibliche Beschäftigung halten. Aber daß gewisse Charaktereigenschaften wie Herrschsucht, Tapferkeit, Aggressivität, Anpassungsfähigkeit unlöslich nur mit dem einen Geschlecht verknüpft sind, eine solche Vorstellung fehlt völlig bei ihnen. Dies ist vielleicht befremdlich für eine Gesellschaft, die in ihrer Soziologie, ihrer Medizin, ihrer Umgangssprache, ihrer Dichtkunst und ihren Zoten die gesellschaftlich festgelegten Unterschiede zwischen den Geschlechtern als angeboren hinnimmt und jede Abweichung davon als abnorm oder frühreif bezeichnet. Es war auch für mich eine Überraschung; denn ich war gewohnt, mit Begriffen wie »gemischter Typ« zu arbeiten, bei manchen Männern von femininen Charakterzügen, bei manchen Frauen von maskulinem Verstand zu sprechen. Ich nahm mir vor, die Bedingungen der gesellschaftlichen Rolle von Mann und Frau zu untersuchen und hoffte, damit etwas Klarheit über die Verschiedenheiten der Geschlechter zu erzielen. Ich teilte die allgemeine Überzeugung unserer Gesellschaft, daß das Temperament der Geschlechter angeboren sei und höchstens hin und wieder pervertiert oder von der normalen Äußerung abgelenkt werde. Ich war weit entfernt von der Vermutung, daß die Anlagen, die wir einem Geschlecht als natürlich zuordnen, vielleicht nichts anderes sind als Abwandlungen eines allgemein menschlichen Temperaments, denen die Angehörigen jedes Geschlechtes durch Erziehung mehr oder weniger angenähert werden können.

Erster Teil: Die Berg-Arapesh

I
Das Leben in den Bergen

Die Sprachfamilie der Arapesh bewohnt ein keilförmiges Territorium, das sich von der Nordwestküste Neuguineas über drei Bergketten bis hinunter zu den großen Ebenen des Sepik-Flusses im Westen erstreckt. Die Küstenbewohner sind in ihrer Mentalität Buschleute geblieben. Den Stämmen der benachbarten Inseln haben sie die Kunst des Kanubaus abgesehen, fischen aber viel lieber in den geschützten Teichen zwischen den Sagosümpfen als auf dem offenen Meer. Sie hassen den Seesand und errichten gegen sein Eindringen kleine Schutzwände aus Palmblättern. Aus Palmblättern flechten sie auch Matten, damit sie sich nicht in den Sand zu setzen brauchen, der als schmutzig gilt. Im Gegensatz dazu hocken sich die Leute aus den Bergen gewohnheitsmäßig in den Schmutz, ohne Gefühl dafür, daß er gemieden werden muß. Die Küsten-Arapesh wohnen in großen, etwa zwanzig Meter langen, auf Pfählen errichteten Häusern mit abgeschlossenen Veranden und verzierten Giebeln. Die Häuser stehen zu großen Dörfern zusammengedrängt, deren Bewohner jeden Tag zu den nahen Gärten und Sagofeldern hinausziehen. Die Menschen sind untersetzt und wohlgenährt. Der Rhythmus ihres Lebens ist langsam und friedlich; sie haben reichlich zu essen; Töpfe und Körbe, Muschelschmuck und neue Tanzformen erwerben sie von den Küstenhändlern, die in Kanus vorbeikommen.

Sobald man jedoch auf engen, schlüpfrigen Pfaden in die Berge aufzusteigen beginnt, ändert sich das Bild vollkommen. Hier gibt es keine großen Dörfer mehr, sondern nur noch winzige Niederlassungen von drei bis vier Familien, zehn bis zwölf zusammengewürfelten Häusern, teils auf Pfähle, teils auf den Boden gebaut, aber so flüchtig und schlecht konstruiert, daß sie kaum den Namen Haus verdienen. Das Land ist unfruchtbar. Der Sago ist rar und muß, da er nicht in großen Sümpfen wild wächst, angepflanzt werden. In den Flüssen gibt es fast nur Garnelen, die zu angeln sich nur selten lohnt. Ausgedehnte gartenlose Buschlandflächen sind der Jagd auf Känguruhs und verschiedene kleine Raubtiere vorbehalten. Aber da in diesen Gebieten schon die Vorfahren der Arapesh viele Generationen lang gejagt haben, ist das Wild selten geworden. Die Gärten liegen recht unbequem an steilen Berghängen. Sie einzuzäunen stellt ein fast unlösbares Problem dar, mit dem die Eingeborenen sich allerdings auch kaum abgeben. Sie nehmen einfach die Verwüstungen hin, die die in die Wälder entlaufenen verwilderten Schweine in den Gärten anrichten.

Die Schweine sind nicht fett wie die in den Küstendörfern, sondern Haut und Knochen und gehen häufig an Unterernährung ein. Verendet ein solches Schwein, dann wird der Frau, die es aufzog, vorgeworfen, sie sei so gierig, daß sie nicht nur allen Taro, sondern auch die Taroschalen allein aufgegessen habe, statt sie mit ihrem Schwein zu teilen. Gärten, Sagofelder und Jagdgründe sind weiter vom Dorf entfernt als an der Küste, und die sich daraus ergebenden Unbequemlichkeiten vergrößern die Leute selbst noch dadurch, daß sie stets freiwillig in kleinen Gruppen zusammenarbeiten, heute in diesem Garten, morgen in jenem. Das erfordert endlose Fußmärsche auf den steilen, schlüpfrigen Pfaden und einen erheblichen Stimmaufwand, da Botschaften zwischen den einzelnen Familienmitgliedern oft von Bergspitze zu Bergspitze ausgetauscht werden müssen.

Ebener Grund ist so rar, daß der Platz selten ausreicht, um auch nur ein kleines Dorf zu errichten. Das größte Dorf in den Bergen, in dem wir viele Monate hindurch wohnten, war Alitoa. Es bestand aus vierundzwanzig Häusern, in denen siebenundachtzig Menschen Wohnrecht besaßen. Aber dieses Recht wurde nur gelegentlich ausgeübt, und nur drei Familien hatten Alitoa zu ihrem Hauptwohnsitz erwählt. Selbst von diesen wenigen Häusern ragten einige über die steilen Bergabhänge hinaus, die vom Dorf aus nach allen Seiten abfallen. Wird hier ein Fest abgehalten, dann übersteigt die Zahl der Besucher die Aufnahmefähigkeit des Dorfes, Hunde und Kinder werden über die Abhänge hinausgedrängt, und viele Leute müssen auf dem feuchten Boden unter den auf Pfählen stehenden Häusern schlafen. Wenn ein Arapesh sich nach einem solchen Besuch verabschiedet, dann sagt er: »Wir wurden von der Sonne verbrannt und vom Regen gewaschen. Wir haben gefroren und gehungert, aber wir sind gekommen, um euch zu besuchen.«

Es ist sehr schwierig, genügend Nahrungsmittel und Brennholz zu beschaffen. Die Wälder in der näheren Umgebung der Dörfer sind seit Generationen nach Brennholz abgesucht worden. Die Gärten liegen weit entfernt, und die Frauen müssen sich oft tagelang abschinden, um die erforderlichen Vorräte für einen einzigen Festtag heranzuschaffen. Auf solchen Märschen tragen die Männer lediglich die Schweine, größere Fleischstücke und Holzklötze für die Zigaretten-Anzünde-Feuer auf dem Dorfplatz. Wenn sie Schweine tragen, lösen sie sich häufig ab, weil die Tragbalken ihre ungeübten Schultern wundreiben. Die Frauen dagegen wandern unablässig die steilen Berghänge hinauf und hinunter. Dabei befördern sie Lasten von mehr als einem halben Zentner, die in Tragschlingen von ihrem Kopf herabhängen, und mitunter tragen sie noch einen Säugling in einer Rindenschlinge an der Brust. Unter dem Druck der Tragbänder sind ihre Kinnladen gewaltsam zusammengepreßt. Das verleiht ihren Gesichtern einen grimmigen Ausdruck, den man sonst nicht an ihnen bemerkt und der einen scharfen Kontrast zu der heiter-festlichen Art bildet, in der die Männer lachend und singend die Schweine durch den Busch tragen. Die Arapesh finden es ganz natürlich, daß die Frauen schwere Lasten tragen, denn ihre Köpfe sind, so meint man dort, viel härter als die der Männer.

Ihre Art, sich zu geben, verrät, daß die Arapesh sich nicht von Kopfjägern bedroht fühlen. Die Frauen gehen ohne jede Begleitung. Kinder spielen sorglos auf den Wegen und jagen Eidechsen mit ihren Miniaturwaffen, junge Mädchen schlafen ungescheut allein in einem verlassenen Dorf. Besucher von auswärts bitten zunächst um Feuer, das ihnen sogleich von den Gastgebern gereicht wird. Erst dann beginnt eine leise, angeregte Unterhaltung. Die Männer setzen sich um das offene Feuer, während die Frauen das Essen kochen. Die Kinder sitzen in schläfrigem Behagen herum, lutschen an den Fingern und spielen mit den Lippen. Jemand erzählt ein lustiges Erlebnis, und alles lacht schallend; denn diese Menschen lachen gern. Sobald es Abend wird und die kühlen Bergnebel kommen, rückt alles näher ans Feuer, und es erklingen die oft von weither stammenden Lieder, in denen sich die musikalischen Regeln vieler unterschiedlicher Stämme widerspiegeln. Irgendwo in der Ferne ertönt ein Gong, und alle rätseln vergnügt am Sinn dieser Nachricht herum: jemand hat ein Schwein oder ein anderes Tier geschlachtet; Besucher sind angekommen, und der Gong soll den abwesenden Hausherrn herbeirufen; jemand ist gestorben, liegt im Sterben oder wird begraben. Bald nach Sonnenuntergang begeben sich Gastgeber und Besucher in die Hütten. Die Glücklicheren schlafen am Feuer, während die anderen so gut wie überhaupt nicht schlafen. Nachts wird es so kalt, daß die Schläfer oft zu nah ans offene Feuer geraten und dann mit einem angesengten Grasschurz aufwachen. Am nächsten Morgen werden die Besucher von den Gastgebern gedrängt, noch zu bleiben, obgleich das bedeutet, daß die Gastgeber an diesem Morgen hungern müssen; denn der Vorrat an Lebensmitteln ist stets knapp und der nächste Garten einen halben Tagesmarsch entfernt. Wenn die Besucher die Einladung ablehnen, dann begleiten die Gastgeber sie zum Dorfausgang und verabschieden sich dort mit dem lachend gegebenen Versprechen, recht bald einen Gegenbesuch zu machen.

In diesem bergigen, schluchtenreichen Land, in dem zwei in Rufweite auseinander liegende Punkte oft durch einen Abstieg und Wiederaufstieg von fünfhundert und mehr Metern getrennt sind, werden ebene Stellen als »gute Orte«, alles unebene, steile Gelände als »schlechte Orte« bezeichnet. Rund um jedes Dorf fallen die Abhänge zu solchen schlechten Orten ab. Dort stehen die Latrinen und Schweineställe sowie die Hütten für die menstruierenden Frauen und die Wöchnerinnen, deren Blut das ganze Dorf gefährden würde. Im Mittelpunkt des Dorfes liegt der *agehu*, der Fest- und Kultplatz. Dieser *agehu* wird von ein paar großen Steinblöcken begrenzt, die eine vage Beziehung zu den Vorfahren haben und deren Namen männlich sind, wie alle auf Männer bezüglichen Wörter[1]. Wenn die weissagende Feuerstelle angezündet wird, damit sie den bösen Zauber offenbart, der das Leben eines Menschen bedroht, wird einer der Steinblöcke vom *agehu* ins Feuer gestellt. Der *agehu* ist aber mehr ein »guter« als ein »heiliger« Platz. Hier spielen die Kinder, hier macht ein Baby seine ersten Schritte, hier sitzt der Mann oder die Frau und fädelt Opossumzähne auf oder flicht ein Armband. Bisweilen errichten die Männer auf diesem Platz kleine Schutzdächer aus Palmblättern als Zuflucht bei Regenschauern. Wer Kopfschmerzen hat und diesen traurigen Tatbestand durch einen großen Kopfverband dokumentiert, stolziert hier herum und holt sich Trost am Mitleid seiner Freunde. Hier werden auch die Yams-Wurzeln für die Feste gestapelt und die großen schwarzen Festschüsseln und die kleinen, farbenfroh bemalten Tonschalen für die schönen weißen Kokosnußschnitten aufgestellt, deren Zubereitung eine neu eingeführte Kunst ist, auf die die Bergbewohner sehr stolz sind.

Aller »Luxus« und alles, was der Verfeinerung des Lebens dient: Lieder, Tänze, neue Haarmoden und ein neuer Schnitt des Grasröckchens, kommt von den Dörfern an der Küste, die es wiederum von den handeltreibenden Seefahrern erwerben. Das Küstenland ist für die Bergstämme gleichbedeutend mit Eleganz und Leichtlebigkeit. Von dort stammt auch der Einfall, Kleider zu tragen, der jedoch noch immer nicht bis in die hintersten Bergdörfer gedrungen ist, wo die Männer ihren Lendenschurz aus Bast höchst unachtsam und unter Mißachtung seines eigentlichen Zweckes umbinden, was die etwas überspannten Küstenleute anstößig finden. Die Frauen haben ihre Eleganz stückweise und zufällig importiert: ihre Grasröcke hängen locker an einer Schnur um die breiteste Stelle ihrer Hüften, und enge, zwecklose Gürtel, die nichts zu halten haben, schmücken die Taille. Die Männer haben die Haarmode der Küstenleute übernommen, das Haar straff zurückgekämmt, durch einen Korbring gezogen und zu einem hohen griechischen Knoten gebunden. Diese Haartracht ist bei der Jagd im Busch natürlich sehr störend und wird je nach der Stärke der Jagdleidenschaft aufgegeben und wieder angenommen. Die Jagd ist eine völlig freiwillige Beschäftigung, und nur wer sie zu seiner Haupttätigkeit macht, trägt das Haar kurz.

Die gesamte »Einfuhr« von der Küste ist zusammengefaßt zu Tanz-Komplexen, die von Dorf zu Dorf verkauft werden. Ein Dorf oder eine Gemeinschaft von mehreren kleinen Dörfern beginnt schon lange Zeit vorher, Schweine, Tabak, Federn und Muschelringe (die Währung der Arapesh) zusammenzutragen, um einen solchen Tanz von einem näher der Küste gelegenen Dorf kaufen zu können, das seiner schon überdrüssig geworden ist. Zusammen mit dem Tanz kaufen sie neuartige Kleidungsstücke, neue Zauberkünste, neue Lieder und neue Weissagungsformeln. Wie ihre aus langvergessenen Tänzen stammenden Lieder, haben auch diese »Importe« wenig Beziehung untereinander; alle paar Jahre wird eine neue Weissageformel, ein neuartiger Kopfputz oder eine andere Art von Armschmuck eingeführt; ein paar Monate lang begeistert man sich daran, dann gerät es in Vergessenheit – es sei denn, irgendein verstaubt herumliegender Gegenstand erweckt wieder Erinnerungen. Hinter diesen Käufen steht die Überzeugung, daß alles, was von der Küste kommt, besser, fortschrittlicher und schöner ist und daß die Bergbewohner trotz ihres schlechten Landes und ihrer elenden Schweine auch eines Tages das leichte, abwechslungsreiche Leben der Küstenleute führen können. Aber sie bleiben immer weit hinter den Küstenbewohnern zurück, die mit den Schultern zucken, wenn die Leute vom Berg einen neuen Tanz einhandeln wollen, und äußern, daß gewisse Teile – wie zum Beispiel diese schöne Stirnplatte aus Schildpatt – nie die Küste verlassen wird, weil das jämmerliche Bergvolk gar nicht genug Geld dafür aufbringen kann. Und doch spart eine Generation nach der andern, um diese herrlichen Dinge erwerben zu können, und zwar als Dorfgemeinschaft, so daß jeder einzelne Dorfbewohner das neue Lied singen und die neuen Moden tragen kann.

Die Arapesh der Berge halten das Küstengebiet für die Quelle der Glückseligkeit. In alten Zeiten soll es zwar kämpferische Auseinandersetzungen mit kriegstüchtigeren Küstenbewohnern gegeben haben, weil die Bergstämme infolge Salzmangels zur Küste drängten. Aber das Schwergewicht liegt heute auf den Tänzen. Die Dörfer an der Küste werden als »Mutterdörfer«, die in den Bergen als »Töchterdörfer« bezeichnet. Diese Dörfer sind durch verschlungene Pfade miteinander verbunden, die sich in drei Hauptwege unterteilen: die »Dugong-Straße«, die »Straße der Viper« und die »Straße des Sonnenuntergangs«. Auf diesen Wegen werden die Tanz-Komplexe importiert. Hier ziehen auch ungefährdet einzelne Wanderer ihre Straße von einem angestammten Handelsfreund zum andern. Zwischen diesen Handelsfreunden findet ein formloser Austausch von Geschenken statt: so erhalten die Leute aus den Bergen Steinbeile, Bogen und Pfeile, Körbe und Muschelschmuck, die Küstenbewohner Tabak, Vogelfedern, Töpfe und Netze. Dieser Austausch wird als ein gegenseitiges Sichbeschenken betrachtet, obwohl es dabei um absolut lebensnotwendige Dinge geht. Exakte Rechnungslegung gibt es nicht, und nie wird jemand gemahnt oder getadelt. Während unseres langen Aufenthaltes bei den Arapesh habe ich niemals einen Streit über Geschenke erlebt oder auch nur davon gehört. Da das Bergvolk keinen überschüssigen Tabak und nicht mehr selbstgefertigte Dinge besitzt als ein paar Holzteller, schmucklos geflochtene Taschen, rohe Löffel aus Kokosnußschale und hölzerne Kopfstützen, die sogar für den eigenen Gebrauch zu schlecht sind, müssen die Gegenleistungen an die Küstenleute in Tabak und Gegenständen erfolgen, die sie von den im Flachland lebenden Stammesgenossen jenseits des Gebirges erhalten. Der Gewinn aus der Transaktion, durch die der Berg-Arapesh seinen eigenen Bedarf deckt, steckt theoretisch im Transport dieser Dinge: der Mann vom Berg wandert einen vollen Tag, um eine geflochtene Tasche von einem Freund im Flachland in Empfang zu nehmen, und zwei weitere Tage, um die Tasche, die nun Seltenheitswert besitzt, dem Freund an der Küste zu bringen. Die Arapesh nennen diese Tätigkeit, für die das Interesse unterschiedlich groß ist »Herumwandern, um Ringe zu finden«. Das ganze System ist vollkommen ungezwungen, formlos und freundschaftlich; man scheut keinen Umweg, wenn man dadurch dem andern eine Mühe ersparen kann, und holt sich selbst die bestellte Flechttasche, damit der Freund vom Berg sie nicht zu bringen braucht.

Wie das Küstengebiet gleichbedeutend ist mit neuen und farbenprächtigen Dingen, so hat auch das Flachland hinter der letzten Gebirgskette für die Berg-Arapesh eine ganz bestimmte Bedeutung. Hier lebt ein Stamm, der die gleiche Sprache spricht, sich jedoch in Charakter und Aussehen sehr wesentlich von ihnen unterscheidet. Die Leute aus den Bergen sind schmächtig, schmalköpfig und wenig behaart. Die Leute der Ebenen sind untersetzt, schwer, mit wuchtigen Schädeln und kräftigem Bartwuchs, der wie ein Kranz um das grimmige, glattrasierte Kinn steht. Sie kämpfen nicht wie die Leute in den Bergen und die Küstenleute mit Pfeil und Bogen, sondern mit dem Speer. Die Männer gehen völlig nackt, und auch die Frauen, die von ihnen eifersüchtig bewacht werden, sind bis zur Hochzeit unbekleidet und tragen danach kleine Andeutungen von Schürzen. Wie die Bergstämme in den Küstenstämmen ihr Vorbild sehen, so schauen die Flachland-Arapesh zu den ihnen benachbarten Abelam hinüber – lebenslustigen, künstlerisch begabten Kopfjägern, die die ausgedehnten baumlosen Grasflächen des Sepik-Tals bewohnen. Von ihnen haben die Flachland-Arapesh den Baustil ihrer hohen dreieckigen Tempel übernommen, die etwa fünfundzwanzig Meter hoch über dem quadratischen Marktplatz ihrer großen Dörfer aufragen, mit steilen Dächern und leuchtend bemalten Fassaden. Und mit den Abelam und anderen Steppenbewohnern haben sie die Kunst der Zauberei gemein, durch die sie ihre Nachbarn in den Bergen und an der Küste terrorisieren.

Die Arapesh der Ebene sind vollkommen vom Meer abgeschnitten, von Feinden umgeben und für ihren Tauschhandel mit den Abelam auf die Tabakernte und auf die Herstellung von Muschelringen angewiesen, die sie aus der Riesen-Venus-Muschel schneiden. Von den Abelam beziehen sie geflochtene Taschen, verzierte Kasuardolche, Speere, Masken und die Ausstaffierung für ihre Tänze. Die Riesen-Muscheln kommen von der Küste; der ungehinderte Zugang dorthin durch die Berge ist deshalb wichtig für die Leute aus der Ebene. Im Bewußtsein ihrer Zauberkraft wandern sie hochmütig und furchtlos durchs Gebirge. Allgemein herrscht bei den Arapesh der Glaube, daß ein solcher Zauberer aus dem Flachland nur ein Stückchen Haut, eine angebissene Frucht, den Fetzen eines Bastrocks oder noch besser etwas Sexualsekret seines Opfers in die Hand zu bekommen braucht, um ihm Krankheit oder Tod zu bringen. Hat ein Berg- oder Küstenbewohner sich mit seinem Nachbarn entzweit, etwas »*dirt*« (Dreck)[2] von ihm gestohlen und es einem Zauberer übergeben, so bleibt das Opfer für alle Zeiten in dessen Gewalt. Wenn auch der Streit, der zum Diebstahl des »dirt« geführt hat, inzwischen beigelegt wurde: der »dirt« bleibt in den Händen des Zauberers. Er, der Gewalt über so viele der Bergbewohner hat, kann furchtlos unter ihnen herumgehen, ebenso seine Brüder, Vettern und Söhne. Von Zeit zu Zeit erpreßt er das Opfer ein wenig, und aus Angst, der Zauberer könnte den sorgfältig verwahrten »dirt« wieder auf das Zauberfeuer legen, zahlt der Betroffene immer. Stirbt der Berg-Arapesh Jahre nach dem ursprünglichen Streit, so wird sein Tod einem Flachlandbewohner zugeschrieben, der mit dem Resultat der Erpressung vielleicht nicht zufrieden war, oder der Bosheit eines unbekannten, neuen Feindes, der den Zauberer erneut »schmierte«. So fürchten sich die Berg-Arapesh vor dem fremden Feind und vergessen ganz, daß ja einer ihrer Verwandten oder Nachbarn sie dem Zauberer ausgeliefert hat. Es ist nun einmal leicht, einen angeknabberten Opossumknochen aufzuheben und in die Tasche verschwinden zu lassen, wenn Verwandte oder Nachbarn bei einem Furcht oder Zorn erweckt haben – so gelangt »dirt« in die Hände der Zauberer. Aber wenn es keine Zauberer gäbe, die sich ständig herumtreiben, die Werbetrommel rühren, kleine Streitigkeiten schüren, indem sie andeuten, wie leicht man sich rächen könne, dann, sagen die Arapesh, gäbe es auch keinen Tod durch schwarze Magie; woher sollte er wohl kommen, fragen sie, wenn die Menschen in den Bergen und an der Küste keine todbringende Zauberformel kennen?

Nicht nur Krankheit und Tod, sondern auch Unglück – Jagdunfälle, Brandschäden, Ehebruch der Frau – wird auf die Macht des Zauberers aus der Ebene zurückgeführt. Um geringfügigeres Unheil hervorzubringen, braucht der Zauberer nicht den »dirt« des Opfers selbst; es reicht, wenn er »dirt« einer anderen Person des gleichen Ortes raucht und dazu seine Verwünschungen murmelt.

Wenn die Küstenstämme nicht wären, dann gäbe es für die Berg-Arapesh keine neuen Freuden, keine Sensationen und keinen Luxus, und wenn die Leute aus den Ebenen nicht wären, dann gäbe es keine Furcht, die Menschen würden in Frieden alt werden und zahnlos und zitterig nach einem friedvollen und geachteten Leben sterben. Ohne die Einflüsse aus den Ebenen und von der Küste bliebe ihnen nur das ruhige Leben auf ihren Bergen, die so unfruchtbar sind, daß kein Nachbar sie ihnen neidet, so unwirtlich, daß ein eindringender Feind kaum genug Nahrung für sich finden würde, so steil, daß das Leben dort nur schwierig und aufreibend sein kann.

Wenn für die Arapesh auch die größten Freuden und Plagen von außen kommen, so fühlen sie sich doch weder gefangen noch verfolgt oder gar als Opfer ihrer armseligen Umgebung. Sie sehen im Leben den Versuch, etwas aufzuziehen: Kinder und Schweine, Yamswurzeln und Kokosnüsse und Sago; unter sorgfältiger und getreulicher Beachtung aller Gesetze muß man die Dinge wachsen lassen. Schon im mittleren Alter, nachdem sie ihre Kinder großgezogen und genügend Palmen für deren Lebensunterhalt gepflanzt haben, ziehen sie sich aus dem aktiven Leben zurück. Die Gesetze, die das Wachsen bestimmen, sind ganz einfach. Es gibt zwei unvereinbare Gruppen guter Dinge in der Welt: jene, die mit der Sexualität und Gebärfähigkeit der Frau, und jene, die mit Nahrung und Wachstum, mit der Jagd und der gärtnerischen Tätigkeit des Mannes zusammenhängen und deren Erfolg der Hilfe übernatürlicher Kräfte, der Reinheit und den wachstumsfördernden Eigenschaften des männlichen Blutes zu verdanken ist. Diese beiden Komplexe sind möglichst auseinanderzuhalten. Es ist die Pflicht eines Kindes zu wachsen; es ist die Pflicht von Mann und Frau, die Gesetze zu beachten, damit die Kinder und die Nahrung, von der sie abhängen, gedeihen. Die Männer sind an diesen Aufgaben der Betreuung genauso beteiligt wie die Frauen. Deshalb kann die Rolle des Mannes wie die der Frau als mütterlich bezeichnet werden.

II
Zusammenarbeit um jeden Preis

Männer und Frauen, physiologisch anders geartet und mit unterschiedlichen Kräften ausgestattet, verbinden sich bei den Arapesh zu einem gemeinsamen Wagnis, das vorwiegend mütterlich-pflegerisch und von dem eigenen Selbst fort auf die Bedürfnisse der kommenden Generation gerichtet ist. Es ist eine Kultur, in der Männer und Frauen verschiedene Dinge aus dem gleichen Grund tun, eine Kultur, in der nicht erwartet wird, daß Männer aus ganz anderen Motiven handeln als Frauen, und in der dem Mann nur dann mehr Autorität zugestanden wird, wenn sie ein notwendiges Übel ist, das jemand, und zwar der freiere Teil, auf sich nehmen muß. Wenn in dieser Kultur die Frauen von feierlichen Handlungen ausgeschlossen sind, so geschieht dies zum Wohle der Frauen und nicht, um den Stolz der Männer zu nähren, die sich verzweifelt bemühen, gefährliche Geheimnisse, die ihre Frauen krank machen und deren ungeborene Kinder mißgestalten würden, bei sich zu behalten. Nur zu gern gibt der Mann die ihm auferlegten lästigen Pflichten – wie Verantwortung, Führertum, öffentliches Auftreten – im mittleren Alter an seinen ältesten Sohn ab, wenn dieser das Pubertätsalter erreicht hat. Zum Verständnis einer Gesellschaftsordnung, in der anstelle von Aggressivität, Initiative, Konkurrenz und Besitzgier – den wohlbekannten Triebfedern unserer Gesellschaft – Aufgeschlossenheit für die Interessen und Bedürfnisse der Mitmenschen herrscht, muß der Aufbau der Arapesh-Gesellschaft im einzelnen besprochen werden.

Es gibt hier keine politische Verwaltungseinheit. Eine Anzahl von Dörfern wird zu einem Gebiet zusammengefaßt, und dieses Gebiet und seine Bewohner haben Namen. Diese Namen werden bei Festen manchmal rhetorisch verwendet. Die Siedlungen selbst haben jedoch keine Verwaltung. Zwischen benachbarten Gebieten kommt es zu Heiraten, zu gemeinsamen Festen und gelegentlich auch zu nicht sehr ernsthaften Zusammenstößen. Theoretisch gehört jedes Dorf einer patrilinearen Familie an, die zur Unterscheidung ebenfalls einen eigenen Namen führt. Diese Familien oder örtlichen kleinen Clans besitzen einen Jagdgrund und Gärten. Irgendwo im Jagdgrund ist ein Wasserloch oder Treibsand oder ein steiler Wasserfall, wo ihr *marsalai* wohnt, ein übernatürliches Wesen, das als bizarr gefärbte Schlange oder Eidechse, gelegentlich auch als größeres Tier erscheint. Hier und an den Grenzen des angestammten Bodens leben die Geister der Toten, darunter auch die der Frauen; sie leben nämlich nach dem Tod weiter mit ihren Männern zusammen, anstatt zu ihrem eigenen Clan zurückzukehren.

Die Arapesh betrachten sich nicht als stolze Besitzer dieses Familienlandes, das sie gegen Eindringlinge zu verteidigen hätten, sondern sind der Auffassung, daß sie zum Land gehören. Das Land selbst, das Wild, die Bäume für das Nutzholz, der Sago und besonders die Brotfruchtbäume – die als sehr alt angesehen werden und den Geistern teuer sind –, das alles gehört den Geistern der Vorfahren. Für die Gefühle und das Verhalten dieser Geister ist der *marsalai* ein Brennpunkt. Dieser selbst ist weder ein Vorfahr, noch ist es kein Vorfahr – die Arapesh versuchen in ihrer Laxheit gar nicht, diese Frage zu beantworten. Der *marsalai* ist besonders empfindlich in einigen rituellen Dingen: Er hat eine starke Abneigung gegen menstruierende Frauen und Schwangere sowie gegen Männer, die gerade mit ihrer Frau Verkehr hatten. Für solche Übertretungen sendet er den Frauen oder ungeborenen Kindern Krankheit und Tod, wenn der Übeltäter ihm nicht einen Eberzahn oder eine leere Betelhülse, einen Sagobehälter oder ein Taroblatt opfert – wobei sich einer der Geister als Vogel oder Schmetterling auf dem Gegenstand niederläßt und das Opfer entgegennimmt. Die Geister der Vorfahren sind die eigentlichen Beherrscher der Ländereien, und wenn ein Mann seinen eigenen, ererbten Grund und Boden betritt, dann hat er sich den Geistern seiner Vorfahren vorzustellen und seine Verwandtschaft zu ihnen abzuleiten. »Ich bin es, euer Enkel und Urenkel Kanehoibis. Ich bin hergekommen, um Baumstämme zum Bau meines Hauses zu holen. Verargt mir weder meine Anwesenheit, noch daß ich Holz schlage. Schafft mir auf dem Rückweg alle Hindernisse aus dem Wege, so daß ich wohlbehalten in mein Dorf zurückkehren kann.« Diese Rede muß er halten, auch wenn er sich allein auf dieses Gebiet begibt. Meistens hat er jedoch einen Freund oder einen entfernteren Verwandten oder Schwager bei sich, der mit ihm jagt oder einen Garten auf seinem Gebiet anlegen möchte; dann muß er auch diesen den Geistern vorstellen. »Seht her, meine Vorfahren, dies ist mein Schwager, der Mann meiner Schwester. Er ist hergekommen, um mir bei der Gartenarbeit zu helfen. Behandelt ihn als euern Enkel und erhebt keine Einwendungen gegen seine Anwesenheit, denn er ist gut.« Werden diese Vorsichtsmaßnahmen vernachlässigt, dann muß der unachtsame Mann damit rechnen, daß sein Haus von einem Sturmwind vernichtet und sein Garten durch einen Erdrutsch zerstört wird. Wind, Regen und Erdrutsch werden von den *marsalais* gesandt, um diejenigen zu strafen, die es an solcher Sorgfalt fehlen lassen. Aus all dem spricht nicht gerade Besitzerstolz, mit dem man einen Fremden auf seinem Land willkommen heißt oder einen Baum fällt, dessen Eigentümer man ist.

Das Dorf Alipinagle auf dem benachbarten Hügel war elendig entvölkert. Sicher würden in der nächsten Generation nicht mehr genug Menschen vorhanden sein, das Land zu bewohnen. Die Leute in Alitoa seufzten: »Armes Alipinagle, wer wird für das Land sorgen, wenn die jetzigen Leute nicht mehr da sind, wer wird dann unter den Bäumen sein? Wir müssen ihnen ein paar Kinder überlassen, damit Menschen für die Bäume und das Land da sind, wenn wir nicht mehr leben.« Diese Großzügigkeit war natürlich auch nutzbringend, weil ein Kind oder mehrere vorteilhaft untergebracht werden konnten; aber das wurde nie so ausgedrückt. Besitzansprüche auf Land gab es nicht – außer bei einer Familie, deren Einstellung aber auch allen übrigen unverständlich war. Ein beliebter junger Wahrsager namens Gerud, der älteste Sohn seiner Familie, gab einmal in einer Séance als Grund für einen angeblichen Diebstahl von »dirt« an, der Beschuldigte mißgönne den Kindern eines zugewanderten Dorfbewohners den künftigen Anteil am Jagdgrund. Die ganze übrige Dorfgemeinde hielt diese Behauptung für ein bißchen verrückt: schließlich gehörten doch die Menschen zum Land, und nicht umgekehrt. Entsprechend dieser Einstellung nimmt niemand es sehr wichtig, wo er lebt; daher wohnen viele Sippenangehörige nicht in ihrem angestammten Dorf, sondern irgendwo in Dörfern von Vettern und Schwägern. In Gemeinschaften ohne Verwaltung, ohne festgelegte, despotische Regeln läßt sich dies leicht durchführen.

Mit den Gärten der Arapesh verhält es sich ganz ähnlich. Die Arapesh kennen zwei Gartentypen: Taro- und Bananengärten, bei denen die Männer das Roden, das Beschneiden der Bäume und das Einzäunen übernehmen, während die Frauen pflanzen, Unkraut jäten und ernten, und Yamsgärten, die, abgesehen von etwas Hilfe, die die Frauen beim Jäten und Ernten leisten, ausschließlich von den Männern bestellt werden. Bei vielen Eingeborenenstämmen von Neuguinea rodet ein junges Ehepaar ein Stück des ererbten Buschlandes und legt hier einen Garten an, den es allein, höchstens unterstützt von den heranwachsenden Kindern, pflegt. So wird der Garten ein privater Platz, fast so privat wie das Haus; der Mann oder die Frau können jeden Tag dort arbeiten, den Zaun reparieren und dadurch verhindern, daß Tiere aus dem Busch eindringen. Alle äußeren Gegebenheiten im Gebiet der Arapesh sollten eine solche Methode der Gartenpflege als äußerst praktisch erscheinen lassen; denn hier sind die Entfernungen groß und der Weg beschwerlich. Häufig müssen die Leute die Nacht in ihrem Garten verbringen, da es bis zur nächsten Unterkunft zu weit ist; so bauen sie sich kleine, schlecht gedeckte, unwohnliche Hütten in dem Garten, da es sich nicht lohnen würde, für ein Jahr ein Haus auf Pfählen zu errichten. Die steilen Hänge machen das Einzäunen schwierig, und ständig brechen Schweine in die Pflanzung ein. Da Nahrungsmittel knapp und dürftig und die Leute arm sind, läge es nahe, daß sie nach einem eigenen Garten streben und ihn sorgsam betreuen würden. Die Arapesh haben jedoch ein ganz anderes, höchst seltsames System entwickelt, das einen großen Aufwand an Zeit und Mühen bedingt, aber der warmherzigen Zusammenarbeit und Gemeinsamkeit förderlich ist, die ihnen so viel wichtiger erscheinen.

Jeder Mann legt nicht nur einen Garten an, sondern mehrere, und zwar jeden zusammen mit einer anderen Gruppe seiner Verwandten. Hausherr ist jeder Mann aber nur in einem der Gärten, in dem anderen ist er Gast. In jedem Garten arbeiten drei bis sechs Männer, jeder mit einer oder zwei Frauen, manchmal mit einer erwachsenen Tochter, ziehen die Zäune, säubern, jäten und ernten gemeinsam; bei einer länger dauernden Arbeit schlafen sie dort auch zusammengepfercht in der kleinen unzulänglichen Hütte, wobei mindestens die Hälfte der Schläfer vom Regen naß wird. Diese Arbeitsgruppen setzen sich immer wieder anders zusammen, weil manche Leute das Mißgeschick einer schlechten Ernte nicht vertragen können; sie machen gern ihre Arbeitsgefährten dafür verantwortlich und schließen für das nächste Jahr neue Bündnisse. Oft zeigt sich bei der Wahl eines neuen Grundstücks auch, daß es für einige Angehörige der vorjährigen Arbeitsgruppe zu weit entfernt liegt.

Ein Mann erhält seine Nahrung nicht nur aus dem von ihm unmittelbar bearbeiteten Grundstück, sondern auch aus denen seiner Vorfahren und Verwandten, die oft meilenweit auseinanderliegen.

Diese Verfahrensweise hat mehrere Ergebnisse. Da keine zwei Gärten zugleich bestellt werden, gibt es bei den Arapesh die »Hungerzeit« nicht, die so typisch für Yams anbauende Völker ist, bei denen alle Pflanzungen zur gleichen Zeit bestellt werden. Wo mehrere Männer zusammenarbeiten, um ein Grundstück zu säubern und einzuzäunen, ehe sie auseinandergehen und andere Grundstücke bearbeiten, folgt eine Ernte der andern. Dabei bedarf es bei der Bestellung eigentlich gar keines Zusammenwirkens von Arbeitskräften. Große Bäume werden nicht gefällt; nur die Zweige werden entfernt, damit Licht einfallen kann, was dann so aussieht, als hebe sich vom tiefgrünen Busch ein weißes Heer von Geistern ab. Zum Einzäunen werden so junge Bäume genommen, daß ein Knabe sie fällen könnte. Aber die Arapesh arbeiten gern in kleinen fröhlichen Gruppen, in denen ein Mann Gastgeber ist und seine arbeitenden Gäste mit Fleisch bewirtet – sofern er welches hat. So steigen die Leute die Berge hinauf und hinunter, von einer Pflanzung zur andern, jäten hier Unkraut, binden dort Reben auf, ernten wieder an anderer Stelle und sind immer bereit, sich je nach dem Stand des Wachstums von einem Garten zum andern rufen zu lassen.

Der gleiche Mangel an Individualismus zeigt sich beim Pflanzen der Kokospalmen. Ein Mann pflanzt Bäume für seinen kleinen Sohn nicht auf seinem eigenen Land, sondern wandert mit dem Kokossproß vier oder fünf Meilen weit, um ihn neben der Tür seines Onkels oder seines Schwagers einzupflanzen. Eine Zählung der Palmen irgendeines Dorfes läßt eine verwirrend hohe Anzahl von weit entfernt wohnenden Eigentümern erkennen, die in keinem Verhältnis zu der Einwohnerzahl steht. Freunde pflanzen manchmal zusammen neue Sagopalmen; in der nächsten Generation werden die Söhne dann eine Arbeitsgemeinschaft bilden.

Auch auf die Jagd geht der Mann niemals allein, sondern nimmt einen Bruder, Vetter oder Schwager mit. Einem von ihnen gehört der Busch, die Geister und der *marsalai*. Wer das Wild zuerst gesehen hat, erhält die Jagdbeute – einerlei, ob er Jagdherr oder Gast ist. Der Takt erfordert aber, daß einer das Wild nicht zu oft als erster erspäht; sonst wird er von den anderen bald als Jagdgefährte abgelehnt, muß allein auf die Jagd gehen und wird sich wahrscheinlich zu einem viel besseren Jäger, aber auch zu einem asozialen Charakter entwickeln. So erging es Sumali, den ich zu meinem Vater ernannt hatte; trotz seiner Fähigkeit war er in der Arbeitsgruppe nicht sehr geschätzt. Es war sein Sohn Gerud, der in der spiritistischen Séance dem der Zauberei Beschuldigten Neid auf Jagdgebiet unterstellte; und als Sumalis Haus vollkommen abbrannte, schrieb dieser das Unglück ebenfalls solcher Mißgunst zu. Seine Fallen ergaben mehr Beute als die aller anderen Leute der Gegend; er war der beste im Fährtenlesen, und seine Treffsicherheit war unerreicht; aber er ging allein oder mit seinen Söhnen zur Jagd und überreichte seinen Verwandten die Beute beinah so steif, als böte er sie Fremden an.

Für den Hausbau gilt entsprechendes. Die Häuser sind so klein, daß ihr Bau eigentlich kaum Zusammenarbeit erfordert. Das Material wird von einem oder mehreren zusammengestürzten Häusern genommen und einfach zu einem neuen Haus zusammengebaut; manche reißen auch ihre Häuser ein und bauen sie anders wieder zusammen. Auf Genauigkeit wird dabei kaum Wert gelegt; ist der Balken für dieses Haus zu lang, dann wird er beim nächsten schon passen. Aber kein Mann baut sein Haus allein, es sei denn, er habe den anderen auch nicht beim Hausbau geholfen. Jemand tut einfach seine Absicht kund, ein Haus zu bauen, und veranstaltet später vielleicht ein kleines Richtfest. Seine Brüder, Vettern und Onkel denken dann an das halbfertige Haus, wenn sie im Busch arbeiten, und sammeln die zum Abdecken und Befestigen des Daches nötigen Sagopalmblätter und Schlingpflanzen. Wenn sie gerade in die Gegend kommen, bringen sie die Bündel mit, und nach und nach wird das Haus durch vieler Hände Arbeit fertiggestellt.

Diese Methode einer losen Zusammenarbeit auf allen Gebieten hat natürlich zur Folge, daß kein Mann konsequent eigene Pläne verfolgen oder selbständig über seine Zeit verfügen kann. Die Frauen sind da wesentlich besser daran: sie wissen wenigstens, daß sie Tag für Tag die Mahlzeiten bereiten und Wasser sowie Brennholz beschaffen müssen. Neun Zehntel ihrer Zeit verbringen die Männer für andere Leute, arbeiten in anderer Leute Gärten oder begleiten andere Leute auf die Jagd. Das Hauptgewicht ihrer wirtschaftlichen Betätigung liegt in der Teilnahme an Unternehmungen, die andere Leute gestartet haben. Nur selten und schüchtern äußert jemand eigene Pläne.

Diese Haltung ist einer der Gründe für das Fehlen jeglicher Verwaltung. Wo alle dazu erzogen werden, sich auf jeden neuen Plan schnell einzustellen, und die Gefahr der Isolierung ausreicht, den Säumigen zur Zusammenarbeit anzutreiben, ist Führertum auf eine ganz andere Weise problematisch als in einer Gesellschaft, in der jeder seine Aggressivität gegen die des andern ausspielt. Dreht es sich einmal um eine Entscheidung in einer wichtigen Angelegenheit – sei es ein Streit, in den ein ganzes Dorf oder sogar mehrere Dörfer verwickelt sind, oder eine Beschuldigung der Zauberei –, dann gehen die Arapesh auf eine nur ihnen eigene, charakteristische Weise vor. Nehmen wir einmal an, ein Schwein, das zu einer fremden Sippe gehört, hat sich in den Garten eines jungen Mannes verlaufen. Dieses Schwein ist ein Eindringling, Fleisch ist knapp, und der Mann würde das Tier herzlich gern schlachten. Aber wäre es klug, das zu tun? Bei einer solchen Entscheidung müssen alle nur denkbaren Beziehungen zu dem Eigentümer des Schweines berücksichtigt werden. Steht ein Fest bevor? Oder ist eine Heiratsangelegenheit noch in der Schwebe? Ist vielleicht ein Mitglied der eigenen Familie von der Hilfe des Besitzers bei einem geplanten Fest abhängig? Solchen Überlegungen fühlt sich der junge Mann nicht gewachsen; er geht dazu zu seinem älteren Bruder. Dieser möchte die Verantwortung auch nicht auf sich nehmen; beide gehen von Instanz zu Instanz bis zu einem der ältesten und besonders angesehenen Stammesangehörigen; von solchen Männern gibt es in Dörfern mit hundertfünfzig oder zweihundert Einwohnern nur einen oder zwei. Gibt der große Mann seine Zustimmung, so wird das Schwein geschlachtet und verzehrt, und keiner der Älteren wird den jungen Mann tadeln; denn alle stehen gemeinsam für diese legale Räuberei ein.

Das Kriegshandwerk ist bei den Arapesh so gut wie unbekannt. Es gibt bei ihnen keine Kopfjäger-Tradition, und es gilt nicht als Beweis besonderen Mutes, wenn ein Mann seinen Gegner tötet. Wer einen anderen Menschen getötet hat, wird von seinen Stammesbrüdern sogar mit Unbehagen betrachtet; er gilt als ein wenig abnorm. An einem neuen Totschläger müssen Reinigungszeremonien vorgenommen werden. Die Gefühle einem Mörder gegenüber und gegenüber einem Mann, der im Kampf getötet hat, unterscheiden sich nicht wesentlich. Es gibt keinerlei Abzeichen für Tapferkeit. Wer sich in einen Kampf begibt, kann sich nur mit einem Zauber schützen: er kann ein wenig Staub von den Gebeinen seiner Väter kratzen und ihn mit Betelnuß und Zauberkräutern essen. Aber wenn auch echte kriegerische Unternehmungen und organisierte Feldzüge mit dem Ziel, zu plündern, zu erobern, zu töten und Ruhm zu erwerben, fehlen, so entbrennen doch zuweilen Feindschaften zwischen verschiedenen Dörfern – meist geht es dabei um Frauen. Nach der herrschenden Eheauffassung muß auch das schamloseste Davonlaufen einer Verlobten oder Ehefrau als Entführung betrachtet und, da diese ein unfreundlicher Akt einer anderen Sippe ist, geahndet werden. Das Gefühl für Ausgleich, für die Vergeltung von Bösem mit Bösem in genau dem richtigen Maß, ist sehr ausgeprägt bei den Arapesh. Sie betrachten den Ausbruch von Feindseligkeiten als einen unglücklichen Zufall. Entführungen von Frauen sind in Wirklichkeit das Ergebnis ehelicher Unstimmigkeiten und der Anbahnung neuer persönlicher Beziehungen, nicht unfreundliche Handlungen einer Nachbargemeinde. So liegen die Dinge auch mit den Schweinen, da die Leute natürlich bemüht sind, ihre Schweine zu Hause zu behalten. Wenn ein Schwein sich verirrt, dann ist das Pech – aber wenn es von anderen geschlachtet wird, sollte das gerächt werden.

Derartige Zusammenstöße beginnen stets mit einer erregten Auseinandersetzung, zu der die Männer der beleidigten Partei bewaffnet, aber keineswegs zum Kampf entschlossen in das Dorf der Beleidiger kommen. Hierauf folgt eine Erörterung des Falles: die Beleidiger rechtfertigen oder entschuldigen ihr Verhalten, behaupten, nichts von der Entführung zu wissen oder nicht gewußt zu haben, wem das Schwein gehört – sein Schwanz war noch nicht gestutzt, woher sollte man da wissen, daß es nicht ein wildes Schwein war? Wenn die beleidigte Partei mehr aus Formgründen als aus wirklichem Zorn protestiert, dann kann der Streit nach ein paar scharfen Worten beigelegt sein. Das Rededuell kann sich aber auch von Vorwürfen zu Beleidigungen steigern, bis der launischste und erregbarste unter den Männern seinen Speer schleudert. Das ist indessen keineswegs das Zeichen zum Generalangriff. Alle Beteiligten verfolgen gespannt den Weg des Speeres, der niemals mit der Absicht zu töten geworfen wird; hierauf schleudert ein ebenso erregter Mann der Gegenpartei seinen Speer auf den ersten Speerwerfer. Nach einem kurzen Moment der Spannung wird auch der zweite Speerwurf erwidert. Der Bericht über eine solche Auseinandersetzung lautet dann etwa so: »Dann hat

Yabinigi einen Speer geschleudert und meinen Vetter am Arm verwundet. Das erregte meinen Zorn. Ich warf meinen Speer auf Yabinigi und traf ihn am Fußgelenk. Darauf hat Yabinigis Onkel den Speer auf mich geworfen, aber er hat mich nicht getroffen.« Dieser sorgfältig registrierte Speerwechsel, der nicht töten, sondern nur leicht verwunden soll, wird fortgesetzt, bis jemand ernstlich verwundet wird und die Angreifer sofort Fersengeld geben. Später wird, unter Austausch von Ringen, Frieden geschlossen, wobei jeder Mann dem, den er verwundet hat, einen Ring gibt.

Wird gelegentlich jemand bei einer solchen Auseinandersetzung getötet, dann wird alles versucht, diesen Vorfall als ungewollt hinzustellen: des Speerwerfers Hand rutschte aus – ein Zauberer der Flachland-Arapesh hatte das verursacht. Fast immer handelt es sich bei beiden Parteien um Angehörige der gleichen Sippe, und natürlich hätte niemand absichtlich einen Verwandten getötet. Ist der Getötete ein naher Verwandter, ein Onkel oder direkter Vetter, so war die Tötung unbeabsichtigt und auf Zauber zurückzuführen; der unglückliche Schütze wird bemitleidet und darf ungehindert mit den übrigen trauern. War die Verwandtschaft entfernter und die Möglichkeit einer Tötungsabsicht nicht ganz von der Hand zu weisen, so kann der Töter in eine andere Gemeinde fliehen. Nie kommt es zu einer Blutfehde, wenn auch vielleicht die Zauberkunst der Flachland-Arapesh gegen den Flüchtling mobilisiert wird. Aber Tod durch Zauberei wird meist mit dem gleichen Mittel vergolten, und alle Tötungen am selben Ort oder innerhalb des Vergeltungsbereichs weichen für die Arapesh zu sehr vom Natürlichen ab und sind zu unerwartet und unerklärlich, als daß die Gemeinschaft sich damit befassen müßte. Jeder im Kampf verwundete Mann muß ferner eine Buße leisten; denn er muß die Brüder seiner Mutter und die Söhne der Brüder der Mutter für sein eigenes vergossenes Blut entschädigen. Das Kind erhält sein Blut von der Mutter; das Blut ist daher Eigentum der mütterlichen Sippe. Der Bruder der Mutter hat das Recht, das Blut des Schwestersohnes zu vergießen; er ist es, der Geschwüre öffnet, der beim Initiierungskult an den Schultern der Mädchen die Schnitte anbringt. Der Verwundete leidet also nicht nur mit seinem Körper, sondern auch an seinem Besitz: er muß dafür zahlen, daß er verwundet wurde. Diese Strafe erstreckt sich auch auf Verletzungen bei der Jagd und auf die Teilnahme an anstößigen Umständen.

Zu den Grundregeln der Arapesh-Gesellschaft gehört es, diejenigen zu bestrafen, die sich aus Unbesonnenheit zu Gewalttätigkeiten hinreißen oder in peinliche Situationen ziehen lassen, die so unvorsichtig sind, bei der Jagd Verletzungen davonzutragen, oder dumm genug, sich durch ihre Frauen zur Zielscheibe der öffentlichen Kritik machen zu lassen. In einer Gesellschaft, der Gewalttätigkeit fremd ist, die alle Menschen für sanft und hilfsbereit hält und fassungslos vor einem Menschen steht, der diesem Bild nicht entspricht, gibt es keine Zwangsmaßnahmen gegenüber dem gewalttätigen Mann. Aber man steht auf dem Standpunkt, daß jeder, der aus Dummheit oder Leichtsinn Gewalttätigkeiten provoziert, zur Raison gebracht werden kann. Bei geringfügigen Verstößen, zum Beispiel wenn ein Mann einer kämpfenden Gruppe angehört hat, sammelt der Bruder seiner Mutter für ihn. Schließlich hat ja der Sohn der armen Schwester schon eine Wunde davongetragen und Blut verloren. Hat der Mann sich jedoch in Gegenwart anderer Leute in eine würdelose Streiterei mit seiner Frau oder mit einer jungen Verwandten eingelassen, die ihn vor Zeugen beleidigten, so treten alle Männer des Dorfes oder aller benachbarten Dörfer in Aktion. Sie werden dabei noch von den Brüdern der Mutter aufgestachelt werden, die die eigentlichen Strafvollstrecker sind. Die Männer ergreifen ihre heiligen Flöten, die Stimme des *tamberan* – eines übernatürlichen Ungeheuers, das der Schutzgeist der Männerkulte ist –, und gehen nachts zum Haus des Missetäters, brechen in sein Haus ein, vertreiben seine Frau oder ihn selbst, verstreuen Blätter und Abfälle auf dem Fußboden, hauen vielleicht noch eine Arekapalme um und verschwinden wieder. Hat der Mann die Achtung seiner Mitwelt schon sehr verloren – etwa, wenn er seine Hilfe verweigert, der Zauberei verfallen oder übellaunig geworden ist –, gehen die Männer des Dorfes nachts in sein Haus und zerstören seinen Herd. Das bedeutet, daß die Sippe auf seine Gegenwart verzichtet, wenigstens für die Dauer eines Monats. Das Opfer dieser Strafmaßnahme flieht tief beschämt zu entfernt wohnenden Verwandten und kehrt erst zurück, wenn es ein Schwein erworben hat, mit dem es seine Gemeinde bewirten kann, um sich zu rehabilitieren.

Einem wirklich gewalttätigen Mann gegenüber ist die Gemeinschaft jedoch wehrlos. Solche Männer erfüllen ihre Mitmenschen mit Staunen und Furcht; widersetzt man sich ihnen, so drohen sie damit, ihre eigenen Häuser niederzubrennen, alle ihre Töpfe und Muschelringe zu zerbrechen und das Land für immer zu verlassen. Ihre Verwandten und Nachbarn sind bestürzt bei dem Gedanken, auf diese Weise im Stich gelassen zu werden, und flehen den Erregten an, nicht wegzugehen und nicht seine eigenen Sachen zu zerstören. Schließlich besänftigen sie ihn, indem sie seine Wünsche erfüllen. Die ganze Erziehung der Arapesh ist darauf gerichtet, Gewaltsamkeit auf ein Mindestmaß zu beschränken und den zum Jähzorn Neigenden nicht zu reizen; sie halten jeden zurück, der Gewalttätigkeit hervorrufen und darunter leiden könnte – nur mit dem wilden Mann gelingt es ihnen nicht.

Bei der geschilderten Organisation der gemeinsamen Arbeit und »Kriegführung« bleibt eigentlich nur ein Motiv, das eine politische Führerschaft erforderlich machen könnte: die Durchführung groß angelegter kultischer Veranstaltungen. Ohne Führer und Belohnungen könnte die Arapesh-Gesellschaft ganz gut auskommen, solange es um das tägliche Vergnügen geht, ein wenig zu essen und mit seinen Freunden ein paar Lieder zu singen. Nur kämen dann keine kultischen Ereignisse zustande. Einige befähigte Männer müssen also gegen ihren Willen veranlaßt werden, gewisse Verantwortungen und Führungsaufgaben zu übernehmen, damit wenigstens alle drei bis vier Jahre wirklich eindrucksvolle Zeremonien stattfinden können. Man ist überzeugt, daß niemand ein Führer, ein »großer Mann« zu sein wünscht. »Große Männer« müssen planen, Tauschgeschäfte einleiten, »angeben« und aufschneiden, mit lauter Stimme sprechen und sich ihrer vergangenen und künftigen Verdienste rühmen. Gerade das ist ein Verhalten, das jedem Arapesh von Herzen widerstrebt, ein Verhalten, das jeder normale Mann vermeidet, wenn er nur irgend kann. Diese Rolle zwingt die Gesellschaft aber einigen wenigen Männern auf.

Wenn Jungen das zehnte Lebensjahr überschritten haben, dann pflegen die Älteren sie nach ihrer Befähigung, ein »großer Mann« zu werden, zu klassifizieren. Für solch eine grobe Einteilung stehen drei Kategorien zur Verfügung: »Wer offene Ohren und einen offenen Mund hat« – das sind die Geeignetsten, Männer, die die Sitten und Gebräuche kennen und das auch zum Ausdruck bringen können –, »wer offene Ohren und einen geschlossenen Mund hat« – tüchtige, ruhige Leute, die weise, aber schüchtern sind und sich nicht recht ausdrücken können – und schließlich eine Gruppe der beiden am wenigsten brauchbaren Typen: »Wer geschlossene Ohren hat, aber einen offenen Mund« und »Wer geschlossene Ohren und einen geschlossenen Mund hat«. Für die Erziehung eines Jungen der ersten Kategorie haben die Arapesh die Institution der *buanyin*-Partnerschaft entwickelt: Aus den jungen Leuten eines Clans, in dem ein älterer Verwandter einen *buanyin* hat, wird für den Jungen ein Partner ausgewählt. Diese Verbindung zwischen zwei jungen Männern aus verschiedenen Clans ist auf der gegenseitigen Verpflichtung zu Festveranstaltungen aufgebaut. Sie soll die Streitlust fördern und den bei den Arapesh seltenen Ehrgeiz ermuntern. Solche *buanyins* sind gehalten, sich zu beleidigen, wann immer sie sich treffen, einander höhnisch zu fragen, ob der andere *buanyin* überhaupt jemals etwas aus seinem Leben machen wolle – hat er denn keine Schweine, keine Yamswurzeln, kein Jagdglück, keine Handelsfreunde und keine Verwandten, da er niemals ein Fest gibt oder eine Zeremonie organisiert? Das *buanyin*-Verhältnis ist auch ein Training für die Art von Härte, die ein »großer Mann« besitzen muß, die aber bei einem gewöhnlichen Arapesh als unerwünscht gilt.

Die Funktion dieses *buanyin*-Verhältnisses muß im Zusammenhang mit der Haltung der Arapesh gegenüber dem Austausch von Nahrungsmitteln gesehen werden. Völkern, die ihren Handel als freiwilligen und gelegentlichen Geschenkaustausch ausgeben, ist das genaue Aufrechnen von Wert gegen Wert unverständlich. Das gilt auch von allen Tauschgeschäften zwischen Verwandten. Sie sehen die ideale Verteilung der Lebensmittel darin, daß jeder ißt, was ein anderer angebaut hat: Wild, das ein anderer erlegt hat, Schweine, die möglichst von so weit entfernten Leuten aufgezogen wurden, daß selbst deren Namen unbekannt sind. Diesem Ideal folgend, jagt ein Arapesh-Mann nur, um den größten Teil seiner Beute dem Bruder seiner Mutter, seinem Vetter oder seinem Schwiegervater zu schicken. Als niedrigster Mann der Dorfgemeinschaft gilt, wer seine Beute selber ißt, selbst wenn sie nur aus einem winzigen Vogel besteht, der kaum einen Bissen abgibt; er steht so sehr außerhalb der moralischen Grenzen, daß es keinen Zweck hätte, ihn davon abbringen zu wollen.

Niemand wird dazu ermuntert, mehr Yams anzubauen, als er braucht, obgleich diese lebenswichtige Frucht so zuverlässig gute Ernten bringt, sich gut und lange lagern läßt und ihre Vermehrung von der Konservierung von Samen abhängig ist. Hat jemand eine wesentlich bessere Yamsernte als sein Nachbar, dann wird ihm großmütig gestattet, ein *abullu*, ein besonderes Fest zu geben, bei dem alle seine mit leuchtenden Farben bemalten Yams für Saatzwecke verschenkt werden. Seine Verwandten und Nachbarn bringen Gegengeschenke nach eigener Wahl und nehmen eine Tasche voll Saatgut mit nach Hause. Von diesem Saatgut darf er niemals essen; auch wenn es sich bereits in der vierten oder fünften Generation vervielfacht hat, wird es sorgfältig registriert. Das größere Glück oder die geschicktere Hand eines Gärtners kommt also nicht diesem selbst zugute, sondern der Gemeinschaft; der Überschuß wird »sozialisiert« und der gemeinsame Vorrat an Yamssamen damit vergrößert.

Aus all dieser gemeinschaftlichen Behandlung von Nahrung und Eigentum, diesem von Konkurrenz und Berechnung freien Geben und Nehmen sticht das *buanyin*-Verhältnis als Ausnahmeerscheinung hervor. Alle Elemente des Wettbewerbs und der Kostenrechnung werden angestachelt. Ein *buanyin* wartet nicht ab, bis er eine im Ärger ausgestoßene Beleidigung erwidern kann, er beleidigt seinen *buanyin* auch ohne Anlaß. Er gibt ihm nicht nur von seinem Überfluß ab, sondern züchtet Schweine und jagt Wild nur deshalb, um seinen *buanyin* in aller Öffentlichkeit damit demonstrativ zu beschenken. Dabei läßt er es nicht an wohlgezielten Beleidigungen fehlen über die Unfähigkeit seines *buanyins*, die Geschenke zu erwidern. Jedes Schwein, jede Känguruhkeule wird unter Zuhilfenahme von Blattrippen der Kokospalme genau registriert und berechnet. Dabei bedrängen sich die *buanyins* in Gegenwart zahlreicher Zuhörer gegenseitig mit Forderungen. Am meisten überrascht zwischen den *buanyins*, daß Knickrigkeit vorgeschrieben ist. Ein freigebiger *buanyin* wird allerdings einen Korb mit ausgesuchten Innereien beiseitestellen, den seine Frau dann nach einem Fest der Frau seines *buanyins* verstohlen zusteckt. Für eine solche Gabe wird keine Gegenleistung erwartet. Während sonst stets gutes Benehmen erwartet wird, nimmt es niemand übel, wenn der *buanyin* diese großmütige Geste unterläßt.

In dieser Gesellschaft, in der alle freundlich, uneigennützig und hilfsbereit sind, in der niemand dem anderen seine Schulden vorhält und in der jeder jagt, damit die anderen essen können, werden zukünftige »große Männer« also ausgesprochen zu einem Verhalten erzogen, das ganz und gar von der Norm abweicht. Junge Leute, die »große Männer« werden sollen, stehen unter dem ständigen Druck der Älteren wie auch ihrer *buanyins*. Sie müssen lernen, große Feste zu veranstalten, die den Einweihungszeremonien und dem Kauf eines neuen Tanzkomplexes vorangehen. Einige von ihnen lernen es sogar, mit dem Fuße aufzustampfen, ihre Schweine zu zählen, besondere Gärten anzulegen und Jagden zu organisieren; vor allem lernen sie aber, über längere Zeiträume hinweg zu planen. Das ist nämlich wichtig, wenn ein kultisches Fest abgehalten werden soll – auch wenn es meist nur einen oder zwei Tage dauert. Aber wenn sein ältestes Kind das Pubertätsalter erreicht hat, darf der »große Mann« sich zurückziehen; er braucht dann nicht mehr mit dem Fuß aufzustampfen und zu schreien; er braucht nicht mehr auf Festen nach Gelegenheiten zu suchen, seinen *buanyin* zu beleidigen; und er kann in Ruhe zu Hause bleiben, seine Kinder erziehen, seinen Garten bestellen, seine Kinder verheiraten. Er darf eine Lebensweise aufgeben, von der seine Mitmenschen nicht zu Unrecht annehmen, daß sie ihm im höchsten Grade verhaßt gewesen ist.

III
Die Geburt eines Arapesh-Kindes

Die schöpferische Leistung des Arapesh-Vaters ist mit dem Beginn der Schwangerschaft seiner Frau noch längst nicht beendet. Die Arapesh wissen nicht, daß der Vater nach dem Akt der Zeugung, der die physiologische Vaterschaft begründet, fortgehen könnte, um neun Monate später bei seiner Rückkehr ein neugeborenes Kind vorzufinden. Eine solche Auffassung der Vaterschaft würde ihnen unmöglich, ja abstoßend erscheinen. Für sie ist das Kind nicht das Produkt eines leidenschaftlichen Augenblicks, sondern es wird allmählich und sorgsam von Vater und Mutter »gemacht«. Die Arapesh unterscheiden zwei Arten sexueller Aktivität: Spiel, das nicht zum Werden eines Kindes führt, und Arbeit, zweckbestimmten Geschlechtsverkehr, dessen Ziel die Schaffung eines ganz bestimmten Kindes, seine Ernährung und Formung im Mutterleib ist. Dabei ist die Aufgabe des Vaters der der Mutter gleich. Denn das Kind ist das Produkt aus dem Samen des Vaters und aus dem Blut der Mutter, die beide von Beginn an in gleicher Menge zur Bildung eines neuen Menschen vermischt sind. Sobald die Brüste der Mutter das charakteristische Anschwellen und die leichten Verfärbungen der Schwangerschaft zeigen, ist das Kind fertig. Als vollkommenes Ei ruht es nun im Leib der Mutter. Von diesem Augenblick an ist jeder Geschlechtsverkehr streng verboten; denn das Kind muß ungestört schlafen und in Ruhe seine Nahrung aufnehmen. Eine Frau, die empfangen möchte, muß sich so passiv wie nur irgend möglich verhalten. Als Beschützerin des in ihr heranwachsenden Kindes hat sie verschiedene Vorsichtsmaßregeln zu befolgen: sie darf keine Beuteldachse essen, sonst stirbt sie während einer schweren Geburt, weil die Beuteldachse sich zu tief in die Erde eingraben; Frösche sind ihr verboten, weil sonst das Kind zu rasch zur Welt kommt; Aale muß sie meiden, weil sonst die Geburt zu früh erfolgen würde. Sie darf weder Sago essen, der aus dem Gebiet des *marsalai* stammt, noch Kokosnüsse von einem Baum, den der *tamberan*, der Schutzgeist der Männer, mit einem Tabu belegt hat. Will sie einen Jungen zur Welt bringen, so werden ihr die anderen Frauen sagen, daß sie nichts in zwei Teile schneiden darf: dies würde nämlich ein Mädchen erzeugen.

Morgendliche Übelkeit während der Schwangerschaft ist hier unbekannt. Das Kind schläft die ganzen neun Monate hindurch. Es wächst heran wie ein Küken in der Eischale; zunächst besteht es nur aus Samen und Blut, dann wachsen Arme und Beine, und zum Schluß kommt der Kopf. Sobald der Kopf frei wird, wird das Kind geboren. Erst unmittelbar vor der Geburt, wenn es sich umdreht und dadurch die ersten Wehen verursacht, beginnt das Kind nach der Meinung der Arapesh zu leben.

Gemäß der Überzeugung der Arapesh von der antithetischen Natur der weiblichen Körperfunktionen und den magischen, nahrungsbeschaffenden Funktionen des Mannes darf der Vater bei der Geburt des Kindes nicht anwesend sein. Da das Blut, das die Mutter bei der Geburt verliert, genauso gefährlich ist wie das der menstruierenden Frau, muß das Kind außerhalb des Dorfes zur Welt gebracht werden. Der Ausdruck »ein Kind gebären« wird jedoch unterschiedslos auf den Mann wie auf die Frau angewandt; die Schwangerschaft gilt für beide Teile als anstrengend, insbesondere wegen der eifrigen Geschlechtstätigkeit, die vom Vater während der ersten Wochen nach Aussetzen der Menstruation verlangt wird. Der Vater wartet bei der Geburt in Hörweite, damit ihm von den Hebammen sofort das Geschlecht des Kindes zugerufen werden kann. Auf diese Mitteilung antwortet er lakonisch: »Wascht es!« oder »Wascht es nicht!«. Der erste Befehl bedeutet, daß das Kind am Leben bleiben und aufgezogen werden soll. Gelegentlich erfolgt auch der zweite Befehl, vor allem, wenn es sich um ein Mädchen handelt und die Mädchen bei der betreffenden Familie ohnedies schon in der Überzahl sind. Man läßt das Kind dann ungewaschen und ohne die Nabelschnur abzuschneiden am Ort der Geburt liegen, womit es dem Tod überantwortet ist. Die Arapesh bevorzugen Söhne; denn ein Junge wird ständig bei seinen Eltern bleiben und die Freude ihres Alters werden. Wenn nach der Geburt von ein oder zwei Mädchen ein weiteres aufgezogen wird, so verringert sich die Aussicht, einen Sohn zu bekommen, immer mehr. Da die Arapesh kein Verhütungsmittel kennen, greifen sie manchmal zum Kindermord. In Hungerzeiten oder wenn der Vater des Kindes vor der Geburt gestorben ist, mag es ebenfalls vorkommen, daß ein neugeborenes Kind nicht behalten wird; denn es hat dann ja nur wenig Chancen, ein gesunder und ausgewachsener Mensch zu werden.

Nachdem das Kind gewaschen ist, wird die Nachgeburt mit der Nabelschnur hoch oben in einem Baum versteckt. Denn ein Schwein, das diese Dinge fräße, würde ein Gartendieb werden. Mutter und Kind werden nun ins Dorf gebracht, in eine kleine, auf der Erde stehende Hütte. Der Erdboden des Dorfes ist ein Mittelding zwischen einem »schlechten Ort« und dem Fußboden eines gewöhnlichen Wohnhauses. Dieses darf nicht von Personen betreten werden, die sich in einem besonderen Zustand befinden – wie die Eltern eines Neugeborenen, Trauernde, ein Mann, der Blut vergossen hat usw. Der Vater kommt nun, um mit seiner Frau zusammen für das neugeborene Kind zu sorgen. Er bringt ihr weiche, flanellartige Blätter zum Auspolstern der kleinen Flechttasche, in der das Kind – in einer Stellung wie im Mutterleib – fast immer liegt, wenn es wach ist; er bringt ferner eine Kokosnußschale mit Wasser zum Baden des Kindes und wohlriechende Blätter, die der Hütte alle bösen Einflüsse fernhalten sollen. Dann legt er sich an die Seite seiner Frau, den Kopf auf dem kleinen Holzkissen, das Männer zum Schutz ihrer komplizierten Frisuren während des Schlafs benutzen. Er ist jetzt, wie die Eingeborenen es ausdrücken, im Kindbett. Das neue Leben ist ebenso eng mit dem seinen verbunden wie mit dem der Frau. Die »Lebensseele«, die sich sanft unter dem Brustbein des Neugeborenen bewegt und bis ins hohe Alter dort bleiben wird – es sei denn, sie wird durch schwarze Magie oder einen *marsalai* verführt, sich zu erheben und den Körper mit einem Würgegriff zu verlassen –, diese Lebensseele kann entweder vom Vater oder von der Mutter stammen. Später werden die Leute das Gesicht des Kindes mit den Gesichtern der Eltern vergleichen und auf diese Weise feststellen, welchem Elternteil das Kind seine Lebensseele verdankt. Aber eigentlich spielt das keine große Rolle: die Seele kann von dem einen oder dem andern Elternteil kommen; die Ähnlichkeit der Gesichtszüge läßt nur erkennen, welchen Weg sie genommen hat.

Der Vater liegt ruhig neben dem neugeborenen Kind und gibt der Mutter von Zeit zu Zeit kleine Ratschläge. An diesem ersten Tage dürfen die Eltern weder essen noch trinken noch rauchen. Von Zeit zu Zeit vollziehen sie kleine rituelle Zeremonien, um das Wohlergehen des Kindes und ihre eigene Fähigkeit, es zu betreuen, sicherzustellen. Die Frauen der Brüder des Vaters, die offiziellen »Säuglingspflegerinnen«, bringen als Zaubermittel unter anderem einen langen, abgeschälten

Stock herein. Der Vater tritt vor die Hütte und ruft ein paar der Kinder herbei, die dort auf die Gelegenheit lauern, einen Blick auf den Säugling werfen zu können. Er reibt den Stock auf ihren kräftigen kleinen Rücken und streicht dann mit ihm über den Rücken des Säuglings. Dabei spricht er seinen Zauberspruch:

Ich gebe dir die Rippen,
eine von einem Schwein,
eine von einer Schlange,
eine von einem Menschen,
eine von einer Baumschlange,
eine von einer Python,
eine von einer Viper,
eine von einem Kind.

Hierauf bricht er den Stock in sechs Teile und hängt sie einzeln im Haus auf. Damit ist der Rücken des Säuglings gegen alle Schäden gesichert. Nun schneidet der Vater eine große Yamswurzel in kleine Stücke und gibt jedem Stück den Namen eines kleinen Jungen aus dem Dorf: Dobomugau, Segenamoya, Midjulamon, Nigimarib. Dann benennt seine Frau die Wurzel, jedes Stück nach einem kleinen Mädchen: Amus, Yabiok, Anyuai, Miduain, Kumati. Schließlich wirft der Vater die Stücke fort. Diese Zauberformel gewährleistet, daß das Kind gastfrei und freundlich gegen seine Mitmenschen wird.

Während die Zeremonie bei der Frau stets gleich bleibt, ob es sich nun um das erste oder um das fünfte Kind handelt, befindet sich der Vater bei seinem ersten Kind in einer besonders delikaten Situation – ähnlich der eines frisch initiierten Knaben oder eines Mannes, der zum erstenmal im Kampf einen Menschen getötet hat. Aus diesem außergewöhnlichen Zustand kann ihn nur ein Mann befreien, der schon vor ihm Kinder »zur Welt gebracht« hat, indem er sein Pate wird und die erforderlichen Zeremonien durchführt. Während der ersten fünf Tage bleibt der junge Vater in völliger Abgeschlossenheit bei seiner Frau; seine Hände dürfen keinen Tabak berühren; er darf sich auch nur mit einem Stecken kratzen und muß zum Essen einen Löffel gebrauchen. Am sechsten Tage wird er zu einer kleinen, mit Blumengirlanden geschmückten Hütte unmittelbar am Ufer eines Tümpels geführt. Auf dem Grund des Tümpels liegt ein großer weißer Ring, der »Aal« genannt wird. Der Vater des neugeborenen Kindes geht mit seinem Paten zum Tümpel hinab und reinigt feierlich seinen Mund mit einem

Ring, den ihm der Pate reicht. Dann trinkt er von dem Wasser, in das aromatische Kräuter getaucht worden sind, wäscht sich darauf den ganzen Körper und steigt in den Tümpel, um den Aal zu fangen und ihn seinem Paten zu reichen. Der Aal ist eng verknüpft mit dem Phallussymbol – ein besonderes Tabu der Knaben während ihres Heranwachsens und der Einweihungsperiode. Durch diese Handlung soll er wohl seine Männlichkeit zurückerhalten, die während der vergangenen Monate, in denen er einen so wichtigen Anteil an weiblichen Funktionen gehabt hat, verlorengegangen ist. Dieser ursprüngliche Sinn des Vorgangs ist aber den Eingeborenen längst nicht mehr gegenwärtig; sie betrachten ihn lediglich als eine nötige Einzelheit der Zeremonie. Der Pate bestreicht den Kopf des jungen Vaters mit der gleichen weißen Farbe, mit der auch die Stirn eines Jünglings bestrichen wird. Nun gilt der Vater als ein Mann, der mit Erfolg ein Kind zur Welt gebracht hat.

Seine mütterlichen Aufgaben sind damit aber noch nicht erschöpft. In den folgenden Tagen wird das Ehepaar durch bestimmte Zeremonien von allen Tabus befreit – mit Ausnahme des Verbots, Fleisch zu essen. Alle Besucher des Neugeborenen erhalten – die Männer vom Vater, die Frauen von der Mutter – Tabak und Betelnüsse und werden dadurch verpflichtet, dem jungen Paar bei allen künftigen Unternehmungen zu helfen, wodurch die Zukunft des Kindes eine weitere Sicherung erhält. Die Frau vollzieht noch eine besondere Zeremonie, um sich zu überzeugen, daß ihre Fähigkeit zu kochen nicht durch die hinter ihr liegenden Erlebnisse beeinträchtigt wurde. Sie macht zum Schein einen Gemüsepudding aus nicht eßbaren, harten wilden Kräutern und wirft ihn den Schweinen vor. Nach etwa einem Monat geben die jungen Eltern ein Fest, durch das auch das Verbot, Fleisch zu essen, aufgehoben wird, und gleichzeitig ein Fest für die Hebamme und die anderen Frauen, die ihnen in der Zeit der Niederkunft Essen brachten. Die Eltern können nun wieder völlig frei umhergehen. Das Kind soll man aber erst mit sich nehmen, wenn es zu lachen beginnt. Hat es den Vater zum erstenmal angelacht, dann bekommt es einen Namen, den Namen eines Angehörigen der väterlichen Sippe.

Das Leben des Säuglings hängt auch weiterhin von der besonderen Wartung durch beide Elternteile ab. Der Vater muß jede Nacht bei Frau und Kind schlafen. Aller Geschlechtsverkehr ist für ihn tabu – auch mit einer etwa vorhandenen zweiten Frau. Außerehelicher Verkehr wäre ebenfalls gefährlich.

In den ersten Wochen der Schwangerschaft ist ein intensiver Geschlechtsverkehr erforderlich, um das Wachsen des Kindes zu gewährleisten. Sobald aber das Kind fertig gebildet ist, würde jeder Geschlechtsverkehr der Eltern, bevor es ein Jahr alt ist, seine Gesundheit gefährden. Wenn ein Kind schwach und kränklich ist, sind die Eltern daran schuld, die dieses Tabu mißachteten. Im allgemeinen ist man jedoch der Ansicht, daß Eltern dieses Tabu einhalten; wenn sie sich dazu entschlossen haben, das Kind aufzuziehen, wissen sie auch, was damit verbunden ist. Es gibt eine Sage, in der eine Mutter ihr Kind entgegen der Entscheidung des Vaters aufziehen wollte; die Eingeborenen meinten dazu, daß ein solches Verhalten wohl in der Zeit der *marsalais*, das heißt in längst vergangenen mythischen Zeiten, möglich gewesen sei, aber heute gar keinen Sinn mehr habe: das Kind kann ja doch nur am Leben bleiben, wenn der Vater sich an der Pflege beteiligt; wozu sollte also die Mutter das Kind behalten wollen, wenn es dann doch umkommt?

Die Arapesh üben sexuelle Enthaltsamkeit, bis das Kind die ersten Schritte macht; man hält es dann für stark genug, die Belastung durch die Sexualität der Eltern wieder zu ertragen. Die Mutter stillt das Kind, bis es drei oder vier Jahre alt ist – sofern sie inzwischen nicht wieder schwanger geworden ist. Das Tabu wird aufgehoben, wenn die Mutter aus der Menstruationshütte zurückkehrt; die Eltern verbringen dann einen Tag mit Fasten. Danach dürfen sie wieder Geschlechtsverkehr haben, und der Mann kann, wenn er will, mit seiner zweiten Frau schlafen; seine nächtliche Anwesenheit ist für das Kind nun nicht mehr erforderlich. (Manchmal kommt es natürlich vor, daß der Vater das Kind zurücklassen muß, wenn er sich auf weite und gefährliche Wege begibt, auf die er die Mutter und das kleine Kind nicht mitnehmen kann; aber dadurch wird die Gesundheit des Kindes nicht bedroht, solange nicht sexuelle Dinge den Vater fernhalten.) Die Arapesh sind sich völlig klar über den Wert dieser sexuellen Tabus für die Regelung der Schwangerschaft. Kinder sollten nicht zu dicht aufeinander folgen. Das ist nicht nur zu anstrengend für die Mutter; ein Kind muß dann auch gewaltsam entwöhnt werden, wenn das nächste zu rasch folgt. Das Kind soll nämlich allmählich lernen, feste Nahrung aufzunehmen; es soll die Mutterbrust immer weniger zum Trinken aufsuchen, bis es schließlich nur noch aus Zärtlichkeit, Angst oder Schmerzen in die

Arme der Mutter flüchtet. Wird die Mutter jedoch früher wieder schwanger, so muß es unter Umständen schon mit zwei Jahren entwöhnt werden. Wird eine solche Entwöhnung nötig, dann beschmiert die Mutter ihre Brustwarzen mit feuchtem Schlamm, und dem Kind wird mit allen Zeichen tiefsten Abscheus bedeutet, es seien Exkremente. Ich selbst hatte Gelegenheit, zwei Kinder zu beobachten, die auf diese Weise entwöhnt worden waren, und zwar waren es beides Jungen. Einer von ihnen war im Augenblick der Entwöhnung zweieinhalb Jahre alt und wandte sich von da an mehr und mehr seinem Vater zu. Der andere entfremdete sich überhaupt seinen Eltern; als er sieben Jahre alt war, ging er auf die Suche nach Pflegeeltern, in einer verzweifelten, jammervollen Verfassung, die für die Arapesh-Kinder ganz untypisch ist. Zwei Fälle genügen natürlich nicht, um Schlüsse zu ziehen, aber es ist doch interessant, daß Arapesh-Eltern die abrupte Entwöhnung als eine Grausamkeit ansehen, die das kindliche Wachstum ungünstig beeinflussen kann. Sie haben Schuldgefühle, wenn sie eine für das Kind nachteilige Situation herbeigeführt haben, und dieses Schuldgefühl allein kann das Eltern-Kind-Verhältnis verändern; der Vater kann zum Beispiel – wie Bischu, der Vater des jüngeren Kindes – übermäßig besorgt werden oder übermäßig streng und hart, wie Kule gegenüber dem unglücklichen kleinen Naguel. Die Eltern, die durch ihre Selbstbeherrschung dem Kind seinen vollen Anspruch auf die Mutterbrust erfüllen, fühlen sich zufrieden und tugendhaft. Dies ist die typische Einstellung der Arapesh-Eltern. Wird das Kind langsam entwöhnt, so hat die Mutter keine Bedenken, zu ihrem kräftigen Dreijährigen zu sagen: »Du, mein Kind, hast genug Milch gehabt. Schau, ich bin schon ganz verbraucht, so lang habe ich dich gesäugt. Und du bist so schwer, daß ich dich nicht mehr überallhin herumtragen kann. Da, iß diesen Taro und hör auf zu quengeln.«

Wenn man die Arapesh nach der Arbeitsteilung fragt, dann antworten sie: die täglichen Mahlzeiten kochen, Brennholz und Wasser holen, Unkraut jäten und Lasten tragen – das sind Frauenarbeiten; ein Festmahl bereiten, Schweine und Baumstämme tragen, ein Haus bauen, ein Dach decken, Zäune aufrichten, schnitzen, jagen und Yams ziehen – das ist Männerarbeit. Schmuck herstellen und Kinder versorgen sind Arbeiten, die sowohl vom Mann wie von der Frau verrichtet werden können. Ist die Arbeit der Frau dringender – wenn zum Beispiel das Gemüse für die Abendmahlzeit fehlt oder ein Stück Fleisch zu einem Nachbarn im nächsten Dorf gebracht werden muß – bleibt der Mann daheim und sorgt für das Kind, in das er ebenso verliebt ist und dem er ebenso kritiklos gegenübersteht wie die Mutter. Man kann an einem Ende des Dorfes ein Kind aus Leibeskräften schreien und einen stolzen Vater dazu bemerken hören: »Seht ihr, mein Kind schreit die ganze Zeit über. Es ist genauso stark wie ich«, während am anderen Ende ein zweijähriger Knabe sich mit stoischem Gleichmut unter großen Schmerzen einen Splitter aus der Stirn ziehen läßt, wozu sein Vater mit dem gleichen Stolz bemerkt: »Seht ihr, mein Kind schreit überhaupt nicht, es ist ebenso stark wie ich.«

Die Väter verstehen ebenso geschickt mit den Exkrementen der kleinen Kinder umzugehen wie die Mütter. Sie bringen auch die gleiche Geduld auf wie ihre Frauen, das Kind zu überreden, seine Suppe mit einem der groben Kokosnußlöffel zu essen, die viel zu groß für den kleinen Mund sind. Die tägliche Sorge für das Kind, die Routinearbeit, die Reizbarkeit, das jämmerliche Weinen, das nicht richtig gedeutet werden kann – all das ist den Arapesh-Männern ebenso vertraut wie den Arapesh-Frauen. Es ist die Anerkennung dieser geradezu »mütterlichen« Fürsorglichkeit sowie des wesentlichen Beitrages, den der Vater schon bei der Entstehung des Kindes leistet, die die Leute, bezeichnet man einen Mann mittleren Alters als gutaussehend, antworten läßt: »Gutaussehend? – So? Aber ihr hättet ihn erst einmal sehen sollen, bevor er alle diese Kinder zur Welt brachte.«

IV
Frühe Einflüsse auf die Persönlichkeitsbildung der Arapesh

Wie wird aus dem Arapesh-Säugling die gutmütige, freundliche und aufgeschlossene Persönlichkeit des erwachsenen Arapesh? Welchen entscheidenden Faktoren in der Erziehung des Kindes ist es zu verdanken, wenn es sanft und zufrieden, warmherzig, gelehrig und vertrauensvoll und weder aggressiv noch ehrgeizig oder draufgängerisch wird? Natürlich werden in jeder einfachen, undifferenzierten Gesellschaft die Kinder, sind sie erwachsen, die gleichen Wesensmerkmale zeigen wie ihre Eltern und Vorfahren. Aber das ist nicht einfach ein Ergebnis der Nachahmung. Zwischen der Art und Weise, wie ein Kind ernährt, schlafen gelegt, gebändigt, Selbstbeherrschung gelehrt, liebkost, bestraft und ermutigt wird, und der endgültigen Ausrichtung des Erwachsenen besteht ein sehr feiner und eindeutiger Zusammenhang. Darüber hinaus gibt die Art, in der Männer und Frauen ihre Kinder behandeln, den allerbezeichnendsten Aufschluß über die Persönlichkeit der Erwachsenen eines Volkes und beleuchtet die zwischen den Geschlechtern bestehenden Gegensätze am schärfsten. Wir können die Arapesh und das warmherzige, mütterliche Wesen sowohl der Männer wie der Frauen nur dann richtig verstehen, wenn wir die frühen Eindrücke ihrer Kindheit und die Eindrücke, die sie ihrerseits ihren Kindern zuteil werden lassen, betrachten.

Während der ersten Monate seines Lebens wird ein Säugling niemals allein gelassen. Wenn die Mutter umhergeht, trägt sie das Kind entweder in einem Tragnetz, das von ihrer Stirn herunterhängt, oder unter der Brust in einer Schlinge aus Bastgewebe bei sich. Das Tragnetz ist bei den Flachland-Arapesh üblich, die Brustschlinge bei den Küstenleuten; die Frauen in den Bergen verwenden beide Mittel, wobei sie sich nach dem Gesundheitszustand des Kindes richten: Ist es unruhig und reizbar, dann tragen sie es lieber in der Schlinge, weil es dann leichter an die tröstende Brust gelegt werden kann. Wenn das Kind weint, ist das eine Tragödie; sie muß um jeden Preis vermieden werden – das gilt auch für das weitere Leben. Die anstrengendste Zeit kommt für die Mutter, wenn das Kind etwa drei Jahre, also zu alt ist, um an die Brust gelegt zu werden, aber noch zu jung, um die Gründe für sein Weinen klar ausdrücken zu können. Man läßt das Kind beim Tragen oft aufrechtstehen, damit es sich mit den Füßen gegen die Arme oder Beine der Träger stemmen kann. Auf diese Weise lernt es oft, auf die Hände gestützt, früher stehen als sitzen. Es wird gestillt, wann immer es schreit, und ist an den engen Kontakt mit dem mütterlichen Körper – im Tragnetz auf ihrem Rükken, in ihren Armen oder auf ihrem Schoß – so gewöhnt, daß es das Gefühl ständiger Geborgenheit hat. Es hat nur zwei Erschütterungen durchzumachen, die beide ihre Auswirkungen auf die spätere Entwicklung der Persönlichkeit erkennen lassen: nach den ersten Monaten, in denen es bedachtsam mit warmem Wasser gewaschen worden ist, wird es mit einem Strahl kalten Wassers aus einem Bambusrohr bespritzt – ein häßlicher, abrupter, kalter Schock. Alle Kinder nehmen diese Behandlung sehr übel und behalten die Abneigung gegen Kälte und Regen ihr ganzes Leben lang[3]. Der zweite Schock besteht darin, daß das Kind, wenn es abgehalten wird, von der haltenden Person schnell auf eine Seite gedreht wird, damit sie nicht selbst beschmutzt wird. Diese plötzliche Bewegung unterbricht den normalen Verlauf der Entleerung und verdrießt das Kind. Im späteren Leben beherrschen die Arapesh ihre Schließmuskeln auffallend schlecht und betrachten dies als normale Nebenerscheinung in besonders schwierigen Situationen.

Das Leben des Säuglings verläuft in Wärme und Wohlbehagen. Er wird niemals allein gelassen; tröstende menschliche Haut und menschliche Stimmen sind immer in der Nähe. Mädchen wie Jungen lieben kleine Kinder und sind immer bereit, sie auf den Armen zu halten. Wenn die Mutter zum Arbeiten in den Garten geht, nimmt sie ein größeres Kind mit, das auf den Säugling aufpaßt, statt ihn den ganzen Vormittag allein auf einer Bastdecke oder in seinem kleinen Netz aufgehängt zurückzulassen. Ist der kleine Aufpasser ein Junge, so hält er das Kind in seinen Armen, während Mädchen das Babynetz auf dem Rücken tragen.

Sobald das Kind zu laufen beginnt, ändert sich der ruhige Rhythmus seines bisherigen Lebens. Es ist jetzt bereits zu schwer, um dauernd von der Mutter getragen zu werden, und kann auch schon eine Weile ohne Saugen an der mütterlichen Brust auskommen. Die Mutter läßt das Kind also in der Obhut des Vaters oder eines anderen Verwandten im Dorf, während sie in den Garten geht oder Brennholz holt. Bei ihrer Rückkehr findet sie häufig ein weinendes und verdrossenes Kind vor und legt es voller Reue für etwa eine Stunde an die Brust. Dieser Rhythmus, der mit einer Stunde Abwesenheit und einer Stunde tröstenden Stillens beginnt, wird allmählich auf längere Perioden ausgedehnt, bis die Mutter schließlich, wenn das Kind etwa drei Jahre alt ist, einen ganzen Tag hindurch abwesend ist, um das Kind, das inzwischen natürlich eine entsprechende Ersatznahrung erhält, am nächsten Tag ununterbrochen in ihrem Schoß zu halten und es trinken oder spielen zu lassen, wann immer es will, und ihm so das Gefühl der Geborgenheit wiederzugeben. Dieses Erlebnis genießt die Mutter ebenso stark wie das Kind. Sobald das Kind alt genug ist, mit den Brüsten der Mutter zu spielen, übernimmt diese eine aktive Rolle im Prozeß des Stillens. Sie hält die Brust in der Hand und bewegt die Brustwarze sanft zwischen den Lippen des Kindes hin und her. Sie bläst in das Ohr des Kindes oder zupft es an den Ohren, schlägt ihm sanft auf die Geschlechtsteile oder kitzelt es an den Zehen. Das Kind lacht und jauchzt und macht aus dem Trinken ein ausgedehntes, behagliches Spiel. Auf diese Weise gibt der Vorgang des Nährens Gelegenheit zu innigsten Liebesbeweisen und führt dazu, daß das Kind am ganzen Körper sensibel gegenüber Zärtlichkeiten wird. Hier wird nicht einem vollständig bekleideten Kleinkind eine kühle, harte Flasche gereicht, die es schnell austrinken muß, um dann sofort einzuschlafen, damit die Mutter von der Last befreit ist, die Flasche zu halten; sondern das Nähren ist für die Mutter wie für das Kind ein langes, köstliches, begehrtes Spiel, in dem die behagliche, warme Liebesfähigkeit eines ganzen Lebens begründet ist.

Wenn es älter wird und die Mutter immer länger fortgeht, lernt das Kind neue Freuden als Ersatz für die mütterliche Brust kennen. Es lernt, mit seinen Lippen zu spielen. Dieses Spiel schaut es den größeren Kindern ab, und diese spielen auch mit den Lippen des Säuglings, womit sie ihm eine Beschäftigung zeigen, die so gut für die Zeit des Alleinseins und Hungerns geeignet ist. Interessanterweise lutscht kein Arapesh-Kind ständig am Daumen oder an einem anderen Finger[4]. Aber das Lippenspiel wird in jeder erdenklichen Form getrieben, die Oberlippe wird mit dem Daumen, mit dem Zeigefinger, dem Mittelfinger beklopft; die Backen werden aufgeblasen und mit dem Handteller oder Handrücken bepatscht; die Innenseite der Unterlippe wird mit der Zunge gekitzelt, die Arme und Knie beleckt. Die größeren Kinder kennen Hunderte von Arten, mit dem Mund zu spielen, und das kleine Kind lernt sie von ihnen im Laufe seiner Entwicklung.

Das Lippenspiel, getrieben in jeder nur erdenkbaren Form, ist der rote Faden im Gefühlsleben des Kindes, der die glückliche Geborgenheit im Arm der Mutter mit der sanften Freude am abendlichen Feuer im Kreise der Älteren verbindet und schließlich zu einem ausgeglichenen, unkomplizierten Geschlechtsleben führt. Die Arapesh sehen im Lippenspiel das Symbol der Kindheit. Jungen und Mädchen, die Geschichten erzählen, die für ihr Alter unpassend sind, werden ermahnt, hinterher ihre Lippen zu reiben, weil sie sonst vorzeitig graue Haare bekommen. Nach der Initiierung werden die Knaben angehalten, das Lippenspiel aufzugeben, das doch nur für »Kinder« paßt; als Ersatz wird ihnen Betelkauen und Rauchen gestattet, damit die Lippen, die so daran gewöhnt waren, daß man sich mit ihnen beschäftigt, »sich nicht einsam fühlen«. Junge Mädchen dürfen das Lippenspiel fortsetzen, bis sie Mütter geworden sind – das entspricht der Überzeugung, daß die Entwicklung der Frau sich langsamer vollzieht als die des Mannes.

Noch während es in ihrem Schoß liegt, pflanzt die Mutter dem Kind den Keim des Vertrauens und der freundlichen Aufgeschlossenheit ein gegenüber der Welt, der Nahrung, den Tieren, den Menschen. Sie hält ein Stück Taro in der Hand, und während das Kind saugt, sagt die Mutter in sanftem Singsang: »Guter Taro, guter Taro, schmeckt dem Kind, iß ein bißchen Taro, guten Taro«, und wenn das Kind für einen kleinen Augenblick die Brust losläßt, wird ihm ein Stückchen Taro in den Mund geschoben. Der Hund oder das zahme kleine Schwein, die ihre Nase neugierig unter den Arm der Mutter schieben, werden von ihr festgehalten, und während sie die Haut des Kindes an dem Fell reibt, murmelt sie: »Guter Hund, gutes Kind, guter Hund, gut, gut.« Auf ähnliche Weise weckt sie in dem Kind auch das Vertrauen zu den Verwandten und erfüllt die verwandtschaftlichen Bezeichnungen mit freundlichem Inhalt. Ehe das Kind ihre Worte verstehen kann, stellt die Mutter ihm die Verwandten vor und flüstert ihm ins Ohr: »Das ist deine andere Mutter (ihre Schwester), deine andere Mutter, deine andere Mutter. Sieh sie dir an, sie ist gut. Sie lächelt. Sie bringt dir etwas zu essen. Sie ist gut.« Diese Worte schaffen in ihm ein solches Vertrauen, daß das Kind unter ihrer akustischen Wirkung gelegentlich fast gegen sein Gefühl handelt. So flüchtete einmal ein kleines, etwa zweijähriges Mädchen mit allen Zeichen des Entsetzens vor mir. Seine Mutter kam aus der Hütte und erklärte dem erschrockenen Kind, daß ich seine Tante sei. Sofort kam es zu mir, setzte sich vertrauensvoll auf meinen Schoß und fühlte sich sogleich wieder in einer geborgenen Welt.

Die einzigen Rangunterschiede, zu deren Anerkennung durch ein entsprechendes Betragen das Kind erzogen wird, sind die Altersunterschiede. Es wird angehalten, bei einer Besorgung für den Großvater schneller zu laufen als bei einer für den Vater; es fühlt die besondere Freundlichkeit und Befriedigung, mit der der Großvater sagt: »Ich bleibe jetzt zu Hause, und meine Enkel spielen miteinander um meine Hausleiter.« Oft wird erwähnt, daß ein Kind als zweites oder drittes geboren wurde. »Sieh her, das Zweitgeborene ißt schön, aber das Erstgeborene sitzt da und spielt mit seinem Essen.« Oder: »Das Zweitgeborene geht jetzt zur Arbeit und das Erstgeborene sitzt ruhig zu Hause.« Auf diese Weise erfährt es, daß es nicht bedeutungslos ist, ob man als erstes Kind oder als eines der folgenden geboren wurde, und lernt damit auch seine eigene Rangstellung in der Familie kennen. Im übrigen lernt es, allen zu vertrauen und alle zu lieben, denen es begegnet. Jeder Bewohner des Dorfes ist für das Kind »Onkel«, »Bruder«, »Vetter« oder »Tante« usw. Infolgedessen, aber auch wegen der notorischen Nachlässigkeit der Arapesh sind die einzelnen Grade der Verwandtschaft bei ihnen verschwommen. Schon das kleine Kind ist daran gewöhnt, mit »mein kleiner Großvater« oder »mein dickes Onkelchen« tituliert zu werden. Die Verwandtschaftsgrade werden auch dadurch noch durcheinandergeworfen, daß der älteste einer Geschwistergruppe mit »Onkel« angeredet werden kann, die zweitälteste mit »Großmutter«, der dritte mit »Sohn« – je nachdem, von welcher Warte die Verwandtschaft im gegebenen Augenblick angesehen wird. Manchmal nennt auch ein Mann eine Frau »Schwester« und deren Mann »Großvater«. In einer Welt, in der kein besonderes Verhalten zwischen Vettern oder Schwägern vorgeschrieben ist, wo keiner Scheu vor dem andern hat und alle verwandtschaftlichen Beziehungen gegenseitiges Vertrauen und Wohlwollen ausstrahlen und in der jeder sicher sein kann, von den anderen Nahrung und Beistand in allen Lebenslagen zu erhalten, wird natürlich auch das Kind keine deutlichen Unterschiede zwischen den Menschen seiner Umwelt machen.

Obwohl der Unterschied zwischen den Geschlechtern begrifflich klar ist, wird er durch das Verhalten der Arapesh völlig verwischt. Es wird einem Kind nicht beigebracht, daß nur seine Eltern unbewacht zusammen in einer Hütte schlafen dürfen, während eine Tante oder ein Vetter vor einem so engen Kontakt mit Verwandten des entgegengesetzten Geschlechts zurückschrecken müßten. Die Arapesh wissen nichts von solchen Hemmungen. Ein Junge lernt von seinem Vater: »Wenn du unterwegs bist, dann darfst du in jedem Haus schlafen, in dem sich eine Tante, eine Base, eine Nichte oder auch eine Schwiegertochter befindet.« Daß Leute, zwischen denen geschlechtliche Beziehungen verboten sind, lieber nicht allein gelassen werden sollten, würde ein Arapesh nie begreifen.

Bis zum Alter von etwa vier oder fünf Jahren tragen weder Jungen noch Mädchen irgendwelche Kleidung. Sie lernen es, die physiologischen Unterschiede in ihrem Aussehen ohne Scham oder Verlegenheit hinzunehmen. Von kleinen Kindern wird nicht unbedingt verlangt, daß sie ihre Bedürfnisse nicht vor anderen Leuten verrichten; selbst Erwachsene begeben sich zu einem solchen Zweck höchstens an den Dorfrand – ihr Verhalten ist aber mehr rücksichtsvoll als verschämt zu nennen. Alle Frauen schlafen nachts vollkommen nackt, und die Männer schieben ihre kleinen Lendenschurze sorglos beiseite, um sich in aller Ruhe zu kratzen. Kleine Kinder werden nicht dadurch zur Sauberkeit erzogen, daß man an ihr Schamgefühl appelliert, sondern indem man mit Abscheu von allem Unsauberen spricht. Dieser Abscheu ist so stark entwickelt, daß schon Vier- und Fünfjährige sich schaudernd von unbekannten Dingen wie Klebstoff oder Schimmel auf Leder abwenden. Die üblichere Ideenverbindung von Ausscheidungen mit den Genitalien und daher mit Geschlechtsunterschieden ist kaum jemals vorhanden.

Von kleinen Kindern wird nicht gefordert, daß sie in ihrem Verhalten zu anderen Kindern einen Unterschied zwischen Kindern des eigenen und des andern Geschlechts machen. Vierjährige Knaben und Mädchen tollen miteinander am Boden herum, und niemand kümmert sich darum, wie weit es dabei zu körperlicher Berührung kommt. So entwickelt sich in den Kindern eine selbstverständliche, unbekümmerte Vertrautheit mit dem Körper des anderen Geschlechts, eine Vertrautheit, die nicht durch Schamgefühl beeinträchtigt wird.

Wenn das Kind älter wird, ist seine Betreuung nicht mehr

so ausschließlich auf seine Eltern beschränkt. Kinder werden »ausgeliehen«. Eine Tante kommt zu Besuch und nimmt das Vierjährige für eine Woche mit in ihre Hütte und gibt es dann an andere Verwandte, damit diese es gelegentlich zu den Eltern zurückbringen. Daraus folgt, daß das Kind die Welt als eine Welt voller Eltern sehen lernt und nicht als einen Ort, in dem Sicherheit und Glück allein von der Kontinuität seiner Beziehungen zu den eigenen Eltern abhängen. Der Kreis seines Vertrauens erweitert sich, ohne daß sich seine Liebe allzusehr verallgemeinert. Es kommt nicht mit einem Halbdutzend Müttern oder Vätern zusammen, wobei die eigenen Eltern zu einem verschwommenen Bild werden würden; sondern diese behalten eine Sonderstellung, da das Kind mit ihnen am häufigsten zusammen ist. Die Gewöhnung an das Hinüberwechseln von einer Familie in die andere erklärt auch, warum man ein kleines Kind der Arapesh nur ein Weilchen zu herzen braucht, damit es einem zutraulich überallhin folgt. Von klein auf daran gewöhnt, daß man niemanden und nichts zu fürchten braucht, schließt es sich freudig jedem an, der ihm den Magen kitzelt oder seinen ständig juckenden kleinen Rücken kratzt. Die Kinder kugeln auf dem Boden von einem freundlichen Erwachsenen zum andern und lassen sich neben jedem nieder, der sich mit ihnen abgibt.

Niemand verlangt, daß die Kinder rasch erwachsen werden oder irgendwelche besonderen Fähigkeiten erwerben, und es fehlt auch völlig an Methoden zur körperlichen Ertüchtigung. Man läßt es zu, daß sie Dinge versuchen, die ihre Kraft weit übersteigen, eine Leiter hinaufklettern und auf halbem Wege die Nerven verlieren, mit einem Messer spielen, mit dem sie sich schneiden würden, wenn man nicht ständig auf sie aufpaßte. Es gibt nur eine Ausnahme: Mädchen wird schon in frühester Jugend beigebracht, daß sie Lasten auf dem Kopf zu tragen haben. Schon in einem Alter, wo sie größtenteils noch von der Mutter getragen werden, wird damit begonnen. Sie lernen, daß es eine besondere Vergünstigung ist, wenn sie Besitztümer ihrer Eltern auf dem Kopf tragen dürfen. Sonst aber ist die körperliche Erziehung der Kinder ganz planlos. Ein kleines Kind klettert eine Hausleiter hinauf; auf halbem Wege beginnt es vor Angst zu schreien, und sofort kommt ihm jemand zu Hilfe. Ein Kind stolpert. Es wird aufgefangen und geherzt. So wächst das Kind auf mit dem Bewußtsein, in der Fürsorge der anderen geborgen zu sein und seine Sicherheit nicht dadurch zu gewinnen, daß es seine Umwelt beherrschen lernt. Die Welt ist kalt, feucht, voller Fallgruben, verborgener Wurzeln und Steine, über die die kleinen Füße stolpern – aber stets ist da eine hilfsbereite Hand, eine freundliche Stimme, die einen rettet. Man muß in erster Linie Vertrauen zu seiner Umwelt haben – was man selbst tut, ist gar nicht wichtig.

Die Einstellung der Arapesh zu den Gebrauchsgegenständen und zur Körperbeherrschung wirkt sich in dem mangelhaften technischen Verständnis der Erwachsenen aus. Die Arapesh kennen keine genormten Arbeitsmethoden; selbst die Knoten, mit denen sie die Balken ihrer Häuser verbinden, sehen jedesmal anders aus. Wenn sie irgend etwas abmessen, sind die festgestellten Maße fast immer falsch. Statt den Fehler zu berichtigen, passen sie den weiteren Bau diesem einen Fehler an. Die Häuser sind nachlässig und unsymmetrisch gebaut. Die Matten und Körbe, die sie flechten, die Armreifen und Gürtel, die sie herstellen – das alles ist nachlässige und unvollkommene Arbeit. Sie importieren laufend schöngearbeitete Gegenstände von der Küste als Modelle, degradieren aber den Entwurf durch eine rohe Imitation, sofern sie einen solchen Versuch nicht überhaupt rasch wieder aufgeben. Disziplin von Hand und Auge fehlt ihnen völlig.

In der Malerei sind sie wohl noch am stärksten. Ein großzügiger impressionistischer Stil ermöglicht es den besonders Begabten, fast ohne jede Anleitung und Tradition gelegentlich zauberhafte Muster auf große Baumrindenstücke zu malen. Aber eine solche Einzelbegabung hat kaum eine nachhaltige Wirkung auf das mangelnde Vertrauen der Leute in ihre eigenen Fähigkeiten, auf ihre ständige Erwartung in die Kunstwerke anderer Völkerstämme, weil sie sich selbst für unfähig halten. Die Kinder lernen höchstens, sich begeistert zu zeigen, wenn ihnen eine hübsche Farbe oder ein neues Lied vorgeführt wird. Diese Haltung haben sie den Erwachsenen abgesehen, die angesichts eines Bildes aus einem amerikanischen Magazin nicht etwa fragen: »Was ist das?«, sondern stets ausrufen »Oh, wie herrlich!«

Das ständige Umherziehen von einem Ort zum andern wirkt sich natürlich auf das Leben der Kinder aus. Nie sind genug Kinder für Gruppenspiele beisammen; jedes Kind hängt sich an einen Erwachsenen oder an ältere Geschwister. Die langen Wege zwischen den einzelnen Gärten und der lange Rückweg zum Dorf ermüden sie, so daß sie bei der Heimkehr teilnahmslos dasitzen und mit ihren Lippen spielen, während die Mutter das Essen bereitet und der Vater mit anderen Männern am Feuer plaudert. Es gibt so gut wie keine Kinderspiele. Kleinere Kinder dürfen überhaupt nur so lange miteinander spielen, als sie nicht in Streit geraten. Sobald der kleinste Zank entsteht, schaltet sich ein Erwachsener ein. Der Angreifer wird sofort vom Schlachtfeld gezerrt und festgehalten. Ein zorniges Kind darf mit den Füßen um sich schlagen und schreien, sich im Schmutz wälzen, Steine und Brennholz auf den Boden werfen – aber es darf niemals das andere Kind berühren. Diese Gewohnheit, seine Wut auf andere an den Dingen seiner nächsten Umgebung auszulassen, bleibt das ganze Leben hindurch erhalten. Ein zorniger Mann kann eine Stunde damit verbringen, auf seinen Gong zu schlagen oder auf seine eigenen Palmen einzuhacken.

Die Kinder werden nicht dazu erzogen, ihre Gefühle zu beherrschen, sondern darauf zu achten, daß ihre Gefühlsäußerungen höchstens ihnen selbst schaden. Bei einem Mädchen werden Zornesausbrüche schon sehr früh unterdrückt. Die Mütter machen ihnen hübsche Baströcke, die bei einer Balgerei im Schmutz beschädigt würden, und befestigen ihnen auf den Köpfen geflochtene Täschchen, deren Inhalt doch nicht verloren gehen darf! Die Mädchen lernen daher früher Selbstbeherrschung als die Knaben, die sich noch als Fünfzehnjährige wütend auf dem Boden herumwälzen, ohne sich zu schämen. Der Unterschied zwischen den Geschlechtern wird dabei noch durch zwei Umstände verschärft: Wenn ein Junge etwa vier oder fünf Jahre alt geworden ist, hängt er sich mehr und mehr an seinen Vater; er folgt ihm auf allen Wegen, schläft nachts in seinen Armen und wird vollkommen abhängig von ihm. Ein Mann kann natürlich sein Kind noch viel weniger immer mit sich nehmen als die Mutter. Infolgedessen wird der kleine Junge häufiger gerade von dem zurückgestoßen und verlassen, an dem er am meisten hängt. Ist er ein wenig älter, dann wird der Vater ihn häufig nicht der Mutter oder der Nebenfrau, die vom Kind ebenfalls »Mutter« genannt wird, anvertrauen, sondern den älteren Brüdern, bei denen er sich noch verlassener fühlt. Die geringste Neckerei, besonders wenn ihm Essen vorenthalten wird, läßt ihn in laute Heulerei und Wutanfälle ausbrechen. Die traumatische Situation des von der Mutter für mehrere Stunden allein gelassenen kleinen Kindes scheint sich hier in dem großen Jungen zu wiederholen, und mit seinem kindlichen

Wutausbruch versucht er die frühere Folge, nämlich die Zärtlichkeitsbezeugungen hingebungsvoller, reuiger Eltern, wieder herbeizuführen. Damit hat er meist auch Erfolg; denn alle, der große Bruder eingeschlossen, sind entsetzt über seinen Kummer und versuchen, ihn zu beruhigen. Die kleinen Mädchen dagegen werden schon viel früher zu Arbeiten in der Familie herangezogen, und da sie sich selten vornehmlich ihrem Vater anschließen, brauchen sie auch nicht diese »zweite Entwöhnung« durchzumachen. Es ist bezeichnend, daß drei kleine Mädchen, die zu Wutanfällen neigten wie Jungen, Töchter von Vätern waren, die keinen Sohn hatten und die kleinen Mädchen daher wie Söhne erzogen. Verließ einer dieser Väter für längere Zeit das Haus in Geschäften, um auf die Jagd zu gehen oder den Zauberer aufzusuchen, der einem Verwandten den Tod anzauberte, dann riß das kleine Mädchen sein Grasröckchen ab und warf sich genau wie ein Junge auf den Boden. Für gewöhnlich sind jedoch Mädchen keiner derartigen zweiten Entwöhnungsperiode unterworfen; erst später, wenn der erwachsenen Frau der Mann stirbt, erlebt sie als Witwe wieder die traumatische Erfahrung des Verlustes eines teuren Menschen, was oft mit heftigen Gefühlsstörungen verbunden ist. Aber nicht jeder Frau ist diese Erfahrung bestimmt, und meistens ist sie dem späteren Lebensalter vorbehalten.

Da es ferner einem »großen Mann« durchaus gestattet ist, Wut und Trotz in seinen öffentlichen Reden zu simulieren, den Speer zu schwingen, auf den Boden zu stampfen und wütend zu schreien, hat der kleine Junge ein Vorbild für solche Gefühlsausbrüche, das einem Mädchen völlig fehlt; er ist noch viel zu unerfahren, um zu wissen, daß dieses Verhalten des »großen Mannes« lediglich Theater ist.

Solche Gefühlsausbrüche sind fast immer auf Unsicherheit oder Ablehnung durch einen anderen zurückzuführen. Dem Kind wurde ein Wunsch versagt, es hat irgendwen nicht begleiten dürfen, es ist von einem anderen Kind gestoßen oder angeschrien worden oder, und das ist das Schlimmste, Essen ist ihm verweigert worden. Die Wutanfälle aus Gründen der Nahrungsverweigerung sind die häufigsten und auch die interessantesten, da das Kind auch durch nachträglich angebotenes Essen nicht beruhigt werden kann. Die Verweigerung der ersehnten Kokosnuß, des begehrten Stückchens Zuckerrohr hat Reaktionen hervorgerufen, die weit über die Macht eines Nahrungsmittels hinausgehen, Beruhigung herbeizuführen; das

Kind weint unter Umständen eine Stunde lang als wehrloses Opfer einer Situation, in der die Eltern gleicherweise machtlos sind. Diese Wutanfälle wegen einer Verweigerung dienen dazu, den Zorn als Reaktion auf einen feindlichen Akt von dritter Seite aufzufangen und zu neutralisieren.

Wenn Kinder miteinander streiten, werden sie von den Eltern unter Anspielung auf die zwischen ihnen bestehende Verwandtschaft getadelt: »Willst du, der jüngere Bruder, etwa deinen älteren Bruder schlagen?« – »Willst du, der Sohn von seines Vaters Schwester, den Sohn des Bruders deiner Mutter schlagen?« – »Es geht nicht, daß zwei Vettern miteinander zanken wie kleine Hunde.« Kinder werden nicht zur Härte erzogen, zu dem, was wir Sportsgeist nennen, zu dem Hartsein im Nehmen, das in unserer Gesellschaft für typisch männlich gehalten wird. Die kleinen Arapesh-Jungen werden vor jedem Angriff, vor rauhen Erziehungsmaßnahmen von seiten älterer Kinder oder zorniger Eltern gehütet wie das liebevollst erzogene und zarteste kleine Mädchen bei uns. Daher werden die Arapesh-Jungen nichts weniger als »sportlich« und fühlen sich schon durch einen Schlag, ja, durch ein hartes Wort aufs tiefste verletzt. Selbst erwachsene Männer brechen in Tränen aus, wenn sie ungerecht beschuldigt werden.

Die Kinder nehmen diese Abneigung gegen Spannungen mit ihren Kameraden ins spätere Leben hinüber. Ihre Kultur hat einige sichtbare Mittel, einen echten Zwist symbolisch auszudrücken, erkennbare Zeichen von Mißhelligkeiten, mit deren Hilfe die Situation gemeistert wird, ohne daß es zu einem Zusammenstoß zwischen den beteiligten Personen kommen muß. So passiert es zuweilen, daß ein Mann zu der Überzeugung gekommen ist, seine Frau sei nicht fähig, Schweine zu füttern. Diese Überzeugung ist außerordentlich schwerwiegend, denn das Schweinefüttern ist ja die Krönung der Sozialleistungen der Frau. Die Sache wird durch den Umstand kompliziert, daß es sich dabei fast niemals um die eigenen Schweine handelt, sondern um die irgendwelcher Verwandter. Der Tod des Tieres, durch Krankheit oder Verirren, durch einen Habicht oder eine Pythonschlange, ist eine Tragödie, für die der Mann seine Frau bestrafen muß. Wiederholen sich derartige Todesfälle, so daß schließlich alle die Unfähigkeit der Frau, Schweine aufzuziehen, erkennen, dann nagelt der Mann den Schweinetrog aus Baumrinde mit dem Speer an die Tür ihres Hauses, bindet ein Stückchen Yamsfrucht, ein Stückchen Taro und ähnliches daran und spickt ihn mit Pfeilen. Dann weiß jeder, wie er über die Sache denkt; er braucht mit seiner Frau nicht darüber zu diskutieren, und wenn sie schmollt, dann tut sie das wegen einer Situation, die unpersönlich und offiziell geworden ist. Sind zwei Verwandte ernstlich böse aufeinander, so hängt sich der Temperamentvollere einen Krotonblattknoten als Gedächtnisstütze an seine Haustüre, womit er sagen will, daß er nie wieder mit diesem unangenehmen Verwandten essen will. Damit dieses formelle Zeichen eines Bruchs wieder beseitigt werden kann, muß derjenige, der den Knoten befestigt hat, ein Schwein schlachten. Ein *buanyin*, dem die *buanyin*-Bindung zuwider ist, kann sie dadurch lösen, daß er eine geschnitzte hölzerne Schale mit einem Rand von Zweigen auf den *agehu* stellt, womit er erklärt, daß die Bindung beendet ist. Aber diese aufwendigen Methoden des Bruchs von Beziehungen sind selten; ein Mann überlegt es sich lang, ehe er einen derartig drastischen Schritt tut und damit eine Situation herbeiführt, die sehr lästig aufrechtzuerhalten ist und nur mit großen Kosten wieder rückgängig gemacht werden kann.

Die Angst und das Unbehagen, die jede Äußerung von Zorn hervorruft, sind auch in die Vorstellungen verwoben, die mit Zauberei zusammenhängen. Ein wütender Mann darf einen anderen weder schlagen noch mit harten Worten zurechtweisen. Aber um sich zu rächen, darf er vorübergehend ein Verhalten zeigen, das nicht einem Verwandten und einem Mitglied der gleichen Gemeinde gegenüber, sondern gegenüber den Leuten aus der Ebene, einem Fremden und einem Feind üblich ist. Für die Arapesh-Kinder besteht die Welt aus zwei großen Kategorien: die eine bilden die Verwandten – etwa drei- bis vierhundert Menschen aus dem eigenen Dorf und aus Nachbardörfern, mit denen ihre Verwandten durch Heirat verbunden sind, ferner aus der großen Zahl der Frauen und Kinder von angestammten Tauschhandelsfreunden des Vaters; die andere Kategorie sind die Fremden und Feinde, meist *waribim*, Leute der Ebene, genannt – wörtlich »Menschen von den Flußgebieten«. Diese spielen im Leben der Kinder die Doppelrolle des gefürchteten »schwarzen Mannes« und des Feindes, den man hassen, verspotten und überlisten, kurz, dem man all das Böse zufügen darf, das gegenüber den eigenen Leuten verboten ist. Die Kinder hören ihre Eltern murren und fluchen, wenn die eingebildeten Flachland-Leute vorbeikommen; sie hören, daß diese Männer für Unglück und Tod verantwortlich sind. Schon mit etwa fünf Jahren werden die Kinder gewarnt: »Du darfst nie eine angebissene Frucht dort herumliegen lassen, wo Fremde sind. Wenn du ein Stück Zuckerrohr abbrichst, paß auf, daß kein Fremder dich dabei beobachtet; er könnte den Stiel ausreißen und dich damit verzaubern. Wenn du eine Betelnuß ißt, wirf die Schale nicht achtlos fort. Wenn du eine zähe Yamswurzel ißt, iß sie ganz; laß nichts davon übrig, das von einem Fremden benutzt werden könnte, dich zu verzaubern. Wenn du in einem Haus schläfst, in dem Fremde sind, lege dich auf den Rücken, damit kein Speichel heruntertropfen kann, den der Feind später fortschafft und versteckt. Wenn dir jemand einen Opossumknochen zum Abnagen gibt, behalte ihn bei dir, bis du ihn unbemerkt beseitigen kannst.« Der kleine Junge bekommt einen Korb aus Palmblättern, das kleine Mädchen eine winzige Netztasche, in denen sie solche Nahrungsreste aufbewahren können, damit sie nicht den Fremden in die Hände fallen. Die Arapesh sind geradezu besessen von dieser Angst vor »dirt«. Beim Essen, beim Betelkauen, beim Rauchen, beim Geschlechtsverkehr muß man ständig darauf achten, daß kein Überbleibsel in die Hand eines Fremden fällt; sonst drohen Krankheit oder Tod. Das Kind lernt, daß Feindseligkeit, ein Gefühl, das nur zwischen Fremden existiert, sich normalerweise im Stehlen und Verstecken solchen Abfalls äußert. Diese Auffassung, die Furcht und Wut mit einem bestimmten Verhaltensmuster in Zusammenhang bringt, ist eine Zwangsvorstellung für den erwachsenen Arapesh.

Angenommen, ein Mann wird von seinem Bruder oder Vetter gekränkt, der durch diesen unfreundlichen Akt vorübergehend zum »Fremden«, zum »Feind« wird. Der Gekränkte weiß nichts von irgendwelchen Gradunterschieden innerhalb seiner Verwandtschaft; er kennt nur zwei Arten des Verhaltens: das gegenüber Angehörigen der eigenen großen und vertrauten Gemeinschaft und das gegenüber einem Feind. Der Bruder, der ihn gekränkt hat, rechnet in dem Moment zu seinen Feinden; er stiehlt diesem Bruder also etwas »dirt« und bringt ihn zu den Flachland-Leuten. Tatsächlich wird aller »dirt«, der seinen Weg in die kleinen Verstecke der Flachland-Arapesh nimmt, nicht von deren Zauberern gestohlen, sondern von den Berg-Arapesh selbst, deren erzürnten Brüdern oder Vettern oder Ehefrauen. Natürlich ist dies den Leuten vom Berg bekannt. Wenn sie den Wohnort des Zauberers herausbekommen wollen, der den »dirt« eines kranken Mannes vermutlich aufbewahrt, gehen sie die Handelsfreunde des Mannes der Reihe nach durch, den der Kranke vor kurzem verärgert hat. Trotzdem wird für den Tod nicht der Mann verantwortlich gemacht, der den »dirt« gestohlen hat. Von ihm wird angenommen, daß er seinen Zorn schon längst vergessen hat. Dafür wird die Schuld dem Zauberer in die Schuhe geschoben, dessen Verhalten der zornige Mann während der Wut auf seinen Freund gewissermaßen unter Zwang imitierte.

So zwingen das Fehlen differenzierter Ausdrucksmöglichkeiten für Ärgernisse und die Unkenntnis anderer Kategorien für menschliche Beziehungen als der totaler Freundschaft oder totaler Feindschaft die Arapesh zu einem Verhalten, das sie selbst als unerklärliche momentane Verrücktheit ablehnen. Und das Fehlen jeder sportlichen Betätigung, jeder harmlosen Streiterei unter den Kindern macht einen Arapesh natürlich ganz besonders empfindlich gegenüber der leisesten Zornesäußerung. Furcht und Panik überfallen ihn, und das Stehlen von »dirt« ist meist die geradezu zwangsläufige Folge. Wenn ein Mann von einer solchen Tat berichtet, dann geschieht das ganz unbeteiligt, als beschriebe er das unwillkürliche Blinzeln seiner Augen bei starkem Lichteinfall: »Er hat sich gegen mich gestellt und den Leuten geholfen, die meine Mutter entführt haben. Er sagte, sie würde mit jenem Mann verheiratet bleiben. Er hat mir überhaupt nicht geholfen. Ich war mit ihm im Haus des Bruders meiner Mutter. Da hat er ein Stück Känguruh-Fleisch gegessen. Er hat den Knochen aus der Hand gelegt. Er hat ihn vergessen. Er ist aufgestanden und zum Haus hinausgegangen. Meine Augen sahen, daß niemand zuschaute. Meine Hand flog vor und ergriff den Knochen. Ich versteckte ihn rasch in meinem Korb. Am nächsten Tag traf ich auf der Straße einen Mann aus Dunigi, den ich mit ›Großvater‹ anredete. Ich habe ihm den Knochen gegeben. Ich gab ihm keinen Ring dazu.« (Ein solcher Ring wird als Entlohnung betrachtet, und wenn er nicht zur gleichen Zeit mit dem »dirt« übergeben wird, dann bedeutet das, daß der Zauberer zunächst nichts unternehmen, sondern erst auf seinen Lohn warten wird – entweder von dem Mann, der ihm den »dirt« gegeben hat, oder von einer später verärgerten Person; letzteres ist meist erfunden und wird nur als Entschuldigung angeführt.) Ein solcher Bericht wird mit leiser, unbewegter Stimme abgegeben, die weder Stolz noch Reue noch Schuldbewußtsein erkennen läßt. Das in früher Kindheit gelernte Verhalten hat sich ganz und gar behauptet.

Um zum Spiel der Kinder zurückzukehren: Es gibt keine Spiele, die Streitlust oder Ehrgeiz anfeuern könnten, keine Wettkämpfe, keine Spiele mit zwei Parteien[5]. Die Kinder spielen Opossum oder Känguruh, oder ein Kind ist ein schlafender Kasuar, den die anderen aufschrecken; viele Spiele gleichen den Kindergartenspielen unserer Kleinsten. Es sind Singspiele, in denen irgendeine einfache Pantomime, etwa die Nachahmung der Sagoernte, einen alten, überlieferten Text begleitet. Aber selbst solche Spiele sind selten. Meist sind nur die großen Feste Anlaß zum Zusammenkommen so vieler Kinder, daß Spiele sich lohnen würden. Aber die Kinder begnügen sich viel lieber mit der Rolle von Zuschauern bei den Tänzen und Zeremonien der Erwachsenen, was sie mehr fesselt. Im frühesten Alter tröstete sie ihr Lippenspiel über diese Rolle hinweg. Schon als Babys haben sie bei solchen Festen Nächte hindurch auf den Schultern von Müttern und Tanten getanzt. Bei diesen Tänzen, die etwa eine Yamsernte oder eine erfolgreiche Jagd feiern, tanzen die Frauen gern mit einem Kind auf der Schulter, und so werden die kleinen Kinder von einer Frau zur anderen weitergereicht und hüpfen schläfrig auf den schwingenden Schultern der tanzenden Frauen auf und ab. Schon früh lernen sie, rittlings auf dem Hals eines Erwachsenen sitzend zu schlafen, wobei sie mit einer Hand festgehalten werden; ohne aufzuwachen, passen sie sich dabei jeder Bewegung des Tanzenden an. Durch diese frühen Erlebnisse gewöhnen sie sich daran, ein Teil des Gesamtbildes zu sein und die passive Rolle, die sie später in der Gemeinschaft zu spielen haben, einem aktiven Kindesleben vorzuziehen.

Im Zusammenleben der Kinder gibt es einen Unterschied zwischen Jungen und Mädchen, der das ganze Leben hindurch Gültigkeit behält. Kleine Mädchen werden zum Lastentragen, zum Unkrautjäten, zum Sammeln von Nahrungsmitteln und Brennholz herangezogen. Steht ein Fest oder eine Ernte bevor, dann werden alle kleinen weiblichen Verwandten zusammengetrommelt, um einen Tag lang hart zu arbeiten. Das ist praktisch die einzige Gelegenheit für sie, zusammenzusein; denn am Festtag selbst sind sie noch stärker eingespannt als am Werktag. Abends sind sie von all der Schlepperei selbst zum Plaudern zu müde. Eng umschlungen fallen die besten Freundinnen, Mädchen von elf oder zwölf Jahren, auf dem gleichen Lager sofort in Schlaf. Viele Menschen und Arbeit gehören in der Vorstellung der kleinen Mädchen ebenso eng zusammen wie gemütliches Plaudern, das Freisein von allzu anstrengender Arbeit und die kleine Gruppe der nächsten Verwandten, die sich abends um das Feuer im Hauptdorf des Clans versammelt.

Die Jungen machen ganz anders geartete Erfahrungen. Ihre Arbeit vollzieht sich nicht in der Gruppe; sie haben den Vater oder den älteren Bruder auf die Jagd oder in den Wald zu begleiten, um Kräuter oder Reben zu sammeln oder um Bauholz für ein Haus zu beschaffen. Die normale männliche Arbeitsgruppe besteht aus einem kleinen Jungen und ein bis zwei Erwachsenen. Sind keinerlei Unternehmungen der erwähnten Art im Gange, dann kommen wohl auch ein paar Jungen zusammen, um Pfeile und Bogen zu schnitzen und sich im Schießen auf Eidechsen oder auf ein von einer leuchtenden Orange gebildetes Ziel zu üben; oder sie stellen Rattenfallen auf, machen Klappern und Knallbüchsen. Dieses unbelastete Zusammensein mit Altersgenossen ist ihre glücklichste Zeit, und daraus mag sich später die Rastlosigkeit der Männer erklären, wenn sie zu lange auf ein kleines Dorf beschränkt waren, ihr Drang, immer unterwegs zu sein und Brüder und Vettern zu besuchen. Dieses Verlangen der Männer, zum Besuchemachen unterwegs zu sein, ist für die Frauen ständiger Anlaß zu scherzhaften Vorwürfen; ein Mann, der diese Vorliebe zu weit treibt, erhält den Spitznamen Herumtreiber oder Bummelant. Eine der Formen leichter nervöser Unbeständigkeit bei den Arapesh ist die Überempfindlichkeit gegenüber Geselligkeiten: Ein Mann kann Eremit werden und im tiefsten Busch leben oder ruhelos von einer festlichen Veranstaltung zur andern wandern, nur weil er dem Ton der entferntesten Trommeln nicht widerstehen kann.

Die Belehrung, die ein Kind über den Begriff des Eigentums erhält, soll vor allem die Achtung vor dem Eigentum anderer und das Vertrauen in das Eigentum der eigenen Familie wekken, aber keineswegs den Besitzsinn. Kinder werden getadelt, wenn sie das Eigentum anderer beschädigen und Ermahnungen wie »Das gehört Balidu, sei vorsichtig« oder »Das gehört Großvater, mach es nicht kaputt« begleiten die Erkundungsreisen des Kindes in einem fremden Haus. Die Bemerkung »Das gehört nicht dir«, die die nörgelnden Ermahnungen der Manus-Mütter vervollständigt, fehlt hier ganz. Die Unterscheidung von Mein und Dein spielt kaum eine Rolle, dafür aber die Notwendigkeit, mit den Sachen anderer Leute sorgsam umzugehen. Das Eigentum der Familie wird ganz anders behandelt. Das Kind bekommt alles, wonach es weinend verlangt. So kommt es oft vor, daß es die Ohrringe der Mutter zerbricht oder die Halskette aus aufgereihten Beuteldachs-Zähnen zerreißt. Das Haus, in dem das Kind aufwächst, ist keine verbotene Welt, angefüllt mit Schätzen, die es nicht berühren darf, so daß sie in seinen Augen natürlich einen ungeheuren Wert erhalten. Wenn die Eltern irgend etwas besitzen, das das Kind beschädigen könnte, so verstecken sie es sorgsam, so daß das Kind niemals danach verlangen wird. Diese Einstellung wurde sehr lebendig illustriert, als ich den Arapesh einmal einen roten Luftballon zeigte. Es war der leuchtendste und schönste farbige Gegenstand, den diese Menschen je erblickt hatten. Die Kinder jauchzten vor Freude, und selbst den Erwachsenen verschlug es den Atem – aber nur für einen kurzen Augenblick. Dann sagten sie traurig: »Steck das lieber wieder weg. Du hast doch unmöglich viel von diesen schönen Dingen, und die Kinder werden danach verlangen.«

Wird das Kind älter, dann wird ihm erklärt, daß der geschnitzte Holzteller, der nur bei festlichen Anlässen benutzt wird, oder der kostbare Kopfputz aus Paradiesvogelfedern, den der Vater bei den Tänzen trägt, ihm, dem Kind, gehöre. Aber seine Eltern benutzen diese Dinge natürlich auch weiterhin. Der Vater führt das Kind in den Busch, zeigt ihm dort die jungen Sagoschößlinge, und erklärt ihm, daß sie ebenfalls ihm gehören. »Dein Eigentum« wird also gleichbedeutend mit zukünftigen Dingen, die jetzt noch von anderen benutzt werden. Bei einer solchen Einstellung kann es keine eifersüchtige Verteidigung des Eigentums und damit auch weder Diebstahl noch verschlossene Türen noch einen Zauberbann auf das Eigentum – die primitive Entsprechung des Verschließens – geben. Die Arapesh haben ein paar Schutzamuletts für ihre Gärten, deren eigentlichen Sinn sie aber so völlig vergessen haben, daß ein Mann mit einem solchen Amulett an seinem Zaun die Ernte auch vor dem Appetit der eigenen Familie schützen will.

V
Heranwachsen und Initiation eines Arapesh-Jungen

Mit sieben oder acht Jahren liegt die Persönlichkeit eines Arapesh-Kindes in ihren Grundzügen fest. Jungen und Mädchen ist eine freundliche, vertrauensvolle Haltung dem Leben gegenüber beigebracht worden. Sie haben es gelernt, in den Kreis ihrer Zuneigung jeden einzubeziehen, zu dem sie irgendeine Verbindung haben, und auf jede Verwandtschaftsbezeichnung mit dem Ausdruck der Wärme zu reagieren. Aggressivität gegenüber anderen wurde ihnen als etwas Abschreckendes hingestellt; sie wurden dazu erzogen, Eigentum, Schlaf und die Gefühle anderer Menschen zu respektieren. Für sie ist die Gewährung von Nahrung gleichbedeutend mit Wärme, Billigung, Einverständnis, Sicherheit, während sie das Vorenthalten von Nahrung als ein Zeichen von Feindseligkeit und Zurückweisung ansehen. Sie haben ferner gelernt, den Handlungen der Erwachsenen als passive Teilnehmer zu folgen; sie haben wenig Übung darin, selbständig zu spielen und ihr eigenes Leben zu gestalten. Sie sind gewohnt, zu folgen, wohin andere sie führen, und ebenso unkritisch wie begeistert, alles Neue aufzunehmen. Wenn sie frieren, sich langweilen oder einsam fühlen, trösten sie sich mit ihren abwechslungsreichen Lippenspielen.

Sie haben gelernt, den Fremden, den Mann aus der Ebene zu fürchten, der zwischen ihnen einhergeht und nach einem Stück »dirt« ausspäht, das ihr Verderben sein wird. Und man hat ihnen beigebracht, auf jedes kleinste Überbleibsel einer Mahlzeit oder auf alte Kleidungsstücke zu achten, scharf über diese noch mit ihrer Persönlichkeit zusammenhängenden Dinge zu wachen, wenn sie einem Fremden begegnen. Ihren hundert und mehr Verwandten gegenüber dürfen sie keinerlei feindselige Gefühle zeigen, sondern müssen sie alle lieben und verehren. Aber sie dürfen den Haß ihrer Eltern auf die Zauberer teilen und sogar ein paar kleine Speere den Weg hinunterschleudern, auf dem sich gerade eine Gruppe von Flachland-Arapesh entfernt hat. So wurde das grundlegende Verhaltensmuster bestimmt, das ihnen später jeden, der ihnen eine Kränkung zufügt, als Fremden erscheinen läßt, dessen »dirt« man ohne weiteres stehlen darf, um ihn einem Zauberer zu übergeben. Zwischen den Geschlechtern gibt es nur zwei wichtige Unterschiede: die Stimmung, in der die Gruppentätigkeit eingebettet ist, und die größere Freiheit, mit der Jungen ihren Zorn äußern dürfen. Diese Freiheit kann allerdings durch besondere Gegebenheiten der Geburtsfolge und des Geschlechts der Geschwister wieder eingeschränkt werden: so lassen Mädchen, die keine Brüder haben, die gleiche Unbeherrschtheit erkennen, während Knaben mit vielen Brüdern sie weniger zeigen.

Sobald sich die ersten Anzeichen der Pubertät melden – bei den Mädchen das Wachsen der Brüste, bei den Jungen das Wachsen der Schamhaare –, müssen die Kinder etwa für ein Jahr eine Reihe von Tabus beachten, gewisse Fleischarten und kaltes Trinkwasser meiden, bis die Yams, die jetzt gepflanzt werden, geerntet sind – also etwa ein Jahr lang. Es ist jetzt die Pflicht der Kinder, diese Tabus zu beachten und sorgfältig und feierlich sich selbst »wachsen zu machen«, nach den alten bekannten Gesetzen. Zum ersten Mal wird den Kindern nun der physiologische Unterschied zwischen den Geschlechtern erklärt. Bis dahin wird die Onanie – die nur in geringem Umfang auftritt, weil ja das als zulässig anerkannte Lippenspiel als Ersatz gegeben ist – ignoriert. Aber wenn ein Junge beginnt, die Tabus seiner Schamhaare einzuhalten, wird ihm eingeschärft, jede Berührung der Geschlechtsteile zu unterlassen. Die älteren Jungen unterrichten ihn über die Einzelheiten der Tabus, und er erfährt, was zu tun ist, wenn er ein Tabu gebrochen hat; er hört, daß Brennesseln und Aderlässe, die man sich mit einem zugespitzten Bambusinstrument beibringt, eine erzieherische und reinigende Wirkung haben. Er wird der Hüter seines eigenen Wachstums. Bricht er die Tabus, dann wird ihn niemand bestrafen; denn nur er selbst hat ja die Folgen zu tragen. Er wird dann eben kein starker Mann werden, der würdig ist, Vater von Kindern zu sein. Er ist nun alt genug, um die reproduktiven Funktionen der Frauen und die nahrungsbeschaffenden Funktionen der Männer auseinanderzuhalten. Der Unterschied zwischen den Lebensaufgaben beider Geschlechter wird durch den *tamberan*-Kult dramatisch dargestellt. Dieser *tamberan* ist der übernatürliche Schutzpatron der erwachsenen Männer des Stammes. Er[6] darf unter keinen Umständen von den Frauen und den kleinen Kindern gesehen werden, und sein Nahen kündigt sich ihnen durch verschiedene Geräusche und Klänge an, durch laute Flötentöne, durch

Pfeifen und Gongschläge. Von dem Augenblick an, da ein Kind seiner Umwelt Beachtung zu schenken beginnt, sind das Kommen des *tamberan*, sein Aufenthalt im Dorf und sein dramatischer Abzug Höhepunkte seines Lebens. Bis sie etwa sechs Jahre alt sind, hat der *tamberan* für die Kinder beiderlei Geschlechts die gleiche Bedeutung. Es beginnt mit den geräuschvollen Vorbereitungen, die jedes Fest einleiten. Die Leute versammeln sich in einem der größeren Dörfer und schlafen dichtgedrängt an den Feuerplätzen der überfüllten Häuser. Frauen und Mädchen schleppen unaufhörlich Massen von Brennholz heran und stapeln es unter den auf Pfählen stehenden Hütten. Die Männer gehen eine Woche lang auf die Jagd nach Emus, Känguruhs und Kasuars; dabei halten sie auch scharf nach Warneidechsen Ausschau, deren Haut sie als Trommelfell verwenden. Es wird viel von einem Schwein oder gar von zweien geredet, die jemand im Nachbardorf gestiftet und zum Fest gebracht hat. Die Verwandten des Mannes, zu dessen Initiation der *tamberan* erwartet wird, bringen Yamswurzeln, die in kleinen Haufen auf dem *agehu* gestapelt werden. Die dankbaren Empfänger marschieren um sie herum und rufen dazu »Wa Wa Wa«, ein Ruf, der zur Jagd auf das Waldhuhn auffordert und bedeutet, daß das Geschenk erwidert werden wird. Schließlich trifft die Meldung ein, daß die Jagd beendet ist – ein besonders großes Baumkänguruh hat die Beute vervollständigt. Die Jäger kommen zurück, Paradiesvogelfedern im Haar, voller Stolz auf ihre Erfolge. Das erlegte Wild wird mit roten und grünen Blättern geschmückt, zusammengeschnürt und auf Stangen herbeigebracht. Gratulationsreden werden gehalten, und am kommenden Tage werden die Kokosnußkroketten gebraten, die nur für Feste hergestellt werden.

Unter der Oberfläche dieser Vorbereitungen zittert eine freudige Erregung: Der *tamberan* wird kommen, über die Berge oder von der Küste her. Die kleinen Kinder stellen sich ihn als ein riesiges Ungeheuer vor, so groß wie eine Kokospalme, das im Meer wohnt, abgesehen von den seltenen Gelegenheiten, wenn es gerufen wird, um den Leuten vorzusingen. Wenn der *tamberan* kommt, laufen die Kinder davon, so schnell sie nur können, und klammern sich ängstlich an die Grasröcke ihrer Mütter, stolpern, trippeln, lassen den Yamsbissen aus dem Mund fallen und jammern vor Angst, sie könnten zurückgelassen werden. Der liebliche Klang der Flöten kommt mit jeder

Minute näher, und den kleinen Jungen oder Mädchen, die im Dorfe zurückblieben, würde irgend etwas Entsetzliches passieren, wenn die Männer mit dem *tamberan* eintreffen und sie fänden. In aller Hast eilen sie den Berghang hinunter, Frauen und Kinder und ein paar kleine Hunde, vielleicht auch ein oder zwei junge Schweinchen, die ihrer Herrin quiekend nachlaufen. Eine der Frauen trägt ein Neugeborenes im Arm. Palmblätterbündel an seinem Tragnetz behüten es vor allem Bösen, und das Bananenblatt über dem Netz schützt es vor Sonne und Regen. Eine alte Frau schnauft mit flatterndem, dünnem weißen Haar hinter der Gruppe drein, leise murrend, sie würde nie wieder zu einem solchen Fest auf die Berge steigen, sondern lieber friedlich in ihrem kleinen Tal bleiben, um dort die Schweine ihres Sohnes zu füttern, und wenn die Schwiegertochter wieder ein Kind bekäme, steige sie nicht mehr auf den Berg, um es zu sehen. Es ist zuviel für ihre alten Füße, und der Tumor zu schwer, sie kann ihn kaum noch tragen. Er zeichnet sich deutlich in ihrem Leib ab, die welke Haut läßt ihn klar erkennen. Dieses Gewächs entstand, als sie den Zauberern, die vor langer Zeit ihren Bruder töteten, zu essen gab. Während sie auf einen Stock gestützt dahinschlurft, schauen die anderen Frauen sie scheu von der Seite an. Eine so alte Frau weiß viel mehr vom Leben als die jungen, und ihre Füße werden nicht von der gleichen Furcht getrieben, die eine junge Mutter ihr Kind fester an ihre Brust drücken und vor dem Klang der Flöten fliehen läßt, und die sie später, wenn sie ihren Mann die Hausleiter heraufkommen hört, zittern machen wird. Was wird geschehen, wenn er sich die Hände nicht sorgfältig in dem richtigen magischen Kräuterwasser gewaschen hat? Eine solche Unterlassungssünde war schuld, daß Temos ihr Baby verlor und daß das Kind von Nyelahai sterben mußte. Solche Dinge fürchtet eine alte Frau nicht mehr; sie geht nicht mehr zur Menstruationshütte, und die Männer dämpfen nicht mehr ihre Stimme, wenn sie in der Nähe ist.

Hell und klar kommt der Klang der Flöten vom Berg herunter. »Hat der *tamberan* nicht eine schöne Stimme?« flüstern die Frauen, und die kleinen Kinder plappern nach: »*tamberan*, *tamberan*«. Aus einer Gruppe kleiner Mädchen ertönt ein skeptisches Wispern: »Wenn der *tamberan* so groß ist, wie kann er dann in das Haus hineinkommen?« »Ruhig!« ruft die Mutter sofort warnend. »Wenn du so über den *tamberan* sprichst, dann müssen wir alle sterben!« Der Flötenklang kommt immer näher, liebliche gebrochene Laute, die von ungeübten jungen Musikern falsch gespielt werden. Gewiß ist der *tamberan* jetzt schon im Dorf selbst, bewegt sich zwischen den Bäumen und entfernt bereits das heilige Zeichen von den schlanken Palmen, das er dort vor sechs Monaten angebracht hat, so daß nun die Kokosnüsse für das Fest gepflückt werden können. Die Sonne, eben noch so brennend, verschwindet hinter einer Wolke, und ein plötzlicher Regenschauer durchnäßt die wartenden Frauen und Kinder. Durch den Regenschleier ist die Stimme des *tamberan* nicht mehr so deutlich zu hören wie zuvor. Die Frauen frösteln und drücken die weinenden Kinder noch fester an die Brust. Jetzt treten dumpfe Gongschläge zu den hellen Flötentönen. »Der *tamberan* ist in sein Haus gegangen«, flüstert eine der älteren Frauen. Alle rühren sich, rücken die Netztaschen auf der Stirn zurecht, die sie gelockert hatten, und rufen die Kinder, die den Hügel hinabgewandert waren. Ein fernes Rufen ertönt vom Berg herunter; es sind die Stimmen der Männer, die ihre Frauen und Kinder ins Dorf zurückholen, das wieder ohne Gefahr für sie ist, denn der *tamberan* befindet sich nun in seinem Haus, das heiterer geschmückt und bemalt ist als irgendein anderes. Die Frauen folgen dem Ruf der Männer und machen sich an den steilen Aufstieg zum Dorf. Sie fühlen sich in keiner Weise zurückgesetzt oder gar als minderwertige Geschöpfe, weil ihre Männer sie von einem Fest ausgeschlossen haben. Sie wissen, es ist etwas, das für sie nicht gut wäre, etwas, das ausschließlich dem Gedeihen der Männer und Jungen dient, aber für Frauen und Kinder gefährlich wäre. Ihnen genügt es, daß ihre Männer sie umsorgen und liebevoll beschützen.

Es ist immer aufregend, in das Dorf zurückzukehren, in dem sich eben noch so mysteriöse Dinge ereignet haben. Jedes Haus ist mit leuchtend bunten Blattgirlanden geschmückt. Der *tamberan* hat hier verweilt. Am Fuße jeder Palme liegt ein Kranz von roten Blättern – die Fußringe des *tamberan* –, sie fielen herab, als er unter den Palmen stand. Auf dem regendurchweichten *agehu* sind große Spuren im Boden – die Männer behaupten, von den Hoden des *tamberan*. An diesen Spuren kann man leicht die wahre Größe des *tamberan* erkennen. Die Frauen schenken diesen Dingen, die von den Männern so sorgfältig arrangiert wurden, jedoch kaum Beachtung. Besser, sich gar nicht darum kümmern, nicht einmal in Gedanken. Es ist etwas nur für Männer. Sie haben ja ihren eigenen *tamberan*, z. B. die

Zeremonien bei der Geburt eines Kindes, bei der Pubertät eines jungen Mädchens oder beim Färben eines Grasrocks. Dieser *tamberan* aber gehört ausschließlich den Männern, und je weniger man sich mit ihm beschäftigt, desto besser. Aus dem Haus, in dem sich der *tamberan* aufhält, ertönen noch immer Flötenspiel und Gongschläge. Die Männer, die neu Initiierten und, sofern keine Besucher aus dem Küstengebiet anwesend sind, auch die noch nicht initiierten älteren Jungen gehen in dem Haus aus und ein.

Die Zulassung der letzteren kennzeichnet einen wichtigen Unterschied zwischen dem *tamberan*-Kult der Arapesh und dem anderer Stämme des Landes. In vielen Gegenden von Neuguinea bezweckt dieser *tamberan*-Kult die Aufrechterhaltung der Autorität der Männer über die Frauen und Kinder – es ist ein gegen diese gerichtetes System, das sie in ihrer schmachvollen Lage festhalten soll; wenn sie sich dagegen auflehnen, werden sie bestraft. Bei einigen Stämmen wird eine Frau, die den *tamberan* zufällig sieht, getötet. Den Knaben wird mit gräßlichen Dingen gedroht, die ihnen bei der Initiierung bevorstehen; und die Initiierung wird zu einer Quälerei, mit der die älteren Männer sich an widerspenstigen Jungen und für die Beleidigungen rächen, die sie selbst zu erdulden hatten. Dies ist die hauptsächliche Bedeutung des weitverbreiteten *tamberan*-Kultes. Geheimnis, Alter und Geschlechtsfeindlichkeit, Furcht und Quälerei haben seine äußere Gestalt geprägt. Aber die Arapesh haben, obwohl sie teilweise die Form dieses Kults mit ihren Nachbarn gemeinsam haben, seinen Inhalt verändert. Sie kennen keine Feindschaft zwischen Männern und Frauen; ihre alten Männer ärgern sich nicht über die wachsenden Kräfte der Jungen, sondern sehen in ihnen vielmehr die Hauptquelle ihres Glücks; so hat ein Kult, der auf Haß und Bestrafung aufbaut, in ihrer Gemeinschaft keinen Platz. Tatsächlich haben die Bergstämme fast alle wichtigen Punkte umgestaltet. Während andere Stämme eine Frau töten, die hinter ihre Geheimnisse kam, und Krieg gegen ein Gemeinwesen führen, das seine Frauen nicht genügend im Dunkeln hält, verpflichten die Arapesh sie lediglich zur Verschwiegenheit – wenn sie schweigt, wird ihr nichts geschehen. Bei den Küstenstämmen wird den schon eingeweihten Jungen erklärt, daß der *tamberan* sie an einen Baum aufknüpfen und ihnen den Bauch aufschlitzen würde, wenn sie das Geheimnis verrieten. In den Bergen existiert diese Drohung nicht. Auch der große Unterschied zwischen eingeweihten und noch nicht eingeweihten Knaben ist verwischt. In einem streng organisierten Kult der Männer sind noch nicht eingeweihte Knaben von der Teilnahme vollkommen ausgeschlossen; bei den Arapesh dagegen, bei denen jeder Grund für einen solchen Ausschluß fehlt, sagen die älteren Männer: »Es gibt ein schönes Fest. Es wäre schade, wenn einer, der schon groß ist, nicht mitessen sollte, nur weil wir ihn noch nicht beschnitten haben. Laßt ihn hereinkommen.« Wenn aber kritische und rechtgläubige Fremde von der Küste anwesend sind, werden die nicht initiierten Jungen schnell außer Sichtweite gebracht; denn die Arapesh sind empfindlich in bezug auf ihre eigene so angenehm verworrene Unorthodoxie.

Bei einem solchen Fest in Alitoa waren viele Besucher von der Küste im Haus des *tamberan*, spielten Flöte, schlugen den Gong und nahmen die Organisation des Festes in ihre Hand. Immerhin waren die Flöten von der Küste eingeführt worden; noch vor vierzig Jahren hatten die Berg-Arapesh lediglich Vogelpfeifen, um ihre Übernatürlichen darzustellen. Die Besucher waren hochmütig und hungrig; sie verlangten immer mehr Fleisch. Gemäß ihrer Tradition schlugen sie auf den Boden des *tamberan*-Hauses und begannen, Brennholz die Leiter hinunterzuwerfen. Schließlich drohten sie mit großem Geschrei, den *tamberan* herauszulassen. Das war gerade bei Einbruch der Abenddämmerung. Frauen und Kinder waren in der Nähe des *tamberan*-Hauses mit der Bereitung des Abendbrotes beschäftigt, als diese Drohung ihnen zu Ohren kam. In wilder Panik stürzten sie den Berghang hinunter, und die Kinder fielen hin und verirrten sich. Budagiel, meine »Schwester«, hielt mich fest an der Hand und zog mich vorwärts. Rutschend, schliddernd, nach Luft ringend, stolperten wir dahin. Nach einer Weile kam von oben der Ruf: »Kommt zurück! Es war nur Spaß!« Atemlos kehrten die Frauen ins Dorf zurück. Auf dem Festplatz herrschte ein wüstes Chaos, und die Männer redeten alle durcheinander. Schließlich sprang der behende, leicht erregte, trotz seiner kleinen Statur stets unbezähmbare Baimal nach vorn, schlug mit einem Stock gegen die Front des *tamberan*-Hauses und schrie: »Wolltest du, wolltest du? Wolltest du wirklich herauskommen und unsere Frauen erschrekken und sie stolpernd und taumelnd in Dunkelheit und Nässe jagen? Wolltest du unsere Kinder verjagen? Da, nimm das – und das – und das!« Und Schlag auf Schlag fiel auf das Strohdach. Später mußte Baimal dem erzürnten *tamberan* dann

Fleisch ins Haus schicken; aber das machte weder ihm etwas aus noch dem Dorf. Baimal hatte für sie alle ihren Widerstand dagegen ausgedrückt, den *tamberan* als ein Instrument von Terror und Einschüchterung zu mißbrauchen. Es war ja gerade der *tamberan*, der ihnen half, die Kinder wachsen zu machen und die Frauen zu beschützen. Die Besucher von der Küste aßen mürrisch das dargebotene Fleisch und berichteten daheim von den barbarischen Methoden der Bergstämme, die keine Ahnung hätten, wie die Dinge getan werden müßten.

Manchmal bleibt der *tamberan* einige Tage im Dorf und manchmal einige Wochen. Er kommt, um die Kokosnüsse für Feste zu weihen und die Tabus aufzuheben; er kommt, um dem zweiten Totenfest vorzusitzen, bei dem die Gebeine eines verehrten Verstorbenen ausgegraben und unter den nächsten Verwandten verteilt werden. Er kommt, wenn ein neues *tamberan*-Haus gebaut wird, und er kommt vor allem zu den Initiations-Riten, wenn die dafür vorgesehenen halbwüchsigen Jungen für mehrere Monate in einer großen Einfriedung unter Palmfasermatten am Ende des Dorfes von der Gemeinde getrennt leben müssen.

Wenn die Kinder größer werden und aus dem Alter herauswachsen, in dem sie sich ängstlich an den Rock der Mutter klammern, ändert sich ihr Verhalten dem *tamberan* gegenüber je nach Geschlecht. Die Mädchen folgen weiterhin ihren Müttern und versuchen, sich jeden Gedanken an den *tamberan* aus dem Kopf zu schlagen, damit kein Unheil über alle hereinbricht. Sie gewöhnen sich an, geistig passiv zu sein, und ihr Mangel an intellektuellem Interesse wird stärker ausgeprägt als bei ihren Brüdern. Alles Fremde, Unbenannte ist ihnen verboten; ihre Pflicht ist die Erhaltung ihrer Empfängnisfähigkeit. Dieses Verbot schließt sie aus von aller geistigen und künstlerischen Betätigung; denn in den Augen der Arapesh hängen Kunst und das Übernatürliche eng zusammen. Alle kleinen Kinder kritzeln mit Holzkohle auf Baumrinden; sie zeichnen Ovale, die Yams, Kreise, die Taros bedeuten, Quadrate, die Gärten sein sollen, und ein hübsches Muster, genannt »Morgenstern«. Mit solchen Zeichnungen vertreiben sich die Frauen auch im späteren Leben die langen, dumpfen Stunden in der Menstruationshütte. Aber Malen, das Malen geheimnisvoller, halbwirklicher Gestalten in Rot und Gelb ist ausschließlich Sache des Mannes. Er bemalt große Borkenstücke, um damit das *tamberan*-Haus oder das Yams-Haus zu schmücken.

Die Gründe für die Ablehnung einer künstlerischen Betätigung der Frau sind die gleichen, die gegen ihre Teilnahme am Kult der Männer sprechen. Dadurch würde nicht nur das Leben der Frauen gefährdet, sondern auch die Ordnung der Welt, in der Männer, Frauen und Kinder in Frieden leben. Als ich den Frauen eines Tages eine braune, etwa lebensgroße Puppe zeigte, schraken sie entsetzt davor zurück. So etwas hatten sie noch nie gesehen, und sie hielten es infolgedessen für eine Leiche. Die Männer erkannten auf Grund ihrer größeren Erfahrungen, daß es nur eine symbolische Darstellung war. Einer von ihnen wandte sich sogleich an die Frauen und sagte: »Ihr solltet euch das lieber nicht ansehen, denn es könnte euch vernichten.« Später freundeten sich die Männer mit der Puppe an; sie nahmen sie in die Arme, tanzten mit ihr und richteten ihren Putz – aber die Frauen, von klein auf geschult, Wunder ohne Nachdenken hinzunehmen, begriffen nie so recht, daß es nur eine einfache Puppe war. Wieder und wieder zogen sie mich auf die Seite und fragten mich, wie ich die Puppe fütterte und ob sie niemals wachsen würde. Wenn ich sie gelegentlich auf den Boden legte, so daß ihr Kopf tiefer lag als der Körper, dann eilte prompt eine der Frauen herbei, um sie umzudrehen. So werden also Frauen und Mädchen durch die Erscheinungen des *tamberan* zum passiven Hinnehmen erzogen, das allein ihnen ein gesichertes Leben ermöglichen kann.

Bei den kleinen Jungen ist das ganz anders. Nachdenken ist ihnen nicht verboten. In den ersten Jahren müssen sie zwar noch davonlaufen – aber bald werden sie an diesen Vorstellungen aktiv teilnehmen; sie ziehen dann mit den Männern aus, um den *tamberan* ins Dorf zurückzubringen, sie werden dann endlich herausfinden, ob der *tamberan* tatsächlich selbst all die Portionen Fleisch ißt, die ihm ins Haus gebracht werden, oder ob die Männer und Jungen auch ihr Teil abbekommen. Wenn sie Glück haben, werden sie die Initiation in einer großen Gruppe von Jungen erleben. Sie werden drei Monate hindurch in einem abgeschlossenen Lager wohnen, um sich der Zeremonie zu unterziehen, »von dem *tamberan* verschlungen zu werden«, oder, wie es manchmal heißt, »von dem Kasuar verschlungen zu werden«. Sie wissen, daß der Kasuar und der *tamberan* auf irgendeine nicht ganz geklärte Weise miteinander zu tun haben. Aber dieses Gerede vom Verschlungenwerden, das irgendwelche fremden Leute aufgebracht haben, um Frauen und Kinder zu erschrecken, hat nichts Schreckhaftes für die

Arapesh-Jungen. Sie haben ja erlebt, wie ihre älteren Brüder von dieser Zeremonie wohlgenährt und voller Stolz zurückgekehrt sind, mit ölglänzender, bemalter Haut, mit neuem Schmuck an Armen und Beinen und herrlichen Vogelfedern im Haar. Die Zeremonie des Verschlucktwerdens konnte also gar nicht so schlimm sein, und es kam nur darauf an, daß man in einer großen Gruppe an dieser Zeremonie teilnehmen konnte, statt allein in der Hütte und nur vor den eigenen Verwandten verschluckt zu werden. Solche Überlegungen stellen die kleinen Jungen gemeinsam an, sie verstecken sich nun nicht mehr mit den Frauen, sondern gehen mit ihresgleichen in den Busch, wo sie ihren Zungen und ihrer Phantasie die Zügel schießen lassen können. Im gleichen Maße, wie der *tamberan*-Kult die Phantasie der Mädchen lähmt, weckt und erregt er die der Jungen. Dieses Angeregtwerden äußert sich auch auf anderen Gebieten, in einem wachsenden Interesse für die Pflanzen- und Tierwelt und zunehmender Wißbegier für alle Fragen des Lebens. Das kleine Mädchen, das, zehn Jahre alt, ernsthaft an der Seite seiner Mutter oder Schwiegermutter sitzt, hat keine Möglichkeit, seinen Horizont so zu vergrößern wie die Jungen. Auf den Jungen warten neue Verantwortungen, sobald er das Initiationsalter erreicht hat. Er beobachtet die Tabus seines Schamhaars noch gewissenhafter und bemüht sich, die größeren Jungen bei seinen Selbstkasteiungen noch an Mut zu übertreffen. Immer wieder denkt er daran, wie es wohl sein mag, wenn er vom *tamberan* verschlungen wird. Das kleine Mädchen spielt mit seinen Lippen und denkt überhaupt nicht mehr. Wenn es seinen Gedanken nicht erlaubt, in verbotenen Bezirken herumzuwandern, wird auch in seinen Armen eines Tages ein kleines Kind liegen, das heimlich im Busch an einem für Männer verbotenen Ort geboren wurde.

Endlich kommt für den Jungen die heißersehnte Zeit der Initiation heran. Ist er der Erstgeborene eines großen Hauses, Erbe eines einflußreichen Mannes, muß er möglicherweise die feierliche Handlung allein über sich ergehen lassen. Die großen Initiations-Riten werden nur alle sechs oder sieben Jahre durchgeführt, wenn bei großen Festen der Spott zwischen den Gemeinden eine Gemeinde genügend dazu aufgestachelt hat; sie übernimmt dann die umfangreiche Organisation und Vorbereitung, die nötig sind, wenn zwölf oder fünfzehn Jungen und ihre als Paten fungierenden Verwandten mehrere Monate lang am gleichen Ort gespeist werden müssen. Ein solches Fest, dessen Vorbereitung mehrere Jahre in Anspruch nimmt, wirkt noch lange im Leben der jungen Novizen nach, die noch Jahre später als gereifte Männer Schweine in das Dorf bringen müssen, in dem das Fest stattgefunden hat, um damit die lange aufgeschobene Zahlung für die Initiation zu leisten. In den etwa sechs Jahren zwischen zwei Initiationen sind nun die Jungen, die beim letzten Mal noch zu klein waren, peinlicherweise sehr groß geworden. Sie haben nach und nach alle Geheimnisse erfahren. Sie wissen, daß die Stimme des *tamberan* mit Hilfe von Bambusflöten erzeugt wird, und vielleicht haben sie sogar schon gelernt, diese Flöten zu spielen. Dann ist es besser, die Initiation in aller Stille im Rahmen eines kleinen Familienfestes vorzunehmen.

Der Vorgang der Initiation bleibt im wesentlichen immer gleich: in einer rituellen Handlung wird der Junge von den Frauen getrennt, muß bestimmte Ernährungstabus beachten, wird beschnitten, genießt ein Opfermahl aus dem Blut der älteren Männer und erfährt verschiedene erstaunliche Dinge; diese Dinge bestehen aus zwei Teilen: aus merkwürdigen Dingen, die er noch nie gesehen hat, wie Masken und andere Schnitzereien und Darstellungen, und aus der Tatsache, die ihm zum Teil schon vorher bekannt war, daß es in Wirklichkeit gar keinen *tamberan* gibt und alles, was mit ihm zusammenhängt, von Männern gemacht wird. Der Kasuar, von dem geheimnisvollerweise behauptet worden war, daß er kleine Jungen verschlingt, ist ein Mann aus einem bestimmten Clan mit einer furchterregenden Maske aus Kasuarfedern und einem vom Rücken herabhängenden Sack, der mit Muscheln bedeckt ist, während seitlich zwei zugespitzte Kasuarknochen herausstehen. Der *tamberan* selbst ist nur das Geräusch der Flöten und der von den Männern geschlagenen Trommeln oder der gesamte Plan, der allen diesen mystischen Handlungen zugrunde liegt. Für einen unter den Arapesh aufgewachsenen Jungen bedeutet die Erkenntnis, daß es gar keinen »Nikolaus« gibt, die Bestätigung, daß er nun alt genug ist, um zu erfahren, daß der ganze Wirbel um den *tamberan* lediglich eine Pantomime ist – aufrechterhalten seit Generationen –, die die Jungen wachsen läßt und dem Wohl des Stammes dient. Mit der Beschneidung und der Blutmahlzeit verhält es sich anders. Der Glaube an das Blut und den wichtigen Zusammenhang zwischen Blut und Wachstum gehört zum Kernstück der Arapesh-Kultur. Wird ein Knabe allein initiiert, dann werden gerade diese Gesichtspunkte betont. Von den Flöten wußte er bereits, und selten hat ein einzelner Haushalt weitere, bis dahin verborgene Wunderdinge. Daher spielen bei der Initiation Beschneidung und Opfermahl die wesentliche Rolle.

Bei den großen Initiationen wird auf anderes Gewicht gelegt: auf die Kameradschaft zwischen den Jungen, auf die Betreuung, die sie von Vätern, älteren Brüdern und ihren speziellen Paten erhalten, die sie jeden Tag zum Badetümpel begleiten und ihnen dabei das Buschwerk zur Seite biegen, wie es ja auch die Geister der Vorfahren tun. Die Gegenseitigkeit des Gebens und Nehmens wird dabei stark betont: die Paten flechten Armspangen für die Jungen, die diese tragen müssen, bis sie abfallen; die Jungen bereiten den Paten ein Fest. In der Abgeschlossenheit bekommen sie viel zu essen. Die älteren Männer gehen für die Novizen auf die Jagd und versorgen sie reichlich mit Nahrung. In dieser Zeitspanne liegt ein wachstumsfördernder Zauber auf den Knaben. Es ist die einzige Zeit im Leben der ständig unterernährten Arapesh, in der sie fast dick werden.

Die Sorge der älteren Männer um die Wahrung der notwendigen Geheimnisse wird an die Novizen weitergegeben – nicht durch einschüchternde Drohungen, sondern indem man sie teilnehmen läßt an der liebevollen Täuschung, die die Männer den Frauen gegenüber praktizieren. Die Novizen tragen über ihren frischen Wunden Decken aus Blättern, die als ihre Frauen bezeichnet werden. Ihre Stimmen werden auf Grashalmen für die lauschenden Frauen des Dorfes nachgeahmt. Um diese »Ehefrauen« wird ein großes Phantasiegebilde aufgebaut. Kleine Bündel von Brennholz werden geschnürt und an den Wegen aufgehängt, um den Frauen im Dorf zu zeigen, wo diese erfundenen kleinen Gefährtinnen der Novizen an der Arbeit gewesen sind. Von den Frauen werden diese kleinen Wesen »kleine Vögel« genannt; sie versuchen lieber gar nicht, tiefer in diese Sache einzudringen, die offensichtlich zu den Geheimnissen der Männer gehört, sondern lassen sie auf sich beruhen.

Diese ganze Zeremonie wurde ursprünglich geboren aus einer eifersüchtigen Gesellschaft von Männern, die den männlichen Nachwuchs nur widerwillig zulassen – jetzt kann sie nach so langem Bestehen nicht mehr fallengelassen werden und hat sich deshalb in einen wachstumsfördernden Ritus verwandelt. Sogar das Spießrutenlaufen der Jünglinge zwischen zwei

Reihen von brennesselbewehrten Männern wird nicht aus Quälerei, sondern zur Förderung des Wachstums angeordnet.

Sie erhalten keinerlei Instruktionen, die Haß, Verachtung oder Furcht den Frauen gegenüber in ihnen aufkommen lassen könnten. In einer magischen Zeremonie wird festgestellt, ob sie etwa schon sexuelle Erfahrungen gesammelt haben. Der Junge, der eines solchen Übertritts für schuldig befunden wurde, muß ein Stück Betelnuß kauen, die zuvor mit den Geschlechtsteilen einer Frau, möglichst des Mädchens – meist die Verlobte –, mit dem er das Tabu gebrochen hat, in Berührung gebracht wurde. Dieser rituelle Bruch des am strengsten gewahrten Tabus, das eine scharfe Trennungslinie zieht zwischen Mund und Genitalien, zwischen Nahrung und Sexus, wird für eine ausreichende Strafe gehalten. Sexus ist an sich etwas Gutes – aber außerordentlich gefährlich für den, der noch nicht ausgereift ist.

Die zwei oder drei Monate der Abgeschlossenheit vergehen also mit mancherlei Erziehungsmaßnahmen und Zeremonien, mit viel Singen, Baden und Essen. Schließlich kehren die Jungen in bester körperlicher Verfassung und kostbar gekleidet zu ihren überglücklichen Müttern und Schwestern zurück, die sich in der Zwischenzeit keineswegs in Sorge um die Knaben verzehrten, sondern sie ebenso rundlich und wohlgenährt zurückerwartet haben, wie sie nun wirklich sind. Jeder Junge wird von seinem Vater auf dessen Straße zu den Verwandten und Handelsfreunden gebracht – oder auch zu den Schwestern des Vaters, wenn diese durch Heirat an einen weit entfernten Ort geführt wurden. In jedem Haus erhält er ein Geschenk, das er eines Tages erwidern muß. Er betritt nun symbolisch – häufig auch faktisch – zum erstenmal die Straße seiner Vorfahren, auf der Werkzeuge, Waffen, Schmuck, Lieder und neue Moden eingeführt werden; auf dieser Straße wird auch der im Zorn entwendete »dirt« zum Zauberer gebracht, und liebende Verwandte wandern hier auf der Suche nach »dirt« anderer Leute. Sie wird später allgemein seine Straße heißen, und alle Alltäglichkeiten und alle erregenden Ereignisse seines Lebens werden auf dieser Straße zu ihm kommen.

Seine Kindheit ist beendet; bislang ist er von anderen umsorgt und gepflegt worden – nun ist es seine Aufgabe, für andere zu sorgen. Während seiner Reifezeit mußte er zunächst an sein eigenes Wachstum denken, um eines Tages groß und stark zu werden und Kinder zeugen und aufziehen zu können. Diese

Kraft wird niemals als sexuelle Potenz umschrieben, an der die Arapesh ganz uninteressiert sind und wofür ihnen ein Ausdruck fehlt. Jetzt hat er selbst die Verantwortung gegenüber denen, die sein Wachstum betreuten und nun alt werden, und gegenüber seinen jüngeren Brüdern und Schwestern und seiner jungen Frau.

Nirgendwo besteht das Gefühl, daß er sich den Älteren unterwerfen und sich im Dienst von Angehörigen aufreiben muß, die mehr Kraft haben als er. In der Vorstellung der Arapesh gehören die Ältesten und die Jüngsten, die alternden Eltern und das kleine Kind, zusammen – im Gegensatz zu denen, die von der Reife bis zum mittleren Alter vornehmlich durch den Geschlechtsverkehr und das Aufziehen der Kinder in Anspruch genommen werden. Von der Pubertät bis zum mittleren Alter nimmt man eine besondere Stellung ein, man trägt die Verantwortung für die Alten und die Jungen. Die Hälfte aller Nahrungsmittel gehört den Alten und den Kindern; besondere Arten der Yamsfrucht und des Taro, besondere Vögel und Fische und Fleischsorten sind für jene, bei denen das Geschlechtsleben schon vorüber oder noch nicht erwacht ist. Die Arapesh sind nicht der Meinung, daß die beste Nahrung für die Mächtigen und Starken da ist, sondern teilen eher alles symbolisch in zwei gleiche Hälften, die allen zugute kommen. Nach einem großen Fest veranstalten die Männer des Ortes ein kleines Familienfest für die Frauen, deren Leistungen beim Heranschaffen der Lebensmittel und des Holzes die Veranstaltung überhaupt erst möglich gemacht haben. Oftmals verzieren sie die Schüsseln mit Baumkänguruh-Fleisch, ein Gericht, das die Frauen nicht essen dürfen. Als ich eine Bemerkung zu der scheinbaren Gedankenlosigkeit machte, die Frauen mit einer Speise belohnt, die sie nicht essen dürfen, schauten sie mich erstaunt an: »Aber ihre Kinder können sie essen!« Auch zwischen den Männern und ihren Kindern gibt es keine Rivalität. Einen Sohn aufzuziehen, Nahrung für ihn herbeizuschaffen, von der er, der Vater, selbst nichts genießen darf, bedeutet für einen Mann das größte Glück. Nach dem Glauben der Arapesh baut der Vater den Körper seines Sohnes Stück für Stück auf. Er sagt daher nicht: »Ich bin dein Vater; ich habe dich gezeugt, und deshalb schuldest du mir Gehorsam.« Ein solcher Anspruch wäre in den Augen eines Arapesh vermessener Unsinn. Er sagt vielmehr: »Ich habe dich wachsen lassen. Ich habe die Yamswurzel wachsen lassen, ich habe den Sago geerntet und die Jagdbeute eingebracht, ich habe die Nahrung beschafft, aus der dein Körper gemacht wurde. Somit habe ich das Recht, so zu dir zu sprechen, wie ich es tue.« Dieses Verhältnis zwischen Vater und Sohn, das auf dem Geben und dem dankbaren Empfangen von Nahrung aufgebaut ist, besteht in einem gewissen Umfang zwischen allen Alten und Jungen einer Gemeinde. Jeder Mann hat seinen Teil zum Wachstum jedes Kindes beigetragen, und wenn sich ein junger Mann einem alten gegenüber einmal so weit vergessen sollte, daß er grob und hastig zu ihm spricht, dann erwidert der Alte traurig und vorwurfsvoll: »Bedenke, wie viele Schweine ich gemästet habe, damit du wachsen konntest.«

Während die junge Generation heranwächst, ziehen sich die Älteren mehr und mehr zurück. Dieser Rücktritt erfolgt formell in dem Augenblick, wo der älteste Sohn in den *tamberan*-Kult eingeweiht wird oder die älteste Tochter die Reife erlangt. Von jetzt an tut der Vater alles nur noch im Namen seines Sohnes; das große Yams-Haus, das er letztes Jahr gebaut hat, bezeichnet er als dem Sohn gehörig; wenn Handelsfreunde kommen, überläßt er es dem Sohn, sie zu unterhalten. Der Sohn dagegen muß dem zunehmenden Alter des Vaters durch kleine rituelle Akte der Fürsorge Rechnung tragen. Er ist dafür verantwortlich, daß der von ihm und seinen Geschwistern geerntete Sago nicht den Eltern zum Essen gereicht wird. Sago, der von den jungen Leuten geerntet wurde, ist gefährlich für die alten. Der Sohn darf nicht von des Vaters Kürbis essen oder über Sachen des Vaters, die etwa auf dem Boden liegen, hinwegsteigen; denn damit würde seine kraftvolle junge Männlichkeit die erschlaffende, geschlechtslose Verbindung des Vaters zum Leben gefährden.

Die geschlechtslose Rolle des Vaters wird am deutlichsten durch die Haltung der Männer in mittleren Jahren den Frauen gegenüber illustriert. In der primitiven Welt von Neuguinea spielen Streitigkeiten um Frauen eine beherrschende Rolle. Fast alle dortigen Kulturen wurden dadurch beeinträchtigt, daß sie dieses Problem nicht zu lösen vermochten. In polygamen Gesellschaften wird es stets mehr Streit geben als in monogamen, denn der aggressive Mann wird stets versuchen, möglichst viele Frauen für sich zu erringen. Bei den Arapesh sind derartige Streitigkeiten auf ein Minimum beschränkt. Vielweiberei bedeutet für sie die Pflicht, für die Witwe und die Waisen des Bruders zu sorgen; sie ist kein Beweis der Überlegenheit über andere Männer. Zwischen der Generation der Väter und jener der Söhne sind Konflikte um Frauen nicht möglich; denn wenn ein Mann das Alter von fünfunddreißig Jahren erreicht hat, dann sucht er keine Frau für sich selbst, sondern für seinen Sohn oder seine Söhne. Dieses Suchen und Auswählen erfolgt unter den sechs- bis zehnjährigen Mädchen, und der Vater vertritt dabei ausschließlich die Interessen seines Sohnes. Auf diese Weise ist eine der abstoßendsten Formen des Kampfes um Frauen, der zwischen Vater und Sohn, in dem Reichtum, Macht und Prestige gegen Jugend und Kraft gesetzt werden, ausgeschaltet. Wie wir später sehen werden, ist es den Arapesh nicht möglich gewesen, alle Streitigkeiten über Frauen zu verhüten; aber dadurch, daß sie die Vielweiberei als eine Pflicht und nicht als Privileg hinstellen und das Interesse aller mächtigen Männer für die Heiraten der nächsten Generation wachrufen, wird dieser Kampf auf ein Minimum verringert.

Mit dem Abschluß seiner Jünglingsjahre ist der junge Arapesh nun in der Gesellschaft aufgenommen, ist initiiert und hat vielseitige Pflichten und Aufgaben übernommen, zu denen auch das »Wachsenmachen« seiner kleinen, noch kindlichen Frau gehört.

VI
Aufwachsen und Verlobung eines Arapesh-Mädchens

Der junge Arapesh läßt seine Frau wachsen. Wie der Anspruch des Vaters seinem Sohn gegenüber nicht darauf beruht, daß er ihn gezeugt, sondern darauf, daß er ihn ernährt hat, so beansprucht auch der Mann die Achtung und Verehrung einer Frau nicht, weil er ein Brautgeld für sie bezahlt hat, sondern weil er die Nahrung beschafft hat, die zu Fleisch und Knochen ihres Körpers geworden ist. Ein kleines Mädchen wird sieben- oder achtjährig mit einem Jungen verlobt, der etwa sechs Jahre älter ist, und zu diesem Zeitpunkt zieht es in das Heim seines zukünftigen Mannes. Hier wird es von seinem Schwiegervater, seinem Mann und von allen Brüdern mit Nahrung versorgt. Auf den Schultern des jungen Mannes liegt speziell die Last, für die Ernährung seiner Frau Yamswurzeln anzubauen, Sago zu ernten, Fleisch zu erjagen. Daraus entwickelt sich später sein Anspruch auf sie. Wenn sie träge oder brummig ist, dann kann er diesen Anspruch geltend machen: »Ich habe das Sagofeld bestellt, die Yamswurzeln gepflanzt und das Känguruh erlegt, die deinen Körper genährt haben, warum holst du kein Brennholz?« In den seltenen Fällen, in denen die Eheschließung infolge des vorzeitigen Todes des Verlobten nicht zustande kommt und das Mädchen – nun bereits erwachsen – erneut verlobt wird, wird die neue Bindung nicht mehr als so eng empfunden. Ähnliches gilt, wenn ein Mann die Witwe eines verstorbenen Verwandten erbt; er wird, zumal wenn sie älter ist als er, kaum aktiv zu ihrem Wachstum beigetragen haben. Solche Ehen, denen die wichtigste dieser Kultur bekannte Sanktionierung fehlt, gelten als wenig haltbar.

Die Arapesh meinen, daß die Eltern über ihre Kinder, die sie haben wachsen lassen, ein Aufsichtsrecht haben sollten. Aus den gleichen Gründen muß dieses Recht den Männern ihren Frauen gegenüber zustehen; sie haben zu ihrem Wachstum beigetragen, sie sind für sie verantwortlich, sie sind älter und haben daher auch das bessere Urteilsvermögen. Die ganze Organisation der Gesellschaft beruht auf der Analogie zwischen Frauen und Kindern als einer Gruppe, die jünger und weniger verantwortlich ist als die Männer und daher geführt werden muß. Das Verhältnis aller Ehefrauen zu ihren Männern, aber auch zu den

Vätern, Onkeln und Brüdern des Mannes, überhaupt zu allen älteren Männern des angeheirateten Clans, ist das eines Kindes. Noch ehe das kleine Mädchen sich überhaupt seines Geschlechtes bewußt geworden ist, wird es von den Älteren bereits als die zukünftige Frau eines jungen Stammesangehörigen auserwählt. So kommt es denn auch, daß die Arapesh ihre romantischen Empfindungen an die ganz jungen Mädchen verschwenden. Stundenlang können sie sich am Anblick eines solchen etwa sechsjährigen Mädchens ergötzen, das vielleicht soeben von der Mutter den ersten Grasrock erhalten hat. Die Auswahl einer zukünftigen Frau für den Sohn erfolgt nie nach irgendwelchen sexuellen Gesichtspunkten; es würde einem Arapesh niemals in den Sinn kommen, ein Kind als sexuelles Objekt zu betrachten. Die Wahl muß nur so früh erfolgen, weil ein Mädchen spätestens mit zehn Jahren nicht mehr verfügbar, sondern bereits seinem künftigen Mann übergeben worden ist. Erst wenn die Frau Witwe geworden ist, können wieder Spekulationen über ihre Begehrenswertheit angestellt werden. Und so putzen gelegentlich Mütter ihre winzigen Töchter heraus, und das Gespräch einer Gruppe von jungen Männern verstummt für einen Augenblick, wenn ein kleines Mädchen mit raschelndem, steifem Röckchen vorbeihuscht.

Wenn ein Mann eine Frau für seinen Sohn aussucht, läßt er sich von mannigfachen Erwägungen leiten. Soll er ein Mädchen aus seinem eigenen Dorf auswählen oder aus einem Nachbardorf, mit dem seine Sippe bereits verschwägert ist? Es ist gut, wenn Bruder und Schwester ebenfalls ein Geschwisterpaar heiraten und daß, wenn ein Clan einem anderen zwei Mädchen gibt, dieser sich mit zweien seiner Mädchen revanchiert. Dies ist jedoch keine bindende Regel. Die Ehen der Arapesh werden in erster Linie unter dem Gesichtspunkt der Dauer geschlossen; man kennt dort kein starres System, das zwei junge Menschen zusammenzwingt, die altersmäßig nicht zueinander passen. In der Regel wird der Vater die Schwiegertochter zunächst im eigenen Dorf suchen. Die schon durch mehrere Bande verknüpften Männer der beiden Clans werden auf eine weitere Bindung dringen. Aber auch die Verheiratung in ein weiter entfernt liegendes Dorf hat ihre Vorzüge; denn dadurch wird der Kreis des guten, freundschaftlichen Einvernehmens erweitert, in dem die kommende Generation sich sicher und frei bewegen und durch den sie immer einen guten Empfang nach einer mühseligen kalten Reise erwarten kann. Ein durch Heirat zwischen zwei entfernten Orten geknüpftes Band wird diese beiden Orte für lange Zeit verbinden, mit etwas Glück vielleicht für immer. Die Abkömmlinge aus dieser Heirat werden daran denken und alle Leute aus dem Dorf der Mutter »Großvater« nennen und sie respektvoll willkommen heißen, wenn sie zu einem Fest kommen. Stammt die zukünftige Frau womöglich aus dem Küstengebiet, dann wird sie wahrscheinlich irgendeine besondere Geschicklichkeit besitzen und Töchter und Schwiegertöchter darin unterrichten können. Auf diese Weise gelangte das Herstellungsgeheimnis des *wulus*, eines überaus eleganten, geflochtenen Grasrocks, vor fünf Generationen durch eine Braut von Daguar zu den Leuten von Suabibis. Gegen solche Heiraten spricht allerdings die Furcht vor Zauberei. Sucht sich jemand seine Frau von einem Fremden und erlaubt jemand seiner Tochter, zu Fremden zu gehen, so kann Furcht und die zwangsläufige Zuflucht eines Erzürnten zur Zauberei die Heiratspläne zerstören. All diese Für und Wider müssen von den Vätern und Onkeln bedacht und gegeneinander abgewogen werden.

Das Mädchen selbst muß bestimmten Erwartungen entsprechen. Es muß vor allem die richtige Art von Verwandten haben, viele männliche Verwandte, gute Jäger und erfolgreiche Gärtner, die nicht leicht zornig werden und ihre Entscheidungen mit Weisheit treffen. Der Vater, der eine Frau für seinen Sohn wählt, wählt gleichzeitig und ebenso bedeutsam die Schwäger seines Sohnes und die Onkel mütterlicherseits seiner Enkel. Die Arapesh betrachten die Heirat nicht wie so viele Leute als einen unwillkommenen Kompromiß, der es zwangsläufig mit sich bringt, daß einem Fremdling Zutritt zum Haus und zum Familienleben gewährt werden muß; für sie ist die Heirat in erster Linie eine Gelegenheit, den trauten Familienkreis zu erweitern, in dem die Nachkommen noch sicherer leben werden als man selbst. Diese Auffassung der Ehe kommt klar zum Ausdruck in der Stellungnahme der Arapesh zum Inzest. Nur mit allergrößter Schwierigkeit ist es mir gelungen, überhaupt etwas über diesen Punkt von ihnen zu erfahren. Selbst dann mußte ich mich mit einigen noch recht rätselhaften Aphorismen zufriedengeben:

Deine eigene Mutter
deine eigene Schwester
deine eigenen Schweine
deine eigenen Yams, die du aufgestapelt hast,[7]

darfst du nicht essen.
Die Mütter anderer Leute
die Schwestern anderer Leute
die Schweine anderer Leute
die Yams anderer Leute, die sie aufgestapelt haben,
das darfst du essen.

Hierin kommt zum Ausdruck, was die Arapesh von der Selbstzucht halten, ihr sicheres Gefühl, daß einerseits zwischen einem Mann und dem Überschuß seiner Yams-Ernte eine so intime Beziehung besteht, daß er nahezu Inzest begehen würde, wenn er davon äße, und daß andererseits geschlechtliche Beziehungen zur eigenen Mutter oder Schwester etwas ähnlich Verwerfliches sein würden wie asoziales Horten von Vorräten. Aber diese Aphorismen wurden mir als Erklärung dafür gegeben, wie ein Mann, der ein *abullu* veranstaltet, mit seinen Yams verfahren sollte, und nicht als Antwort auf meine Fragen über den Inzest. Der einfache Gedankengang des Eingeborenen ist, daß man die Menschen lehrt, wie sie mit Yams und Schweinen verfahren sollen, indem man sie darauf hinweist, wie sie mit ihren weiblichen Verwandten umgehen. Auf meine Fragen über Inzest erhielt ich keine der Antworten, die mir bei allen andern primitiven Stämmen gegeben wurden: heftige Verurteilung, verbunden mit skandalösen Enthüllungen eines Falles von Blutschande in einem Nachbarhaus oder -dorf. Anstelle der nachdrücklichen Verurteilung und der Beschuldigungen sagte man mir nur: »Nein, wir schlafen nicht mit unseren Schwestern. Wir geben unsere Schwestern an andere Männer und bekommen dafür ihre Schwestern.« Es war doch höchst einfach und einleuchtend. Warum machte ich so viel davon her? Schließlich gelang es mir, einen Mann aufzutreiben, der auf einer langen Wanderung nach Aitape in ein Dorf gekommen war, in dem eine Frau ihren Mann verlassen hatte, um mit ihrem Bruder zu leben. Wenn ich das meinte – nein, das täten sie nicht. Was würden die alten Männer einem jungen Mann sagen, der seine eigene Schwester zur Frau nehmen wollte? Sie wußten es nicht. Niemand wußte das. Die alten Männer beschäftigten sich nie mit dieser Frage. Ich schickte sie zu den Alten der Sippe und ließ ihnen diese Fragen vorlegen. Ihre Antworten lauteten übereinstimmend: »Was, du möchtest deine Schwester heiraten! Bist du denn nicht ganz richtig im Kopf? Möchtest du denn keinen Schwager? Siehst du denn nicht ein, daß du wenigstens zwei Schwager bekommst, wenn du die Schwester eines anderen Mannes heiratest und ein anderer Mann deine eigene Schwester bekommt? Mit wem willst du denn auf die Jagd oder in den Garten ziehen, und wen willst du besuchen?« Der Inzest wird also von den Arapesh nicht mit Entsetzen und Abscheu als eine Versuchung des Fleisches betrachtet, sondern als etwas, womit sich ein dummer Mensch die Freude verscherzt, durch Heirat die Zahl der Menschen, die er lieben und denen er vertrauen kann, zu vergrößern.

Der Vater wird also bei der Wahl einer Frau für den Sohn die Brüder und Vettern des Mädchens in Betracht ziehen, die des Sohnes Freunde werden sollen. Je mehr es davon gibt, um so besser. Man brauchte ja bloß Aden anzusehen, Aden, der alles falsch gemacht hatte und jetzt allein dastand. Adens Eltern waren Kusin und Kusine, und beide stammten aus aussterbenden Familien. Adens einzige Verwandte waren zwei Brüder seiner Mutter, wovon der eine schwachsinnig war, der andere aus Einsamkeit zu den Verwandten seiner Frau in ein anderes Dorf gezogen war. Aden machte nun etwas ganz Ungewöhnliches: er heiratete zwei Schwestern. Es ist ja nichts dagegen einzuwenden, daß ein Mann zwei Schwestern heiratet, und in Adens Fall handelte es sich darum, daß die Schwester seiner Frau Witwe geworden war und keinen der entfernten Verwandten ihres verstorbenen Mannes heiraten wollte. Sie wollte lieber nach Alitoa zurück und bei ihrer Schwester leben, und deshalb heiratete Aden schließlich auch sie. Aber alle waren der Meinung, daß dieser Schritt für einen Mann in Adens Lage töricht war. Er büßte dadurch die Möglichkeit ein, sich durch Heirat in eine andere Familie weitere Schwäger zu verschaffen und war nun vollkommen auf diese eine Familie angewiesen. Sein einziges Kind, die kleine Sauisua, würde später einmal niemand als Schwiegertochter haben wollen – ein Mädchen mit so wenig Verwandten!

Der Vater eines Mädchens läßt sich von den gleichen Überlegungen leiten. Mit Mißfallen betrachtet er das Werben eines jungen Mannes, der nur wenig Verwandte hat. Und während die Väter von Söhnen stets sehr erpicht darauf sind, kleine Mädchen für ihre Söhne zu sichern, sind die Väter von Töchtern herkömmlicherweise vorsichtig, nüchtern und zögernd. Die entsprechenden Verhandlungen werden seitens des Mädchenvaters stets mit offen gezeigter Uninteressiertheit aufgenommen. Er sagt etwa: »Ich habe schon genug Töchter weggegeben. Was bringt mir das ein? Sie ziehen in irgendein entferntes Dorf, und ich bekomme sie nie wieder zu sehen. In meinen alten Tagen kann ich mich nur auf meine Söhne verlassen. Nein, diese eine will ich behalten. Sie ist noch sehr klein. Ihre Brüste sind noch vollkommen unentwickelt. Warum sollte ich sie zu den Fremden schicken?« Handelt es sich dabei um eine Tochter, die als besonders vielversprechende Ehefrau angesehen wird, dann fügt er hinzu: »Sie kann sogar schon ihre Mutter vertreten, wenn Gäste kommen. Sie ist flink im Feueranzünden und im Essenkochen. Nein, ich werde sie nicht wegschicken.« Die kleinen Mädchen werden in erster Linie nach ihren hausfraulichen Qualitäten beurteilt: Übernehmen sie schnell die Verantwortung für den Haushalt, sind sie gastfreundlich, oder können sie sich Besuchern gegenüber nicht benehmen? Dieses Verantwortungsgefühl wird an einer Frau weit mehr geschätzt als Intelligenz oder Schönheit. Eine Frau muß das Haus ihres Mannes durch gewandte, freundliche Aufgeschlossenheit gegenüber allen – ihm selbst, den Gästen, den Kindern – zieren. Ein kleines Mädchen, das bereits mit sechs oder sieben Jahren »die Stelle der Mutter im Haus ausfüllen kann«, ist eine begehrenswerte zukünftige Hausfrau. Daneben soll sie sanftmütig sein, aber dies wird fast als eine selbstverständliche Folge betrachtet; denn Übellaunigkeit drückt sich bei den Arapesh in »den Menschen nichts geben wollen« aus. Eine reine Haut soll das Mädchen auch haben[8]. Mädchen mit kranker Haut heiraten gewöhnlich ebenfalls, aber das Verlöbnis kommt meist später zustande, und die Verbindung wird weniger vorteilhaft sein; sie müssen mit Jungen vorliebnehmen, die nur wenig Verwandte haben. Dagegen wird ein Junge mit chronischer Hautkrankheit nur durch einen seltenen Zufall überhaupt heiraten. Solange er noch ein Kind ist, werden die andern Kinder ihn meiden und ihn »Mann mit der giftigen Haut« nennen. Schon umschwebt ihn die Aura des mürrischen, bedauernswerten Menschen, der bei den Leuten der Ebene Zauberer wird und unter den Bergbewohnern immer bereit ist, bei Zauberei mitzuwirken. Weil Männer mit Hautausschlägen, so heißt es, keine Frauen bekommen können, werden sie böse und mürrisch und wenden sich der Zauberei zu. »Dieser Junge hat eine böse Haut, deshalb wird er einmal ein Zauberer oder ein *dirt*-Zuträger«, kann man oft hören. Ein so entstelltes Kind zieht sich mehr und mehr in sich zurück, weil es spürt, daß sein Schicksal schon feststeht und daß es niemals in die warme Gemeinschaft am Hüttenfeuer aufgenommen werden wird. Die unangenehme Farbe und der ranzige Geruch einer solchen Hautkrankheit treffen die Arapesh an ihrer empfindlichsten Stelle, und ihre hochgradige Sensibilität läßt keinen Raum für Mitleid und Erbarmen.

Es sind also Jungen, nicht Mädchen, die schon im Kindesalter wissen, daß sie nie heiraten werden. Mit den meisten primitiven Gesellschaften haben die Arapesh hier etwas gemeinsam, das aufs schärfste im Gegensatz zu der modernen Zivilisation steht. Jedes Mädchen wird wenigstens *ein* Mal heiraten, falls es nicht schrecklich entstellt ist und dann kaum lange leben wird. Wird sie schon in jungen Jahren Witwe, dann wird sie ein zweites Mal verheiratet, selbst wenn sie nicht in das Bett des zweiten Gatten aufgenommen wird. Die Furcht vor der Ehelosigkeit des Kindes, die verzweifelte Konzentration auf das Ziel »Heirat« sind bei den Arapesh Sache der Eltern eines Sohnes, nicht der einer Tochter. Der Sohn ist es, der unter Umständen unverheiratet bleibt und für den sorgfältig vorausgeplant werden muß. Ein wesentlicher Grund für die Dankbarkeit, die ein Sohn seinem Vater gegenüber empfindet, ist die Tatsache, daß dieser ihm eine gute Frau aussuchte, als er selbst für diese Aufgabe noch zu klein war.

Ein Mädchen zur Schwiegertochter erwählen wird umschrieben mit »eine Tragtasche auf sein Haupt tun« – die entsprechende Pantomime wird allerdings selten durchgeführt. Das kleine Mädchen wird von den Eltern in das Heim seines zukünftigen Mannes gebracht. Hier geht das Leben in der ihm vertrauten Weise weiter; es schläft bei seinen zukünftigen Schwiegereltern, arbeitet unter der Anweisung seiner Schwiegermutter und gibt sich in erster Linie mit den weiblichen Mitgliedern der Familie ab. Vielleicht ist es ein bißchen schüchterner als zu Hause, wenn es die neue Familie nicht schon vorher gekannt hat. Aber meistens sind es alte Bekannte, mit denen sie nun zusammenlebt. Seinem jungen künftigen Ehemann gegenüber gibt das Mädchen sich vertrauensvoll und bejahend. Keinerlei Tabu-Regeln erschweren die Beziehungen der Verlobten. Der Junge ist für das Mädchen ein männlicher Verwandter, zu dem es aufschaut und von dem es abhängig ist. Für den Jungen ist es ein kleines Mädchen, sein kleines Mädchen, und er weiß, daß er es sorgsam führen und beschützen muß. Er beauftragt es, seine Pfeife anzuzünden und seine Hunde zu füttern. Alle seine Brüder verhalten sich genauso wie er zu dem Mädchen, das auch sie in den Kreis seiner Zuneigung einschließt. Mit den kleineren Jungen spielt und tollt es. Mit allen fühlt es sich nah verbunden. Seine Gefühle für den künftigen Mann, dessen Vater und Brüder unterscheiden sich in nichts von seinen Gefühlen für den eigenen Vater und die eigenen Brüder. Alle diese Beziehungen sind durch Kameradschaftlichkeit charakterisiert, bei der es keine Tabus und keine Furcht gibt. Abwechselnd wohnt das Mädchen bei den Eltern und bei den Schwiegereltern – je nachdem, ob ein Fest oder die Taro-Pflanzung seine Anwesenheit erfordern. In das neue Heim kehrt es ebenso vergnügt zurück wie in das Elternhaus. Die kleinen Mädchen erzählen gern und glücklich von diesem Rhythmus ihres Lebens. So zum Beispiel die zehnjährige Anyuai: »Manchmal bin ich hier bei meinem Vater, manchmal in Liwo bei meinem Mann. Wenn sie hier Taro pflanzen, komme ich her. Wenn sie in Liwo Taro pflanzen, gehe ich nach Liwo. Mein Mann ist groß, so groß wie Gerud.« Ich fragte sie: »Hast du geweint, als du zum erstenmal nach Liwo gingst?« – »Nein, ich habe nicht geweint. Ich bin sehr stark. Mein Mann ist gut. Ich schlafe im Hause seiner Eltern. Una heiratet Magiel. Magiel ist sehr groß. Una ist kleiner als ich. Sie wohnt immer noch meistens im Haus ihres Vaters. Miduain heiratet Seaubaiyat. Sinaba'i nennt ihn Schwiegersohn. Ibanyos (= die zweite Frau von Anyuais Vater) und Mutter sitzen zusammen in einem Haus. Sie pflanzen zusammen einen Garten. Sie streiten nicht. Morgen gehe ich wieder nach Liwo.«

Wenn man diese langen Jahre in Rechnung stellt, in denen die zukünftigen Eheleute wie Bruder und Schwester zusammen leben, wird man einen wesentlichen Faktor der Haltung begreifen, die die Arapesh dem Sexuellen gegenüber einnehmen. Der Geschlechtsverkehr beruht auf dem gleichen Gefühl, das man für seine Tochter oder Schwester hegt, er ist lediglich ein endgültiger und vollkommenerer Ausdruck dieses Gefühls. Er wird also nicht als eine spontane Reaktion des Menschen auf einen inneren sexuellen Reiz betrachtet. Die Arapesh haben darum auch keine Furcht, daß Kinder, die man sich selbst überläßt, oder Halbwüchsige sexuelle Experimente machen könnten. Man nimmt das höchstens von jungen Menschen an, die einander versprochen sind und in dem Wissen großgezogen wurden, daß sie Mann und Weib sein werden (manchmal auch von einer Frau und ihrem Schwager). Wenn das kleine Mädchen sich der Pubertät nähert, verstärken die

Schwiegereltern die Aufsicht, und zwar im Interesse beider Verlobter.

Die Notwendigkeit solcher Beaufsichtigung beruht auf der Vorstellung der Arapesh, daß Wachstum und Geschlechtsleben sich zueinander gegensätzlich verhalten, eine Vorstellung, der wir schon bei den Tabus der Geburt und des Säugens der Neugeborenen begegnet sind. Ein Mädchen, dessen Brust sich eben zu entwickeln beginnt, darf sich nicht auf sexuelle Beziehungen einlassen. Das würde nicht nur sein weiteres Wachstum beeinträchtigen, sondern eine weit schwerere Konsequenz haben: ihre Brüste würden weiterhin aufrecht, straff, klein und unanziehend bleiben, statt in der üppigen Fülle herabzuhängen, die die Arapesh für den Gipfel weiblicher Schönheit halten. Wenn die kleinen Schwestern und Schwägerinnen miteinander die Sagoschößlinge zwischen den Handflächen reiben, bevor sie daraus neue Röcke flechten, oder wenn sie für das Abendessen Taro schälen, unterhalten sie sich über die Schönheit der großen Mädchen. Budagiels und Wadjubels Brüste sind schön groß. Sie müssen ihre Tabus gut eingehalten haben, und sicher haben sie sich nie dazu verführen lassen, ein Stückchen Fleisch zu stehlen. Und auch später beim Menstruieren haben sie wohl die anderen Regeln sehr genau beachtet, besonders den *tamberan* der Frauen. Was das ist, wissen die kleinen Mädchen nicht so recht, aber sie haben ebensowenig Angst davor, wie die uninitiierten Jungen. Schließlich wird man doch schön davon! Dessen sind sich die kleinen Mädchen sehr bewußt. Sie wissen auch, daß ein Mädchen während seiner ersten Menstruation vier oder fünf Tage fasten muß – aber wie schön ist sein neuer Grasrock, wenn es wieder im Dorf erscheint! Anyuai aber fragte doch die Schwester ihres Verlobten, wie denn das Fasten sei, und die Schwägerin antwortete, daß man die meiste Zeit schläft und kaum merkt, wie die Zeit vergeht. Am Feuer in der Menstruationshütte sei es schön warm. Und man brauche sich ja nur einmal die Mädchen anzusehen, die sich zu früh auf Beziehungen zu einem Mann eingelassen haben. Da ist z. B. die kleine schlanke Sagu, die mit ihrer Figur wie ein vierzehnjähriges Mädchen wirkt. Dabei war sie schon zweimal verheiratet und hatte ein Baby, das starb; es war zu klein und zu schwach. Sagu war zunächst an einen Jungen im Nachbardorf verheiratet worden, der wesentlich älter war als sie und der sie von seinem verstorbenen Bruder geerbt hatte. Dieser Junge hatte sie »gestohlen«, das heißt, er hatte Verkehr mit ihr, ehe sie die Pubertät erreicht hatte; dadurch waren ihre Brüste hart und spitz geworden und würden nun wohl nie hängend und weich werden. Nachdem ihr Kind gestorben war, hatte sie ihren Mann verlassen und war zu ihrem Vater zurückgekehrt; schließlich war sie ja erst in zweiter Ehe an diesen Mann verheiratet worden, und er hatte somit kaum ein Recht auf sie. Ihr Vater verheiratete sie dann an einen Mann eines benachbarten Clans; aber auch dieser starb bald nach der Hochzeit. Sagus jüngere Schwester Kumati war an Maigi, den jüngeren Bruder von Sagus zweitem Mann, verheiratet worden. Dieser Bruder war ein schlanker und liebenswürdiger Junge, aber noch nicht ausgereift. Sagu verliebte sich in ihn und – getrieben durch ihre außergewöhnliche sexuelle Erfahrung – verführte ihn. Die älteren Leute widersetzten sich dieser Verbindung, aber Sagu hatte Maigi bereits fest an sich gebunden. Man bedeutete dem Jungen, daß er nie zu einem kräftigen Mann heranwachsen würde; er zuckte nur mit den Schultern. Schließlich wurde Sagu erlaubt, Maigi zu heiraten, und die kleine Kumati, die ihr Elternhaus noch nicht verlassen hatte, wurde einem jüngeren Vetter von Maigi zugesprochen. Das war alles sehr regelwidrig. Und die kleinen Mädchen bei ihren Sagoschößlingen zogen verächtliche Gesichter. Sagu hatte keine Brüste, sie würde also auch keine Kinder mehr haben, und Maigi würde niemals groß und stark werden. So sollte man sich also nicht benehmen. Wenn ein Junge wartete, bis seine Frau viele Male in der Menstruationshütte gewesen war – am besten zwei Jahre hindurch –, ehe er in Geschlechtsbeziehungen zu ihr trat, dann würde sie die richtigen hängenden Brüste bekommen, und das erste sexuelle Erlebnis würde die zarte Schnur lösen, die die Brust mit der Vulva verbindet. Wenn dieser Vorgang aber zuerst stattfindet, das heißt, wenn die Ader des Mädchens – so nennen sie das Hymen – vor der Pubertät zerrissen wird, dann werden sich die Brüste niemals entwickeln.

Die Arapesh kennen verschiedene Mittel, das Wachstum und die Entwicklung eines jungen Mädchens zu verzögern – aber diese Mittel sind nicht sehr zuverlässig. Die Eltern oder Schwiegereltern nehmen irgendeinen persönlichen Gegenstand des Mädchens, eine halbgekaute Betelnuß oder ein Stück Zuckerrohr, binden es sehr fest mit einem Stück Crotonblatt zusammen und verstecken es in den Dachsparren. Solange es dort festgehalten wird, wird auch das Mädchen festgehalten, seine

Entwicklung verzögert. Die Notwendigkeit eines solchen Zaubers ergibt sich, wenn sich die Eltern von Verlobten im Altersunterschied zwischen Junge und Mädchen verrechnet haben. Das kommt recht häufig vor, denn die Arapesh kümmern sich herzlich wenig um das Alter eines Kindes. Selbst von ihrem Erstgeborenen wird ein Mutter heute erklären, es sei erst zwei Monde alt, und morgen beteuern, es wären fünf Monde. Das Altersverhältnis zwischen Kindern, die in verschiedenen Gemeinden aufgewachsen sind, wie es bei verlobten Kindern meist der Fall ist, ist besonders schwer zu bestimmen. So müssen die bestürzten Schwiegereltern manchmal plötzlich feststellen, daß die Schwiegertochter sich so schnell entwickelt, daß sie völlig ausgereift ist, während der Junge noch kaum seine Pubertät erreicht hat. Dann wird oft zu Zaubermitteln gegriffen. Im allgemeinen betrachten die Arapesh jedoch die Zaubermittel als eine unzuverlässige Lösung dieser höchst eiligen Angelegenheit; die Erfahrung hat ihnen gezeigt, daß sie sich nicht so bewährt, wie sie sollte. Häufiger sucht man die Lösung in einer Umgruppierung und gibt das schon zu entwickelte Mädchen einem älteren Bruder des bisherigen Verlobten. Das Resultat ist meistens gut. In den Augen des Mädchens ist wenig Unterschied zwischen den männlichen Verwandten in der Hütte ihrer Schwiegereltern, und daher ergeben sich durch einen solchen Tausch keinerlei Komplikationen.

Wenn die kleinen Mädchen bei ihrer Arbeit über das Leben sprechen, erscheint ihnen der Gedanke an die Möglichkeit dieses Tausches nicht sehr schwerwiegend. Im Ganzen gesehen sind sie gefühlsmäßig mit einer Gruppe von Personen verheiratet, nicht mit einem einzelnen Mann. Sie sind ein untrennbarer Teil einer anderen Familie geworden, einer Familie, zu der sie nun auf immer, sogar noch nach dem Tod, gehören. Denn im Gegensatz zu vielen Völkern Ozeaniens, bei denen die Leiche der Frau durch die Brüder zurückgefordert wird, bestatten die Arapesh die Ehefrau auf dem Grund und Boden des Clans ihres Mannes, und ihr Geist bleibt bei ihm an der Stätte des *marsalai*. Der Witwer und seine Söhne leisten verschiedene Zahlungen an den Clan der Toten, sie »kaufen die Mutter«, damit sie auf immer bei ihrem Gatten und ihren Kindern bleiben kann.

Meist ereignet sich die Menarche des jungen Mädchens in dem Heim ihres zukünftigen Mannes. Bei den mit diesem Ereignis verbundenen Zeremonien müssen die Brüder des Mädchens mitwirken. Wenn Brüder fehlen, werden die Vettern geholt. Die männlichen Verwandten errichten für das Mädchen eine feste Menstruationshütte, die stärker und besser gebaut ist als die der älteren Frauen; diese sind armselige, kegelförmige kleine Gebilde, die sich die Frauen selbst errichten, ohne Boden, und Kälte und Regen kaum abhaltend. Aber für dieses erste Alleinsein wird ein Fußboden gelegt. Dem Mädchen wird eingeschärft, beim Sitzen die Knie anzuziehen und die Beine vor den Körper zu halten; auf keinen Fall darf es die Beine etwa übereinanderschlagen. Ihre geflochtenen Arm- und Fußreifen, ihre Ohrringe, ihr geflochtener Gürtel werden ihr abgenommen und, sofern sie noch einigermaßen neu sind, verteilt. Sind sie alt, werden sie vernichtet. Durch die Fortnahme dieser Dinge soll die Verbindung des Mädchens mit seiner Vergangenheit symbolisch durchschnitten werden. Das Mädchen wird von älteren Frauen aus seiner oder seines Mannes Verwandtschaft betreut. Sie reiben ihm den ganzen Körper mit Brennesseln ab und geben ihm allerlei gute Ratschläge, so z. B., es möge ein zusammengerolltes großes Nesselblatt in die Scheide schieben, damit seine Brüste groß und kräftig werden. Das Mädchen bekommt weder zu essen noch zu trinken. Am dritten Tage verläßt es die Hütte und stellt sich an einen Baum, während der Bruder seiner Mutter an den Schultern und Schenkeln dekorative Schnitte anbringt. Dies geschieht so behutsam, daß weder Erde noch Kalk mit hineingerieben wird – auf diese Weise werden gewöhnlich in Neuguinea die Narben bleibend gemacht –, und von den Schnitten höchstens vier oder fünf Jahre lang etwas zu sehen ist. Wenn jedoch während dieser Zeit Fremde feststellen wollen, ob ein Mädchen heiratsfähig ist, so schauen sie nach den Narben. Täglich wird der Körper des Mädchens von den Frauen mit Nesseln abgerieben. Das Fasten sollte möglichst sechs Tage andauern, aber die Frauen beobachten das Mädchen sorgfältig, und wenn es zu schwach wird, muß das Fasten beendet werden. Fasten macht es zwar stark, aber zuviel Fasten könnte zum Tod führen, deshalb wird die Zeremonie beschleunigt.

Der Vater des zukünftigen Ehemanns unterweist seinen Sohn inzwischen in der Bereitung des zeremoniellen Mahles für seine künftige Frau. Es enthält eine Reihe bestimmter Kräuter, und die Zusammenstellung ist nur dem bekannt, der es selbst schon einmal bereitet hat. Es gehört zur Tradition der Arapesh, daß man immer erst im Ernstfall von einem bereits Eingeweihten lernt, was getan werden muß. Viele junge Männer, deren zukünftige Frauen noch nicht das Pubertätsalter erreicht haben und die nie die Rolle des »Bruders« bei einer heiratsfähigen Schwester spielten, haben noch nie eine Pubertätszeremonie gesehen. Wenn davon gesprochen wird, machen die jungen Leute verwirrte, beunruhigte Gesichter, und es wird ihnen bewußt, wie grenzenlos abhängig sie von der Tradition der älteren Männer sind. Was sollten sie tun, wenn es keine älteren Männer gäbe, die ihnen sagen, was sie tun sollen, und ihnen beibringen, wie man die Wunderkräuter findet und zubereitet?

Der Vater läßt den Jüngling die *nkumkwebil*-Reben, die zäh und schwer abzubrechen sind, und die starke Rinde des *malipik*-Baumes suchen; der Junge muß den Saft des *karudik*- und des Brotfruchtbaumes sammeln; ferner muß er lernen, wie man die kleine *henyakun*-Staude und die Kokons der *idugen*-Raupe findet. Das sind alles starke Dinge, die das Mädchen stark machen werden, damit es kochen, tragen und Kinder gebären kann. Dann wird der Jüngling gelehrt, eine Suppe zu kochen, in die ein Teil der Kräuter kommt; andere Kräuter muß er mit besonders kräftigen Yamsfrüchten, den *wabalal*, zusammenkochen. Inzwischen wird das junge Mädchen von den Frauen geschmückt, Schultern und Rücken werden mit roter Farbe bemalt. Es erhält einen schönen neuen Grasrock, neue Arm- und Beinreifen sowie neue Ohrringe. Eine der Frauen leiht dem Mädchen die kleine grüne, hornförmige Muschel und die purpurne Vogelfeder, das Zeichen der verheirateten Frauen. Später bekommt die junge Frau von ihrem Mann eine eigene Purpurfeder. Diese wird ihr in das Loch an der Nasenspitze gesteckt, das man ihr gemacht hat, als sie noch klein war, und das sie seitdem immer mit einem Stöckchen oder einer Blattrippe offengehalten hat. Nun kann sie vor die Augen ihres Mannes treten, der auf dem *agehu* mit ihren Brüdern wartet. Die Brüder sind mit Geschenken gekommen – Pfeilen und Bogen, Holztellern, geflochtenen Taschen, Dolchen aus Kasuarknochen, Speeren.

Die Frauen legen ihr ihre alte Flechttasche auf den Kopf, die sie mit frischen *wheinyal*-Blättern verziert haben. In den Mund wird ihr ein herzförmiges, leuchtendrotes Blatt gesteckt. Ein solches Blatt wird auch von Novizen beim *tamberan*-Kult getragen. Der Gatte war angewiesen worden, die Rippe eines Kokosblattes und ein paar starkriechende Schwefelblumen, *mebu* genannt, auf zwei *aliwhiwas*-Blättern zu bringen. Er steht wartend in der Mitte des *agehu*; die junge Frau nähert sich langsam mit gesenkten Augen, ihr Gang ist nach dem langen Fasten schwankend. Frauen stützen sie unter den Armen. Der Gatte steht nun vor ihr. Er legt seine große Zehe auf die ihrige. Dann nimmt er die Kokosnußrippe, und während sie zu ihm emporblickt, holt er die alte Flechttasche von ihrem Kopf – die Tasche, die ihr der Vater, als sie noch ein Kind war, bei der Verlobung auf den Kopf legte. Nun läßt die junge Frau das Blatt aus dem Mund fallen und streckt ihre Zunge heraus, die vom Fasten schwer und belegt ist und vom Gatten mit der *mebu*-Erde abgewischt wird. Darauf setzt sie sich auf ein Stück Sagorinde; sie läßt sich langsam nieder, auf eine Hand gestützt, und streckt die Beine gerade vor sich aus. Der Mann überreicht ihr einen in ein Blatt eingewickelten Löffel und die Schüssel mit der Suppe, die er gekocht hat. Für die beiden ersten Löffel muß er ihr die Hand führen. Dann ist sie kräftig genug, ihn selbst zu halten. Nachdem sie die Suppe gegessen hat, nimmt der Mann eine der *wabalal*-Yamsfrüchte und bricht sie in zwei Hälften. Sie ißt die eine Hälfte, die andere legt er in die Dachsparren seiner Hütte. Das ist das Unterpfand dafür, daß die Frau ihren Mann nie als Fremden behandeln oder an die Zauberer ausliefern wird. Damit dies nicht geschieht, spricht ihm die Tradition auch einen Teil ihrer Persönlichkeit zu. Das Stück der Yamsfrucht wird aufgehoben, bis die junge Frau schwanger wird. Dieses Yamsgericht ist ein widersinniges Stück Zeremoniell, das vielleicht von den Flachland-Arapesh entlehnt ist. Nur Verrückte oder Schwachsinnige würden auf die Idee kommen, es zur Zauberei zu verwenden.

Nach der Mahlzeit bleibt die junge Frau auf dem Dorfplatz sitzen, und ihre Brüder und männlichen Verwandten stellen die mitgebrachten Geschenke um sie herum auf. Sie zünden ihre Fackeln aus Kokosblätter an und bilden damit einen Kreis um sie. Diese Zeremonie stammt aus dem Küstengebiet, und ihr Sinn ist den Berg-Arapesh unbekannt, aber sie bietet einen hübschen Anblick. Jenseits von Alitoa, der Ebene zu, ist diese Sitte unbekannt.

In den nächsten Wochen dürfen weder die Frau noch der Mann Fleisch essen. Die Frau kocht einen »falschen« Gemüsepudding, ähnlich dem, den die Mutter eines Neugeborenen zu machen pflegt. Diesen Pudding wirft sie in den Busch. Der Mann geht nun auf die Jagd, und wenn er mit Beute zurückkommt, veranstalten sie ein Fest für alle, die ihnen geholfen haben: für die Frauen, die Brennholz und Wasser herangeschleppt oder das Mädchen mit Nesseln geschlagen haben, und für jene, die ihm bunten Ton gebracht und es bemalt haben. Das Mädchen darf nun einen Monat lang weder Fleisch oder Zuckerrohr essen noch kaltes Wasser oder die Milch von jungen Kokosnüssen trinken. Dann ist die ganze Zeremonie beendet, und künftig kann sie ohne weitere Formalitäten zur Menstruationshütte gehen.

Diese Zeremonie, die offiziell die Kindheit eines Mädchens beendet, hat manches mit der Initiation eines Jungen gemeinsam: die Nesseln, den selbstauferlegten Schmerz, die Isolierung, die zeremonielle Herausführung. Aber während der Knabe von einem Lebensabschnitt in einen anderen übergeht, während er die Verantwortung des Mannes auf sich nimmt und daher an den Geheimnissen der Männer teilhaben darf, bleibt bei dem Mädchen so ziemlich alles beim alten. Jahrelang wohnt sie nun schon in der Familie des zukünftigen Mannes, hat Brennholz und Wasser herangeschleppt, hat gejätet, Taro und Gemüse gepflanzt und geerntet, hat Essen bereitet und die kleinen Kinder gehütet; nach einer einträglichen Jagd oder Ernte hat sie getanzt, mit Gruppen junger Menschen hat sie Sago bearbeitet. Ihre Aufgaben waren die der erwachsenen Frauen. Das Innere einer Menstruationshütte ist ihr kein Geheimnis; seit frühester Kindheit lief sie mit den Geschwistern dort aus und ein. Die Pubertätszeremonie ist kein ritueller Schritt in eine andere Art von Leben, sondern nur die Überbrückung einer physiologischen Krisis, die für ihre Gesundheit und ihr Wachstum wichtig ist. Es ist keine Hochzeitszeremonie.

Der Clan des Mannes betrachtet das Mädchen nun schon als zu ihm gehörend; er hat es ja genährt und hat dafür bezahlt. Von Zeit zu Zeit sandte die Familie des Mannes Fleisch an die Familie der Braut. Bald nach der Pubertät wird der wichtigste Teil der für eine Frau zu leistenden Zahlung entrichtet: ein paar Dutzend Ringe und andere Werte in Form von Muscheln; einige davon kommen den Eltern des Mädchen tatsächlich zugute, während der Rest gegen Wertsachen gleicher Größe und Schönheit ausgetauscht wird. Die Ausgaben sind nicht sehr hoch; das Essen, das die Familie des Mannes mehr als zwölf Jahre lang beigesteuert hat, ist wesentlich wertvoller. Aber von diesem Austausch von Wertsachen und den augenfälligen Geschenken in Form von Fleisch wird am meisten gesprochen;

sie sind die äußeren und sichtbaren Zeichen einer lang geplanten und dauerhaften Heirat. Wird ein Kind geboren, so wird dafür bezahlt: ein paar Ringe, wenn es ein Knabe ist, einen oder zwei mehr bei einem Mädchen werden der mütterlichen Sippe gegeben. Hierdurch wird der volle Anspruch auf das Kind besiegelt; für ein Mädchen werden darum mehr Ringe gegeben als für einen Knaben, weil sonst womöglich die mütterliche Sippe später, wenn das Mädchen erwachsen ist, Anspruch auf seinen Brautpreis oder auf seine Kinder stellt. Auch diese Zahlungen haben nur geringen wirtschaftlichen Wert; sie sind mehr ein Symbol für die absolute Zugehörigkeit des Kindes zum väterlichen Clan.

Nach der ersten Menstruationszeremonie geht das Leben der Braut unverändert weiter. Die Schwiegereltern setzen unauffällig ihre Aufsicht fort. Sie wohnt weiterhin in der Hütte der Schwiegereltern, und wenn eine der Töchter zu Hause ist, schlafen die jungen Schwägerinnen wohl beisammen. In wenigen Monaten wird die Ehe vollzogen werden. Inzwischen macht die Braut sich selbst einen prächtigen Grasrock; mit verheirateten Frauen, die nur wenig älter sind als sie selbst, verbringt sie viele Stunden beim Flechten der Sagoschößlinge, die ihr eine alte Frau, nachdem sie sie schmeichlerisch darum bat, wunderschön rot gefärbt hat. Ihre Haut ist immer sauber und glänzend, und das Halsband aus Opossum- oder Hundezähnen trägt sie nun jeden Tag. Niemand in der ganzen Gemeinschaft ist lieblicher oder fröhlicher als diese jungen Mädchen, wenn sie prächtig ausgeputzt darauf warten, daß das Leben nun endlich für sie beginnt. Noch ist kein Tag festgesetzt, aber die Eltern lockern die Beaufsichtigung mehr und mehr. Das Mädchen ist nun voll herangereift, der Junge groß und gut entwickelt. Bald werden sie, die jetzt allein im Busch herumgehen dürfen, ohne Hast, ohne daß ein festgesetzter Tag sie mit seiner Unvermeidlichkeit quält, die Ehe vollziehen; niemand wird davon wissen und darüber reden; eine Erwartung erfüllt sich, in der sie jahrelang im Bewußtsein ihrer Zusammengehörigkeit nebeneinander gelebt haben.

VII
Die Ehe bei den Arapesh

Das Problem außerehelicher sexueller Beziehungen hat für die Arapesh wenig Bedeutung. Die Zufallsbegegnungen, die Liaison, ein plötzliches Begehren, das nach rascher Befriedigung drängt – all das bedeutet ihnen nichts. Ihr Ideal ist die häusliche, nicht die romantische Verbindung. Alles, was mit der Sexualität zusammenhängt, wird sehr ernst genommen und von vielen Vorsichtsmaßnahmen begleitet; vor allem müssen in der Sexualität beide Partner eines Sinnes sein. Es ist sehr gefährlich, die männliche »Hitze« mit der weiblichen »Kälte« zu vermischen – wobei »heiß« und »kalt« nicht körperlich, sondern symbolisch gemeint sind: alles, was mit dem Übernatürlichen zu tun hat, ist »heiß«; alles, was als Abneigung gegen das Übernatürliche auftritt, gilt als »kalt«. Am wenigsten gefährlich ist ein solcher Geschlechtsverkehr, wenn er sich in der schützenden Atmosphäre eines langen Verlöbnisses abspielt, wenn die unerfahrene junge Frau schon nahezu ein Teil der Familie ihres Mannes geworden ist und man sie seit Jahren gesehen hat. Sie ist ja nun keine Fremde mehr; mit ihr Geschlechtsbeziehungen zu unterhalten, bedeutet also nicht mehr, einen Teil der eigenen Persönlichkeit an die Zauberer auszuliefern. Die Arapesh kennen nämlich keinen Zusammenhang zwischen plötzlich erwachter Leidenschaft und Liebe; für sie sind beide Empfindungen strenge Gegensätze. Wenn also ein Mann in einem fremden Dorf, auf einem Fest, zufällig eine Frau getroffen hat und sich von ihr verführen läßt, dann muß er sich klar darüber sein, daß sie ihn als Feind und Fremdling verzaubern will. Nur in einer stabilen und dauerhaften Ehe ist Geschlechtsverkehr gefahrlos und wertvoll.

Aber selbst hier sind allerlei Vorsichtsmaßnahmen erforderlich. Wenn die Brautleute sich nicht durch gewisse Riten von der gegenseitig abstoßenden »Hitze« und »Kälte« befreit haben, die durch den Geschlechtsverkehr vermischt werden, dann werden die Yams des Mannes nicht gedeihen, er wird auf der Jagd keine Beute erspähen, und die Frau wird keine kräftigen und gesunden Kinder zur Welt bringen. Aber nach Einhaltung dieser Riten besteht keine Gefahr mehr. Geht der Mann zum Ernten in die Yamsgärten, so muß er sich magisch vom Kontakt mit dem weiblichen Geschlecht befreien; tanzt er mit dem *tamberan*, so muß er sich hernach von dem *tamberan*-Kontakt befreien, ehe er sich ohne Gefahr seiner Frau nähern kann. Auch wenn er einen Leichnam berührt, einen Mann getötet oder eine besonders heilige *tamberan*-Maske, *abuting* genannt, geschnitzt hat, muß er magische Hilfe in Anspruch nehmen, um diese gefährlichen Kontakte nicht auf seine Frau zu übertragen. Wenn die Fontanellen seines Kindes zuwachsen, ist wiederum eine Krisis seines Lebens vorbei, und wieder wird der rituelle Aderlaß vorgenommen. Die Frau vollzieht das entsprechende Ritual nur nach dem ersten Koitus und nach dem Tod ihres Gatten. Ebenso vollzieht der Mann nach dem Tod der Frau diese Zeremonie. All das gehört zu einer geordneten Lebensführung; denn diese Riten verwandeln etwas Gefährliches in etwas Unschädliches, Beruhigendes, Warmes, sie nehmen die Furcht aus den Herzen der Menschen.

Ein zufälliges Zusammensein dagegen gewährt keinerlei Sicherheit. Ein solches Ereignis wird immer als Verführung betrachtet; und weil es ja die Männer sind, die sich auf Wanderung befinden und dabei fremde Frauen auf deren heimischen Pfaden treffen, wird immer angenommen, daß die Frau den Mann verführt hat. Väter warnen ihre Söhne: »Wenn du unterwegs bist, schlafe in der Hütte von Verwandten. Bei einer Frau, mit der du verwandt bist, einer Schwester, einer Kusine, bei der Schwester des Vaters, bei der Frau des Bruders der Mutter, bei einer Schwägerin bist du sicher. Aber gehe nicht auf fremden Wegen mit lachend geöffnetem Mund. Triffst du auf dem Wege eine fremde Frau, dann bleibe nicht stehen, um dich mit ihr zu unterhalten. Ehe du dich versiehst, wird sie dir die Wangen streicheln; dann wird dein Fleisch schwach werden, und sie wird dich den Zauberern ausliefern. Dann wirst du jung sterben und niemals graues Haar auf deinem Kopf erleben.« Davon abgesehen sind solche Zufallsverbindungen, die auf schnell aufflammender, durch äußere Reize erregter Leidenschaft beruhen, voll des raschen, brennenden Elements, das die männliche und die weibliche Natur zu schnell vermischt und eine Gefahr für die Aufgabe von Mann und Frau darstellt, Kinder aufzuziehen. Solche Begegnungen müssen jedesmal durch Beschwörung rituell unschädlich gemacht werden, selbst wenn sie mit derselben Frau wiederholt werden. In ihnen gibt es keine Sicherheit, kein häusliches Behagen.

Mit dieser Ablehnung der Leidenschaft wird alle Romantik

vernichtet, die mit dem Fremden, dem neuen Gesicht, der ungewohnten Geste zusammenhängt. Es ist die vertraute, die häusliche Liebe, nach der die Arapesh verlangen; sie ist verbunden mit dem Geben und Empfangen von Nahrung, mit dem Leben im gleichen Dorf viele Jahre hindurch. Die leichte, freundlich-romantische Einstellung gegenüber ganz kleinen Mädchen paßt sehr gut zu dieser Vorliebe; denn das Kind kann zu dieser abgeschlossenen Häuslichkeit herangezogen werden, die den Arapesh so wünschenswert erscheint. In ihr findet die unaggressive, langsam erwachende Sexualität der Arapesh ihren reinsten Ausdruck. Weder dem Mann noch der Frau wird ein spontaner sexualer Trieb zuerkannt. Kommt es dennoch zu einem plötzlichen Aufflammen außerhalb der Ehe, bei dem, wie angenommen wird, nicht der Wunsch, sondern die Situation die Begierde erweckt, dann sucht man stets nach einem anderen Motiv als dem des rein sexuellen Begehrens. Es mag Zauberei im Spiele sein oder auch der Wunsch eines Mannes, eine Frau zu erobern, die mit einem anderen verheiratet ist. Obwohl die Arapesh, wie erwähnt, nicht viel von einer Liebschaft halten, wird hin und wieder ein Mann den Reizen der Frau eines anderen verfallen, zumal wenn diese von ihrem Ehemann vernachlässigt wird. Um sie zu bewegen, mit ihm zu entfliehen, wird er geschlechtliche Beziehungen zu ihr aufnehmen. Das ist der vollkommenste Beweis seiner ernsten und ehrlichen Absichten; denn damit gibt er sein Schicksal vollkommen in ihre Hand; vertraut sie ihm nicht, so kann es sein, daß sie sich die Mittel verschafft, ihn zu verderben. Später, wenn er seinen Sinn geändert hat und seine Versprechungen nicht hält, wird ihm sein schlechtes Gewissen einreden, daß sie ihn den Zauberern ausgeliefert hat.

Der junge Alis siechte aus Verzweiflung über eine solch beklemmende Situation langsam dahin. Vor zwei Jahren war er bei einem Fest in Yimonihi, einem Dorf auf dem Wege der untergehenden Sonne, einer Frau aus den Ebenen begegnet und verführt worden. Sie hatte das in der geheimen Absicht getan, von ihm in sein Heimatdorf in die Berge mitgenommen zu werden, wo die Frauen so schöne Kleider hatten und alle Leute so prachtvollen Muschelschmuck trugen. Sie wollte auch ein Loch in der Nasenspitze haben, in dem eine Feder steckte, anstatt nur ein Loch in einem Nasenflügel mit einer kleinen Perlenschnur, wie es bei den Flachland-Arapesh üblich war. Alis hatte zunächst zugestimmt, aber dann hatte er es sich anders überlegt und war allein in die Heimat zurückgeflohen. Er hatte sich seiner jungen Frau Taumulimen erinnert, die er sehr liebte und die ihm bisher noch kein Kind geschenkt hatte. Wenn er diese schlanke und große Frau aus der Fremde in seine Hütte brachte, dann würde Taumulimen ihm wahrscheinlich davonlaufen. Denn jeder weiß, daß die Flachland-Frauen eifersüchtig und von unersättlicher sexueller Gier sind. Sie besitzen nicht die Liebe zur Häuslichkeit, die den Arapesh an ihren Frauen so teuer ist. Frauen, so sagen die Arapesh, sind von zweierlei Art: die einen gleichen den großen Fledermäusen, die ihre Jungen nur an einer Brust nähren, während die andere Brust trocken und leer bleibt, und die bei Regen und Sturm im Freien unterm Dach hängen; die anderen sind wie die netten, kleinen Fledermäuse, die in Baumlöchern wohnen und ihre Jungen nähren und behüten. Die Frauen von der Ebene sind den großen Fledermäusen ähnlich; das Frauenideal des Arapesh aber entspricht den kleinen Fledermäusen, die in ihrem Heim über ihre Jungen wachen. Manchmal kommt es vor, daß eine von diesen Flachland-Frauen, die noch ein bißchen aggressiver und heftiger ist als ihre Schwestern, sich endgültig und unwiderruflich mit ihrem Mann überwirft und wegläuft, um bei den Leuten in den Bergen Zuflucht zu suchen, einen fügsamen Mann und feinere Sitten zu finden. Und diesen Mann findet sie auch; denn ein Arapesh ist nicht gewohnt, dem entschlossenen Vorgehen einer Frau zu widerstehen, die sich auf seiner Türschwelle niedergelassen hat. Sie zieht in sein Heim, und häufig gelingt es ihr, den Mann ganz an sich zu fesseln und die kleine Ehefrau zu vertreiben, die keine Waffen hat, mit denen sie zurückschlagen könnte. Das alles war Alis natürlich bekannt, und er schauderte bei dem Gedanken an seine junge Frau, aber auch an seine bisher so erfolgreiche Karriere als Jäger, die bestimmt unter der Anwesenheit einer so ungestümen Frau leiden würde. Einen Monat, nachdem er die fremde Frau verlassen hatte, erfuhr er, daß sie gestorben war. Er zweifelte keinen Augenblick daran, daß sie etwas von seiner Person einem Zauberer ausgeliefert hatte. Aber an welchen? Man konnte es nicht wissen. Aber es erfolgte keine Erpressung. Vielleicht hatte sie keine Zeit mehr gehabt, dem Zauberer den Namen ihres Verführers zu sagen. Jedenfalls war sie tot, und die Zauberer würden sicher annehmen, daß Alis ihren Tod durch Zauberei verschuldet hatte. Daher würden sie wohl gar keine Erpressung versuchen, sondern seinen Tod verlangen. Ein Mann, der glaubt, Zauberei fürchten zu müssen, kann bei einer menstruierenden Frau Hilfe finden[9]; wenn er aber sicher ist, verzaubert worden zu sein, so gibt es für ihn ein Brechmittel. Während der Zauberer das Stückchen »dirt« über seinem Feuer raucht, bemüht sich *mishin*, die Lebensseele des Opfers, in seiner Kehle hochzusteigen. Hierbei entwickelt sich eine dicke weiße Flüssigkeit, die nach und nach in seinem Halse emporquillt, es zu ersticken droht und der Lebensseele das Entkommen ermöglicht; diese bewegt sich dann über Land in das Bambusrohr des wartenden Zauberers und wird darin verbrannt oder erschlagen. Um dem zu entgehen und die weiße Flüssigkeit wenigstens für eine Weile loszuwerden, nimmt das Opfer ein Brechmittel ein, das *ashup* heißt, einen außerordentlich bitteren Trank. Zu diesem Mittel nahm Alis nun in seiner Angst und Verzweiflung ständig Zuflucht. Er aß kaum noch etwas und verfiel auf diese Weise mehr und mehr. Er mußte jetzt für die Dummheit büßen, daß er mit einer fremden Frau geschlafen und sie dann verlassen hatte. Seine junge Frau hatte schon zuvor an einer leichten Hautkrankheit gelitten; diese verstärkte sich nun, weil die Sorge in ihr Heim gezogen war.

Die Arapesh kennen keine Vergewaltigung; sie wissen lediglich, daß es bei den südöstlich von ihnen beheimateten Nugum etwas so Unerfreuliches gibt. Menschen, die die Sexualität als etwas Gefährliches sogar innerhalb einer sanktionierten, von beiden Partnern bejahten Beziehung empfinden, sehen deutlich die Gefahren der Vergewaltigung. Ihre Auffassung von der männlichen Natur läßt keinen Raum für Vergewaltigung. Wenn ein Mann eine Frau entführt, die er nicht zuvor verführt und für sich gewonnen hat, nimmt er sie nicht sofort in seiner Erregung über den geglückten Raub, sondern wartet zunächst ab, wie die Dinge sich entwickeln, ob ein Kampf um sie entbrennt und was für ein Druck auf ihn ausgeübt wird, um ihre Rückgabe zu erzwingen. Wenn sie ihm nicht für immer gehört, ist es besser, sie gar nicht zu besitzen.

Die Bemühung, ja keinen Zwang auszuüben, erstreckt sich sogar auf die Beziehungen zwischen Ehegatten. Der Mann muß sich seiner Frau behutsam nähern, er muß ein »gutes kleines Gespräch« mit ihr führen, um sicher zu sein, daß ihr seine Annäherung willkommen ist. Sonst könnte es geschehen, daß sogar sie – die doch an seiner Seite aufgewachsen und von ihm ernährt worden ist – eine Fremde, eine Feindin wird. Auf die sexuelle Befriedigung wird kein Gewicht gelegt; entscheidend für Mann und Frau ist allein das Ausmaß von Bereitschaft und Erwartung. Der Annäherungsversuch, der ein latentes Bewußtsein vom Partner im Geschlechtsakt entstehen läßt, kann von der Frau genauso ausgehen wie vom Mann. Die Frau kann ebenso fragen wie er: »Soll ich das Lager richten?« oder: »Wollen wir schlafen?« Das Verbum »begatten« kann mit einem männlichen Subjekt und einem weiblichen Objekt oder mit einem weiblichen Subjekt und einem männlichen Objekt gebraucht werden. Häufiger findet jedoch der Ausdruck »sie spielten zusammen« oder »sie schliefen« Verwendung. Wenn Frauen sich zufrieden über ihre Männer äußern, so sprechen sie von Wohlbehagen und von unbeschwerten sexuellen Beziehungen, nicht von der Fähigkeit des Mannes, besondere Wünsche zu befriedigen. Von einem Orgasmus der Frau ist nichts bekannt; der Orgasmus des Mannes wird nur als Abschwellung bezeichnet. Das Wichtigste ist immer die gegenseitige Bereitschaft und das gegenseitige Behagen.

Die in Kindheit und Adoleszenz so stark entwickelte Sensitivität des Mundes wird in der Sexualität des Erwachsenen weitergeführt. Den heranwachsenden Knaben wird, wie wir uns erinnern, das Lippenspiel verboten, und trotz des Ersatzes durch Betelnußkauen und Rauchen erfordert diese Entsagung doch eine gewisse Selbstbeherrschung. Gleichzeitig verhindert das Tabu, mit dem die leichtfertige Berührung der Geschlechtsorgane belegt ist, das Onanieren. Wenn der junge Mann heiratet, ist die Erregbarkeit seiner Lippen daher etwas verringert; ein strenges Tabu verbietet die Berührung zwischen Lippen und Genitalien, und er empfindet eine gewisse Abneigung gegenüber Tastreizen. Mit dem Mädchen ist nicht so streng verfahren worden; es ist ihm bis zur Heirat erlaubt, mit den Lippen zu spielen, und wenn es will, sogar noch darüber hinaus, bis das eigene Kind an der Brust einen Ersatz dafür bietet. Durch die strengen Reinigungsübungen während der Menstruation empfindet die junge Frau nicht einmal beim ersten ehelichen Zusammensein Schmerzen. Sie teilt mit dem Gatten das Tabu, das den Kontakt von Lippen und Genitalien verbietet. Es ist anzunehmen, daß bei einem Volk, dessen Oralität einen so hohen Entwicklungsgrad erreicht, dieses Tabu zu einem vollkommenen Ausdruck des Geschlechtlichen durch die Genitalien führt. Die gerühmte Reizung durch die Lippen dient als Vorspiel, und es ist bezeichnend und interessant, daß die Arapesh im Gegensatz zu den meisten primitiven Völkern den echten Kuß kennen: den Kontakt der Lippen, der durch ein scharfes Einsaugen des Atems unterbrochen wird.

Die Arapesh sind Anhänger der Monogamie, lassen jedoch auch Polygamie zu. Diese ist aber nicht etwa ein Idealzustand, den ein erfolgreicher Mann naturgemäß anstrebt, sondern eine Situation, in die jeder – und aus manchen Gründen – geraten kann. Meist ist es ein Todesfall: Eine Witwe sollte möglichst innerhalb des Clan ihres verstorbenen Mannes wieder heiraten, als dessen Mitglied sie nun schon betrachtet wird.

Niemand käme auf die Idee, daß eine Witwe zu ständiger Trauer verpflichtet ist. Die Arapesh haben keine Ideologie – weder die Lebenden noch die Toten betreffend –, die ein solches Verhalten vorschreiben würde. Die Toten sind für alles Verlangen unerreichbar; es besteht kein Anlaß, sie durch ausgiebiges Trauern oder ewiges Witwentum zu versöhnen. Durch einen rituellen Akt wird die Verbindung der Witwe zu ihrem toten Ehemann endgültig durchschnitten. Unterbleibt eine solche Maßnahme, dann wird der tote den lebenden, neuen Gatten auf Schritt und Tritt begleiten. Sobald der lebende Gatte seinen Löffel in eine Speise taucht, holt sich ein Geisterlöffel die gleiche Menge heraus, und die Schüssel wird in der halben Zeit leer gegessen sein; steckt der lebende Gatte seine Hand in das Yamshaus, so zieht eine Geisterhand neben ihm ebenfalls Yams um Yams heraus. Aber diesen Alpdruck läßt man nicht Wirklichkeit werden; im wirklichen Leben ergreifen die Witwen alle Vorsichtsmaßnahmen, und Männer, die Witwen heiraten, werden eingehend von denen unterwiesen, die vor ihnen Witwen geheiratet haben. Und selbst dieses Verhalten des Geistes weist nicht auf Ärger hin, sondern nur auf ein zu enges Band zwischen der Lebenden und dem Toten – ein Band, das in ritueller Form hätte durchschnitten werden müssen.

Man glaubt auch nicht, daß die Frau an dem Tod ihres Mannes schuld ist; so muß sie nicht lange und rituell schmerzhafte Sühne leisten oder nach dem Diktat der Sippe trauern; sie selbst hat ja am meisten verloren. Die Verwandten würden den Gedanken an eine strenge Trauer, die die junge Witwe krank und schwach machte, ebenso weit von sich weisen wie bei ihren eigenen Töchtern. Aber da sie schließlich nicht die eigene Tochter, sondern die Schwiegertochter ist und mit einem Angehörigen des Clan verheiratet sein soll, muß sie sich wieder mit einem solchen verheiraten, mit einem Bruder des Verstorbenen. Dies ist besonders dann der Fall, wenn sie Kinder hat; es ist Rechtens, daß sie dort aufwachsen, wo ihr Vater zu Hause war, daß sie seine Straßen und seine Bäume kennen. Bringt eine Frau ihr Kind zu ihren eigenen Angehörigen, so beanspruchen es die Männer des anderen Clan später für sich, weil sie es aufgezogen haben. Sprechen nicht schwerwiegende Gründe dagegen, so wird also die Witwe innerhalb der väterlichen Sippe des Mannes wieder verheiratet. Hat sie Heimweh nach dem eigenen Clan, ist sie ohne Kinder und niemand da, der sie heiraten möchte, oder gibt es einen anderen Bewerber, den sie gern zum Mann hätte, so wird ihr gestattet, zu ihren eigenen Leuten zurückzukehren. Heiratet sie außerhalb der Sippe des verstorbenen Gatten, so hat der zweite Mann nicht ihre Sippe zu beschenken, sondern die Sippe des ersten Mannes, zu der sie ja tatsächlich gehört. Das erste Kind, das sie dann zur Welt bringt, gehört beiden Clans zu gleichen Teilen. Solche Kinder sind besonders schwer zu erziehen; sie schlüpfen durch die Finger der einen Familie in die weit geöffneten Arme der anderen.

Aber dreiviertel der Witwen schließen eine neue Ehe in der Familie des verstorbenen Gatten. Und da die Frauen jünger als ihre Männer und weit weniger Gefahren in Form von Jagd und Reisen unter feindlichen Stämmen ausgesetzt sind, können die meisten Frauen damit rechnen, mindestens einmal Witwe zu werden. Es wird einer Witwe nicht vorgeschrieben, einen Mann zu heiraten, der älter ist als sie. Ein solcher älterer Mann würde weder Bedarf an einer zweiten Frau noch die Mittel haben, sie zu ernähren. Die Aufgabe, die Witwen ihrer Brüder zu heiraten und deren Kinder zu versorgen, fällt in erster Linie den etwa dreißigjährigen Männern zu. Über die nachgeordnete Stellung der zweiten Frau herrscht bei den Arapesh Klarheit. Die junge Frau, die schon als Kind für den Mann ausgewählt worden ist, für die er Ringe und Fleisch bezahlt hat und – was noch wichtiger ist – zu deren Wachstum er beigetragen hat, nimmt nach wie vor die erste Stelle ein; sie muß in allem zuerst befragt und mit mehr Ehrerbietung behandelt werden. Dieses Gefühl ist sehr ausgeprägt, wenn es auch nur wenig betont wird, da bei den Arapesh das rituelle Drum und Dran des Vorrangs fast völlig fehlt. Die Witwe, die ihr Haus betritt, soll als trauernde und schon geliebte Schwägerin kommen. Beide Frauen kennen sich aber meist seit langer Zeit intimer, als dies bei richtigen Schwestern der Fall ist. Sie gehen daher in der Regel liebevoll miteinander um. So sagte eine Frau, die mit der Frau des Bruders ihres Mannes in gemeinsamer Arbeit am rauchenden Feuer saß, einmal zu mir: »Es ist schlecht, allein zu sein. Zu zweit holen wir das Wasser, zu zweit holen wir das Brennholz und zu zweit färben wir unsere Grasröcke.« Solche Frauen werden sich stets gegenseitig unterstützen und auch in Krankheitsfällen helfen. Sind die Kinder etwa gleichaltrig, so haben sie sie abwechselnd an die Brust gelegt. Oft saßen sie nach schwerer Arbeit beisammen, jede mit einem Säugling an der Brust, sangen, flochten Taschen und redeten ruhig miteinander. Sie nennen sich gegenseitig *megan*; das ist ein Ausdruck der Zuneigung und des Vertrauens. Eine Frau sagte einmal, als eine andere Frau aus dem gleichen Clan vorüberkam, strahlend zu mir: »Das ist meine *megan*«, mit dem gleichen Stolz, mit dem ein Schulmädchen feststellt: »Meine beste Freundin!« Solch ein bewährtes Verhältnis besteht meistens schon jahrelang. Nun wird eine von ihnen Witwe und muß als zweite Frau in den Haushalt des Gatten der anderen ziehen. Theoretisch ist es immer die ältere, die Witwe wird und als Ehefrau in das Haus des Mannes kommt, den sie »jüngerer Bruder«[10] genannt hatte. Man erwartet von ihr, daß sie ohne großes Aufheben einzieht und eine mütterliche Rolle übernimmt; und wenn auch der Ehemann mit ihr schläft, was er in vielen Fällen nicht unbedingt tut, so soll sie doch keine großen Ansprüche stellen, sondern sich verhalten wie eine Frau, deren Leben vorüber ist, die jetzt nur noch für ihre Kinder da ist.

Es ist sehr vorteilhaft für einen Mann, zwei Frauen zu haben. Hält sich die eine von den beiden in der Menstruationshütte auf, dann kann die andere ihm das Essen kochen. Lebt er mit beiden zusammen, dann werden die Tabus der Schwangerschaftszeit für ihn wesentlich erleichtert. Hat die eine von beiden ein kleines Kind, dann kann die andere ihn auf seine Wanderungen begleiten. Die eine Frau kann sich um den einen Garten kümmern, die andere um den andern. Die eine Frau kann er in einen Garten schicken, der einen zerbrochenen Zaun hat, während er mit der anderen für den ganzen Tag auf die Sagopflanzung geht. Ist eine Frau oder ein Kind des Bruders krank, so wird er eine seiner Frauen zum Helfen abgeben und hat dann immer noch die zweite, die für ihn kocht und ihn begleitet. Männer werden durch die Arbeit der Frauen nicht reicher; es handelt sich mehr darum, daß zwei Frauen das Leben des Mannes leichter gestalten und daß er sich zu mehr Leistungen angeregt fühlt, an denen beide Frauen sich beteiligen können. Bei dem nomadenartigen Leben der Arapesh, in dem so vielerlei Interessen zu berücksichtigen sind, ist es sehr praktisch, zwei Frauen zu haben. Schließlich bindet er sich durch die zweite Frau enger an ihren Clan und erweitert damit den Kreis seiner Verwandten.

Die ideale Ehe der Arapesh müßte also etwa folgendermaßen verlaufen: Eine lange Verlobungszeit, in der die zukünftigen Ehepartner aufs innigste miteinander vertraut werden und die Frau zu ihrem älteren Mann als zu ihrem fast väterlichen Führer aufsehen lernt; die erste sexuelle Erfahrung, ein vollkommen persönliches Erlebnis, ohne Zwang, im Rahmen einer schon lang bestehenden Verbindung; die allmähliche Vertiefung der ehelichen Bindung, wenn Kinder geboren werden und die jungen Eltern die schützenden Tabus miteinander befolgen; später, wenn der Mann sich den mittleren Jahren nähert, der Einzug einer ererbten Frau, einer Witwe mit ihren Kindern, der die erste Frau auf Grund einer langen Bekanntschaft vertrauen kann. Wenn alles so verliefe, wie es die friedlichen, aber schlecht organisierten Pläne der Arapesh vorsehen, dann wären ihre Ehen so glücklich, wie es ihnen vorschwebt. Es gäbe weder Streit zwischen den Ehefrauen noch Uneinigkeit zwischen Eheleuten, noch würden die Frauen weglaufen, was als Entführung gilt und zu Feindseligkeiten zwischen den betroffenen Dörfern führt.

Aber wie so viele Heiratssysteme der Eingeborenen Neuguineas beruht auch dieser Idealplan der Arapesh größtenteils auf Voraussetzungen, die sie nicht beeinflussen können. Sie verlassen sich darauf, daß zwischen Verlobungszeit und Schwangerschaft keine Todesfälle eintreten; daß jeder junge Mann die Frau heiratet, die er ernährt hat; daß jedes Mädchen den Jungen zum Mann nehmen wird, der ihm Nahrung gab, solange es klein war; daß die späteren Todesfälle sich in der richtigen Reihenfolge ereignen und der ältere Bruder vor dem jüngeren stirbt. Stirbt aber einmal der verlobte Junge oder die Braut, so gerät das ganze sorgfältig ausbalancierte System in Unordnung, und es gibt Schwierigkeiten nicht nur für den überlebenden Teil dieses Verlöbnisses, sondern manchmal für eine ganze Reihe von Heiraten. Ähnliche Schwierigkeiten können aus der Fehleinschätzung des Altersunterschiedes zwischen künftigen Ehepartnern entstehen, was eine Umgruppierung erforderlich macht. Das Mädchen muß dann an einen andern Mann des Clans verheiratet werden, den es noch nicht so nah kennen und schätzen gelernt hat, während der junge Mann nun eine junge Frau bekommt, zu deren Wachstum er nicht beigetragen hat. Eine dritte Komplikation ergibt sich, wenn eine Frau der Flachland-Arapesh von ihrem Stamm wegläuft und einen Mann aus dem Gebirge heiratet. In solchen Fällen droht ein schlechtes Ende. Manchmal ereignet es sich, daß ein körperlicher oder geistiger Mangel an einem Mann die Frau veranlaßt, wegzugehen, oder daß ein Mann eine mit einem Mangel behaftete Frau zurückweist. Ein paar konkrete Beispiele dieser unvorhergesehenen, jedoch häufigen Störungen der normalen Ordnung des Ehelebens bei den Arapesh sollen diese Schwierigkeiten aufzeigen.

Für Ombomb, einen Jungen aus Alitoa[11], war die kleine Me'elue aus Wihun schon als Kind zur Frau bestimmt worden. Sie war ein schlaksiges kleines Geschöpf mit einer Hautkrankheit. Kurz vor ihrer Reifezeit suchte eine junge Frau, die einer unerwünschten Ehe in einem fernen Dorf entflohen war, bei Ombomb Zuflucht. Dieser nahm sie auf und führte die ersten Pubertätsriten mit ihr durch; sie wurde aber später von ihren Verwandten zurückgeholt. Unglücklicherweise hatte Ombomb, ein heftiger, hochmütiger, für einen Arapesh ganz untypischer Charakter, allerhand Vergleiche angestellt. Er akzeptierte seine schmächtige kleine Frau nun nicht mehr so begeistert wie zuvor. Diese war ein furchtsames Wesen und machte sich große Sorgen; aus Angst, ihrem Mann nicht zu gefallen, machte sie nun alles falsch. Sie brachte ein Kind zur Welt, ein dünnes kleines Mädchen mit ungewöhnlich großem Kopf. Wie bei den Arapesh üblich, kümmerte Ombomb sich sehr um das Kind, aber er fühlte weder für die Kleine noch für die Mutter Zuneigung. Er fühlte sich dazu bestimmt, ein »großer Mann« zu werden, und es gab viel beschwerliche Arbeiten zu leisten, denen Me'elue nicht gewachsen war. Als seine kleine Tochter etwa ein Jahr alt war, erhielt Ombomb von Vettern aus einem fernen Dorf folgende Nachricht: »Zwei junge kräftige Frauen sind aus der Ebene in unser Dorf gekommen. Wir wollen sie nicht. Aber da du dich immer über die kleine Me'elue beklagst, kannst du dir ja eine der beiden Frauen holen. Bring einen Freund mit, der die zweite Frau holt, sie stehen euch zur Verfügung.« Ombomb ging sofort zu seinem Vetter Maginala, dessen Verlobte gerade gestorben war. Sie zogen gemeinsam in das ferne Dorf, und Ombomb, als der aktivere, nahm die Frau, die ihm besser gefiel. Sie hieß Sauwedjo. Sie hatte ein schmales Gesicht mit einem starken Kinn und Schlitzaugen. Sie war sehr zielbewußt, zornig und lüstern. Sie trug nur den kleinen, gerade zehn Zentimeter langen Grasrock der Frauen aus der Ebene und litt noch unter der Unwürdigkeit der bei den Flachland-Arapesh vorgeschriebenen Flitterwochen[12], die sie mit einem ungeliebten Mann zugebracht hatte. Sie schaute sich Ombomb an und fand ihn zufriedenstellend. Für einen Arapesh war er hochgewachsen und trug sein Haar in der eleganten Form, die bei den Küstenstämmen üblich war. Er war heißblütig und klug. Sie ging mit ihm nach Hause, und bald entwickelte sich zwischen ihnen ein intensives sexuelles Verhältnis, das Ombombs Temperament viel mehr entsprach als die schwerfällige, gefühlvolle, ganz auf die Kinder ausgerichtete Ehe der Gebirgs-Arapesh. Sauwedjo belegte ihn völlig mit Beschlag und begleitete ihn auf allen Wegen. Erhielt er irgendwo Fleisch, so gab er es an sie weiter. Selbst als sie schwanger wurde, hatte Ombomb kaum einen Blick für Me'elue. Sauwedjos Kind starb bei der Geburt, und Ombomb war untröstlich, obwohl es ein Mädchen gewesen war. Die Leute begannen darüber zu sprechen, wie Ombomb seine Frau Me'elue behandelte. Schließlich war sie seine erste Frau, zu deren Wachstum er selbst beigetragen hatte. Er ließ sie wochenlang allein und kümmerte sich kaum noch um ihren Garten und ihre Ernährung. Ihre Hautkrankheit verschlimmerte sich und griff auf ihr Gesicht über, das nur noch den knochigen Rahmen für zwei große, unglückliche Augen bildete. Die Kritik an Ombomb wurde immer lauter; einer der älteren Männer stellte ihn zur Rede: so durfte man nicht mit seiner rechtmäßigen Frau umgehen; es war ja auch gefährlich, seine Frau als Feind zu behandeln und sie trotzdem bei sich wohnen zu lassen. Außerdem machte es auch seinen Brüdern und Vettern zu viel Mühe, so für seine Frau und sein Kind zu sorgen, wie sie es unter diesen Umständen tun mußten. Schließlich war sie ja keine Witwe. Sie war seine Frau und die Mutter seines Kindes. Wenn er Me'elue schon nicht behalten wollte, dann sollte er sie zu ihrem Clan heimschicken. Ombomb wollte nichts davon wissen. Er verbrachte weiterhin seine ganze Zeit in Sauwedjos Hütte. Sie wurde wieder schwanger und gebar ein Mädchen. Ombombs zwei Häuser standen nebeneinander; im einen wohnte Me'elue mit ihrer Tochter, im anderen wohnte und schlief Ombomb mit Sauwedjo. Er besaß noch ein drittes Haus am Bergabhang, das so vernachlässigt war, daß es jeden Augenblick einzustürzen drohte. Ombomb verankerte es an einer starken Palme, führte aber die erforderlichen Reparaturen nicht durch. Damit gab er in aller Öffentlichkeit zu erkennen, daß er nicht fürchten müßte, ein drittes Haus zu brauchen, um dort allein zu schlafen, wenn ihm keine seiner Frauen mehr gefiele. Mit verächtlichen Worten sprach er über Männer, die ihre Frauen nicht im Zaum zu halten verstehen und ihnen erlauben, miteinander zu streiten. Die Leute warteten; das konnte nicht mehr lange so weitergehen, denn bald würde man von Zauberei reden, es sei denn, daß Me'elue vorher starb.

Eines Tages saß ich mit ihr und ihren beiden Schwägerinnen vor ihrem Haus. Sie war ins Dorf gekommen, um etwas aus dem Haus zu holen. In diesem Augenblick kehrte Ombomb von einer längeren Wanderung an die Küste heim. Das schmale, verhärmte Gesicht der vernachlässigten Frau leuchtete vor Freude auf. Sie eilte ins Haus und kochte eine Suppe nach ihrem besten Rezept. Ihre beiden Schwägerinnen, denen sie sehr leid tat, brachten ihr ein paar Zutaten, um die Suppe recht schmackhaft zu machen. Sie war doch Ombombs erste und rechtmäßige Frau – warum wurde sie also wegen einer Fremden halb verhungert und in beklagenswertem Zustand beiseitegestoßen? Ombomb aß die Suppe seiner ersten Frau; denn Sauwedjo war unterwegs. Die Suppe war sehr gut. Er war müde und mit dem Ergebnis seiner Reise zufrieden. Er schlief in Me'elues Haus ein, und Sauwedjo mußte zum erstenmal seit ihrer Heirat allein im Nebenhaus schlafen. Am nächsten Morgen schickte Ombomb Me'elue sofort in ihren Garten und ging zu Sauwedjo zurück. Aber Sauwedjo vergaß und vergab nicht. War sie etwa von ihren Leuten weggelaufen zu einem Mann ganz nach ihrem Geschmack, der stark und heißblütig und leicht erregbar war, nur um sich von einer kleinen und schwächlichen, hautkranken Kreatur ausstechen zu lassen – und wenn auch nur für eine einzige Nacht?

Als Ombomb wieder einmal das Dorf verließ, kam Me'elue mit ihrer kleinen Tochter ins Dorf, ging in das Haus, in dem Sauwedjo wohnte, und nahm aus Ombombs Tragnetz eine Kette aus Hundezähnen, die Ombomb in einem gelegentlichen Anfall von schlechtem Gewissen seiner kleinen Tochter versprochen hatte. Als Sauwedjo abends heimkam, erfuhr sie, daß Me'elue in ihrem Hause gewesen war. Sie ergriff ihre Chance und setzte

Gerüchte in Umlauf, die sie mit Selbstvorwürfen wegen ihrer mangelhaften Sorgfalt verband. Ombomb werde sie schlagen, wenn er erfahre, daß sie seine Flechttasche mit seinen persönlichsten Sachen unbeaufsichtigt gelassen hatte, so daß das gehässige kleine Opossum von Frau sich darüber hermachen und ein Stück von seinem Stirnband wegnehmen konnte, das sich für Zauberei verwenden ließ. Es war ja bekannt, daß sie es mit der Zauberei hatte! Vor Jahren, bald nach der Heirat, hatte Ombomb ein Stück Taroschale zwischen den Dachsparren versteckt gefunden und sofort gewußt, daß Me'elue ihn verzaubern wollte. Wie unvorsichtig von ihr, die Flechttasche ihres Mannes so offen liegen zu lassen! Ombomb dürfe das nie erfahren, er würde ihr das sehr verargen. Schlimm, daß Ombomb nun würde sterben müssen; so ein schöner, starker Mann sollte nun dahinsiechen, und das alles nur wegen der kleinen schorfbedeckten Person, die nichts weiter könnte, als sich in Häuser anderer Leute stehlen und »dirt« ihres Mannes wegnehmen. Von ihr, Sauwedjo, hätte sie ja auch ein Stück Halskette fortgenommen. So redete sie immer weiter, und das Gerücht verbreitete sich schnell.

Der kleine, hautkranke Madje hatte trotz seiner drei schönen Häuser einsehen müssen, daß er in seinem Leben keine Frau finden würde. Er fühlte sich stark zu Me'elue hingezogen; denn auch sie war ja vom Schicksal geschlagen. Er begab sich zu den Tarogärten hinaus, in denen Me'elue mit ihrer kleinen Tochter wohnte, und berichtete ihr von dem Gerücht. Weinend, glühend vor Zorn und Empörung und atemlos von dem steilen Anstieg, kam Me'elue ins Dorf und trat ihrer Rivalin gegenüber, die sich inmitten einer Gruppe von Frauen auf dem *agehu* befand: »Ich sollte Ombomb verzaubern? Warum sollte ich denn so etwas tun? Ich bin doch seine Frau, seine Frau, seine Frau. Er hat mich wachsen lassen, er hat für mich gezahlt, und ich habe ihm Kinder geboren. Bin ich denn eine Fremde, daß ich den Wunsch haben sollte, ihn zu verzaubern? Ich bin doch seine eigene Frau.« Sauwedjo saß vor ihr auf dem Boden, den Inhalt ihrer Netztasche vor sich ausgebreitet, das Kopfband, dem die Schnur fehlte, demonstrativ obenauf. Die älteste der anwesenden Frauen übernahm die Rolle der Richterin. »Hast du dein Kind mitgenommen, als du Sauwedjos Haus betratest?« »Nein, ich habe meine Tochter draußengelassen.« »Du bist also allein in das Haus deiner Rivalin gegangen? Welche Dummheit!« Die älteste der Frauen schlug der schluchzenden

Me'elue mit dem Ende einer Halskette auf den Nacken. Sauwedjo verhielt sich vollkommen still; nur ein verschlagenes Lächeln zuckte um ihre Mundwinkel. Me'elue fuhr schluchzend fort: »Er gibt mir nichts zu essen, so daß ich mit dem Kind hungern muß, und er schaut mich kaum an. Wir müssen uns von anderen ernähren lassen. Die Frau aus der Fremde ist immer zornig auf mich. Wenn Ombomb einen Garten für mich herrichtet und Bäume fällt, dann ist sie böse. Sie ist so stark, weil sie immer Fleisch ißt, während ich mit dem Kind leer ausgehe.« Sauwedjo rief voller Verachtung und Stolz: »Oh, ich esse also Fleisch, wie?« Die ältere Frau redete weiter auf Me'elue ein: »Du bist keine Frau, die erst als Erwachsene in unser Dorf kam, so daß wir dich etwa der Zauberei verdächtigen könnten. Du bist als kleines Mädchen zu uns gekommen, und wir haben alle für dich gezahlt.« Me'elue rief: »Bin ich denn eine Fremde? Bin ich etwa Ombombs zweite Frau? Ich habe ihm eine Tochter geboren. Warum sollte ich ihn verzaubern? Er selbst hat zu mir gesagt: ›Hol' dir die Kette aus Hundezähnen und lege sie unserer Tochter um den Hals.‹ Und das habe ich getan.« Die ältere Frau wiederholte: »Wir haben für dich gezahlt, du bist Ombombs erste Frau, du bist keine Fremde.« Me'elue stammelte ungeschickterweise: »Und sie hat behauptet, daß ich ihre Bambusschüssel zerbrochen habe. Madje hat es mir erzählt.« Sauwedjo erkannte ihre Chance, die großmütige Frau spielen zu können, und erwiderte: »Das habe ich nicht behauptet. Die Bambusschüssel gehört mir, und ich habe sie selbst zerbrochen.« Me'elues Schwägerin Sagu sagte vermittelnd: »Vielleicht hat ein Fremder die Schnur zerschnitten, es kommen immer viele Fremde in Ombombs Haus. Einer von ihnen muß es getan haben.« Sauwedjo ließ das jedoch nicht gelten. »Es sind immer Leute im Dorf gewesen, sie hätten es bestimmt gesehen, wenn ein Fremder das Haus betreten hätte. Nein, nur Me'elue, sie allein, ist ins Haus gegangen.« Me'elue wurde immer ängstlicher und niedergeschlagener. »Immer, immer muß sie auf mir herumhacken. Die beiden sind stets beisammen. Er behandelt mich überhaupt nicht wie seine Frau. Die Kette mit den Hundezähnen hat mir gehört.« »Aber«, sagte die ältere Frau vorwurfsvoll, »sie war in Sauwedjos Haus.« Me'elue stand auf und versuchte, ihrem schwachen kleinen Körper, der wirkte, als habe sie nie ein Kind gehabt, eine möglichst würdevolle Haltung zu geben. »Ich werde meine Yams, meine Körbe nehmen. Ich werde ganz nach unten gehen.

Ich hatte nur einen kleinen Korb bei mir. Als ich zurückkam, habe ich ihn ausgeleert. Er war nicht groß genug, um Zauberdinge in ihm zu verbergen. Als ich ihn ausleerte, hätten alle es sehen müssen. Kürzlich haben die Schweine meinen Taro gefressen. Ich habe mich nicht beschwert. Ich habe keinen Ehemann, der für mich sorgt und den Garten herrichtet. Ich bin die Frau, für die er zahlte, als ich noch ein kleines Mädchen war. Ich bin keine Fremde.« Traurig und schluchzend ging sie den Berg hinunter.

Die Leute im Dorf waren geteilter Meinung. Selbst wenn sie Me'elue für schuldig hielten, konnten sie ihr kaum einen Vorwurf machen, denn Ombomb hatte sie gewiß nicht wie eine Ehefrau behandelt, sondern wie eine Fremde. So abscheulich war er zu ihr gewesen, hatte andere für sie sorgen lassen; niemals durfte sie das Essen für ihn bereiten – es war wirklich nicht verwunderlich, daß Me'elue sich jetzt wie eine Fremde fühlte. Wer könnte sie dafür tadeln? Außerdem war sie eine sanfte, gute Frau, die ihre Absetzung still hinnahm und Ombomb gegenüber nie unanständige Reden führte. Allein dies bewies schon, daß sie die Tugenden besaß, die die Arapesh an den Frauen am höchsten schätzen. Ein Mann, über den in der Öffentlichkeit unanständig geredet wird, ist nämlich verwundbar. Hört jemand eine solche Äußerung, der einen Groll gegen ihn hegt oder ihn wegen eines Verstoßes gegen die Gemeinschaft erziehen möchte, dann könnte dieser seinem *buanyin* oder einem Vetter von ihm darüber berichten; diese werden dann vielleicht den *tamberan* anrufen. Alle Männer der Gemeinde versammeln sich in einem solchen Fall und tragen den *tamberan* in das Haus des Opfers, womit sie angeblich seine Frau erschrecken und bestrafen wollen. Diese ergreift vor dem *tamberan* kopflos die Flucht, während die menschlichen Gefährten des *tamberan* ihre Ringe durcheinanderwerfen, ihre Flechttasche zerreißen und ihre Kochtöpfe zerbrechen. Aber sie fällen auch einen Baum, der dem beleidigten Gatten gehört, und streuen Blätter auf den Boden der Hütte. In ihren Augen ist er beschimpft; er muß sich solange von der Gemeinde fernhalten, bis er bei entfernten Verwandten ein Schwein gefunden hat, mit dem er den *tamberan* besänftigen kann. Ombomb hatte mehrere Schweine und war daher verwundbar; denn er bereitete das erste jener Feste vor, die ihm die Würde des »großen Mannes« bringen sollten. Hätte Me'elue ihm etwas antun wollen, so würde sie ihm öffentlich eine obszöne Bemerkung zugerufen haben; aber das hatte sie nicht getan. Tatsächlich kommt es nur selten vor, daß eine Ehefrau zu diesem Mittel oder dem der Zauberei Zuflucht nimmt. Doch vermuten schlechte Ehemänner aus schlechtem Gewissen oft Verrat, wo keiner ist. Und da Me'elue sich nicht mit obszönen Äußerungen abgegeben hatte, war sie vielleicht – so dachte man im Dorf – listig den ungefährlicheren Weg gegangen.

Schließlich war aber auch Sauwedjo nicht ganz unverdächtig. Sie kam aus der Ebene, wo die Frauen habgierig und nie zufrieden sind. Ihr Verhalten war nicht das einer anständigen Frau; sie betrieb den Geschlechtsverkehr um des Genusses willen und hatte das auch Ombomb beigebracht. Sie nahm alles Fleisch für sich und gab Me'elue nichts davon ab. Sie gab sich nicht mit ihrem Anteil an dem Ehemann zufrieden, sondern wollte ihn ganz für sich haben. Das ganze Dorf wußte, daß Sauwedjo zornig und beleidigt gewesen war, als Me'elue das einzige Mal Essen für Ombomb gekocht hatte. Es war durchaus möglich, daß nicht Me'elue, sondern Sauwedjo Ombomb verzaubern wollte. Und es bestand schließlich auch die Möglichkeit, daß Sauwedjo alles erfunden hatte, um den Verdacht der Zauberei auf Me'elue fallen zu lassen: daß sie Ombombs Stirnband und ihre Halskette selbst zerschnitten hatte, um den Verdacht von sich abzuwenden – nicht, um Ombomb dem Zauber auszuliefern, sondern nur, um die arme Me'elue verdächtig zu machen und völlig zu erledigen. Wie dem auch sei, die Situation war skandalös. Ombomb begann jetzt, sich genau wie sein älterer Bruder Wupale zu benehmen, der seine eigenen Verwandten mit einem Speer angegriffen und Alitoa auf immer verlassen hatte. Ombomb hatte seine Palmen und sein Land geerbt; anscheinend wollte er ihm nun auch an Heftigkeit ähnlich werden.

Als Ombomb von seiner Reise zurückkehrte, berichtete Sauwedjo ihm nichts von dem Vorfall und verschanzte sich hinter ihrer angeblichen Angst wegen ihrer Pflichtvergessenheit bei der Beaufsichtigung der Flechttasche. Erst von einem anderen Bruder erfuhr Ombomb von der Sache. Zunächst tat er sie mit einer Handbewegung ab; natürlich hatte er Me'elue aufgefordert, zu kommen und die Hundezähne zu holen. Aber schon einen Tag später schwand seine Selbstsicherheit, und er widerrief seine Aussage, Me'elue gesagt zu haben, sie könne die Hundezähne haben. Diese habe er nur seiner kleinen Tochter versprochen, und Me'elue müsse das mitangehört haben. Nachdem das Gerede im Dorf etwa eine Woche angedauert hatte, ging Ombomb zu dem Garten, wo Me'elue mit seiner alten Mutter lebte. Da er Me'elue nicht antraf, bat er seinen älteren Bruder, sie zu suchen, sie zu ihren Eltern zurückzubringen und den »dirt« mitzubringen, den sie ihm fortgenommen hatte. Er machte ein Zeichen aus einem Crotonblatt und befestigte es neben Me'elues Feuerstelle. Das hieß, daß sie den »dirt« zurückbringen solle.

Zwei Tage später kamen viele Leute auf ihrem Heimweg von einem Fest durch Alitoa. Unter ihnen befand sich Nyelahai, einer der »großen Männer« der Gemeinde, mit seinen beiden Frauen. Die ältere war schon Großmutter. Nyelahai hatte sie als Witwe bei sich aufgenommen, damit sie ihm das Haus führte und die Schweine fütterte. Diese alte Frau war noch sehr tatkräftig, aber auch empfindlich wegen ihrer unerfreulichen Stellung als Schweinepflegerin und Haushälterin eines »großen Mannes«. Sie hatte eine starke Abneigung gegen Natun, die jüngere Frau und schöne jüngere Schwester von Me'elue. Ursprünglich war Natun für Nyelahais jüngeren Bruder Yabinigi bestimmt gewesen und in Nyelahais Haus gekommen, um Yabinigi später zu heiraten. Aber dieser war stocktaub und neigte zu gelegentlichem Amoklaufen, so daß Natun sich weigerte, ihn zu heiraten, als sie alt genug geworden war. Nyelahai war Witwer; er hatte nur die alte Frau zum Schweinefüttern und einen kleinen, kränklichen Sohn von zehn Jahren. Für Natun war er alt, er selbst hatte sie mehr als seine Tochter betrachtet. Heiratete er sie, so würde er gegen den Grundsatz verstoßen, nach dem die ältere Generation nie um einer Frau willen mit der jüngeren in Konkurrenz treten sollte. Aber Natun war jung und hübsch, und zudem war Nyelahai ihrer Mutter sehr zugetan, die noch jung – nur wenig älter als er – und lebensprühend war. Nyelahai wollte weder die Gesellschaft der Tochter noch die der Mutter verlieren. Diese verbrachte, obgleich sie nicht verwitwet war, viel Zeit bei der Tochter. So heiratete er also Natun und nannte ihre Mutter nicht »Schwiegermutter«, sondern redete sie mit dem der eigenen Mutter vorbehaltenen Kosenamen *yamo* an. Die Leute im Dorf waren mit dieser Heirat halbwegs einverstanden. Schließlich war Yabinigi wirklich taub und überhaupt unmöglich; aber sie blieben dabei, Natun als »Yabinigis Frau, die Nyelahai sich genommen hat« zu bezeichnen. Jenen ruhigen, aber hartnäckigen Druck übt die öffentliche Meinung der Arapesh immer dann aus, wenn ihr keine stärkeren Mittel zur Verfügung stehen, sich in das Verhalten eines Mannes einzumischen, der – wie Nyelahai – hohen Wert als Redner besitzt.

Natun fühlte sich in ihrer neuen Position, die in vieler Hinsicht ungewöhnlich war, gar nicht wohl. Die alte Frau – zeitlich die erste, de facto aber gar keine Ehefrau – konnte sie nicht leiden. Natun fühlte sich unbehaglich bei einem Mann, der so viel älter war und eigentlich viel besser zu ihrer Mutter paßte als zu ihr. Yabinigis große Hundeaugen folgten ihr auf Schritt und Tritt. Von allen Kindern Nyelahais war nur der kränkliche kleine Junge am Leben geblieben, und nun kam dieser Fluch auch über Natuns Neugeborenes. Es verfiel in Krämpfe. Sie beschuldigte die alte Frau, die Krankheit von ihren eigenen Verwandten eingeschleppt zu haben, deren krankes Kind sie besucht hatte. Hierüber begannen die beiden Frauen zu streiten; im Verlauf der Auseinandersetzung sagte Natun, daß die alte Frau ja nun bald bei der Totenfeier ihres Neffen Ombomb weinen und ein Blick auf den Leichnam zeigen würde, woran er starb: nämlich an Sexualzauberei. Diese Beschuldigung wurde wiederholt, als die Leute nach Alitoa kamen, und Ombomb sowie seine Verwandten sahen es nun als bewiesen an, daß Me'elue Ombombs »dirt« an die Zauberer in der Ebene geschickt und Natun davon gewußt hatte. Und das, obwohl Me'elues angeblicher Diebstahl nur ein Stück Stirnband betraf.

Natun und Nyelahai blieben in Alitoa, nachdem die Menge den Ort verlassen hatte, und Ombombs älterer Bruder holte Me'elues Eltern, damit diese zu der Beschuldigung Stellung nahmen. Nyelahai saß neben seiner Schwiegermutter und bot ihr Betelnüsse an – ein liebevolles Benehmen, über das die Leute freundlich lächelten. Ombomb zeigte das zerschnittene Stirnband und Sauwedjos zerrissene Halskette vor, beschuldigte Me'elue, die fehlenden Stücke genommen zu haben, und verlangte ihre Rückgabe. Der Vater entgegnete, viele Männer hätten das Stirnband getragen, wie solle man da wissen, gegen wen sich das Zerschneiden richte; zweifellos sei Sauwedjo die Urheberin, die damit seine schutzlose, arme Tochter verdächtigen wolle, die sie ohnehin schon sehr schlecht behandelt habe. Nachdem sich die Leute auf dem Dorfplatz versammelt hatten, kam Me'elue vom Garten herauf. Es war das erste Mal seit dem angeblichen Diebstahl, daß Ombomb und sie einander gegenüberstanden. Mit erregter Stimme fragte er sie, warum sie den Diebstahl begangen hätte. Sie äußerte kaum etwas und ergab sich traurig darin, mit ihren Eltern nach Hause zurückzukehren. Ombombs Bruder trat vor und übergab Me'elue ein zusammengebundenes Crotonblatt, wodurch diese verpflichtet wurde, ihre Zaubereien einzustellen. Mit ihren Eltern, die immer wieder beteuerten, nie etwas mit Zauberei zu tun gehabt zu haben, verließ Me'elue den Dorfplatz. Sauwedjo hatte gewonnen. Sollte Ombomb erkranken oder gar sterben, so würde sogar ihre Heimatgemeinde Wihun sich jetzt gegen Me'elue und ihre Eltern stellen und ihnen vorwerfen, die öffentliche Warnung, die sie auch von den großen Männern in Wihun erhalten hatten, mißachtet zu haben.

Ich habe diese Geschichte in allen Einzelheiten erzählt, weil sie die Klippen, die einer Arapesh-Ehe drohen, deutlich macht. In dem Fall der beiden Schwestern Me'elue und Natun finden wir: einen Mann von ungebärdigem, heftigem Temperament, der sich weitgehend von seiner rechtmäßigen Frau lossagt, eine rechtmäßig verlobte junge Frau, die den für sie bestimmten tauben Partner vollkommen ablehnt, ein Witwer, der eine viel ältere Frau heiratet und ihr dadurch eine regelwidrige Stellung gibt; schließlich die Heirat eines Mannes mit der Frau seines sehr viel jüngeren Bruders, zu dem er fast in einem Vater-Sohn-Verhältnis stand. Entscheidend aber war das Eindringen einer Frau der Ebene, die ihrem Mann davongelaufen war; ihre Lebensauffassung unterschied sich grundsätzlich von der des Bergvolks. Solchen Belastungen hält die Arapesh-Ehe nicht stand.

Wenn auch gelegentlich eine Ehe fehlschlägt und die ganze Gemeinschaft in Streit versetzt, wobei einer den anderen der Zauberei beschuldigt, so herrscht doch im allgemeinen Frieden in den Familien. Eine unglückliche Ehe ist selten, und selbst die polygamen Ehen sind so friedlich und ausgeglichen, daß nichts von ihnen zu berichten ist. Der Ethnologe müßte immer wiederholen: »Die beiden Ehefrauen von Baimal kamen heute mit ihren zwei kleinen Töchtern ins Dorf. Eine der Frauen bereitete die Mahlzeit, die andere ging mit den Kindern Brennholz sammeln. Bei ihrer Rückkehr war das Mahl fertig, Baimal kam von der Jagd nach Hause, und alle saßen um das Feuer herum, bis die Abendkühle sie in das Innere der Hütte trieb, wo dann die ganze Familie bei gedämpftem Lachen und ruhiger Unterhaltung zusammensaß.« Denn das ist das Gefüge, die

Grundform des Arapesh-Lebens: ruhig und ohne große Ereignisse zusammenzuarbeiten, in der kalten Morgendämmerung zu singen, am Abend zu singen und zu lachen, als Mann glücklich und versonnen auf seiner Handtrommel zu spielen, als Frau dem Säugling die Brust zu reichen, als junges Mädchen unbeschwert und in dem Bewußtsein, von allen geliebt zu werden, durch das Dorf zu spazieren. Entsteht ein Streit, oder wird jemand der Zauberei beschuldigt, so bricht das mit einem schrecklichen Mißklang in das Gefüge ein, der um so schriller ist, als die Menschen gar nicht an Ärger und Zorn gewöhnt sind und Feindseligkeiten mehr mit Angst und Schrecken als mit Kampfgeist gegenüberstehen. In ihrer Aufregung greifen sie zu Feuerhölzern und bewerfen sich damit, zerbrechen Geschirr und benutzen als Wurfgeschoß, was ihnen in die Hände kommt. Die Arapesh-Ehe kennt eben in ihrer Struktur kein Verhaltensmuster für Zorn und Kränkung. Es wird unterstellt, daß der milde, freundliche Ehemann mit seiner etwa acht Jahre jüngeren, fügsamen Frau in Freundschaft lebt. Ihre eigene Sippe übt keine strenge Aufsicht über sie aus. Es ist nicht üblich, daß sie wegen einer kleinen Meinungsverschiedenheit zum Vater oder Bruder läuft. Der Gatte steht ihr so nah wie die Blutsverwandten; auf ihn verläßt sie sich, ihm vertraut sie ebenso. Keinerlei Temperamentsunterschiede trennen sie; er ist nur älter und weiser als sie und gleicherweise für das Wachstum der Nahrung wie für das der Kinder verantwortlich.

Stirbt der Mann oder wendet sich seine Aufmerksamkeit ganz einer anderen zu, so macht die Ehefrau das drastische Erlebnis einer zweiten Entwöhnung durch – eine Erfahrung, die in gewisser Weise auch ihr Bruder machen mußte, als er von dem geliebten Vater entwöhnt wurde, und die der Schwester erspart geblieben ist. Immer war sie Gegenstand liebender Sorge; ohne Trennungsschmerz ging sie vom Haus der Schwiegereltern in das des Gatten. Immer waren ältere Frauen um sie. Die Heirat war kein plötzlicher Schock, sondern ermöglichte das allmähliche Reifen einer erprobten Zuneigung. Der Verlust des Mannes durch den Tod ist also der erste Einbruch in die Sicherheit ihres Lebens. Seit der Zeit, da die Mutter sie einmal bei Frauen zurückließ, die keine Milch hatten, ist ihr solcher Jammer nicht mehr zuteil geworden. Und da sie dieser Verlust erst nach vielen Jahren der Geborgenheit trifft, reagiert sie mit größerer Heftigkeit als ein elfjähriger Junge, der in Wutgeheul ausbricht, weil sein Vater fortgeht. Der Tod des Gatten ist natürlich für die Frau, für die er alles bedeutete, ein besonders schweres Erlebnis, aber ähnliches durchlebte auch Me'elue, als Ombomb, dem sie von Kindheit an ihre Zuneigung und ihr Vertrauen geschenkt hatte, sich Sauwedjo zuwandte. Alle Fäden, an die ihr Leben bis dahin geknüpft war, wurden jäh zerrissen. Der Verlust des Gatten oder seiner Zuneigung ist eine Erfahrung, die die Arapesh-Frau zum Bewußtsein ihrer selbst bringt. In dieser Krise sieht sie sich mehr als in der Adoleszenz einer feindlichen Umwelt gegenübergestellt, die ihr das nicht geben kann und will, was sie am nötigsten braucht.

In seltenen Fällen tritt dieses Erwachen auch während der Adoleszenz ein, besonders dann, wenn einer der zur Ehe bestimmten Partner an einem Defekt leidet. Die Eltern halten die jungen Leute dann wohl voneinander getrennt, bis das Mädchen bei Erreichung des entsprechenden Alters schließlich in das Haus des Gatten ziehen muß. Die Abhängigkeit vom Gatten ist dann nicht das Ergebnis eines jahrelangen täglichen Zusammenseins, sondern beruht auf genügsamer Identifizierung mit der Einstellung aller übrigen verlobten Mädchen und jungen Frauen gegenüber ihren Männern. Allerdings kann es auch vorkommen, daß sie beim ersten Zusammentreffen mit dem tauben oder verrückten oder kranken Zukünftigen einen Schock bekommt und sich weigert, zu ihm zu ziehen. Dies ereignete sich z. B. bei Temos, der Tochter Wutues. Wutue war ein kleiner, furchtsamer Mann. Er verbrachte die meiste Zeit in seinem Garten; seine jüngeren Verwandten halfen ihm bei der Arbeit, während er selbst kaum woanders hinging. Temos war etwa zehn Jahre alt, als ihre Mutter starb. Sie war zwar bereits an Yauwiyu versprochen, verbrachte aber die meiste Zeit im Hause ihres Vaters. Yauwiyu war ein hohlköpfiger, labiler Junge. Wutue selbst hatte etwas Angst vor ihm und brauchte Temos selbst, damit sie die kleineren Geschwister in dem weitabgelegenen Haushalt versorge. Ehe Temos voll erwachsen war, tauchte auch hier eine dieser sich überall eindrängenden Flachland-Frauen auf und nahm sich Yauwiyu zum Mann. Als die kleine, noch nicht entwickelte Temos in das Haus des Gatten kam, fand sie dort schon eine eifersüchtige, wütige Person aus der Ebene vor. Da Temos auch Yauwiyu mit seinem ewigen dummen Grinsen und seiner plumpen Fröhlichkeit nicht ausstehen konnte, floh sie zu ihrem Vater zurück und wollte nichts mehr mit Yauwiyu zu tun haben. Sie hatte inzwischen nach Art ihrer Mitfrau aus der Ebene toben gelernt, und Wutue fürchtete sich nun auch vor ihr. Er beriet sich mit seinem Bruder, und sie beschlossen, die ruhelose Tochter an einen Mann zu verheiraten, der alt und weise genug wäre, den Gegensatz zwischen Ehemann und Ehefrau auszugleichen. Ihre Wahl fiel auf Sinaba'i, einen sanften Witwer mittleren Alters, Vater zweier Kinder, der nicht hoffen konnte, noch eine andere Frau zu finden, da er einer aussterbenden Familie angehörte und keine Aussicht hatte, noch eine Witwe zu erben. Sinaba'is Hütte, in der er mit seinem Vetter Wabe wohnte, lag gegenüber der Hütte, in die Wutue mit seinem Neffen Bischu gezogen war, als sie beide nach Alitoa kamen. Temos kannte Sinaba'i, seit sie auf der Welt war. Sie brachte nun einen Teil ihrer Zeit damit zu, mit seiner jungen Tochter seine Gärten zu bearbeiten. Diese waren nicht sehr ergiebig. Sinaba'i war zu mitleidig, zu sehr bereit, Bitten nachzugeben, als daß er für sich selbst auch nur die Mindestleistung hätte hervorbringen können, die man bei den Arapesh für angemessen hält. Er bewohnte die Hälfte der Hütte, die eigentlich Wabe gehörte.

Wabe hatte auch seine eigenen Sorgen. Er war der ältere Bruder von Ombomb und noch heftiger, noch brummiger und noch weniger anpassungsfähig als sein jüngerer Bruder. Seine Veranlagung entsprach nicht der hergebrachten Überzeugung der Arapesh, daß sexuelles Verlangen nicht spontan entsteht, sondern sich erst allmählich in der Ehe entwickelt. Als Welima, die für ihn bestimmte Frau noch nicht im Entwicklungsalter stand, hatte Wabe dem Drängen seiner Vettern in Wihun nachgegeben, die Rolle des Entführers beim Raub der Menala zu spielen. Es waren übrigens dieselben Vettern, bei denen Sauwedjo Unterschlupf gefunden hatte, ehe Ombomb sie sich holte. Menala war mit einem Mann in einem anderen Dorf verlobt; ihre Sippe hatte sich jedoch mit ihm überworfen, weil er das Verlöbnis weder mit der Zahlung von Muschelringen und mit Fleischlieferungen bekräftigt, noch jemals Hilfe beim Gartenbestellen und Hausbau geleistet hatte; und obendrein war da nun noch die Nebenfrau, die böse zu Menala war, so daß die Sippe allen Grund hatte, aufgebracht zu sein.

Es ist jedoch bei den Arapesh nicht üblich, daß die Sippe eine Ehefrau zu sich zurückholt, wenn sie nicht einen echten Kampf provozieren will. Die Familie der Frau hat ihr Kind in die Familie des Mannes gegeben; dort wurde es ernährt; es gehört also dorthin. Die Zahlung in Form von Ringen und

Fleisch, von der so viel die Rede ist, wird nicht eigentlich als das bindende Element angesehen; selbst wenn diese Zahlung nicht geleistet wird, fühlt sich die Familie meistens nicht berechtigt, die Tochter heimzuholen[13]. Die Arapesh unterscheiden ja nicht wie andere Völker scharf zwischen Blutsverwandtschaft und Verschwägerung durch Heirat. Ein Schwager steht einem so nah wie ein Bruder; und entdeckt man bei ihm eine feindliche Einstellung, so ist das ein ganz schlimmes Erlebnis. Unter diesen Umständen nimmt der ältere Bruder des Mannes für dessen Frau eher Partei als ihre eigenen Verwandten und beschützt sie, wenn der Mann sie vernachlässigt. Der Frieden und die Solidarität in den Arapesh-Familien werden dadurch gefördert. Es fehlen der ständige Streit zwischen verschwägerten Familien und die Mißverständnisse zwischen Eheleuten, die sich immer dann ergeben, wenn jede Partei ihre Sippeninteressen im Sinn hat. Eine Frau, die in der Sippe die gleichen Rechte hat wie eine Schwester oder eine Tochter, verfügt damit über eine feste Position, die bei Stämmen mit andersartigem Heiratssystem nicht gegeben ist. Wird sie jedoch schlecht behandelt, so daß die eigene Familie die Heirat mißbilligen muß, so treten Komplikationen auf: es ist für einen Arapesh genauso schwierig, die eigene Schwester zurückzuholen, wie der Frau des Bruders beim Weglaufen behilflich zu sein. In einer solchen Situation muß dann eine Entführung inszeniert werden. Die Familie der schlechtbehandelten oder widerspenstigen Frau gewinnt unter der Hand einen unternehmungslustigen Junggesellen, einen Witwer oder einen unzufriedenen Ehemann aus einem anderen Dorf – möglichst aus einem anderen Gebiet – für den Plan, ihre Schwester zu entführen. In den meisten Fällen ist die Schwester eingeweiht; ergreift sie der Entführer beim Wasser- oder Brennholzholen, wobei sie sich, um Zeugen zu haben, von Kindern begleiten läßt, so leistet sie nur scheinbar schreiend Widerstand; insgeheim ist sie einverstanden.

Ein solcher Plan wurde Wabe vorgeschlagen. Es ging um eine kräftige junge Frau, die er ein wenig kannte und die ihm gefiel; ihr Gatte vernachlässigte sie und gab ihr zu wenig zu essen. Menalas Brüder bereiteten die Entführung vor, Wabe und sein Vetter überfielen sie unterwegs und schleppten sie mit sich fort. Sie leistete Widerstand, aber das wurde als zum Plan gehörig aufgefaßt. Wabe nahm Menala zu sich in seine Hütte, in der auch seine Mutter und seine zukünftige Frau, Welima, wohnten. Menala war etwas töricht – freundlich und gutmütig, aber einfältig. Es wurde ihr niemals ganz klar, daß Wabe sie ja gar nicht gegen ihren Willen entführt hatte. Sein grober, aufgeregter Griff um ihren Arm war für sie von größerer Realität als die Vernachlässigung von seiten ihres rechtmäßigen Mannes, die ihre Brüder wohl zu ernst genommen hatten. Mit einigem Unbehagen ließ sie sich in Wabes Haus nieder; sie befreundete sich mit Welima, die vorher scheu und nervös gewesen war. Aber sie konnte nicht darüber hinwegkommen, daß Wabe sie gegen ihren Willen entführt hatte und erwähnte das öfters – manchmal vorwurfsvoll –, bis Wabe selbst daran glaubte und mit seiner Kühnheit prahlte. Wabe lebte mit seinen Frauen in einem Teil seines Hauses, den anderen bewohnte Sinaba'i, der Witwer, mit seinen Kindern. Menala, die sich bei dem heftigen Wabe unbehaglich fühlte, suchte Trost bei dem freundlichen, nicht mehr ganz jungen, dummen Sinaba'i, der immer noch ohne Frau war, wenn ihm auch bald darauf die wilde kleine Temos versprochen wurde. Schließlich beobachtete Inoman, der schwachsinnige Halbbruder Wabes, Menala und Sinaba'i bei Zärtlichkeiten, als sie sich allein im Hause glaubten, und erzählte Wabe davon.

Wabe raste vor Wut und Angst. Wie lange trieben die beiden es schon? Hatte Menala ihn den Zauberern ausgeliefert? Wie stand es mit seiner Yamsernte? Denn die Yamswurzeln eines Mannes, dessen Frau Ehebruch begeht, sind darüber erzürnt und schlüpfen aus seinem Garten. Er erzwang ein Geständnis von Menala und wollte mit Sinaba'i kämpfen – aber nun schaltete sich einer der Ältesten des Clans ein. Wabe und Sinaba'i wurden offiziell als Brüder betrachtet; es ging nicht an, daß sie wegen einer solchen Kleinigkeit stritten. Da Menala und Sinaba'i sich mochten, wäre es besser, sie heirateten einander, als daß Wabe eine Frau gegen ihren Willen behielt. Sinaba'i sollte Temos an Wabe geben, wenn die beiden auch Geschwisterkinder waren und die Heirat sich daher eigentlich verbot; er selbst sollte dann Menala nehmen. Sinaba'i könnte dann auch alle Fleischgeschenke zurückgeben, die Wabe Menalas Brüdern gemacht hatte. Alle wußten, daß Sinaba'i das niemals tun würde, und Wabe forderte, daß bei Nichterfüllung dieser Auflage das erste Kind, das Menala und Sinaba'i geboren würde, ihm gehören müsse. Damit erklärten sie sich einverstanden. So wurde Temos Wabes zukünftige Frau und zog mit ihrem Feuer von Sinaba'is Hausteil in den von Wabe, um sich einem neuen zukünftigen Gatten anzupassen. Menala zog zu Sinaba'i um, und sie begaben sich daran, das Kind zur Welt zu bringen, das eines Tages Wabe gehören sollte.

Der Frieden war wiederhergestellt – nur nicht im Herzen von Temos, die durch diesen dritten Wechsel in einen Zustand quälender Unsicherheit gestürzt worden war. Zweimal war sie entwurzelt worden, jedesmal – so schien es ihr jetzt – durch andere Frauen. Sie vergaß, wie dumm und närrisch Yauwiyu war und erinnerte sich nur noch an die kalte, unfreundliche Stimme der Frau aus der Ebene. Und als sie sich gerade an den Gedanken gewöhnt hatte, Sinaba'i zu heiraten, der ja eigentlich ein ältlicher Mann war und durchaus nicht der Gatte, den sich ein junges Mädchen wünscht, gerade da kam Menala und warf alles wieder um. Und hier in Wabes Haus fand sie nun eine dritte Frau vor, die kleine Welima, die unruhig und völlig verständnislos diese Entwicklungen verfolgt hatte: das sonderbare Vorgehen Wabes, den sie vergötterte, ihrer vertrauten Gefährtin Menala und des Sinaba'i, den sie wie einen Vater liebte. Temos beschloß, Welima als Ursache eines möglichen neuen Bruchs zu hassen. Das war um so leichter, als Menala, die ihr ebenfalls verhaßt war, mit Welima eng befreundet blieb.

Beide Mädchen erreichten die Pubertät, und Wabe legte ihre Pubertätszeremonien nahe zusammen. Welima verbarg sich in Menalas Menstruationshütte, weil sie Angst hatte, mit Temos zusammen in einer Hütte wohnen zu müssen. War Wabe freundlich zu Welima, so tobte Temos, war er freundlich zu Temos, so weinte Welima und klagte über Kopfschmerzen. Er baute ein eigenes Haus für Temos und ein weiteres Haus als Zuflucht für sich selbst. Welima wohnte weiterhin im gleichen Haus mit Sinaba'i und Menala, und nachdem Menala einen kleinen Jungen zur Welt gebracht hatte, widmete sie sich diesem Kind. Temos wurde schwanger und hatte nach einem Wutanfall eine Fehlgeburt. Sie beschuldigte Wabe, ungereinigt nach dem Tanzen mit dem *tamberan* zu ihr gekommen zu sein. Wabe weigerte sich, die üblichen Schwangerschaftszahlungen zu leisten und fragte mit Bitterkeit, weshalb er für Blut auf seinem Boden zahlen sollte. Er war verzweifelt, beunruhigt und eifersüchtig. Ein kleiner Zwischenfall verdroß ihn ganz besonders. Ein Vetter hatte ihm die Hälfte eines kleinen Känguruhs geschickt. Seine Frauen sollten es ihm zubereiten. Sofort begann eine Auseinandersetzung darüber, wer von ihnen kochen sollte; Temos beanspruchte dieses Recht für sich, da der Hund, der das Tier gefangen hatte, dem Sohn des Bruders ihres Vaters gehörte; aber Welima und ihre Schwiegermutter hatten die Mutter des Hundes gefüttert, so daß nach den Gedankengängen der Eingeborenen Welima im Recht war. Zuletzt entstand eine Balgerei. Das Feuer ging aus; Wabe nahm das Fleisch weg und bereitete es selbst zu.

Man könnte sagen, daß Wabe, Temos und Welima unter der Polygamie litten. Aber ein einziger Umstand allein hätte nicht die Schwierigkeiten hervorrufen können; die Ankunft von Yauwiyus Flachland-Frau, das einsiedlerische Wesen von Temos' Vater und sein Beharren darauf, daß sie bei ihm bleiben müsse, solange er Witwer war, die Überempfindlichkeit von Menalas Brüdern oder ihr starkes Interesse für politische Ränke, Menalas Dummheit und ihre Unfähigkeit, organisierte und persönliche Vorkommnisse auseinanderzuhalten und zwischen einer scheinbaren Entführung und einem echten Gewaltakt zu unterscheiden, die besondere Art, in der die Schwierigkeit durch Austausch von Temos und Menala gelöst wurde – alle diese Umstände hatten hier drei Personen vor ein Problem gestellt, dem ganz besonders zwei nicht gewachsen waren: weder Wabe noch Temos hatten das angenehme, freundliche Temperament, das die Arapesh-Kultur charakterisiert.

Aber selbst in diesen ungewöhnlichen und unglücklichen Ehen werden die Einflüsse der Arapesh-Normen sichtbar. Me'elue hing an Ombomb und lebte geduldig von den mildtätigen Gaben seines Bruders, so wie eine verschmähte Tochter zu Hause weiterlebt. Daß ein Mann die Frau seines Hausgenossen verführte, führte zu Schwierigkeiten; aber diese konnten gelöst werden – nicht durch Aufhebung der Wohnvereinbarungen, sondern durch Austausch der Frauen und das Versprechen der Hergabe eines Kindes.

Hinsichtlich ihres ehelichen Zusammenlebens sind die Arapesh allzu optimistisch und unfähig, die vielen Zwischenfälle einzukalkulieren, die die beste Harmonie zwischen einem jungen Mann und seiner kindlichen Frau zerstören können. Gerade weil das Ideal so schlicht und lieblich ist, läßt sich die rauhe Wirklichkeit, lassen sich ein Bruch oder eine Störung so besonders schwer ertragen. Die Jungen lernen weder zu kommandieren, noch erwarten sie, daß sich ihre Frauen unterwerfen, weil Frauen von Natur aus anders sind. Es wird ihnen nur beigebracht, deshalb von ihren Frauen Gehorsam zu verlangen, weil diese jünger und unerfahrener sind. Frauen werden zu Gehorsam nicht gegenüber den Männern, sondern nur gegenüber dem sie beschützenden Ehemann erzogen. Geraten der Mann oder die Frau in eine Situation, in der die normalen Voraussetzungen nicht gegeben sind, dann wissen sie sich nicht zu helfen. Der Gatte erwartet, daß die Frau ihm gehorcht, aber er weiß nicht warum, und hilfloser Zorn und zweckloser Streit sind das Ergebnis. Sie bieten das Schauspiel freundlicher, wohlmeinender Leute, die in einem Netz gefangen sind, das sie nicht zerschneiden können: sie besitzen keine Waffen, die von ihrer Kultur zugelassen sind, und können in dem Netz nur zappeln und herumspritzen. Am stärksten betroffen sind die Frauen, deren Bindungen so zerrissen werden wie die Temos, die von einem zukünftigen Mann zum andern gereicht wurde, oder junge Witwen, die noch nicht das Alter erreicht haben, in dem sie sich der Resignation, das heißt der Rolle ergeben wollen, die einer Witwe als einzige zusteht.

Ein Fall von Ehebruch unter Menschen mittleren Alters mag dazu dienen, die typische Haltung der Arapesh gegenüber solchen Vorfällen in der Familie zu illustrieren. Manum und Silisium waren Brüder. Manum war der ältere, Silisium der intelligentere von beiden. Beide hatten bereits erwachsene Kinder. Zu diesem späten Zeitpunkt wandelte sich die lange Kameradschaft zwischen Manums Frau Homendjuai und ihrem Schwager Silisium und wurde zu einer engen sexuellen Bindung. Der Bericht der Eingeborenen darüber war typisch: »Auf dem Wege nach Wihun haben die beiden miteinander gespielt. Manum schöpfte Verdacht, aber er sagte nichts. Nach dem Fest in Yapiaun spielten die beiden wieder miteinander. Manum ahnte es, aber er sagte nichts. Als die beiden das dritte Mal miteinander spielten, wurde Manum wütend und rief: ›Sie ist meine Frau, und er ist mein jüngerer Bruder. Was sie tun, ist nicht recht. Ich muß dem ein Ende setzen.‹ Er schickte eine Verwandte zu Homendjuai, und Homendjuai legte ein volles Geständnis ab. Hierauf trat Manum seinem jüngeren Bruder gegenüber und überhäufte ihn mit Vorwürfen. Silisium lief schamerfüllt davon, weil er sich mit der Frau seines älteren Bruders eingelassen hatte. Er ging zur Sippe seiner Frau, und seine Frau ging mit ihm. Manum wollte Homendjuai züchtigen. Sie hatte aber gerade Besuch von Mutter und Tante, mit denen sie im Garten arbeitete; hätte er sie geschlagen, so hätte sie für sie alle kein Essen kochen können, und so unterließ er es. Wenige Tage später kehrte Silisium zurück und überreichte seinem älteren Bruder einen Ring. Schließlich waren sie doch

Brüder, und zwischen Brüdern darf es keinen langen Zorn geben.« Sumali, Homendjuais Bruder, erzählte mir die Geschichte, und ein paar Tage später hörte ich Bemerkungen darüber von einer Gruppe junger Leute aus Ahalesemihi, dem Dorf, in dem Manum und Silisium zu Hause waren. Sie kicherten bei der Vorstellung, daß Leute gesetzten Alters sich noch mit solchen Dingen abgeben, und während der halbwüchsige Sohn von Homendjuai über solch närrisches Benehmen nur grinste, ließ der Sohn von Silisium den Kopf hängen, denn Silisium war ja schließlich jünger als Manum. Solche Ehebrüche innerhalb eines Clans entsprechen dem Arapesh-Ideal von Familienliebe noch am ehesten. Sie verursachen viel weniger Ärger als die Zerstörung erprobter Verwandtschaftsbeziehungen zwischen einem jungen Paar durch den Tod des einen Partners oder durch das Auftauchen einer Frau aus der Ebene mit ihrer gänzlich anderen Lebenseinstellung.

Nirgends in der Arapesh-Kultur wird der Mangel an durchdachtem Aufbau, an einer genauen und offiziellen Handhabung der zwischenmenschlichen Beziehungen einprägsamer demonstriert als in den Ehe-Vereinbarungen. Statt auf eine solide Konstruktion verläßt man sich auf die Schaffung eines Gefühlszustandes von solcher Schönheit und Zerbrechlichkeit, daß Zwischenfälle ihn ständig bedrohen. Und wenn aus dieser Bedrohung einmal Ernst wird, dann zeigen die Arapesh das Entsetzen und die Wut von Menschen, die bisher stets vor Kränkung und Unglück bewahrt geblieben sind.

VIII
Das Lebensideal der Arapesh und die Außenseiter

Wir sind den jungen Männern und Mädchen der Arapesh durch Kindheit und Pubertät bis ins Eheleben gefolgt. Wir haben dabei gesehen, auf welche Weise die Arapesh jedes Kind ihrer Gesellschaft in seiner Entwicklung an das anzunähern versuchen, was sie für den Normalmenschen halten. Wir haben weiter gesehen, daß ihnen die Vorstellung, der Mensch sei von Natur böse und bedürfe der Kandare und starker Zügel, völlig abgeht. Wir haben gelernt, daß sie die Unterschiede zwischen den Geschlechtern als übernatürliche Festlegung männlicher und weiblicher Funktionen begreifen und keinerlei natürliche Manifestationen dieser Unterschiede in der sexuellen Veranlagung erwarten. Statt dessen halten sie Mann und Frau für sanft, verantwortungsvoll und gemeinschaftsbetont von Natur, fähig und bereit, die eigene Person den Bedürfnissen der Jüngeren und Schwächeren unterzuordnen und daraus eine innere Befriedigung abzuleiten. Sie haben sich mit Hingabe gerade jener elterlichen Funktionen angenommen, die wir für ausgesprochen mütterlich halten, der sorgsam liebenden Betreuung des kleinen Kindes und der selbstlosen Freude an seiner Entwicklung zum reifen Menschen. Sie erheben keinen übertriebenen Anspruch auf Verehrung durch die Kinder in dieser oder auf Ahnenkult in der jenseitigen Welt. Das Kind ist für die Arapesh kein Mittel, sich die Unsterblichkeit der Person zu sichern. In manchen Kulturen ist das Kind bloßer Besitz, wenn auch der wertvollste – wertvoller als Häuser, Landbesitz, Schweine, Hunde und sonstige Wertgegenstände –, etwas, womit man andern Leuten gegenüber prahlt. Diese Auffassung wäre für die Arapesh unverständlich. Ihr Besitzsinn ist durch ihr starkes Gefühl für die Bedürfnisse und Verpflichtungen der anderen so verwischt, daß er nahezu völlig verlorengegangen ist.

In der Vorstellung der Arapesh ist die Welt ein Garten, der bestellt werden muß, nicht für einen selbst, nicht, um Stolz oder Habgier zu befriedigen, sondern damit die Yams, die Hunde und die Schweine und vor allem die Kinder wachsen können. Aus dieser Einstellung erklärt es sich auch, daß es keine Konflikte zwischen alt und jung gibt, keine Eifersucht und keinen Neid und daß alle mit ganzem Herzen an einer gemeinsamen Aufgabe mitwirken, von der niemand einen persönlichen Vorteil hat. In ihrer Grundvorstellung sind Menschen – nicht nur die Frauen, sondern auch die Männer – von Natur aus freundliche, elterlich sorgende Wesen.

Die Arapesh haben wenig Kampfgeist. Für sie ist das Leben eine Wildnis, durch die man sich einen Weg bahnen muß – nicht durch Kampf mit den Dämonen innen und außen, sondern indem man sich darauf konzentriert, durch Befolgen der entsprechenden Vorschriften den rechten Pfad zu finden. Diese Vorschriften legen fest, in welcher Weise Sexualität und Wachstum in Verbindung gebracht oder einander ferngehalten werden können; sie sind zahlreich und kompliziert. Schon mit sechs oder sieben Jahren muß das Kind anfangen, sie zu lernen; bei beginnender Pubertät muß es sie beherrschen. Vom Erwachsenen wird peinliche, sorgfältige Einhaltung gefordert; nur dadurch werden die Yams unter seinen Händen gedeihen, wird Wild sich in seinen Fallen und Schlingen fangen, wird er Kinder in seiner Familie hervorbringen. Und ein wichtigeres Problem gibt es nicht im Leben.

Die Verantwortung für all ihr Mißgeschick, für Unfälle und Feuer, für Krankheit und Tod, schieben die Arapesh auf die Leute, die ihre sanfte und liebevolle Haltung dem Leben gegenüber nicht teilen: auf die Flachland-Arapesh. Ihre eigenen übernatürlichen Beschützer, die *marsalais*, verhängen nur leichte Strafen, wenn eine der Vorschriften, durch die der Mensch im Einklang mit den Naturkräften leben soll, mißachtet wurde – wenn z. B. die natürliche Macht der weiblichen Funktionen und die übernatürlichen Kräfte, die dem Mann beistehen und helfen, nicht getrennt gehalten worden sind. Aber die Flachland-Leute töten aus Gewinngier und Haß und nutzen jede schwache Stelle in dem Wall herzlicher Zuneigung aus, der eine Arapesh-Gemeinde für gewöhnlich umschließt. Sie verwandeln eine leichte Mißstimmung in Krankheit und Tod – ein Ergebnis, das kein Arapesh je beabsichtigt. Daß die Arapesh an das Fehlen einer Absicht glauben, wird bei jedem Todesfall deutlich. Durch Weissagung ist es möglich, die Schuld an dem Tod demjenigen zuzuschreiben, der der Zauberei Tür und Tor öffnete, indem er an die Flachland-Leute »dirt« schickte. Aber vor einer solchen Unterstellung schrecken die Arapesh zurück. Sie lassen sich weissagen, finden jedoch keinen Schuldigen. Der Streit war doch längst begraben; wie sollte der längst verrauchte Zorn den Tod herbeigeführt haben? Nein, Tod ist stets der feindliche Akt eines verdrossenen Erpressers oder die Folge eines unpersönlichen Zorns in einer weit entfernten Gemeinde, die einen Erpresser dafür bezahlte, daß er einen Todesfall in ihren Reihen an jemandem räche, von dem sie nicht einmal den Namen erfahren. Stirbt einer ihrer jungen Männer, so legen die Arapesh diesen Tod möglichst keinem Angehörigen ihrer Gemeinschaft zur Last; und statt Rache zu üben, bezahlen sie ihrerseits die Flachland-Leute, damit sie einen anderen jungen Mann in einer entfernten Gegend töten. So ist der hergebrachten Form Genüge getan, und sie können zu dem Geist sagen: »Kehre zurück, du bist gerächt!« Die weit weg Wohnenden, die Unbekannten, die Menschen, denen man nie Feuer oder Nahrung gegeben hat, hält man aller Missetaten für fähig; sie und die anmaßenden, großsprecherischen, unverschämten Zauberer, die sich frech ihrer Unmenschlichkeit und ihrer Bereitschaft rühmen, gegen gute Bezahlung zu töten, darf man hassen. So haben die Berg-Arapesh mit Hilfe der Flachland-Arapesh und der Formel einer unpersönlichen magischen Rache aus der Ferne Mord und Haß aus ihren Grenzen verbannt, können alle Männer »Bruder« nennen und vertrauensvoll mit ihnen aus einer Schüssel essen. Mit einem Schlag reißen sie die Hierarchie der Unterscheidungen zwischen nahem und entferntem Verwandten, Freund, Halbfreund, Schwager usw. ein, jenen Abstufungen des Vertrauens, die fast alle Gemeinwesen kennen, und unterscheiden nur zwischen Freund und Feind. Diese absolute Zweiteilung führt, wie wir in Kapitel III gesehen haben, zwangsläufig zur Zuhilfenahme von Zauberei, sobald Feindseligkeiten auftreten. Die liebe- und vertrauensvolle Einstellung der Erwachsenen kann mit einem einzigen Schlag erschüttert werden, weil solche Schläge in der Kindheit niemals vorgekommen sind und der Heranwachsende sich gar nicht erst an die anderswo übliche Streitlust konkurrierender Mitmenschen gewöhnen konnte. Wenn dann im Leben des Erwachsenen doch Feindseligkeiten vorkommen, dann sind sie zufällig, ziellos und unbeherrscht. Die Arapesh rechnen nicht mit einer menschlichen Natur, die ursprünglich gewalttätig ist und zur Sanftheit erzogen werden muß, die eifersüchtig ist und dazu erzogen werden muß, zu teilen, die besitzlüstern ist und dazu erzogen werden muß, das allzu starre Festhalten am Besitz aufzugeben. Sie rechnen vielmehr mit einer Sanftheit des Verhaltens, die nur dem Kind oder dem

Dummen abgeht, und mit einer Aggressivität, die sich nur in der Verteidigung anderer betätigt.

Der letzte Punkt wird besonders bei Feindseligkeiten wegen der Entführung einer Frau deutlich. Getreu dem unerschütterlichen Glauben, daß kein Schwager seine Schwester zurückholt, entbrennt der Streit zwischen dem Dorf des Ehepaares, und jenem, in das die Frau entführt wird. Gewöhnlich fordert nicht der Ehemann, in Wahrung seiner Rechte, die Rückgabe seiner Frau; sondern einer seiner Verwandten, meistens jener mütterlicherseits, der vollkommen unbeteiligt sprechen kann, beginnt den Streit. Der Bruder der Mutter oder der Sohn des Bruders der Mutter erhebt dann im Zorn seine Stimme: »Wie, ich soll ruhig zusehen, wenn das Weib des Sohnes der Schwester meines Vaters weggenommen wird? Wer hat sie aufgezogen? Er. Wer hat für sie gezahlt? Er. Wer sonst als er! Er, der Sohn der Schwester meines Vaters. Und nun sitzt er da, sein Weib ist fort, ihr Platz leer, das Feuer an ihrer Feuerstelle tot. Das lasse ich nicht zu. Ich hole Leute zusammen. Wir nehmen Speere und Pfeile und Bogen, wir holen die Frau zurück, die uns gestohlen wurde«, und so weiter. Dann sammelt dieser unbeteiligte Verteidiger des beleidigten Ehemanns eine Anzahl von Verwandten und geht mit ihnen zu der Gemeinschaft, in die die Frau entführt worden ist. Es erfolgt die schon beschriebene Auseinandersetzung mit Waffen, von der die Arapesh etwa so berichten: »La'abe war wütend, weil sein Vetter verwundet wurde und warf einen Speer, der Yelusha verwundete, dann warf Yelegen einen Speer, weil er sich ärgerte, daß Yelusha, der Sohn des Bruders seines Vaters, verwundet war; der Speer traf Iwamini. Dann wurde Madje böse, weil sein Halbbruder verwundet war« – und so weiter. Der Nachdruck liegt immer darauf, daß man nicht für sich selbst, sondern für einen anderen kämpft. Manchmal nimmt der Zorn über die Entführung einer Frau eine eigenmächtigere Form an: der Rächer des Verwandten raubt seinerseits eine Frau aus der Dorfgemeinschaft, die den ersten Raub begangen hat, und übergibt sie irgendeinem Mann. Solch edler Straßenraub wird von den Arapesh als übertriebene und extravagante Tat angesehen, aber da sie auf dem richtigen Grundsatz des Eintretens für einen anderen beruht, kann man nicht gut etwas dagegen tun. Zornig sein um eines andern willen – auch das ist wieder eine mütterliche Haltung. Die Mutter, die um ihrer selbst willen streitet, wird mißbilligt, aber jene, die unter Lebensgefahr ihre Jungen verteidigt, ist eine Gestalt, die wir alle aus der Naturgeschichte kennen und lieben.

Selbst in Fragen der Führerschaft und des Prestiges lassen die Arapesh eine Mentalität erkennen, die wir als ausgesprochen weiblich bezeichnen würden. Der vielversprechende Jüngling wird – nicht in seinem, sondern im Interesse der Gemeinschaft – dazu bewogen, die unangenehme und lästige Aufgabe auf sich zu nehmen, ein »großer Mann« zu werden. Für die Gemeinschaft organisiert er Feste, bearbeitet er Gärten, geht zur Jagd und zieht Schweine auf; er unternimmt für sie weite Reisen und stellt Handelsbeziehungen mit Männern anderer Gemeinschaften her, damit sie – seine Brüder, Neffen, Söhne und Töchter – schönere Tänze, Masken und Lieder bekommen. Gegen seinen Willen wird er – mit dem Versprechen eines frühzeitigen »Ruhestandes« – in die vorderste Reihe gestoßen und angehalten, gewaltig aufzutreten und zu agieren und dabei zu tun, als mache es ihm Spaß zu reden, als ob er wirklich meinte, was er sagt, bis die Erreichung eines bestimmten Alters ihn von der Verpflichtung, den gewalttätigen, streitsüchtigen und hochmütigen Mann zu spielen, befreit.

In den Beziehungen zwischen Eltern und Kindern, zwischen Mann und Frau verläßt man sich ebensowenig auf Temperamentsgegensätze. Wesentlich ist nur die Überlegenheit infolge Alter, Erfahrung und Verantwortung – bei den Eltern gegenüber dem Kind, beim Mann gegenüber seiner Frau. Ein Mann läßt sich ebenso bereitwillig von der Mutter wie vom Vater schelten, und kein Mann würde sich einbilden, klüger zu sein als eine Frau, nur weil er ein Mann ist. Erst das Heiratssystem, das den Frauen zugestandene langsamere Entwicklungstempo, der lange Zeitraum hoher Verletzlichkeit während ihrer Schwangerschaften, durch den das Alter, in dem die Frau ein ähnliches Verhältnis zum Übernatürlichen bekommt wie der Mann, hinausgezögert wird – all das läßt das Gefühl für einen Altersunterschied zwischen Mann und Frau entstehen, einen Unterschied an Weisheit und Verantwortung.

Auch auf sexuellem Gebiet, demgegenüber man so gern zu Argumenten der Anatomie Zuflucht nimmt und Vergleiche mit dem Tierreich heranzieht, lassen die Arapesh keinen Temperamentsunterschied zwischen den Geschlechtern gelten, ganz im Gegensatz zu der Behauptung, nur der Mann sei von Natur aus selbständig und tatkräftig. Die Einleitung zum Geschlechtsverkehr kann darin bestehen, daß »er ihre Brust hält« oder »sie seine Wangen umfaßt« – beide Formen der Annäherung sind gleichwertig und kommen in gleicher Häufigkeit vor.

Sie befinden sich ferner in Widerspruch zu unserer traditionellen Vorstellung, daß die Männer sexuell spontane Geschöpfe und die Frauen frei von sexuellem Verlangen seien, solange es nicht geweckt würde, und sprechen beiden Geschlechtern spontane Sexualität ab. Ausnahmen davon werden, wenn überhaupt, nur von den Frauen erwartet. Männer wie Frauen sind in der Vorstellung der Arapesh unfähig, auf eine Situation zu reagieren, die ihnen ihre Gesellschaft nicht ausdrücklich als »sexuell« bestimmt hat. Darum halten die Arapesh es für nötig, verlobte Paare zu beaufsichtigen, die zu jung sind, als daß Geschlechtsverkehr für sie gesund sein könnte, während junge Leute im allgemeinen nicht beaufsichtigt werden. Wenn es sich nicht gerade um eine geplante Entführung mit anderen als sexuellen Hintergedanken handelt, ist das Verhalten in der Sexualität bedächtig und immer die Folge eines gefühlvollen tiefen Interesses, statt dessen Ursache und Anregung zu sein. Und die Erklärung der Arapesh, daß die Sexualität mehr die Antwort auf einen äußeren Reiz als ein spontanes Verlangen ist, läßt Männer wie Frauen angesichts von Verführungen gleichermaßen hilflos erscheinen. Vor der herzlichen und liebevollen Gebärde, die ebenso erquickt und beruhigt, wie sie reizt und aufregt, kann sich kein Junge oder Mädchen retten. Die Eltern warnen ihre Söhne noch mehr als ihre Töchter vor Situationen, in denen ihnen jemand schöntun könnte. Sie prophezeien: »Dein Fleisch wird zittern, deine Knie werden weich, du wirst nachgeben.« Nicht zu wählen, sondern gewählt zu werden, ist die unwiderstehliche Versuchung.

Dies ist also das menschliche Ideal der Arapesh; und von jeder Generation erwarten sie, daß sie ihm entspricht. Der Leser, der die menschliche Natur kennt, wird dieses Bild wie einen Traum von einem Zeitalter der Unschuld empfinden und fragen, ob es für alle Arapesh gilt, ob es in dieser Rasse keine gewalttätigen, besitzlüsternen, geschlechtsbetonten Individuen gibt, ob dort niemand sein Ich bis zu einem Punkt entwickelt, an dem nur noch die eigenen Interessen wichtig sind, ob ihre Drüsen anders sind als die anderer Menschen, ob ihre Ernährung so unzureichend ist, daß alle aggressiven Impulse gelähmt werden, ob die Männer physisch und in ihrer Persönlichkeit feminin sind. Was bedeutet diese merkwürdige Andersartigkeit einer Kultur, in der Männer und Frauen das gleiche Temperament haben – ein Temperament, das für uns am häufigsten bei der Frau vorkommt und ihr entspricht und mit der wahren männlichen Natur unvereinbar ist?

Einige dieser Fragen können kurz und knapp beantwortet werden. Es gibt keinen Grund für die Annahme, das Temperament der Arapesh sei eine Folge ihrer Ernährungsweise. Die Flachland-Arapesh, die die gleiche Sprache sprechen und viel von der gleichen Kultur besitzen, haben eine noch abwechslungslosere und proteinärmere Nahrung als die Berg-Arapesh. Und doch sind sie heftige, aggressive Leute, deren ganzes Ethos im starken Gegensatz zu dem ihrer Gebirgsnachbarn steht. Auch physisch ist der durchschnittliche Arapesh-Mann nicht femininer als die Männer der anderen Stämme, von denen ich hier noch sprechen werde. Die Arapesh stellen auch keineswegs einen temperamentsmäßig einheitlichen Typ dar, wie er etwa aus langer Inzucht erklärt werden könnte, einen besonders freundlichen, unaggressiven Typ. Es gibt bei ihnen viel mehr hochentwickelte individuelle Unterschiede, viel augenfälligere Unterschiede als etwa bei den Samoanern, für die die menschliche Natur im Anfang ungezähmt ist und erst systematisch geformt werden muß. Ihre Annahme, daß die menschliche Natur gut ist, ihre Unfähigkeit, sich vorzustellen, daß es viele asoziale und zerstörerische menschliche Impulse gibt, ermöglicht es ja gerade Außenseiter-Naturen, so prächtig unter ihnen zu gedeihen.

Ihre lässige Hinnahme der individuellen Wünsche hinsichtlich der Wahl der Arbeit steigert das Ausmaß des Individualismus. Alle Männer bearbeiten die Gärten mehr oder weniger, aber darüber hinaus kann jeder Mann viel Zeit auf der Jagd verbringen oder gar nicht auf die Jagd gehen; er kann auf Handelsreisen gehen oder nicht; er kann schnitzen oder Rinden bemalen, aber er braucht ebensogut niemals ein Schnitzinstrument oder einen Pinsel zur Hand zu nehmen. Es gibt keinen sozialen Zwang, irgendeine bestimmte Arbeit auszuüben. Man besteht nur auf der Fürsorgepflicht aller gegenüber den jungen Menschen, auf der Verpflichtung, Nahrung und Behausung für sie zu beschaffen, und in einigen wenigen Fällen darauf, daß die zusätzliche Verantwortung der Führerschaft übernommen wird. Im übrigen kann der heranwachsende Junge tun, was er will; das junge Mädchen lernt, Taschen zu knüpfen, kunstvolle Grasröcke anzufertigen, Gürtel und Armbänder zu flechten, aber alle diese Künste können ihr auch verschlossen bleiben.

Die Arapesh verlangen weder von Männern noch von Frauen handwerkliche Geschicklichkeit oder hervorstechende Begabungen, sondern lediglich die richtige Empfindung und einen Charakter, der auf gegenseitiges Helfen, auf liebevolle Zusammenarbeit gerichtet ist. Diese Höherbewertung der Persönlichkeit gegenüber besonderen Begabungen zeigt sich deutlich, wenn man die Geschichte der Totengebeine studiert. Die Knochen der geachteten Männer werden ausgegraben und bei der Jagd, beim Yamspflanzen und für die schutzgewährende Magie verwandt. Dabei werden aber nicht etwa die Knochen eines Jägers für Magie bei der Jagd oder die Knochen eines Kampflustigen bei einer Fehde benutzt, sondern die Knochen des guten, weisen, zuverlässigen Mannes dienen unterschiedslos für alle diese Zwecke. Auf den Charakter, so wie sie ihn verstehen, glauben die Arapesh sich verlassen zu können, nicht aber auf etwas so wenig Berechenbares wie ein spezielles Talent. Sie lassen zwar die Entwicklung einer Begabung zu, zeichnen diese aber nicht aus. Ein besonders erfolgreicher Jäger oder ein begabter Maler prägen sich der Erinnerung nur insoweit ein, als ihre Emotionen mit dem herrschenden Ethos des Stammes übereinstimmen, nicht wegen der vollen Fallen oder der mit leuchtenden Farben bemalten Rinden. Diese Einstellung setzt den Einfluß, den ein besonders befähigtes Individuum auf das kulturelle Leben nehmen könnte, natürlich herab, hindert es aber nicht daran, sich zu Lebzeiten seiner Begabung entsprechend auszudrücken. Ein solches Talent kann sich nicht auf eine bestehende Tradition stützen und muß seine eigenen Methoden entwickeln; so wird ihm ein größerer Spielraum für seine Entwicklung eingeräumt.

Weder bei den Kindern noch bei den Erwachsenen der Arapesh hat man den Eindruck, daß die Verhaltensweisen eintönig sind. Individuelle Unterschiede an Heftigkeit, Aggressivität und Habsucht sind bei ihnen ebenso erkennbar wie unter amerikanischen Kindern, nur ist die Tonleiter anders. Das lebhafteste Arapesh-Kind ist so zur Passivität, zu einer bei uns unvorstellbaren Milde erzogen, daß es weit weniger aggressiv sein wird als ein normal aktives amerikanisches Kind. Aber der Unterschied zwischen dem aktivsten und dem passivsten Kind wird dadurch nicht verringert, obwohl er sich in viel sanfterer Form bemerkbar macht. Er würde sich wohl noch mehr verringern, wenn den Arapesh die Ziele ihrer Erziehung stärker bewußt, wenn die Passivität und Beschaulichkeit ihrer Kinder das Ergebnis ständigen, beabsichtigten Drucks wären, der schließlich das zu aktive und von der Norm abweichende Kind hemmt und in Schach hält. Entscheidend ist das auf Liebe gegründete Vertrauen des Kindes gegenüber jeder Person, die es mit einem Verwandtschaftsnamen nennt. Wenn der Bereich der Temperamentsunterschiede zwischen den Kindern einer Gesellschaft auch annähernd gleich ist, so kann und wird doch die Gesellschaft die Beziehungen zwischen diesen Unterschieden auf verschiedene Weise ändern. Sie kann den Ausdruck entweder vollkommen hemmen oder ihn hervorlocken, so daß die Kinder das gleiche Verhältnis gegenüber einem Charakterzug behalten und nur die obere und untere Grenze seines Ausdrucks sich ändert. Oder die Kultur entstellt den Temperamentsausdruck, wählt eine Variante als wünschenswert und unterdrückt, verbietet oder bestraft andersartige oder gegensätzliche Varianten. Vielleicht billigt oder belohnt sie auch nur das eine Ende der Skala, während sie das andere mißbilligt und unterbindet, so daß ein hohes Maß an Gleichförmigkeit erzielt wird. Von den Arapesh könnte man sagen, daß sie die Passivität begünstigen, die ihre Kinder wie ein großer Mantel einhüllt, indem sie ihnen das Lippenspiel nahelegen, der kalten Mühsal des Lebens das warme Feuer am Abend entgegensetzen, keine großen Kindergruppen zulassen und bei ihren Kindern eine empfindsame, nachlässige Haltung hervorrufen. Diesen Einflüssen sind alle Kinder ausgesetzt, und sie reagieren unterschiedlich darauf – die Tonleiter klingt anders, aber die Unterschiede in den einzelnen Kindergruppen bleiben mehr oder weniger unverändert.

In ihrer Einstellung gegenüber jeder Art von Selbstgefälligkeit – sowohl gegenüber dem Anerkennung und Beifall heischenden Typ als auch jenem gegenüber, der durch Besitz und Macht über andere eine Sonderstellung aufbauen möchte – wenden die Arapesh eine zweite Methode an. Sie belohnen das selbstlose Kind, das ständig herumrennt, um anderen gefällig zu sein; sie tadeln und mißbilligen die anderen Typen – bei Kindern und Erwachsenen. Hier wird eine Variante des menschlichen Temperaments, und zwar eine ganz extreme, deutlich auf Kosten der übrigen begünstigt, die Wechselbeziehungen innerhalb einer Gruppe von Kindern werden auf verschiedene Weise geändert. Und schließlich hat die Einstellung der Arapesh gegenüber den Verwandten und gegenüber der Wichtigkeit von Nahrung und Wachstum eine dritte Wirkung; sie bringt nämlich in diesem Punkt eine größere Ähnlichkeit aller Individuen hervor, als es die einzelnen Temperamente erwarten lassen; die Skala wird verkürzt; es verändert sich nicht nur die obere und untere Grenze.

In jeder Generation wächst also unter den Arapesh eine Gruppe von Kindern auf, deren temperamentmäßige Veranlagung in der geschilderten Weise geformt und verändert worden ist. Als Gruppe sind sie passiver, empfänglicher, begeisterter über die Leistungen anderer und weniger geneigt, irgendwelche künstlerischen oder handwerklichen Beschäftigungen aufzunehmen, als die meisten Primitiven. Ihr gegenseitiges Vertrauen, ihr ausschließlich gefühlsmäßiges Reagieren, das jeden Menschen zu einem Verwandten stempelt, den man lieben und dem man vertrauen, oder zu einem Feind, den man fürchten und vor dem man fliehen muß, sind außergewöhnlich und stehen in einem sehr starken Gegensatz zu vielen anderen Stämmen. Für gewisse Typen – den Gewalttätigen, den Eifersüchtigen, den Ehrgeizigen, den Besitzhungrigen, aber auch für den geistig oder künstlerisch Interessierten – haben sie allerdings keinen Platz. Was geschieht mit derartigen Außenseitern in einer Gemeinschaft, die zu zartfühlend ist, sie als Verbrecher zu behandeln, aber in ihrer weichen Art doch zu festgelegt und eng, um ihren Begabungen einen echten Wert zuzusprechen?

Bei den Arapesh sind es die aggressiven und leidenschaftlichen Männer und Frauen, die am meisten unter einem sozialen System leiden, das ihnen nicht entfernt angemessen ist und das sie selbst nicht begreifen. Hier ist sofort der Gegensatz zu unserer Gesellschaft zu erkennen, in der der sanfte, zurückhaltende Mann an die Wand gedrückt und die aggressive, gewalttätige Frau mißbilligt und verabscheut wird, während bei den Arapesh, die ja keinen Unterschied zwischen dem Temperament des Mannes und der Frau kennen, bei beiden Geschlechtern das gleiche Temperament zu leiden hat.

Dabei sind die Männer etwas besser daran als die Frauen. Ihre Anomalität wird nicht so rasch erkannt, da die Gesellschaft den Wutausbrüchen ihrer männlichen Mitglieder einen sehr viel größeren Spielraum gewährt. Das Mädchen, das sich vor Wut auf den Boden wirft, weil der Vater es nicht mitnehmen will, fällt daher mehr auf und wird stärker getadelt, weil sein Betragen so sehr von dem der anderen kleinen Mädchen abweicht; es lernt daher schon frühzeitig, entweder die Segel zu streichen oder nun erst recht zu rebellieren. Der Charakter eines Mädchens wird auch schon früher begutachtet als der des Knaben. Während der Bruder noch frei und unverlobt im Busch einer Wildspur folgt, wird die Schwester von den Eltern des zukünftigen Ehemanns schon als mögliche Braut beurteilt. Während der Junge im Hause seiner Eltern bleibt, die an seine Wutanfälle und sein Übelnehmen gewöhnt sind, wechselt das Mädchen in zartem und noch bildsamem Alter in ein neues Heim über, wo seine Charaktermängel sehr viel schärfer beobachtet werden. Die Erkenntnis, anders zu sein als andere und abgelehnt zu werden, setzt sich daher in einem Mädchen schon relativ früh fest; es zieht sich dann wohl von den anderen zurück und schmollt; gelegentlich kommt es zu unerklärlichen Ausbrüchen von Wut und Eifersucht. Die Tatsache, daß solches Verhalten auf keiner Altersstufe als normal oder gar als vielversprechend angesehen wird, verzerrt seine Persönlichkeit frühzeitig und endgültig.

Temos war ein solches Mädchen, leidenschaftlich, heftig und eifersüchtig. In einer Reihe unglücklicher Ehen war sie gerade vor alle die Situationen gestellt worden, mit denen fertigzuwerden ihr die Voraussetzungen fehlten. Sie wurde daher in ihrer Feindseligkeit geradezu besessen. Sie folgte ihrem Mann auf Schritt und Tritt, sie stritt beständig, selbst mit den kleinen Kindern im Dorf, die hinter ihr her murrten: »Temos ist schlecht. Sie mag andern nichts abgeben.« Und doch war Temos lediglich ein egozentrisches Mädchen, das in seinen Gefühlen eifersüchtiger und ausschließlicher war, als die Arapesh-Kultur das für passend erklärt.

Jungen dürfen dagegen ein ungestümes und empfindliches Wesen in die Jahre der Mannbarkeit mit hinübernehmen. Und da die Arapesh seltsamerweise glauben, Führereigenschaften und Aggressivität seien so selten, daß sie ermuntert und gepflegt und beim Erwachsenen ständig neu gereizt werden müßten, besteht auch später für einen derartig veranlagten Jungen eine gewisse Chance, der gesellschaftlichen Verurteilung zu entgehen. Wenn seine Aggressivität mit einem gewissen Maß an Schüchternheit und Furchtsamkeit gepaart ist, dann wird er die Jünglingsjahre im Zeichen der gesellschaftlichen Billigung durchlaufen und von der Gemeinschaft als einer der Auserwählten betrachtet werden, deren Pflicht es ist, ein »großer Mann« zu werden. In seltenen Fällen wird er vielleicht tatsächlich ein »großer Mann«, ehe die Umwelt erkennt, daß sein Aufstampfen und Schreien gar nicht nur »gut gespielt«, sondern echt ist, daß seine Drohungen gegen Rivalen nicht nur der

Situation angepaßte Angeberei sind, sondern daß er auch ihren »dirt« stiehlt und ständig versucht, sie einem Zauberer in die Hände zu spielen. Das war der Fall bei Nyelahai; mit ihm hatte das Dorf Alitoa sich einen großsprecherischen, boshaften Mann aufgeladen, der sich mit Genuß als Zuträger für die Zauberer betätigte und seine Nachbarn lästernd im Lande auf und ab zog. Die Leute fanden, wegen seines schmähfreudigen Mundes sei er kein wirklich »großer Mann«, auch wenn er alles getan habe, was einen zum »großen Mann« macht. Nyelahai hatte auch nichts von der Heiterkeit und Leichtigkeit der Männer, denen Größe verliehen ist; rastlos ging er im Dorf umher, wofür ihm seine Frauen den Spitznamen »Einer-der-immer-herumgeht« gegeben hatten; ständig wurde ihm Zauberei vorgeworfen; er schlug seine Frauen, belegte die Jagd seines jüngeren Bruders mit einem Fluch und war in seiner eigenen Welt nicht zu Hause. Er war in Wirklichkeit, was er eigentlich nur schauspielerisch hätte darstellen sollen. Obendrein war er ein Wirrkopf mit allen Anzeichen von Dummheit. Seine Kultur hatte von ihm verlangt, daß er toben und prahlen müsse, und nun, da er es tat, wandte man sich schamvoll von ihm ab.

Aber Nyelahais Fall war ungewöhnlich. Häufiger wird der leidenschaftliche, aggressive Junge, der sich in einem kriegerischen Stamm von Kopfjägern mit Ruhm bedecken und in einer Kultur, die Minnedienste und Frauenraub zuläßt, ungezählte Herzen brechen würde, in seinen späten Pubertätsjahren ständig gehemmt. Das war der Fall mit Wabe. Hochgewachsen, gut gebaut, Erbe der begütertsten Arapesh-Familien, hatte Wabe bereits mit fünfundzwanzig Jahren darauf verzichtet, irgendein aktives Interesse an seiner kulturellen und gesellschaftlichen Umwelt zu nehmen. Er half ein wenig seinem jüngeren Bruder Ombomb, aber auch das taugte zu nichts; alles war gegen ihn. Seine *buanyins* waren alle gestorben, Menala wurde ihm untreu, Temos hatte ihm kein Kind geschenkt, nur ein Klümpchen Blut; die Verwandten Welimas nahmen ihm übel, daß er diese schlecht behandelte, und verhinderten, sicher mit schwarzer Magie, daß er bei der Jagd Beute machte – obgleich das Wild, wenn er welches erlegte, ihnen zugute kommen würde –, sein Hund war tot. Für Wabe hatten alle seine wirklichen und seine eingebildeten Schwierigkeiten sich zum Verfolgungswahn verdichtet, der ihn verdüsterte, quälte, verwirrte, eifersüchtig machte, so daß er zu nichts mehr zu gebrauchen war. Ein kriegerisches Unternehmen, ein Kampf, eine Möglichkeit zur ungehinderten Initiative hätte die Atmosphäre reinigen können. Aber nichts dergleichen geschah. Er begann zu glauben, daß andere Männer seine Frauen verführen wollten. Die Leute lachten darüber, aber als Wabe seine Anschuldigungen wiederholte, zogen sie sich etwas von ihm zurück. Er kam zu der Überzeugung, die Leute, mit denen zusammen er Gärten bearbeitete, würden ihn in seiner Yamspflanzung durch schwarze Magie bestehlen – ein Zauber, der nur in der Folklore vorkam und für den niemand die Formeln kannte. Einmal beschuldigte er die Verwandten Welimas wegen seines Mißerfolges auf der Jagd, das nächste Mal wurde er auf die Männer von Alitoa eifersüchtig, befahl seinen Frauen zu packen, und zog mit ihnen, sehr gegen Temos' Wunsch, in das Dorf von Welima. Sein Benehmen war verkrampft, irrational und wechselhaft, seine Laune düster und mürrisch. Er war eine ausgesprochene Belastung für seine Umwelt – trotz seiner körperlichen und geistigen Fähigkeiten, die für sie sehr nützlich hätten sein können. Er war sehr begabt als Anführer. Wollten wir eine Anzahl Gepäckstücke zur Küste gebracht haben oder sollten die Bewohner eines weit entfernt liegenden Dorfes angeworben werden, unsere Sachen zu tragen, so war Wabe der richtige Mann. Er war der geborene Diener des weißen Mannes, der geborene Vorgesetzte in jedem hierarchischen System. In seiner eigenen Kultur war er eine Niete. Dabei war er von allen Männern im Bezirk von Alitoa derjenige, der dem westeuropäischen Männerideal am nächsten kam: gutgewachsen, mit einem feingezeichneten Gesicht, leidenschaftlich, eifersüchtig, klug, diktatorisch und von einer aktiven und aggressiven Sexualität. Aber unter den Arapesh war er eine tragische Gestalt.

Amitoa aus Liwo war Wabes weibliches Gegenbild. Grobknochig, mit einem Raubvogelgesicht und einem sehnigen Körper, dem alle weibliche Zartheit fehlte, hatte sie mit fünfunddreißig Jahren schon ein recht stürmisches Leben hinter sich. Auch ihre Mutter war eine heftige, ungestüme Frau gewesen, und Amitoa sowie ihre Schwester waren der Mutter nachgeschlagen. Im frühen Alter war sie mit einem Jüngling verlobt worden; der starb jedoch, und sie wurde an einen Mann vererbt, der viel älter als sie selbst und von Krankheit geschwächt war. Nun ziehen die Arapesh-Mädchen zwar junge Männer vor, aber nicht, weil diese potenter, sondern weil sie weniger ernst und gemessen als die älteren Männer und anspruchsloser in der Haushaltsführung sind. Amitoa war von allen Arapesh-Frauen, die ich näher kennengelernt habe, die einzige mit einem ganz bewußten sexuellen Verlangen und beurteilte den Ehemann nach seiner Fähigkeit, sie zu befriedigen. Sie allein kannte die Bedeutung des Höhepunktes im Geschlechtsverkehr; die übrigen Frauen empfanden nicht einmal eine Entspannung, sondern fühlten sich nach dem Koitus allenfalls »warm und behaglich«. Amitoa verachtete ihren schüchternen, kränkelnden Mann. Sie setzte sich über seine Befehle hinweg und fiel wütend über ihn her, wenn er sie tadelte. Voller Wut über ihre Aufsässigkeit wollte er sie schlagen und ergriff ein brennendes Holzscheit. Sie entrang es ihm und anstatt Schläge auszuteilen, bekam er sie selber. Auch das Beil, zu dem er dann griff, entriß sie ihm. Er schrie um Hilfe, und sein jüngerer Bruder mußte ihn retten. Diese Szene sollte sich in Amitoas Leben noch oft wiederholen.

Am nächsten Tag rannte sie davon, nach Kobelen, einem Dorf näher der Küste zu, mit dem ihr Dorf in enger zeremonieller Verbindung stand. Nach Art der Flachland-Frauen, die sie im eigenen Dorf kennengelernt hatte, ging sie von einem Mann zum andern und bat, aufgenommen zu werden. Intuitiv hatte sie sich zu einem Verfahren entschlossen, das von Frauen ihrer Art entwickelt worden war. Aber sie war keine Frau aus der Ebene, sie gehörte zu ihrem eigenen Stamm. Die Leute von Liwo und die von Kobelen waren seit Generationen Freunde gewesen; keine wilde, zuchtlose Frau, die unaufgefordert zu ihnen kam, sollte diese Beziehungen stören, meinten die alten Männer. Die jungen Männer aber zögerten. Amitoa war mit ihren blitzenden Augen und ihrer entschiedenen, ausdrucksvollen Art sehr aggressiv, aber auch sehr anziehend. Sie wußten, daß dieser Typ schlechte, eifersüchtige Ehefrauen abgibt und sein überbetontes Geschlechtsleben nicht zulassen würde, daß die Yamskulturen in ihrer Nähe friedlich wachsen. Trotzdem spielten sie mit dem Gedanken, Amitoa aufzunehmen. Sie ging nach Liwo zurück, um ihren Bruder zu besuchen. Er machte ihr heftige Vorwürfe, weil sie ihren Mann verlassen hatte. Als er Gewalt anwenden wollte, rannte sie wieder davon nach Kobelen. Dort hatten sich in ihrer Abwesenheit die alten Männer durchgesetzt. Sie saß bei den Frauen im Hause der Handelsfreunde ihres Vaters. Niemand wollte sie zur Frau nehmen. Wütend, fassungslos kehrte sie wieder nach Liwo zurück, und man benachrichtigte ihren Ehemann. Dieser hatte sich und seine Angehörigen inzwischen damit getröstet, daß Zauberei im Spiele sein müsse. Die Flachland-Leute hatten offenbar den *wishan*-Zauber ausgeübt, durch den Angehörige einer Gemeinschaft durch den »dirt« einer anderen beeinflußt werden können; auf diese Weise hatten sie Amitoa veranlaßt, wegzulaufen. Ein Mann ihrer Sippe erzählte darüber viel später:

»Die Leute sagten zu meinem Onkel: ›Deine Frau ist wieder da. Geh und hole sie.‹ Er stand auf und nahm seine beiden jüngeren Brüder. Sie gingen hinunter. Sie warteten am Fluß. Amitoa und eine andere Frau und der ältere Bruder ihres Vaters kamen herunter, um zu baden. Amitoa wollte ihren Grasrock ablegen, um zu baden. Mein Onkel ergriff ihre Hand. Sie rief ihrem Onkel zu: ›Onkel, sie holen mich.‹ Ihr Onkel sagte: ›Nun, hat er für dich bezahlt und dich ernährt? Haben die Männer von Kobelen für dich bezahlt? Ist es ein fremder Mann, der dich holt? Wenn es ein Fremder wäre, dann dürftest du schreien. Aber es ist dein Ehemann.‹ Die andere Frau kreischte: ›Sie tragen Amitoa fort.‹ Mein Onkel rief: ›Komm, bring die Speere.‹ Alle rannten fort, und mein Onkel nahm Amitoa zurück. Sie war reich geschmückt wie immer. Sie trug viele Armbänder und Ohrringe. Sie saß mitten im Dorf und weinte. Mein Onkel sagte: ›Ich bin es, dein Ehemann, der dich zurückgeholt hat. Wäre es jemand anderes gewesen, dann könntest du weinen.‹ Sie blieb. Sie empfing. Sie gebar ein Mädchen. Amitoa wollte das Kind erdrosseln. Die anderen Frauen hielten sie zurück. Sie wollte fortrennen. Mein Onkel schlug sie. Er zwang sie zu bleiben. Er zwang sie, das Kind zu stillen. Sie wurde wieder schwanger. Das Kind war ein Junge. Sie war allein, als er zur Welt kam, und sie zertrat seinen Kopf. Wäre eine andere Frau dabeigewesen, dann wäre das Kind am Leben geblieben. Wenn es noch lebte, dann wäre es jetzt so alt wie mein jüngerer Bruder. Dann begruben sie das tote Kind.«

Dieser einfache Bericht gibt, mit der kühlen Unbeteiligtheit des jungen Mannes, der damals ein kleiner Junge war, die Quintessenz des Kampfes, den Amitoa in ihrem Widerstand gegen die traditionell passive Rolle der Frau durchfocht. Hinter ihrem ersten mißglückten Versuch, das Neugeborene zu töten, ihrem Widerwillen, das Kind zu nähren, und der einsamen Entbindung im Busch, der Tötung des zweiten Kindes, lagen Jahre der Verzweiflung. Sie war eine intelligente, kraftvolle Person, interessiert und aufgeschlossen. Die Verzweiflung über ihren Konflikt zwischen ihrer eigenen Leidenschaftlichkeit und der von ihrer Gesellschaft geforderten Sanftmut verwirrte sie nicht minder als ihre Umgebung. Ein Teil der Leute meinte, sie hätte bei ihrer Tatkraft ein Mann werden sollen, als Mann hätte sie mehr Spielraum gehabt; andere waren der Meinung, als Mann wäre sie unerträglich gewesen, ein Querulant und Aufrührer. Als ihr kleines Mädchen fünf Jahre alt war, unterstützte ihr Vetter Ombomb, dessen Temperament dem ihren sehr ähnlich war, sie bei der Flucht und verhalf ihr zur Heirat mit dem Witwer Baimal aus Alitoa. Er versuchte, Amitoa zu überreden, ihr Kind mitzunehmen, wobei er hoffte – charakteristischer für ihn als für die Arapesh im allgemeinen –, vielleicht am Brautgeschenk teilhaben zu können. Aber Amitoa weigerte sich. Ihr Ehemann, jetzt wirklich alt und krank, habe sie, Amitoa, aufgezogen und Ringe für sie bezahlt, darum solle er wenigstens die Tochter behalten. Sie sah ihre Tochter nie wieder; sie wollte sie nicht wiedersehen – ein Kind, das sie hatte töten wollen und gegen das sie sich noch beim Stillen gesträubt hatte.

Amitoa wurde Baimal leidenschaftlich zugetan, auch Balidu, dem Ältesten von Alitoa, und ihrem neuen Dorf mit allem, was dazu gehörte. Unaufhörlich lobte sie alles laut und sparte dabei nicht mit herabsetzenden Äußerungen über das Dorf ihres früheren Ehemannes und den Ältesten. Sie gebar Baimal eine Tochter, die den Namen Amus erhielt und die beide liebten. Aber das Leben des Kindes wurde durch ständigen Streit darüber, wem es zu gehorchen hätte, getrübt. Da sie das einzige Kind war, wollte Baimal seine Tochter überall mit hinnehmen. Weinte sie, weil sie mit ihm gehen wollte, so stritt Amitoa mit ihm. So ging er lieber unbemerkt weg oder befahl der fünfjährigen Amus, bei der Mutter zu bleiben. Er konnte nicht begreifen, weshalb Amitoa stritt und warum sein ganz normales freundliches Verhalten einen solchen Sturm in Amitoa entfachte. An dem Abend, als der *tamberan* alle Frauen aus dem Dorf vertrieb[14], hatte Amitoa Fieber, und Baimal bat sie, nicht zu tanzen, sie würde sonst ernstlich krank werden. Sie reagierte auf seinen Ratschlag, indem sie noch mehr Schmuck anlegte und sich für den Tanz vorbereitete. Baimal, den sein Ausfall gegen den *tamberan* müde und nervös gemacht hatte, verlor seine Selbstbeherrschung und verbot ihr zu tanzen, sie sei krank und außerdem zu alt, um sich herauszuputzen wie ein junges Mädchen. Diese Bemerkung quittierte Amitoa mit einem Angriff mit der Axt auf ihn, und sein jüngerer Bruder, Kule, kam gerade rechtzeitig, um ihn vor einer ernsthaften Verletzung zu bewahren. Amitoa floh in das Haus einer Schwägerin, weinte geräuschvoll und äußerte wieder und wieder eine Empfindung, die unter den Arapesh so gut wie unbekannt ist – daß sie alle Männer hasse, daß sie von der Ehe genug hätte, daß sie in ihr Dorf zurückgehen und für sich leben wolle. Dabei machte sie einen Gedächtnisknoten nach dem anderen in eine Schnur – ihre Zahl entspräche der Häufigkeit, mit der Baimal sie geschlagen habe. Baimal erschien für einen Augenblick auf der Szene, um seine Wunden zu zeigen. Er war ein feinfühliger, tapferer kleiner Mann, Amitoa ergeben, ganz ohne Bosheit oder echte Heftigkeit, und er war sehr erschrocken über die ganze Angelegenheit. Das war nur eine von vielen Streitigkeiten. Amitoa war jetzt, in ihren mittleren Jahren, in Baimals Verehrung viel glücklicher als in ihrer Mädchenzeit. Sie war aber immer noch ein wildes Geschöpf, ohne rechten Platz in der Kultur, zu der sie gehörte.

Die Anpassung solcher leidenschaftlichen Naturen wie Wabe und Ombomb oder Temos und Amitoa und Sauwedjo unterscheidet sich je nach den Zufälligkeiten ihrer frühen Erziehung und ihres ehelichen Lebens. Wabe war von seinen Verwandten mütterlicherseits – sanften, bescheidenen, freundlichen Menschen – aufgezogen worden; sie hatten ein solches Gefühl des Fremdseins in ihm erweckt, daß es ihm nie gelang, an der Kultur seiner Umwelt aktiv teilzunehmen. Sein jüngerer Bruder Ombomb hatte jahrelang mit seinem gewalttätigen Halbbruder zusammengelebt, der vor längerer Zeit aus Alitoa geflohen war. Ombomb wurde zuteil, was Wabe fehlte: Billigung seiner anmaßenden, heftigen, habgierigen Natur. Er wurde noch durch seine in ähnlicher Tradition erzogene Ehefrau bestärkt, die ihre eigenen Wege ganz ohne innere Konflikte oder Schuldgefühle ging, deren Heftigkeit und Besitzgier Wabes Schwäche aber noch vertiefte. Die Möglichkeit, eine Flachland-Frau zu heiraten, ist durch deren fremdes Temperament für die Gebirgsmänner mit großen Problemen verbunden; und eine Flachland-Frau unter ihnen gibt ihren Frauen ein Vorbild, dem sie nicht folgen können, weil ihre Kultur sie nicht dafür vorbereitet hat. Ihre eigene Kultur mißverstehend, werden diese Außenseiter noch durch besonders dumme Menschen ihrer Umwelt in ihrer Haltung bestärkt – durch Menschen wie Menala, die Wabes Leben noch schwieriger machte, indem sie ihn eines Gewaltaktes beschuldigte, während er zusammen mit ihren Brüdern doch nur – in völliger Übereinstimmung mit den Gesetzen ihrer Kultur – eine Ehe beendet hatte, mit der sie nicht einverstanden waren.

Zu diesen Anpassungsmängeln der Außenseiter kommt noch hinzu, daß dumme und böswillige Menschen ihrer Umgebung ohne irgendeinen Grund »dirt« stehlen oder kleine Zaubereien auszuüben trachten, die die Arapesh aus früheren Zeiten oder von anderen Kulturen übernommen haben. So war z. B. Nahomen, der auf der niedrigsten Intelligenzstufe stand, unfähig, mehr als die Rudimente seiner eigenen Kultur zu begreifen, und für jeden moralischen Appell unzugänglich. Sein Bruder Inoman und er, die sich charakterlich ziemlich glichen, bemächtigten sich ganz willkürlich der Nahrungsreste anderer Leute, wobei sie von einer Art einfältiger Bosheit angetrieben wurden; eine oder zwei solcher Taten reichten aus, das Vertrauen von Männern wie Wabe oder Ombomb in ihre Umwelt zu erschüttern. Da sie selber ständig mit Einstellungen und Impulsen zu kämpfen hatten, die ihre Gesellschaft für nicht existent erklärt oder einfach verbietet – mit Eifersucht, mit dem Wunsch, Herr über privates Eigentum zu sein und es von dem der anderen strikt abzugrenzen, mit starken Sexualtrieben, die nicht bloß Antworten auf gegebene Situationen sind – war es nur natürlich, daß all die offenen Widersprüche in der Sozialordnung sie besonders empfindlich treffen mußten. So hatten sich die wenigen Fälle, in denen Frauen sie zu verführen versucht hatten, ihrer Erinnerung tiefer eingeprägt als die hundert anderen, in denen sie Frauen unterwegs allein angetroffen und nur einen scheuen, freundlichen Gruß erhalten hatten.

Von allen Aspekten ihrer Kultur verwirrte sie am meisten die Betonung der Gegenseitigkeit. Ein Mann darf keinen Streit provozieren, muß aber, wenn er selbst herausgefordert wird, seinen Standpunkt verteidigen; er muß ebensoviel herausgeben, wie er nimmt, aber nicht mehr, um das verlorengegangene Gleichgewicht wiederherzustellen. Auf allen Gebieten des Lebens wird auf solche ausgeglichenen Beziehungen geachtet, aber bis zum Extrem treibt man sie meist nicht. Wir haben gesehen, wie die Rächung eines Toten zur »Rache« an einer weit entfernten anonymen Person abgewandelt wird. Übt ein Dorf Rache an einem anderen, so läßt man viel Zeit verstreichen, und jeder noch so nichtssagende Vorfall wird als Rache gewertet. So war es auch, als Amitoa endgültig weglief. Die Sippe der Suabibis in Liwo hatte für sie gezahlt und sie aufgezogen; als Baimal von der Sippe der Totoalaibis in Alitoa sie heiratete, beging er damit einen feindlichen Akt gegen die Suabibis, der diese Sippe sehr verbitterte. Drei Jahre später lief Tapik, die seit frühester Kindheit von den Totoalaibis aufgezogen worden war, fort und heiratete einen Angehörigen der Suabibis. Die Totoalaibis versuchten vergeblich, sie mit Gewalt zurückzuholen. Darauf entschloß man sich, Tapik als Ausgleich für Amitoa anzusehen. Noch Jahre später brachten die Männer von Totoalaibis, wann immer Amitoa mit Weglaufen drohte, diesen Umstand zur Sprache, als handle es sich um einen Austausch von Schwestern, um zu beweisen, daß Amitoas Weggehen inzwischen ungesetzlich wäre.

So ist es auch bei den Zahlungen an den Bruder der Mutter oder an den Sohn des Bruders der Mutter, die bei einer Initiation geleistet werden müssen, aber auch von jemandem, der in Ungnade gefallen ist oder dessen Blut vergossen wurde, oder im Falle eines Todes. Die Zahlungen werden nämlich immer zurückgegeben, wenn der Bruder der Mutter in eine ähnliche Lage kommt. Bei einer solchen Gelegenheit, sagen wir einem Todesfall, heißt es dann wohl: »Ringe wurden an den Bruder der Mutter und an den Sohn des Bruders der Mutter und an den Sohn der Schwester gezahlt.« Niemand erwähnt, daß es sich in dem einen Fall um eine neue Zahlung handelt, die vom Bruder der Mutter gefordert wird, während die andere eine Rückzahlung ist. Aber das Ritual der *rites de passage* beinhaltet die Forderungen des Mutterbruders, seine besonderen Gesänge bei der Initiation des Neffen, die Trauer, die er beim Tod des Neffen zeigen muß. Ein Mann, der mehr dazu neigt, neue Forderungen an die anderen zu stellen als das Gleichgewicht aufrechtzuerhalten, bedient sich gern dieser kulturellen Gepflogenheiten; mit großer Lautstärke stellt er seine Forderungen an den Sohn der Schwester, schiebt aber seine Rückzahlungen hinaus. Ebenso wie die Nachbarstämme kennen die Arapesh auch den Familienfluch: der Vater, eine ältere Schwester, ein Bruder oder ein Bruder der Mutter ruft die Geister der Vorfahren an und beschwört sie, irgend jemand den Erfolg bei der Arbeit und auf der Jagd zu versagen oder einer Frau Unfruchtbarkeit zu bringen. Die Zauberwirkung ist deshalb so stark, weil nur die Person, die den Fluch verhängt hat, ihn wieder aufheben kann. Wenn ein Mann den Bruder seiner Mutter irgendwie beleidigt, kann es für diesen nur gut sein, seinen Neffen zu verfluchen – denn nur er kann den Fluch zurücknehmen. Die Arapesh haben den Fluch allerdings unwirksam gemacht: sie ignorieren einfach diesen wichtigen Punkt. Zunächst darf jeder, der »Mutters Bruder« genannt wird und nur entfernt blutsverwandt zu sein braucht, die Verfluchungs- und »Entfluchungs«-Zeremonien durchführen; und außerdem glauben sie daran, daß auch ein anderer den Fluch lösen kann. Nur in außergewöhnlichsten Fällen findet sich eine solche Person nicht; der Fluch des Bruders der Mutter ist deshalb ziemlich bedeutungslos geworden. Einige gewalttätige, mißmutige Menschen verhängen ihn jedoch noch immer – ihnen sind die Wandlungen ihrer Kultur noch nicht bewußt geworden. Menschen wie Wabe und Ombomb verfluchen ständig andere und glauben, selbst verflucht worden zu sein; solche Menschen erhalten Elemente ihrer Kultur lebendig, die längst bedeutungslos geworden sind – so, wie bei uns ein an Verfolgungswahn Leidender möglicherweise einen längst vergessenen Hexenbann tätigt.

Jene Männer und Frauen, die durch ihre Heftigkeit aus dem Rahmen fallen, befinden sich also in einer schwierigen Situation. Sie unterliegen nicht den strengen Strafmaßnahmen, die ihnen in einem Volk zuteil würden, das sich ernsthaft mit solchen Temperamenten befaßt. Eine Kindsmörderin wie Amitoa lebt weiterhin in ihrer Gemeinschaft; ein Mann der Suabibis, der aus Rache ein Kind umbrachte, weil sein eigener Sohn von einem Baum gefallen war, wurde weder von der Gemeinschaft noch von den Angehörigen des Kindes bestraft, da diese zu weit entfernt wohnten. Die Gesellschaft läßt Gewalttätigkeiten verhältnismäßig großen Spielraum, mißt ihnen aber keine Bedeutung zu. Ohne die Möglichkeit, sich in kriegerischen Auseinandersetzungen, einem starken Führertum oder durch persönliche Heldentaten auszuleben, sehen sich solche Menschen fast als Geistesgestörte behandelt. Sind sie besonders intelligent, dann hat diese stumme Ächtung, diese Verständnislosigkeit ihrer Mitmenschen zur Folge, daß sie sich verdrossen zurückziehen, abstumpfen und ihr Gedächtnis nachläßt, weil sie immer weniger verstehen, weshalb die anderen in einem bestimmten Fall so und nicht anders handeln. Sie versuchen, die herkömmlichen Beziehungen wiederherzustellen – zum Beispiel den Anspruch des Bruders der Mutter auf ihre Söhne – und alle Aufweichungen und Verzerrungen der gesellschaftlichen Praxis nicht zu beachten. Wundervoll klar sprechen sie über Einzelheiten einer gesellschaftlichen Struktur, die ihnen sinnvoll erscheinen würde, aber von den augenblicklichen Tatsachen nicht bestätigt wird. Intellektuell sind sie für ihre Gesellschaft nicht zu gebrauchen, weil sie immer ihre eigenen gewalttätigen und regelwidrigen Vorstellungen auf sie übertragen wollen. Wenn dann auch noch widrige Umstände auftreten, ihre Schweine sterben, ihre Frau eine Fehlgeburt erleidet oder der Yams nicht gedeiht, dann können sie sich aus einem bloßen Verlust für ihre Gesellschaft in deren Bedrohung verwandeln; ihr Argwohn und ohnmächtiger Zorn werden zu offener Mordlust.

Ein solcher Mann war Agilapwe, ein bissiger alter Mann mit hartem Gesichtsausdruck, der uns gegenüber am Rand einer Klippe auf der anderen Seite des Tales wohnte. Er hatte am Bein schon seit seiner Kindheit eine große wunde Stelle – ein nässender roter Beweis für die Feindseligkeit eines anderen. Wunde Stellen fallen bei den Arapesh nicht unter den Begriff Zauberei; im Gegensatz zu allen anderen Arten von Krankheit und Tod können solche Stellen auch innerhalb der eigenen sicheren Gemeinde durch verborgenen »dirt« zwischen den Wurzeln von wildwachsendem Taro und in einem oder zwei *marsalai*-Orten mit schlechten Vorzeichen verursacht werden. Führt die Wunde den Tod herbei, dann muß sich noch weiterer, nicht ausfindig gemachter »dirt« in den Händen der Flachland-Zauberer befinden, so daß die eigene Gemeinde kein Verschulden am Tod trifft. In den Tropen verheilen solche Geschwüre meistens verhältnismäßig rasch; manchmal führen sie jedoch auch zur Entartung des betroffenen Gliedes, was den Tod zur Folge hat. Tritt ein derartiges Leiden auf, so werden die gleichen Überlegungen angestellt wie in Fällen der Zauberei. Man denkt darüber nach, wer wohl erzürnt worden sein könnte, wer Gelegenheit hatte, »dirt« zu stehlen, und wohin dieser gebracht worden sein könnte. Der Verdacht fällt bei diesen geringfügigeren Leiden eher auf eine Gemeinde des Berg- oder Küsten-Stammes, nicht auf die Flachland-Leute; ein Berg-Arapesh mit wunder Stelle nimmt daher an, daß sein »dirt« an einem *marsalai*-Ort der Küstendörfer Waginara oder Magahine vergraben worden ist; ein Mann von der Küste hingegen verdächtigt die Leute vom Berg – den *marsalai*-Ort von Bugabahine oder die Stelle mit wildem Taro nahe Alitoa. Allgemein wurde angenommen, daß ein besonders zäher und unverwüstlicher Teil von Agilapwes Persönlichkeit – etwa ein vor Zeiten angenagter Knochen – an irgendeinem *marsalai*-Ort verweste; der Mann, der ihn dort versteckt hatte, war vielleicht schon seit Jahren tot. Agilapwe lebte unterdessen zornig weiter. Es gab keinen Streit, in den er nicht verwickelt war, keine Auseinandersetzung, an der er nicht beteiligt sein wollte. Seine Frau hatte dieses Benehmen längst satt; schließlich sagen die Arapesh von einem bösen Mann ja auch: »Wenn er eine gute Frau hat, dann verläßt sie ihn.« Sie legen es nicht als Tugend aus, einem treu zu sein, der sich seiner Gesellschaft gegenüber so entfremdet verhält.

Seine Frau hatte ihn verlassen und war nach Suapali gelaufen, als sie noch ganz jung war. Die Überlieferung hat darüber folgenden Bericht bewahrt: »Agilapwe dachte, ihr Bruder Yaluahaip von Labinem habe ihr geholfen. Yaluahaip war in seinem Garten. Er hatte ein Beil. Agilapwe hatte einen Speer. Er fragte ihn: ›Wo ist deine Schwester?‹ Yaluahaip antwortete: ›Ich weiß es nicht.‹ – ›Du lügst, sie ist weggelaufen.‹ Yaluahaip antwortete: ›Wenn sie weggelaufen wäre, wüßte ich es.‹ Agilapwe sagte: ›Ja, sie ist für immer weggelaufen, du kannst mich nicht belügen. Ich weiß es.‹ Yaluahaip antwortete: ›Ach Schwager, wenn sie weggelaufen ist, werde ich sie finden.‹ Agilapwe sprang auf ihn zu. Er packte Yaluahaips Beil. Er schlug ihn damit in die Schulter. Das Beil blieb stecken. Agilapwe zog daran, aber es steckte fest. Nun nahm Agilapwe einen Speer. Er warf ihn auf Yaluahaip. Yaluahaip wich aus. Seine Frau kletterte über den Zaun und lief weg. Yaluahaip lief weg. Beide flohen. Agilapwe jagte sie. Er verlor ihre Spur im Busch. Er stieg den Hügel hinauf. Dort waren sie nicht. Er lief zurück in den Garten; sie waren nicht da. Der Mann war weit weggelaufen. Seine Frau suchte ihn. Sie glaubte, er sei tot. Sie fand seine Blutspur. Sie fand ihn selbst. Sie packte seinen Arm, beide liefen und liefen. Sie kamen zu unserer Hütte. Sie rief meinem Vater zu: ›Älterer Schwager, dein Bruder ist ganz zerstückelt.‹ Meine Mutter ging hinaus. Sie wusch die Wunde, sie strich Kalk darauf, sie band die zackigen Ränder mit einer Ranke zusammen. Sie brachten ihn ins Dorf. Sie machten ihm zwei Stützen. Auf die eine lehnte er sich, auf die andere legte er seinen Arm. Er war ein schöner, starker Mann, aber Agilapwe hatte ihn verwundet. Sie schliefen. Am Morgen gingen sie hinaus und bauten im Busch eine Hütte. Darin bauten sie ein hohes Bett. Sie trugen ihn dorthin und versteckten ihn. Nachts ging Agilapwe aus, um ihn zu suchen. Hätte er ihn gefunden, so hätte er ihn getötet. Später gingen sie alle zu einem Fest und nahmen Yaluahaip mit und versteckten ihn in der Nähe. Die

Wunde heilte. Vater wollte mit Leuten nach Manuniki (wo Agilapwe wohnte) gehen, um Rache zu nehmen, aber es war unmöglich. Die weißen Papageien, die dort immer hausen, flogen auf und warnten. Agilapwe stand oben und warf Speere und Steine hinunter. Später heiratete Agilapwe eine Frau, die mein Vater ›Tochter der Schwester‹ nannte, und der Streit war vorüber. Es wurden keine Ringe ausgetauscht.«

Dieser Bericht ergibt ein gutes Bild der maß- und sinnlosen Wutanfälle von Menschen wie Agilapwe und der Haltung ihrer gelegentlichen Opfer. Später vertiefte Agilapwe noch die Kluft zwischen sich und der Gemeinschaft, indem er den schnell nachwachsenden wilden Taro absichtlich auf seiner Bergseite anbaute. Immer häufiger beschuldigten Leute mit offenen Beinwunden Alitoa der Zauberei. Die Leute von Alitoa rissen ihr *tamberan*-Haus nieder, das angeblich den Boden im Dorfzentrum übernatürlich erhitzte, und rodeten den ganzen wild wachsenden Taro auf ihren Hügeln. Aber in Manuniki, auf der anderen Seite der Schlucht, genau gegenüber machte Agilapwe weiter in Zauberei; er weidete sich an seinem wilden Taro und schlug den Siegesruf auf seinem Gong, sobald ihn die Nachricht von einem Todesfall erreichte. Wie einige andere der maßlosen Außenseiter der Gemeinde hatte auch er Zuflucht zur Kunst genommen, und seine phantasievollen, herben Malereien schmückten mehrere *tamberan*-Häuser.

Menschen wie Wabe und Agilapwe, Amitoa und Temos, die so auffällig eigene Wege gehen, verfälschen die Vorstellung der heranwachsenden Arapesh-Kinder vom Leben der Erwachsenen. Ihre eigenen Kinder und die Kinder, die in ihrer Nähe aufwachsen, nehmen sich ihr Verhalten vielleicht zum Vorbild und werden als Erwachsene ohne Halt sein. Für den kleinen Jungen, der miterlebt hat, wie seine Mutter Yaluahaips Wunde verband, wird das Bild der sanftmütigen Gemeinschaft aus liebevollen Verwandten etwas verblassen. Die ruhige, verständnisvolle, zurückhaltende Art der Menschen wird getrübt, wenn man zusieht, wie Amitoa Baimal mit einer Axt bedroht oder Wabe seine beiden Frauen prügelt und erklärt, er wäre sie am liebsten beide los. Weil die Arapesh darauf beharren, daß alle Menschen gut und sanft und daß Männer wie Frauen sexuell weder stark interessiert noch aggressiv sind und daß alle nur den Wunsch haben, Yams und Kinder großzuziehen, konnten sie keine Grundsätze formulieren, um jene zu steuern, deren Veranlagung dem einmal anerkannten Ideal nicht entspricht.

Der westliche Leser wird nur zu leicht erkennen, wie eigenwillig die Arapesh die menschliche Natur interpretieren, wie wirklichkeitsfremd sie einen Persönlichkeitstyp als Ideal ausgewählt haben, der unter Männern wie unter Frauen gleichermaßen selten ist. Es ist schwer zu entscheiden, was utopischer und unrealistischer ist: zu behaupten, es gebe keine Unterschiede zwischen Mann und Frau, oder zu behaupten, Männer und Frauen seien von Natur aus gleich mütterlich, sanft, verständnisvoll und friedfertig.

Zweiter Teil: Die Mundugumor vom Fluß

Wie wir zu den Mundugumor fanden

Mit meinen Untersuchungen in Neuguinea wollte ich, wie man sich erinnern wird, feststellen, wie weit Temperamentsunterschiede zwischen den Geschlechtern angeboren sind und wie weit sie durch die Kultur bestimmt werden; mein Plan war ferner, damit zusammenhängende Erziehungsmechanismen eingehend kennenzulernen. Ich verließ die Arapesh mit einem Gefühl von Enttäuschung; Temperamentsunterschiede zwischen den Geschlechtern hatte ich weder beim Studium ihrer Kultur noch bei der Beobachtung einzelner Individuen festgestellt. Daraus ergab sich die Folgerung, daß diese Unterschiede ausschließlich eine Sache der Kultur sind und in Gesellschaften, die sie ignorieren, tatsächlich fehlen. Auf die Arapesh war die Wahl aus etlichen ethnographischen und praktischen Erwägungen gefallen, die mit meinem speziellen Problem nichts zu tun hatten. So etwas läßt sich nie vermeiden; denn ehe über eine primitive Gesellschaft so viel bekannt ist, daß der Forscher beurteilen kann, ob sie gerade für ein besonderes Wissensgebiet in Betracht kommt, ist ihre Kultur bereits eingehend untersucht worden. Beim gegenwärtigen Stand der Erforschung primitiver Völker darf kein ethnographisch geschulter Forscher in die Fußstapfen eines anderen Forschers treten, wenn sich für ihn die Möglichkeit bietet, sein spezielles Problem mit dem vollständigen Studium einer neuen Kultur zu verbinden; denn einmalige, unwiederholbare Kulturen mit einer uralten Geschichte sind in Auflösung begriffen. In meinem eigenen Fall wurde diese Verpflichtung noch durch den Umstand verstärkt, daß wir zu zweit in diesem Territorium arbeiteten und den Bereich einer völlig unbekannten Kultur für unsere kombinierten und getrennten Untersuchungen haben wollten. Ich verließ also die Arapesh, von ihrer angenehmen Gemütsbeschaffenheit und der Festigkeit ihrer Kultur beeindruckt, doch ohne viel neues Wissen zu meinem Problem.

Wir beschlossen, unsere Reise den Sepik-Fluß stromaufwärts

fortzusetzen, um den Anstrengungen des Gebirgslebens und den damit verbundenen Transportschwierigkeiten zu entgehen. Wieder mußten wir willkürlich einen Stamm wählen; wieder leiteten uns dabei Erwägungen, die nichts mit dem Problem der Temperamentsunterschiede zwischen den Geschlechtern zu tun haben. Zwei andere Ethnologen hatten sich vor uns in dieses Gebiet begeben: Dr. Thurnwald hatte die Kultur der Banaro am Keramfluß aufgezeichnet, und Gregory Bateson studierte gerade die Iatmül-Kultur am mittleren Sepik-Fluß. Die Dörfer am unteren Sepik befanden sich infolge des Einflusses der Missionen und durch übermäßige Abwerbung im Zustand teilweisen Zerfalls. Wir hatten gehofft, zu einem der Binnenlandstämme nördlich des Sepik zu gelangen, dessen Kultur den Flachland-Arapesh benachbart ist; es wäre uns dann möglich gewesen, einen vom Sepik bis zur pazifischen Küste reichenden Gebietsstreifen zu studieren. Als wir den Regierungsaußenposten Marienberg, eine Tagesreise von der Sepikmündung entfernt, erreichten, zeigte uns ein Blick in die Regierungslandkarte, daß jetzt kaum all unser Gepäck in dieses Land befördert werden konnte. Für eine annehmbare Alternative standen uns nur eine Landkarte, die Kenntnisse aus den

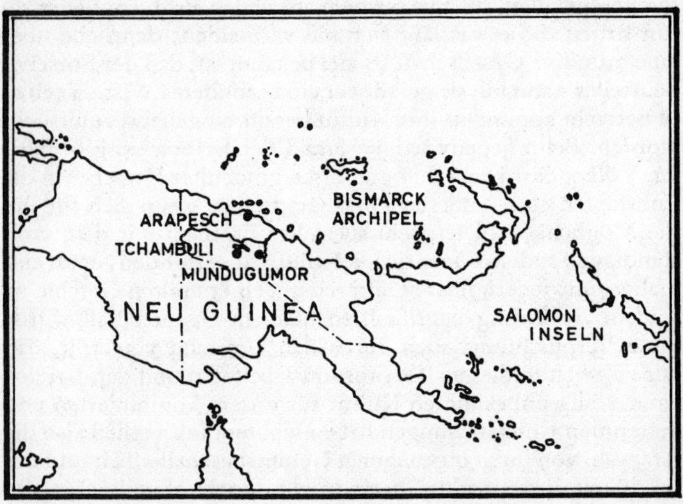

Wo die Arapesh, die Mundugumor und die Tchambuli leben

Veröffentlichungen Thurnwalds und Batesons und die Auskünfte des Streifenbeamten über die Dörfer zur Verfügung – ob sie missioniert und rekrutiert waren und sich ganz oder teilweise unter Regierungsgewalt befanden. Schließlich wählten wir einfach den nächstgelegenen, auf dem Wasserweg erreichbaren Stamm, der keine Missionsstation hatte und weder sprachlich noch kulturell durch die Iatmül oder die Banaro beeinflußt war. Der am leichtesten erreichbare Stamm dieses Typs war der der Mundugumor; die Regierungsakten verzeichneten, daß er seit mehr als drei Jahren unter Regierungsaufsicht stand. Der Stamm war eine halbe Tagesreise den Yuat-Fluß aufwärts ansässig. Wir hatten noch nie von ihm gehört, nicht einmal von dem reißenden, trüben Fluß, an dessen Ufer diese Leute wohnten. Der Streifenbeamte in Marienberg war erst seit kurzem am Sepik-Fluß und konnte uns auch nichts über sie sagen. Einige Rekrutenausheber, die durch Marienberg kamen, bezeugten ihre Sympathie für unsere Reise den Yuat aufwärts; sie rieten uns, eine ordentliche Menge Knöpfe mitzunehmen, weil die Yuat-Leute eine besondere Liebe dafür hätten. Das war die einzige Information, die wir besaßen, als wir mit unserem Gepäck in Kenakatem, der ersten Siedlung der Mundugumor, ankamen; sie war in den Volkszählungslisten der Regierung als Zentrum und größte Ortschaft angegeben.

Ich habe diese Punkte so betont, weil der Leser sofort bemerken wird, wie auffallend die Mundugumor-Kultur der Kultur der Arapesh widerspricht. Hätte ich alle Folgerungen aus meinen bei den Arapesh gewonnenen Ergebnissen voll erfaßt gehabt und mich bemüht, die Neuguinea-Kultur zu finden, die davon am stärksten abweicht, ich hätte nichts Besseres entdecken können als die Mundugumor. Daß zwei Völker, die so viele wirtschaftliche und soziale Züge verbindet, die ein und demselben Kulturgebiet angehören und nur etwa hundert Meilen voneinander getrennt leben, einen solchen Gegensatz im sittlichen Charakter, in der sozialen Persönlichkeit bilden können, ist allein schon höchst interessant. Während aber die Arapesh die Persönlichkeit des Mannes und der Frau in einer Norm vereinheitlicht haben, die wir nach einem traditionellen Vorurteil als mütterlich, weiblich, unmännlich beschreiben würden, vertreten die Mundugumor das entgegengesetzte Extrem und normieren – ebenfalls unter Verneinung von geschlechtlich bedingten Persönlichkeitsunterschieden – das Verhalten von Mann und Frau als männlich aktiv, viril und ohne jene Merkmale von Sanftmut und Zartheit, die für uns als unveräußerlich mit dem Weiblichen verbunden sind. Wenn man diesen Gegensatz betrachtet, dann erscheint der historische Zufall, der uns gerade zu den Mundugumor geführt hat, um so bemerkenswerter.

IX
Das Leben in einem Kannibalenstamm[15]

Als wir von den gutmütigen Arapesh zu Kannibalen und Kopfjägern kamen, erlebten wir einen Übergang zwischen zwei einander vollkommen entgegengesetzten Lebensformen, und jede neue Einsicht in die Struktur und die Wertskala der Mundugumor brachte neue Überraschungen. Als wir die Arapesh verließen, hatten uns die älteren Männer des Stammes gewarnt: »Ihr geht nun den Sepik hinauf, wo die Leute gefährlich sind, wo sie Menschen fressen. Ihr nehmt einige von unseren Jungen mit. Seid vorsichtig. Laßt euch nicht durch die Erfahrungen irreführen, die ihr bei uns gemacht habt. Wir sind von anderer Art. Jene sind anders als wir. Das werdet ihr sehen.«

Obgleich der Leser lediglich in Gedanken von einem Wertsystem zu einem anderen überwechseln muß, während wir einen Wechsel in unserer praktischen Anpassung an das tägliche Leben vornehmen mußten, wird er diesen Übergang doch nicht weniger schwierig finden als wir seinerzeit. Während der ersten Wochen unseres Aufenthaltes bei den Mundugumor erlebten wir viel Erstaunliches und viel Unbegreifliches. Die Gewalttätigkeit und die seltsamen Motive, die dieses muntere, harte und arrogante Volk beherrschten, platzten unerwartet in unser Studium ihrer Sitten und Bräuche hinein. Im vorliegenden Kapitel möchte ich über eine Reihe seltsamer Vorkommnisse und verblüffender Lebensauffassungen berichten, ohne Erklärung, genau so, wie sie uns begegnet sind. So wird der Leser wohl am leichtesten Verständnis gewinnen für die Lebensauffassung dieser Leute, wie sie uns nach dem Schock und der Bestürzung der ersten Begegnung entgegentrat.

Der Yuat ist ein reißender Nebenfluß des Sepik, mit dem er sich im Dorf Yuarimo vereinigt. Bei Niedrigwasser überragen die Ufer den Wasserspiegel um gut drei Meter. Hochwasser tritt ganz plötzlich auf und läßt den Fluß über Nacht rasch anschwellen, so daß er die Ufer überschwemmt und sich in manchen Jahren schon über den Lehmboden der Dörfer ergossen hat. Die Strömung ist so stark, daß man mit einem Motorboot kaum dagegen ankommt, und die Eingeborenen versuchen nie, in diesem Fluß zu schwimmen. Sein trübes Wasser treibt Äste, Baumstämme, Erdklumpen, ganze Rindenpakete dahin; die Eingeborenen sagen, in diese Rinden seien vermutlich neugeborene Kinder ungewaschen eingewickelt und fortgeworfen worden. Zwanzig Meilen unterhalb der Mundugumor-Siedlung ist gutes Uferland, für den Anbau von Kokos und Tabak geeignet, aber diese Strecke bleibt trotz des Mangels an gutem Land leer, weil die Mundugumor der Schrecken aller anderen Stämme sind. Wenn die Mundugumor die Andoar-Kopfjäger an der Mündung angreifen, müssen sie diesen unbebauten Landstreifen überqueren.

Der Yuat halbiert das Land der Mundugumor. Noch vor ein paar Generationen, sagen die Leute, soll hier gar kein Fluß gewesen sein, sondern nur ein Rinnsal; es wurde mit der Zeit so breit, daß eine Brücke gebaut werden mußte; zur Zeit der Urgroßväter entstand dann plötzlich der jetzige breite, reißende Fluß, über den sie nun keine Brücke mehr legen können. So kam es, daß das Buschvolk der Mundugumor, unkundig des Schwimmens und des Kanubaus, halbwegs ein Flußvolk werden mußte. Sie fürchten sich immer noch vor dem Strom; besonders die Uferbewohner sind in ständiger Sorge, ihre Kinder könnten hineinfallen oder sonst jemand könnte ertrinken, weil hierdurch das Wasser verseucht würde und monatelang nicht mehr zum Trinken verwendet werden könnte; alle wären gezwungen, ihr Wasser von weit her aus dem Busch zu holen. Sie bauen Kanus nach dem Vorbild ihrer Nachbarn an der Mündung, indem sie Baumstämme aushöhlen; das Heck erhält Schaufelform. Mit diesen primitiven Kähnen paddeln sie ungeschickt und ängstlich in Ufernähe herum und überqueren den Fluß nur, wenn es unbedingt sein muß. Bei Hochwasser zimmern sie sich plumpe, badewannenähnliche runde Schaffe zurecht, in denen sie die kurze Strecke zu ihren Kokos- und Betelnußpalmen hin- und herpaddeln.

Die Zahl der Mundugumor dürfte sich heute auf etwa tausend belaufen; früher müssen es etwa fünfzehnhundert gewesen sein. Sie leben in zwei Gruppen in vier dorfartigen Siedlungen zu beiden Seiten des Flusses, und etwas weiter westlich davon haust eine weitere Gruppe, die flußfremd geblieben ist, in zwei Dörfchen. Wenn Bewohner dieser Dörfchen ihre Verwandten in den Dörfern am Fluß besuchen, so kommt es wohl vor, daß ihr Kanu voll Wasser läuft und sie in den Fluß fallen, was den großen Nachteil hat, daß jeder der Flußleute, der sich »Schwestersohn« des ungeschickten Kanufahrers nennen kann, Anspruch auf Veranstaltung eines Festes hat, wenn er sich selbst schnell entschlossen ins Wasser stürzt, um »an dem Mißgeschick teilzuhaben«, das dem Besucher widerfahren ist. Obwohl beide Mundugumor-Gruppen die gleiche Sprache sprechen, fühlen sie sich nicht mehr als ein und dasselbe Volk; der Fluß hat sie getrennt. Früher verbot den Mundugumor ein Tabu, einen Menschen zu essen, der die Mundugumor-Sprache sprach. Aber nachdem der Fluß sich zwischen die beiden Gruppen gedrängt und sie in ihren Lebensformen einander entfremdet hatte, verspeisten einige Leute vom Fluß – so erzählen die Nachkommen – einen Mann der Buschgruppe, und da sich keine nachteiligen Folgen zeigten, fuhren sie damit fort. Sie legten nun auch keinen Wert mehr auf Heiraten zwischen den beiden Gruppen; die Leute der vier Orte am Fluß heirateten untereinander, oder die Männer nahmen sich gefangene oder weggelaufene Frauen der elenden Bevölkerung des östlichen Sumpflandes.

Die Mundugumor ziehen weite Strecken über Land – nicht nur, um ihre Feinde aus dem Hinterhalt anzugreifen, sondern auch auf der Suche nach Handelsbeziehungen und wertvollen Dingen. Von den Bergbewohnern am weit entfernten Ursprung des Yuat holen sie sich Muschelschmuck, Äxte und Jagdzauber. Fast jede Generation, so wurde uns erklärt, muß sich diesen Jagdzauber wieder von neuem von den Leuten am oberen Flußlauf kaufen; denn kein Vater macht sich die Mühe, darauf zu achten, daß seine Söhne die vorgeschriebenen Fleischtabus einhalten, und so können sie die Zauberdinge nicht erben. Von den ausgemergelten, halbverhungerten, rachitischen Bewohnern der im Osten gelegenen Sumpfgegend kaufen sie Kochtöpfe, Tragkörbe, Moskitoschlafsäcke, Fächer und gelegentlich einen Flötenfetisch, an den das Bild eines übernatürlichen Gesichts aus Lehm, Gummi und Muscheln geheftet ist: Abbild eines der Buschgeister, an die auch die Mundugumor glauben. Von den Leuten im Busch kaufen sie auch ein sonderbares, groteskes Abbild einer Schlange, ein Gegenstand, der außerordentlich gefährlich für Frauen ist. Die Männer führen einen besonderen Tanz aus, bei dem sie diese Schlangenschnitzereien zwischen den Beinen tragen; der wichtigste Verwendungszweck ist jedoch, sie in den *barads*[16] des nächsten Dorfes zu verstecken, so daß die Frauen, die dorthin zum Fischen kommen, davon krank werden.

Für die kümmerlichen Bewohner der Flußniederungen hegen die Mundugumor Verachtung, die mit einer gewissen Anerkennung ihrer Nützlichkeit als Hersteller von Töpfen und Körben gemischt ist. Sie rotten diesen Stamm – so sagen sie selbst – nur deshalb nicht ganz aus, weil sonst niemand mehr da wäre, um Töpfe zu machen. Sie finden es vorteilhaft, Handelsbeziehungen mit zweierlei Gruppen von Moskitosackherstellern zu pflegen; nimmt die eine Gruppe durch Kopfjagd zu sehr ab, so kann man sich immer noch an die andere halten. Mitunter schließen sie vorübergehend ein Bündnis mit den Sumpfbewohnern, um viele Teilnehmer für eine große Kopfjagdexpedition zu haben. Für die Mundugumor soll die Kopfjagd nicht mit Gefahr verbunden sein – ihr Ideal ist eine Expedition von etwa hundert Männern, die eine kleine Ansiedlung von nur zwei oder drei Männern und einigen Frauen und Kindern überfallen. Für solch ein umfangreiches Unternehmen braucht man Verbündete. Kinder werden als Geiseln unter den beiden Stämmen ausgetauscht, damit Verrat verhindert wird. Die kleinen Mundugumor verbringen manchmal mehrere Monate hintereinander in einem Dorf der Sumpfniederung, lernen die Sprache und erkunden die geheimen Pfade; bitterlich klagen sie über den ranzigen Sago und das stinkende Trinkwasser, das in Tausenden von kleinen Rinnsalen über die Grassoden fließt, auf denen die Menschen ihre Häuser bauen. Die Kinder werden als Geiseln verwendet, weil bei Verrat zwischen den Bundesgenossen schließlich doch nur ein Kind getötet wird – in den meisten Fällen ein Junge, der weniger wert ist als ein Mädchen.

Als Gegenwert für den Handel mit den Sumpfbewohnern dienen Tabak, Kokos- und Betelnüsse, die auf den fruchtbaren Landstrichen der Mundugumor im Überfluß wachsen. Die Männer brauchen somit nicht zu arbeiten und haben Zeit für Kopfjagden und zum Theaterspielen, während die Frauen den Garten besorgen, fischen und den Tabak bearbeiten. Ganz selten wird eine Mundugumor-Frau den kleinen vasenförmigen Weidenkorb selbst flechten, den sie um den Hals gehängt trägt, wenn sie zum Fischen geht; solche Flechterinnen sind Frauen, die mit der Nabelschnur um den Hals geboren wurden. Wird ein Knabe so geboren, so muß er die schönen, nach fester Tradition geübten Künste pflegen: Hochreliefschnitzereien auf großen Holzschilden und Tierdarstellungen im Flachrelief auf Speeren, komplizierte gemalte Muster auf den großen Triangeln aus Rinde für die Yamsfeste, seltsame Flötenköpfe, die Krokodil-Geister des Stromes darstellen. Wer für die Kunst geboren ist, kann sie allerdings nach Belieben ausüben oder nicht; wer hingegen ohne die Schnur um den Hals zur Welt kam, wird immer ein Stümper bleiben.

Gelegentlich lernen die Mundugumor von dem an der Flußmündung wohnenden Stamm der Andoar neue Tänze; denn die Andoar leben nahe genug an dem großen Sepik-Wasserweg, um an dem Austausch von Tänzen und Zeremonien teilzunehmen, die die am unteren Lauf des Sepik gelegenen Dörfer von den Inseln entlang der Küste importieren. Mitunter bringt ein ehrgeiziger Mann, der sein Ansehen erhöhen will, eine neue, schaurig anzusehende Gesichtsmaske ins Dorf und veranstaltet ein Fest, bei dem die jungen Männer seiner Sippe in den neuen Kult eingeweiht werden. Es kommt auch zuweilen vor, daß die Mundugumor ein Haus der Andoar plündern und dabei eine Speerschleuder erbeuten, mit der sie jedoch nichts anfangen können, da diese ausschließlich die Waffe geübter Kanuschiffer ist. Als die Andoar mit ihren Kanus den Yuat River hinauffuhren, um auf Tauschexpedition zu ziehen, warfen die Mundugumor vom Ufer aus Speere auf die Kanus und zwangen so die Andoar, ihre Söhne als Geiseln zurückzulassen, bis sie von der Expedition wiederkamen.

In erster Linie sahen die Mundugumor jedoch in den Andoar eine selbstmörderische Zuflucht für Mann oder Frau bei äußerster Schmach. Der oder die Unglückliche setzte sich in ein Kanu und ließ sich stromabwärts zu den Andoar treiben, die ihn oder sie sogleich mitten im Fluß ergriffen und verspeisten. Mitunter ertrank jemand im Fluß, die Leiche verfing sich irgendwo auf dem Grund und kam erst nach langer Zeit wieder an die Oberfläche. Manchmal trieb sie ungehindert zu den Andoar und wurde von ihnen mit großem Pomp beigesetzt, wofür die Mundugumor dann teuer bezahlen mußten. Die Mundugumor empfanden das als lästige Ausgabe; denn sie selbst ließen bei ihren Trauerfeiern sogar für die größten Männer Sparsamkeit walten. Die Tradition schreibt ihnen zwar vor, ihre Toten in einer geschlossenen Hütte in Gegenwart der übrigen Familie langsam zu verbrennen; die Kinder fliehen jedoch vor dem Geruch der schmorenden Leiche ihres Vaters; die Witwe hat sich in den meisten Fällen bereits einen neuen Mann ausgesucht, und daher kommt es oft vor, daß ein Toter einfach unzeremoniell verscharrt wird – unter dem Vorwand, die Hinterbliebenen seien für langes Trauern nicht kräftig genug. Wenn sie für ein Begräbnis, das ein Feind für einen ihrer

Toten veranstaltet hat, teuer bezahlen müssen, geraten sie außer sich vor Wut; die rachedürstigen Leute an der Yuatmündung wissen das genau und freuen sich diebisch, wenn sie eine Leiche aus dem trüben Wasser fischen können.

Niemand macht den Mundugumor ihr fruchtbares Land streitig, aber sie leben untereinander in einem Zustand gegenseitigen Mißtrauens und Unbehagens. Im Gegensatz zu den meisten Stämmen von Neuguinea gibt es in ihren Dörfern weder einen Festplatz noch ein Gemeinschaftshaus der Männer. Jeder Mann umgibt sein Anwesen mit einem hohen Zaun, hinter dem mehrere Hütten liegen: eine für jede seiner Frauen, oft auch für je zwei Frauen; eine schlecht gedeckte Hütte für die heranwachsenden Söhne, in der diese kümmerlich und von Moskitos zerstochen hausen, da man ihnen nicht einmal einen einzigen Moskitoschlafsack für alle zusammen gönnt; eine Hütte für ihn selbst, in der er seine Mahlzeiten einnimmt, die er sich despotisch und launenhaft unter den mit Fisch gewürzten Sagogerichten seiner verschiedenen Frauen aussucht; und eine besondere Hütte, in der er die Gongs verwahrt, Besucher empfängt und Tabakblätter trocknet. Ein solches Anwesen, das neun oder zehn Frauen, Söhne und Schwiegersöhne und ein paar harmlose Neffen beherbergt, kann sich nur einer von fünfundzwanzig Männern leisten. Die anderen, die sich mit zwei, drei Frauen oder gar nur mit einer bescheiden müssen, leben irgendwo an einer verborgenen Stelle im Busch, und sie bemühen sich nach besten Kräften, die Wege, die zu ihrem Haus führen, geheimzuhalten. In jedem Dorf und in jeder Sippe gibt es Männer, deren Mütter aus einer fremden Sippe stammen und weiterhin Verkehr mit dieser Sippe pflegen. Diese Männer sind berufsmäßige Verräter, stets bereit, Angriffslustige zu einem schlecht verteidigten Haus zu führen, und ihretwegen müssen die Zugangswege geheimgehalten werden; der Erfolg eines Überfalls hängt nämlich davon ab, daß die Angreifer direkt auf das Haus ihrer Opfer zugehen, rasch zuschlagen und sich wieder entfernen können.

Es gibt jedoch noch weitere Gründe, die Anwesen über den Busch zu verstreuen. Brüder können niemals nahe beieinander leben; der jüngere Bruder darf den älteren nur, wenn es notwendig ist, und dann nur mit dem größten Respekt, anreden. Brüder schämen sich, beieinander zu sitzen, und der jüngere Bruder darf nicht einmal zur Frau seines älteren Bruders sprechen. Diese Verbote können die Feindseligkeit nicht verschleiern, die zwischen allen männlichen Angehörigen eines Haushaltes, zwischen Vater und Sohn wie zwischen Brüdern herrscht. Manchmal baut ein Mann ein Haus in der Nachbarschaft eines Bruders der Mutter; wenn dann einer der Beteiligten in einen kleinen Familienkrieg verwickelt wird, löst sich die Wohngemeinschaft wieder auf. Auch unter den Frauen im Busch bestehen Feindschaften. Die Frauen besitzen eine besondere Macht über die Buschgeister. Wenn eine verheiratete Frau zum Fischen geht, nimmt sie ihre Schwägerin mit und teilt mit ihr den Fang; die Schwägerin könnte sonst ihren Fischfang verzaubern. Der Busch ist mit vielen kleinen künstlichen Gräben durchzogen, in denen mit Netzen gefischt wird; um sie herum lauern viele Gefahren: es könnte eine *peleva*, die geschnitzte Schlange der Sumpfbewohner, versteckt sein, oder der Fluch einer Schwägerin könnte auf dem *barad* liegen, vielleicht aber auch der eines früheren Besitzers, der bei seinem Tod im Ärger alle jene verwünschte, die nach ihm dort fischen. Auch könnte eines der vielen Krokodile sich ein Stück aus dem Hinterteil einer über das Wasser gebeugten Frau holen. Aber die *barads* sind voll von Fischen, und die geschmeidige, gepflegte Haut der Frauen zeugt von manchem üppigen morgendlichen Mahl vor der Rückkehr zu den Hütten.

Die Männer haben keine Stätte, an der sie sich zusammenfinden können, wenn nicht gerade eines der seltenen Feste stattfindet. Zeremonien werden von einzelnen Personen organisiert, meist von einem prominenten Mann, der die Einweihung seines Sohnes in einen der Fetischkulte als Anlaß für das Fest nimmt. Gewöhnlich baut er eine größere Hütte, in der alle Dinge, die zu einem Fest gehören, Platz finden.

Feste sind jedoch wie Oasen in einem Leben, das von ständigem Mißtrauen und von Feindschaft erfüllt ist. In der Regel kommen nur die Frauen zusammen und begutachten boshaft ihre farbigen Grasröcke oder lachen über die alten Frauen, die eigensinnig darauf bestehen, sich nach einer vergangenen Mode zu kleiden. Außer an Festtagen ist es nicht selten, daß einer die Waffe gegen seinen eigenen Bruder richtet; der Besuch eines Verwandten im Anwesen erfüllt den Hausherrn mit Befürchtung oder Zorn; die Kinder lernen, in Gegenwart von Verwandten mißtrauisch zu sein, und auf den Wegen und Lichtungen am Flußufer kann man jederzeit böse, streitende Stimmen hören.

X
Die Struktur der Mundugumor-Gesellschaft[17]

Es gibt bei den Mundugumor keine echte Gemeinde. Manche Gebiete haben Namen; dort besitzen einige von ihnen Land, wo sie mehr oder weniger unregelmäßig wohnen. Sie leben in kleinen Wohngemeinschaften, die zeitweilige Abgrenzungen zwischen männlichen Verwandten und Verschwägerten repräsentieren. Die Gesellschaft ist nicht in Clans zusammengeschlossen wie die der Arapesh, bei denen eine Gruppe verwandter Personen auf der Grundlage gemeinsamen Blutes, eines gemeinsamen Namens und gemeinsamer Interessen eine ständige Einheit bildet. Die soziale Organisation der Mundugumor beruht vielmehr auf der Voraussetzung, daß zwischen Menschen gleichen Geschlechts von Natur aus Feindschaft besteht und daß Bindungen zwischen ihnen nur durch Vermittlung von Personen des anderen Geschlechts möglich seien. Infolgedessen sind sie weder patrilinear noch matrilinear zusammengeschlossen, wobei die Brüder jeweils zur gleichen Gruppe gehören würden wie ihr Vater oder der Bruder ihrer Mutter; sie haben vielmehr eine Organisationsform, die sie »Strang« nennen. Ein solcher »Strang« setzt sich aus einem Mann, dessen Töchtern, den Söhnen der Töchter und den Töchtern der Töchter-Söhne zusammen; wenn die Aufzählung bei einer Frau beginnt, besteht er aus der Frau, ihren Söhnen, den Töchtern der Söhne, den Söhnen der Sohn-Töchter usw. Aller Besitz mit Ausnahme des Landes, das reichlich vorhanden und nicht sehr geachtet ist, wird in dieser Reihenfolge vererbt; sogar Waffen gehen vom Vater auf die Tochter über. Vater und Sohn gehören niemals zur gleichen Linie; sie respektieren auch nicht die gleichen Totem-Tiere. Der Vater hinterläßt seinen Söhnen nur einen Anteil an dem patrilinear ererbten Land – alles andere gehört seinen Töchtern. Bruder und Schwester sind nicht vom gleichen »Strang«; denn er gehört zur Mutter, sie zum Vater.

Gesellschaftliches Ideal ist der große Haushalt mit acht bis zehn Ehefrauen. Ein solcher Haushalt teilt sich deutlich in die Gruppe, die aus dem Vater und allen seinen Töchtern, und in jene, die aus den einzelnen Müttern und ihren jeweiligen Söhnen besteht. Zwischen den Brüdern herrscht von Anfang an die mißtrauische Haltung von Rivalen. Schon in frühen Jahren wird ihnen beigebracht, daß sie sich möglichst aus dem Weg zu gehen haben und nur miteinander sprechen dürfen, wenn es unbedingt erforderlich ist. Für Brüder gibt es nur eine Möglichkeit näheren Umgangs: sie können einander in aller Öffentlichkeit beschimpfen und miteinander raufen. Halbbrüder müssen das gegenseitige Meiden etwas weniger streng beachten, doch werden sie schon durch die grimmige Konkurrenzfeindschaft zwischen den verschiedenen Ehefrauen, also ihren Müttern, entzweit – wenn eine Frau es z. B. ablehnt, einem Kind zu essen zu geben, das von einer anderen Frau des Mannes stammt. Väter und Söhne werden durch früh entwickelte und gesellschaftlich unterstützte Feindschaft einander ferngehalten. Wenn ein Junge zehn oder zwölf Jahre alt wird, ist seine Mutter meist schon alt und nicht mehr Lieblingsfrau; der Vater sieht sich nach einer jüngeren Frau um. Widersetzt sich die ältere Frau, so wird sie von ihrem Mann geschlagen. Von dem Jungen wird erwartet, daß er seine Mutter verteidigt, seinem Vater trotzt und ihn beschimpft.

So pflegt sich die Lage im Anwesen des erfolgreichen Mannes zu entwickeln, der es zu der größten Zahl von Ehefrauen gebracht hat. Viele Frauen zu haben, bedeutet Wohlstand und Macht. Ein Mann kann von den Brüdern seiner Frau bestimmte Dienstleistungen fordern; noch wichtiger aber ist, daß die Frauen selbst seinen Wohlstand fördern, indem sie für ihn Tabak anpflanzen und bearbeiten; denn Tabak ist der begehrte Handelsartikel dieser Landstriche. Anwesen dieser Art liegen nicht in einem Dorf[18], sondern an irgendeiner Stelle im Busch, und der Herr dieses Anwesens begegnet jedem männlichen Besucher mit dem größten Mißtrauen, es sei denn, er will mit ihm ein Geschäft machen.

Bruder und Schwester gehören zwar nicht zum gleichen »Strang« und werden zur Beachtung verschiedener Abhängigkeiten erzogen, aber eine andere Einrichtung läuft der »Strang«-Tradition zuwider: die Heirat, die auf Austausch von Geschwistern beruht. Wer einem Mann eine Schwester anzubieten hat, bekommt dessen Schwester zur Frau. Theoretisch ist das die einzige Möglichkeit für den Mann, eine Frau zu bekommen; in der Praxis allerdings kann sich ein Mann schon einmal für eine wertvoll geschnitzte Flöte eine Frau einhandeln. Die Brüder haben also Vorkaufsrechte über ihre Schwestern und werden auch von den Müttern angehalten, ihre Rechte zu wahren.

Ein Mann, der keine Schwester hat, muß sich eine Frau erkämpfen. Eine Familie, in der es viele Söhne, aber keine Töchter gibt, hat also ein kämpferisches Leben vor sich; denn erst auf Grund einer Entführung und nach einem Kampf kann ein Frauenraub durch Hergabe einer Flöte ausgeglichen werden. Da die Zahl der Brüder und Schwestern selten übereinstimmt, streiten die Brüder um ihre Ansprüche auf die Schwestern. Der älteste Sohn kann – besonders, wenn der Vater schon gestorben ist – alle seine Schwestern gegen Frauen eintauschen, so daß den jüngeren Brüdern keine Tauschmöglichkeit bleibt. Polygamie als Ideal der Macht bedeutet unvermeidlichen Konflikt zwischen Brüdern, einerlei wie viele Schwestern vorhanden sind; überwiegt die Zahl der Brüder, so wird dieser Konflikt noch schärfer. Die Rivalität wird ferner dadurch verstärkt, daß ein älterer Mann ohne weiteres eine jüngere Frau heiraten kann. Grundsätzlich ist es nicht gestattet, außerhalb seiner Generation zu heiraten, aber die Mundugumor respektieren keine ihrer eigenen Regeln, und die Erziehung der Jungen wie der Mädchen zu gewalttätiger Selbstbehauptung erzeugt sexuelle Rivalität zwischen Vater und Sohn. Der Sohn kann seine Schwester gegen eine Frau eintauschen, aber auch der Vater kann seine Tochter gegen eine junge Frau eintauschen und seinem Sohn das Recht auf die Schwester verweigern. Der Vater hält die Tochter ohnehin für sein Eigentum. Sie gehört zu seinem »Strang« und nicht zu dem des Sohnes; sie arbeitet mit ihm im Garten und im Busch; sie trägt den Namen einer Vorfahrin des Vaters, und wenn sie spricht, benutzt sie die Verwandtschaftsbezeichnungen ihres Vaters. Der Vater hat alle Rechte der Aufsicht über sie; er kann bis zu ihrer Heirat mit ihr im gleichen Schlafkorb[19] schlafen; wenn sie nachts aufsteht, begleitet er sie. Er betrachtet sie als sein Eigentum, über das er nach Belieben verfügen kann. Jedem heranwachsenden Knaben ist von seiner besorgten Mutter ins Ohr geschrien worden, daß ihn der Vater der Schwester und damit seiner zukünftigen Frau berauben könne. Aus vielen Gründen sieht die Mutter natürlich lieber den Austausch der Tochter gegen eine Frau für den Sohn, statt für ihren eigenen Mann. Die Tochter ist ihrer Aufsicht schon längst durch den Vater entzogen worden; mit schnippischem Lachen gebraucht das kleine Mädchen die Verwandtschaftsbezeichnungen, die es vom Vater gelernt hat. Oft wird nach einem besonders wohlschmeckenden Gericht, das die Mutter zum Abendessen bereitet hat, die Tochter, nicht die

Mutter, aufgefordert, für die Nacht in des Vaters Schlafsack zu schlüpfen. Gehen die Eltern in den Busch, um Hauspfosten auszuwählen, wetteifern sie stets miteinander, einen dicken, geraden Baumstamm zuerst zu sehen. Sieht der Vater ihn zuerst, ruft er: »Der ist für meine Tochter!« Sieht ihn die Mutter zuerst, so ruft sie: »Der ist für meinen Sohn!« Später bringt ihr der halbwüchsige Sohn Stücke der Sagopalme zum Bearbeiten, die er mit seinen schwachen Kräften geschnitten hatte; die Töchter arbeiten – wenn überhaupt – nur an Stücken, die der Vater mit seinen starken, geübten Armen vorbereitet hat. Der Mutter ist es nur lieb, wenn die Tochter heiratet; sie zieht ihr eine Schwiegertochter im Haus vor, die unter ihrer Aufsicht steht und die sie für den Sohn vor dem Vater behüten muß. Ihre stärksten Beweggründe, ihre Abneigung gegen die Bindung zwischen Vater und Tochter, ihre Sorge, daß infolge dieser Bindung eine junge Rivalin auftauchen könnte, ihre ängstliche Besorgtheit um den Sohn richten sich alle gegen die Möglichkeit, daß der Ehemann eine junge Frau für die Tochter eintauscht.

Die Handlungsweise des Vaters ist von gegensätzlichen Motiven bestimmt. Je kräftiger und maskuliner der kleine Sohn, desto größer ist die Abneigung des Vaters gegen ihn. Die Struktur ihrer Gesellschaft stempelt Vater und Sohn zu Feinden. Das Heranwachsen des Sohnes gibt dem Vater einen Vorgeschmack seines eigenen Abstiegs. Eifersüchtig wacht er über sein Recht, die Tochter nach eigenem Ermessen und im Interesse seiner sexuellen Befriedigung einzutauschen. Mit dem Heranwachsen seiner Söhne verstärkt sich die feindliche Partei auf seinem Anwesen. Fast in jeder Hütte sitzt eine seiner mürrischen Frauen mit einem eifersüchtigen, aggressiven Sohn, der ein Recht auf die Schwestern geltend macht.

Diese Feindschaft zwischen Vater und Sohn, zwischen Brüdern und Halbbrüdern findet sich in jeder Familie der Mundugumor. Selbst wenn der Mann nur eine einzige Frau hat, gibt es Konflikte wegen der Tochter. Ein derartiges System ist für den Aufbau einer Gesellschaftsordnung natürlich eine unsichere Grundlage, es gibt keine echte Gemeinschaft, keinen Kern männlicher Verwandter, um den sich die Gesellschaft dauerhaft kristallisieren könnte. Der *tamberan*-Kult, der in den meisten Gebieten von Neuguinea die Männer unter Ausschluß der Frauen und der Knaben vereint, hat bei den Mundugumor seine gemeinschaftsbildende Rolle eingebüßt. Hier gibt es kein *tamberan*-Haus, in dem sich die Männer versammeln und in dem sie kultische Gegenstände aufbewahren können. Es gibt überhaupt kein Gemeinschaftshaus für die Männer. Statt des Dorf- oder Stammeskults gibt es hier verschiedene Kulte: die der Wasser- und Buschgeisterflöten, der importierten, seltsamen Masken, die als übernatürliche Wesen verehrt werden. Diese Gegenstände des betreffenden Kults gehören einer Person und werden nach dem »Strang«-System vererbt. Der Besitzer einer Krokodilflöte bewahrt diese in seinem Haus auf. Die Initiation der Knaben ist kein gemeinschaftliches Fest mehr, bei dem alle Knaben eines bestimmten Alters unter die erwachsenen Männer aufgenommen werden; dafür sind die heiligen Flöten und die Zeremonie der Initiation, ohne die niemand die Flöten sehen darf, Teil einer Veranstaltung geworden, die ein großer Mann zu seinem eigenen Ruhme und aus Geltungsbedürfnis gibt. Ein Mann, der viele Frauen und ein großes Anwesen besitzt, kann die Reifezeit seines Sohnes mit einem großen Fest begehen. Dafür baut er ein großes Haus und versammelt alle jungen Männer der Umgebung, um sie in die Geheimnisse des Kultes einzuweihen, wobei sie verschiedene Torturen zu überstehen haben; so werden sie mit Krokodilzähnen gebissen, gebrannt und geschlagen. Diese Feste richten sich ganz nach der Laune des Veranstalters und finden unregelmäßig statt. Viele uneingeweihte junge Männer sind schon erwachsen und verheiratet. Die Initiation hat nichts mit Erreichung von Körpergröße oder gesellschaftlicher Stellung oder dem Recht, zu heiraten, zu tun. Die ganze Einrichtung beruht auf dem Gedanken, andere ausschließen zu wollen, und dem Vorrecht der Eingeweihten, die Nichteingeweihten zu hänseln. Die Männer, die als Knaben froh waren, in den Busch zu entkommen und der rauhen Behandlung der älteren Männer bei der Initiation zu entgehen, sind beschämt und wütend, wenn ihnen später zugerufen wird: »Raus! Das dürft ihr nicht sehen, ihr seid nicht eingeweiht!« Um dieser Schmach ein Ende zu setzen, finden sie sich schließlich zur Initiation bereit.

Die Initiation bestärkt auch keineswegs die Solidarität der Männer gegenüber den Frauen. Die heranwachsenden Mädchen können wählen: wenn sie an der Initiation teilnehmen wollen, so müssen sie konsequent die damit verbundenen Speisen-Tabus einhalten (den Torturen werden sie nicht unterzogen); andernfalls bleiben sie nicht eingeweihte Zuschauer, die in dem der Initiation folgenden Jahr essen dürfen, was sie wollen. Etwa zwei Drittel der Mädchen entscheiden sich für die Teilnahme. So entsteht eine gemischte Gruppe von Knaben und Mädchen, die an dem Fest teilnehmen, das von dem Gastgeber und einigen Männern, die gerade zu dieser Zeit mit ihm verbündet sind, organisiert wird. Es ist nicht der Zweck der Zeremonie, die jungen Menschen alters-, geschlechts- oder gemeinschaftsbewußt zu machen; es soll in ihnen Furcht und Scheu vor den heiligen Flöten erwecken, wobei es sich in der Praxis allerdings um die Flöten der eigenen Familie handelt, nicht um die bei der Zeremonie verwendeten Flöten. Aber nicht einmal das Ehrfurcht einflößende gemeinsame Erlebnis des ersten Erblickens der starrenden Perlmutteraugen des muschelbedeckten Idols stellt so etwas wie ein Gefühl der Zusammengehörigkeit her. Jeder junge Mann ehrt nur die ererbte Flöte, und diejenigen, die keine Flöte besitzen, richten ihr ganzes Sinnen und Trachten darauf, sich möglichst bald eine zu verschaffen.

Der religiöse Kult ist also ebenso wie das Abstammungssystem machtlos, eine dauerhafte Gruppenorganisation zu schaffen. Die Mundugumor haben im Lauf ihrer Geschichte offenbar, wie aus ihren bestehenden, aber meistens nicht eingehaltenen Vorschriften und Grundsätzen hervorgeht, den Versuch gemacht, ihr unhandliches »Strang«-System zu einer kooperativen Gemeinschaft zu verflechten, und zwar durch gegenseitige Verpflichtungen zwischen den Nachkommen der Tauschehen von Geschwisterpaaren. Der Sohn der Schwester vollzieht die Tortur am Enkel des Bruders, der seinerseits diesen Dienst dem Enkel seines Peinigers erweist, in der vierten Generation sollen dann die Kinder dieser beiden Linien heiraten. Dieses komplizierte, unpraktische System der Weiterführung von Verpflichtungen durch fünf Generationen mit der Erwartung, daß am Ende des Prozesses zwei Geschwisterpaare im richtigen Heiratsalter vorhanden sind, wird in der Praxis niemals verwirklicht.

Die einzige Folge dieses überlieferten Systems ist, daß es in jedem Mundugumor Schuldgefühle hervorruft und ihn gleichzeitig überzeugt sein läßt, daß ihm von anderen Unrecht geschieht. Das Recht der Ausführung der Tortur bei der Initiation eines Knaben ist recht einträglich; der Peiniger erhält von dem Novizen Schweine und Ringe; diese Investition zahlt sich aus, wenn der einstige Novize, der inzwischen ein erwachsener Mann geworden ist, die gleiche Handlung am Enkel des Mannes, der seinerzeit die Operation an ihm ausgeführt hat, vornimmt. Ebenso liegt der Fall, wenn eine Frau einem Mädchen die Ohren durchlocht und dafür Geschenke erhält; es wird dann erwartet, daß dieses Mädchen eines Tages der Enkelin dieser Frau die Ohren durchbohrt und dafür nun auch schöne Geschenke erhält. Aber für die aggressive Individualität der Mundugumor ist es zu schwierig, die Verbindlichkeiten drei Generationen hindurch einzuhalten. Allerhand Störungen treten auf: Streitigkeiten, Ortsveränderungen sowie der Wunsch, Schulden abzuzahlen, indem man jemand anders bittet, die einträgliche Zeremonie durchzuführen. So ist stets eine große Zahl von Leuten zornig, weil die Zeremonie, die sie rechtmäßig auszuführen hätten, einem anderen übertragen worden ist. Die Heiraten, die die beiden »Stränge« nach gegenseitigen Leistungen vier Generationen hindurch wieder vereinen sollten, finden also niemals statt. Man erinnert sich ihrer in Redensarten und Maximen; außerdem werden sie von denjenigen Mundugumor beschworen, die sich über die Desorganisation ihrer Gesellschaft empören. Die Erinnerung daran, wie die Vorfahren ihre Angelegenheiten geordnet haben, löst in jedem einzelnen ein Gefühl von Schuld aus, und alle Aktionen haben den Anstrich ärgerlicher Herausforderung, der so charakteristisch für das gesellschaftliche Leben der Mundugumor ist und die übliche Einstellung bei einer Unzahl von Situationen kennzeichnet. Wenn ein Vater seinen Sohn zu betrügen und die Tochter zur Erfüllung seiner eigenen Wünsche einzutauschen gedenkt, provoziert er zuvor einen Streit, durch den der Sohn zum Verlassen des Heimes und in den Busch getrieben wird. Will ein Vater einen neuen Verbündeten mit den Initiationsriten an seinem Sohn beauftragen, dann beschuldigt er den Verwandten, dem dieses Recht eigentlich zustünde, zunächst der Zauberei oder des Diebstahls, oder er behauptet, dieser habe seine Frau verführen wollen; auf diese Weise kann er sich höchst bequem um seine Verpflichtungen herumdrücken. Diese wunderlichen Vorschriften für die Sippe, über mehrere Generationen hinweg zusammenzuwirken, interessieren die Gesellschaft also keineswegs, sondern tragen sogar zu ihrem Zerfall bei.

Zwischen einem Jungen und dem Bruder seiner Mutter bestehen oft freundschaftliche Beziehungen. Sie gehören zwar nicht dem gleichen »Strang« oder der gleichen Gruppe von Landbesitzern an, doch ist der Bruder der Mutter stets bereit, den Neffen gegen dessen Vater zu beschützen. Das Verhältnis zwischen Schwägern ist fast immer gespannt, unfrei und von großer Feindseligkeit; diese stammt oft noch aus einem bewaffneten Zusammenstoß, der sich zutrug, als einer die Schwester des andern entführte. Dabei spielt es keine Rolle, ob diese Entführung später durch die Hergabe einer anderen Frau oder einer Flöte wieder ausgeglichen wurde. Wenn der Onkel mütterlicherseits dem Neffen gegen dessen Vater beisteht, entspricht das seiner ganzen Einstellung; das Verhältnis zwischen ihnen wird in jedem Fall als sehr eng betrachtet, so eng, daß der Onkel sogar die schmerzhaften Initiationsriten ohne Entgelt am Neffen ausführt. Geizige Leute machen daraus ein Geschäft und sparen die Bezahlung an einen entfernteren Mutter-Bruder, nämlich einen Vetter der Mutter. Im späteren Leben wohnen und arbeiten Männer oft mit Brüdern der Mutter oder mit den Söhnen dieser Brüder zusammen, die sie in den Ausreißertagen ihrer Kindheit näher kennengelernt haben.

Wie eine Gesellschaft bei soviel Feindschaft und gegenseitigem Mißtrauen unter allen männlichen Verwandten und mit einem inneren Gefüge, das keine Möglichkeit zur Zusammenarbeit bietet, überhaupt existieren kann, wird einem nur verständlich, wenn man das wirtschaftliche Leben und die Festlichkeiten berücksichtigt. Die Mundugumor sind reich. Sie haben Überfluß an gutem, fruchtbarem Land und reiche Fischwasser; ihre Vorfahren haben Kokos- und Betelnußpalmen angebaut. Es gibt sehr viel Sago und vor allem viel Tabak in ihren Gärten, den die Nachbarstämme zu schätzen wissen. Palmen sind so zahlreich, daß oft gesagt wird, die Füchse hätten sie gepflanzt. Der Vergleich mit den Arapesh-Verhältnissen drängt sich auf; bei ihnen hatte jede Kokospalme einen Namen und eine Genealogie, an die man sich liebevoll erinnert. Auch Zusammenarbeit ist bei den Mundugumor nicht erforderlich. Jeder Mann kann mit Leichtigkeit seine Arbeit allein ausführen. Er baut seinen Yams an und fällt die Sagopalmen, um das Mark zu gewinnen; ein Teil davon fällt zu Boden und wächst in dem faulenden Baumstumpf neu heran. Alles übrige besorgen die Frauen. Die Männer können es sich leisten, miteinander zu streiten und sich im übrigen aus dem Weg zu gehen; sie haben Zeit, ihre leicht und unordentlich gebauten Hütten da und dorthin zu verlegen, brummig am Herdfeuer zu sitzen oder mit neuen Bundesgenossen Rachepläne zu schmieden – die Arbeiten des Haushalts gehen trotzdem ungestört weiter. Der Boden ist eben, und wenn einmal eine größere

Entfernung zurückgelegt werden muß, dann setzt man sich einfach ins Kanu und fährt mit der Strömung flußabwärts. Die kräftigen und wohlgenährten Frauen des Stammes besorgen ohne Murren die erforderlichen Haus- und Gartenarbeiten. Sie klettern sogar – im Unterschied zu den Frauen aller anderen Stämme von Neuguinea – auf die hohen Palmen, um die Nüsse einzubringen.

Auf der Basis der Frauenarbeit können die Männer faul oder fleißig, streitsüchtig oder friedlich sein. In der Tat schwanken sie zwischen Perioden von höchstem Individualismus, in denen jeder Mann bei seinen Frauen zu Hause bleibt und sich planlos mit kleinen Arbeiten beschäftigt, gelegentlich auch mit Pfeil und Bogen auf die Jagd geht, und Zeiten, in denen große Unternehmungen in Gang sind. Feindseligkeit aus wirtschaftlichen Gründen spielt im Vergleich zu den häufigen Streitereien wegen Frauen eine geringe Rolle. Gelegentlich wird wohl über Land oder über Fischrechte gestritten, aber da es Nahrung in Mengen gibt, besteht wenig Anlaß zu wirtschaftlichen Auseinandersetzungen. Will ein Mann seinen überlegenen Wohlstand zur Schau stellen, so gibt er seinem Feind ein Festmahl und sammelt damit feurige Kohlen auf dessen Haupt. Kann der auf diese Weise Geehrte das Fest nicht erwidern, verliert er an Ansehen. Ein solches Fest bestreitet der Gastgeber fast ausschließlich aus seinen eigenen Gärten und denen seiner nächsten Verbündeten.

Außer den schon erwähnten Initiations-Festen gibt es Veranstaltungen, bei denen sich zwei große Männer gegenseitig mit Geschenken überhäufen, und Siegesfeiern anläßlich einer erfolgreichen Kopfjagd. Die Führer und Veranstalter dieser Feste sind dem ganzen Stamm als »wahrhaft schlimme Leute« bekannt, die unablässig nach Macht streben, sich eine Vielzahl von Frauen zugelegt und sogar dem Nachbarstamm ein paar Frauen entführt haben; es sind Männer, die sich für unüberwindlich halten. Wenn ein solcher Mann stirbt, dann trauert der gesamte Stamm; denn solche Männer sind für die soziale Struktur maßgebend – sie sind die festen Punkte im sozialen System. Sippen von zwei- bis dreihundert Menschen sind stolz darauf, zwei oder drei solcher führenden Persönlichkeiten unter sich zu haben. Die großen Anwesen dieser Führer sind mit einem besonders kräftigen Zaun umgeben, die Häuser sind besonders fest, ihre Trommeln besonders schwer. Unbedeutendere Männer, die weniger Frauen haben und auch wenig Sicherheit genießen, streiten miteinander und ziehen ruhelos von einem Hof zum andern, einmal zu einem Schwager, dann zu einem Onkel, bis jedesmal ein Streit über eine Frau die augenblickliche Verbindung stört, die auf keiner wirtschaftlichen Notwendigkeit beruht. Diese unbedeutenderen Männer verpflichten sich abwechselnd dem einen großen Mann, dann einem anderen oder schließen sich wohl auch einem Mann an, der trotz seiner jungen Jahre und der Tatsache, daß er nur drei oder vier Frauen hat, bald in eine Machtstellung aufrücken wird. Unter diesen unverläßlichen Elementen werden Intrigen, Verrat und Kopfjagden mit anschließenden Siegesfeiern ausgeheckt, bei denen sich die Männer des Stammes vorübergehend vertragen. Bei den anschließenden Siegesfesten wird offen und fröhlich dem Kannibalismus gehuldigt. Jeder einzelne kaut beglückt das Fleisch eines verhaßten Feindes.

In ruhigen Zeiten veranstaltet wohl einer der großen Männer des Stammes ein zeremonielles Fest. Aus den unbeständigen Verbindungen bilden sich die zwei Hauptteilnehmergruppen, und für alle Streitigkeiten innerhalb der Gemeinde wird ein Waffenstillstand ausgerufen. Während der Zeit der Festvorbereitung dürfen weder Frauen geraubt noch Speere aus dem Hinterhalt geworfen werden. Zu einem solchen Fest gehört nicht nur eine große Menge Yamsfrüchte, die in der Nahrung der Mundugumor selten verwendet und für solche Gelegenheiten aufgehoben werden, sondern auch eine Menge zeremonieller Requisiten. Mitunter wird aus Baumrinden ein sechs bis sieben Meter langes Krokodil angefertigt und kunstvoll bemalt. Ein andermal ist das Schaustück ein großes bemaltes Rindendreieck, das gegen Kokospalmen gestellt wird. Dann wieder werden neue Flötenfiguren geschnitzt und mit echten Haaren, mit Muscheln, Federn und Opossumpelz geschmückt. Schilder und Speere werden für den Tanz frisch poliert; auch werden neue geschnitzt.

Diese Festvorbereitungen gehen unter dem Zeichen des Waffenstillstands in gutem Einvernehmen vor sich. Die Männer werden jeden Morgen durch Flötenklang zusammengerufen. Holzkohle kauend sitzen sie herum, basteln oder reihen Muscheln auf, wobei ein dünkelhafter Sachverständiger, der hier anstelle des führenden Kopfjägers die Leitung hat, seine Anweisungen gibt. Kleine Jungen und Männer, die die Zeremonie noch nicht kennen, werden verächtlich weggejagt. Mittags bringen die Frauen in großen Schüsseln Essen, das mit Fisch und Sago reich garniert ist. Wochenlang arbeiten Freund und Feind, die sich sonst ständig mißtrauen und gegenseitig nicht aus den Augen lassen, friedlich nebeneinander, während die überlegeneren Köpfe sich ausdenken, wie sie aus diesem befristeten Burgfrieden für sich Gewinn ziehen können. Wenn Fest und Tanz vorüber sind, ist auch der Waffenstillstand beendet, und der normale Zustand von Feindseligkeit und Streit tritt wieder ein. Er behauptet sich so lange, bis das nächste große Fest oder eine Kopfjagd die Menschen wieder zusammenführt.

XI
Geburt und Erziehung

Ein Mundugumor-Knabe wird in eine feindliche Welt hineingeboren und lernt, seine Geschlechtsgenossen als Feinde zu betrachten, Befähigung zur Gewalttat als Voraussetzung für den Erfolg zu haben; er muß Beleidigungen wahrnehmen und rächen können und sein eigenes Leben fast ebenso geringschätzen wie das seiner Feinde. Von Geburt an wird er systematisch zu dieser Haltung erzogen. Für den Mundugumor-Mann bedeutet es keine Freude, von seiner Frau zu erfahren, daß sie schwanger ist. Der werdende Vater ist ein Gezeichneter. Begibt er sich zu einer Gruppe von Männern, die einen Gong schnitzen, kehren sie mit hämischem Grinsen die Späne beiseite, damit er nicht darauf tritt, was dem Kind, das er gar nicht haben will, und dem Gong schaden würde; von dessen Herstellung wird er also öffentlich ausgeschlossen. Zäunt er einen Garten ein, schlägt ein anderer die Pfosten ins Erdreich; sammelt er Schilfrohr, macht ihn ein frecher kleiner Junge darauf aufmerksam, daß er nur grünes Schilf pflücken darf, weil sonst das Kind im Leib der Frau steckenbleibt. Diese Tabus, die ihn mit der Frau in gemeinsamer Sorge für das Kind verbinden würden, wenn die bevorstehende Geburt für die Mundugumor etwas Freudiges wäre, werden von den andern Männern dazu benutzt, ihn noch ärgerlicher über seine Frau zu machen. Er verwünscht sie und alle Zaubermittel, denen es nicht gelungen ist, die Schwangerschaft zu verhüten. Wenn er nach Eintritt der Schwangerschaft nicht Enthaltsamkeit übt, läuft er Gefahr, Vater von Zwillingen zu werden, da man glaubt, das werdende Leben würde sich durch erneuten Samenzufluß verdoppeln. Der Vater ist also schon vor der Geburt gegen das Kind eingestellt. Auch die Frau ist von der Schwangerschaft nicht begeistert, weil sie keinen sexuellen Verkehr mehr haben darf und ihr Mann vielleicht eine zweite Frau nehmen, sie jedenfalls aber längere Zeit vernachlässigen wird, besonders dann, wenn er um die Frau, auf die er ein Auge geworfen hat, kämpfen muß, wie das üblich ist. Ob er die Frau oder die Tochter eines anderen Mannes erobern will, zunächst muß er sie entführen und dann gegen ihre Sippe um sie kämpfen, endlich auch noch bezahlen, entweder mit einer eigenen Frau oder Tochter oder mit einer kostbaren Flöte. Mit seiner schwangeren Frau spricht er natürlich nicht über seine Pläne; die Frau sieht sich also ihren eigenen Verwandten überlassen, während der Mann einer Rivalin nachstellt. So ist der Mutter das Kind noch unwillkommener als dem Vater. Das gute Einvernehmen der jungen Eheleute ist vorüber, sie feinden sich an, und der Mann bezichtigt die Frau der Untreue, weil er glaubt, er sei an der unerwünschten Schwangerschaft nicht schuld.

Diese Haltung dem Kind gegenüber ist typisch für den rücksichtslosen Egoismus, das sexuelle Draufgängertum und die Feindschaft innerhalb des gleichen Geschlechts bei den Mundugumor. In einem System, das den Sohn für seinen Vater als Erbe und zur Fortführung seiner Persönlichkeit wertvoll machen würde, könnte sich der Persönlichkeitstyp der Mundugumor wohl mit elterlichem Interesse verbinden; aber bei den Mundugumor hat der Mann keine Erben, sondern nur Söhne, die zu seinen feindlichen Rivalen bestimmt sind, und Töchter, die ihm trotz aller Verteidigungsmaßnahmen schließlich doch entrissen werden. Die ganze Hoffnung eines Mannes ist die Anzahl seiner Frauen, die für ihn arbeiten und ihm dadurch die Mittel verschaffen, Macht zu erwerben; auch hofft er darauf, daß ihm der Zufall vielleicht ein paar milde Charaktere unter seinen Brüdern beschert. Die Redensart »Ein Mann, der Brüder hat« fällt öfters im Gespräch; darunter wird der Mann verstanden, der das Glück hat, einige nachgiebige, fügsame Brüder zu haben, die sich ihm unterordnen und – statt ihm seinen Aufstieg streitig zu machen – ihm in seinen mittleren Jahren mehr oder weniger stetig Gefolgschaft leisten. Was er braucht, das sind Verbündete, denen er in den Jahren der Kraft seinen Willen aufzwingen kann; nicht Söhne, die nach ihm kommen und, wenn er alt geworden ist, mit ihrer Kraft über ihn spotten können. Wenn eine Frau schwanger wird, trifft sie ihren Mann an seiner verwundbarsten Stelle: sie hat den ersten Schritt zu seinem Abstieg getan, weil sie vielleicht einen Sohn zur Welt bringt. Sie selbst aber hat das aktive sexuelle Interesse ihres Mannes in ohnmächtigen Groll umschlagen lassen. Und wozu? Um vielleicht ein Mädchen zur Welt zu bringen, das der Vater ganz für sich beansprucht.

Schon vor der Geburt eines Kindes wird viel gestritten, ob es am Leben bleiben soll oder nicht; dabei ist der Vater dafür, ein Mädchen zu behalten, während die Frau natürlich den Knaben bevorzugt. In dieser Auseinandersetzung steht die

Frau allein, weil auch ihr eigener Vater und ihre Brüder an einem Mädchen Interesse haben. Söhne in der Familie führen unweigerlich zu Schwierigkeiten, wenn nicht genügend Schwestern vorhanden sind, die gegen entsprechend viele Frauen eintauschbar sind. Die Chance eines Mundugumor-Kindes, am Leben gelassen zu werden, wächst mit der Zahl der Geburten; das erstgeborene Kind hat dabei die geringsten Aussichten. Im Laufe der Jahre finden sich die Eltern eher mit einem weiteren Kind ab, und ist der erste Sohn einmal geboren, dann ergibt sich die Notwendigkeit einer Schwester von selbst. Die Bewertung der sozialen Stellung nach dem Vorhandensein einer Schwester wurde uns deutlich, als eine Mundugumor-Frau sich erbot, einen der jungen Arapesh, die wir mitgebracht hatten, zu adoptieren[20]. Dabei versprach sie dem jungen Mann – selbstverständlich mit Zustimmung ihres Ehemannes –, daß er eine ihrer Töchter zur Schwester bekäme und somit als vollwertiges Mitglied in die Mundugumor-Gesellschaft aufgenommen würde. Neugeborene Mädchen haben also mehr Aussicht, am Leben zu bleiben, als Knaben; sie sind von Vorteil für die Väter und die Brüder und auch für die gesamte Sippe, die sie – soweit sie zu Hause nicht gebraucht werden – als Tauschobjekt innerhalb der Verwandtschaftsgruppe verwenden können.

In gewisser Hinsicht besteht allerdings auch die Meinung, daß ein Knabe, wenn er schon am Leben gelassen wird, auch Brüder haben sollte. Wenn ein neugeborenes Kind nicht gleich ungewaschen in den Fluß geworfen wird, pflegt man es nach der ersten Waschung nicht mehr zu töten. Allerdings werden die Kinder oft fahrlässiger als bei anderen wilden Stämmen behandelt. Wenn ein Mann seine Frau während der Schwangerschaft verläßt, dann sind die Aussichten eines zu erwartenden Sohnes ebenfalls recht gut; denn der Vater ist bei der Geburt nicht zugegen, um den sofortigen Tod des Kindes zu befehlen. In einem Haushalt mit mehreren Frauen wünscht jede, einen Sohn zu haben, und der Mann verfängt sich unentwirrbar in ein Netz von Gründen und Gegengründen.

Wenn auch die Gefühle des Ehepaares während der ersten Schwangerschaft dagegen sprechen, das Kind aufzuziehen, so sind das nicht die einzigen Erwägungen, die darüber entscheiden, ob das Kind getötet werden oder am Leben bleiben soll. Wenn auch diese Gefühle die Grundeinstellung der Mundugumor zur Geburt erkennen lassen, so wird ihnen doch nicht so viel Spielraum gegeben, daß sie die Fortpflanzung der Gesellschaft verhindern.

Neben den Umständen, die dazu führen, daß das erste Kind aufgezogen wird, und der sich hieraus ergebenden Entscheidung, auch weitere Kinder am Leben zu lassen, bewirken noch zwei weitere Faktoren das Wachstum des Stammes: die Geburt von Zwillingen und der Brauch der Adoption. Als spotte die Natur ihrer Abneigung gegen Kinder, zeigen die Frauen der Mundugumor eine außergewöhnlich starke Veranlagung zu Zwillingsgeburten. Die Geburtsziffer der Zwillinge ist bei den Mundugumor wesentlich höher als bei allen anderen Stämmen von Neuguinea. Es kommt nur sehr selten vor, daß beide Zwillinge bei der Geburt getötet werden. Wenn es sich um zwei Jungen oder um Jungen und Mädchen handelt, dann wird ein Junge beseitigt; handelt es sich dagegen um zwei Mädchen, dann behält man sie auf jeden Fall. Eines der beiden Kinder wird allerdings von einer anderen Frau adoptiert, da eine Mundugumor-Frau in der Regel nicht mehr als ein Kind nährt. Adoptionen von Kindern sind sehr häufig, nicht nur im Falle von Zwillingsgeburten. Sogar Frauen, die keine Kinder haben, adoptieren Säuglinge; sie trinken viel Kokosmilch und legen das Kind so lange immer wieder an die Brust, bis sie genug oder fast genug Milch haben, um das Kind zu ernähren, das bis dahin von anderen Frauen gesäugt wird[21]. Es gibt verschiedene Gründe, die zugunsten einer Adoption sprechen. Schwangerschaft und Geburt werden vermieden, außerdem entfällt das Tabu geschlechtlicher Enthaltsamkeit zur Vermeidung von Hautkrankheiten während der Stillperiode, da der Säugling mit den Adoptiveltern ja nicht verwandt ist. Wenn man auch lieber Mädchen als Knaben adoptiert, so wird die Frau in jedem Fall durch bessere Beziehungen zu ihrem Mann entschädigt; auch vermeidet sie die verhaßte eigene Mutterschaft. Viele dieser adoptierten Kinder waren schon zum Sterben verurteilt, als die Pflegeeltern auf der Bildfläche erschienen; von einem solchen Kind wird dann gesagt, es sei »ungewaschen von den Palmwurzeln der Geburt weg adoptiert worden«. Eine Adoptiv-Schwester muß etwa im gleichen Alter wie ihr künftiger Bruder sein; wäre sie wesentlich älter, würde sie voraussichtlich entführt werden, ehe der Knabe das Heiratsalter erreicht. Auch wenn sie gegen ein etwas jüngeres Mädchen eingetauscht wird, ist kaum zu erwarten, daß ein Zehn- oder Zwölfjähriger die heranwachsende Braut gegen andere Bewerber verteidigen kann. Ein Mann, der mehrere Söhne und keine Tochter hat und dessen Frau nichts von der Adoption einer Tochter wissen will, bemüht sich, dadurch einen Anspruch auf die Tochter seiner Schwester zu erwerben, daß er teilweise für das Kind aufkommt. Ausgehend von der Vorstellung, daß Mädchen schwer zu bekommen sind, wird er dieses Abkommen mit der Schwester schon während deren Schwangerschaft treffen. Er schickt dann der Schwester regelmäßig Essen; da aber in der Hälfte der Fälle das Kind männlichen Geschlechts ist, befindet sich der Vater von Söhnen in der lästigen Lage, für einen weiteren Knaben sorgen zu müssen.

In dieser von Konflikten erfüllten Umgebung erblickt das Mundugumor-Kind das Licht der Welt. Wenn es nicht ein adoptiertes Kind ist, das zum Saugen verlockt werden muß, damit sich bei der Adoptivmutter Milch einstellt, beginnt seine Vorbereitung für eine lieblose Welt schon gleich nach der Geburt. Die Neugeborenen liegen in einem eng- und grobgeflochtenen Tragkorb, den die Frauen an Bändern von der Stirn hängend tragen, so wie die Arapesh ihre Flechttaschen tragen. (Und wie die Arapesh die gleiche Bezeichnung für Mutterleib wie für diese Tasche haben, so bezeichnen die Mundugumor den Mutterleib mit dem gleichen Wort wie den Tragkorb.) Aber während das Kindernetz der Arapesh elastisch ist, sich an den Körper des Kindes anschmiegt, ihn dabei mit leichtem Druck in die vorgeburtliche Form preßt und in seiner Leichtigkeit keine Trennwand zwischen dem Kind und dem warmen Körper der Mutter bildet, ist der Korb der Mundugumor rauh und steif und undurchsichtig. Das Kind muß sich der unnachgiebigen Form des Korbes anpassen und dabei mit angepreßten Ärmchen ganz ausgestreckt liegen. Die dicken Korbwände lassen die Körperwärme der Mutter nicht durch, und das Kind sieht nichts als den engen Spalt am Ende des Korbes, durch den ein Lichtstrahl fällt. Die Frauen nehmen ihre Kleinen nur auf weite Wanderungen mit, und da ihre Wege – zu ihrem Fisch-*barad* oder den Sagopalmen – meistens nur kurz sind, lassen sie sie meist in der Hütte aufgehängt zu Hause. Schreit ein Säugling, so wird er nicht sofort an die Brust genommen; eine in der Nähe befindliche Person wendet die traditionelle Methode zur Beschwichtigung eines unruhigen Kindes an: ohne es anzuschauen oder zu berühren, fährt die Mutter oder eine andere Person mit den Fingernägeln an der Außenwand des Korbes entlang und verursacht ein hartes, kratzendes Geräusch. Die

Kinder werden daran gewöhnt, auf dieses Geräusch zu reagieren und sich mit diesem dürftigen Entgegenkommen auf ihr Weinen, das doch eigentlich dem Bedürfnis nach Wärme, Wasser oder Nahrung entspringt, zufriedenzugeben. Erst wenn das Weinen gar nicht aufhört, wird das Kind endlich genährt.

Die Mundugumor-Frauen halten die Säuglinge im Stehen an die Brust, wobei sie das Kind mit der einen Hand in einer Lage halten, die den Arm der Mutter ermüdet und dem Kind nicht gestattet, seine Arme zu bewegen. Da ist nichts von der Tändelei, dem sinnlichen Vergnügen, mit dem eine Arapesh-Mutter ihr Kind nährt. Dieses darf auch nicht mit der Mutter oder dem eigenen Körper spielen und dadurch das Stillen verlängern. Es darf nur so viel Nahrung zu sich nehmen, daß es nicht mehr schreit und sich in seinen Korb zurücklegen läßt. Sobald es auch nur einen Moment zu trinken aufhört, muß es in sein Gefängnis zurück. Die Kinder entwickeln daher eine ausgesprochen zielbewußte kämpferische Haltung, lassen die Brust nicht los und saugen die Milch so schnell und kräftig wie möglich in sich hinein. In ihrer Hast verschlucken sie sich oft; das macht die Mutter böse und das Kind aufgebracht, so daß der weitere Vorgang des Säugens unter Ärger und Kampf vor sich geht, statt das Gefühl der Wärme und Geborgenheit zu erzeugen.

Sobald ein Kind sitzen und deshalb in seinem Körbchen nicht mehr allein gelassen werden kann, muß es darin mitgenommen werden; sonst turnt das Kind darin herum und läuft Gefahr, herauszufallen – und das würde natürlich wieder Mühe machen. Alle Krankheiten und Unfälle verbittern und erzürnen die Mutter selbst bei kleinen Kindern so, als würde ihre Persönlichkeit angetastet und beleidigt. Im Falle eines Todes ist die ganze Gemeinde verärgert. Ein krankes Kind versorgen zu müssen, macht die Mutter verdrießlich.

Wie nicht anders zu erwarten, bleiben nur die kräftigsten Kinder am Leben. Kinder, die die wenigen Minuten an der Brust nicht zu nutzen verstehen und nicht genug Milch saugen, um die nächsten Stunden auszuhalten, kommen um; ihnen fehlt völlig das liebevolle, besorgte Zureden, wie es schwächlichen Kindern bei den Arapesh zuteil wird. Das kräftige, selbständig werdende Kind beginnt, in seinem Korb herumzurumoren; es wird dann herausgenommen und auf den Boden gelegt oder von der Mutter auf dem Rücken herumgetragen. Natürlich kann man herumkriechende Kinder nicht allein in der Hütte lassen, die auf Pfählen vier oder fünf Fuß hoch über dem Erdboden steht; die Mutter nimmt daher Ein- bis Zweijährige auf dem Rücken mit. Schreit ein kriechendes Kind, wird es hochgenommen und energisch auf den Nacken der Mutter gesetzt. Ein Kind wird nur dann an die Brust gelegt, wenn man sicher ist, daß es Nahrung braucht – niemals, um es über Angst oder Schmerz hinwegzutrösten. Auch hier besteht ein auffallender Unterschied zwischen den Arapesh und den Mundugumor: schreit ein Arapesh-Kind aus Schmerz oder Angst, so wird es, selbst wenn es schon jahrelang entwöhnt ist, an die trockene Brust genommen und getröstet; die Mundugumor-Mutter bietet nicht einmal dem Kind, das noch gestillt werden muß, die volle Brust an. Diese Einstellung fiel mir ganz besonders auf, wenn ich den kleinen Kindern der Mundugumor Rizinusöl eingab. Die Frauen aller Stämme Neuguineas, die ich kennengelernt habe, legen das Kind tröstend an die Brust, wenn es seine Medizin genommen hat und schreit. Die Frau der Mundugumor dagegen gibt dem schreienden Kind auf ihrem Nacken lediglich einen Klaps und geht ihrer Beschäftigung nach; wenn das Kind größer ist, bekommt es ein paar Klapse. Die Kinder werden auf ihrem schwankenden Sitz auch nie durch eine freundliche, feste Hand gehalten, sondern müssen sich an dem buschigen Haar der Mutter anklammern, damit sie nicht hinunterfallen.

Beginnt das Kind zu laufen, so wird es auf den Boden gesetzt und sich selbst überlassen, darf sich aber nicht weit entfernen; es soll nämlich nicht ertrinken, weil sonst das Leben des ganzen Dorfes in Unordnung geraten würde; wie schon erwähnt, ist das Wasser, in dem jemand umkommt, für Trinkzwecke tabu. Ihr Unbehagen gegenüber dem Wasser bringt aber die Mundugumor nicht auf den Gedanken, die Kinder so zu erziehen, daß sie nicht in den Fluß fallen. Obgleich bei ihnen die Wasserverhältnisse unvergleichlich viel einfacher und ungefährlicher sind als bei den Eingeborenen am Hauptfluß, ist ihre Furcht vor dem Ertrinken weit größer. Diese Furcht macht die Beaufsichtigung der Kinder lästiger, als es nötig wäre; die Mütter müssen aufmerksamer und gespannter sein, schreien ständig ihre herumlaufenden Kinder an oder zerren sie heftig vom Ufer weg. Das Kind der Mundugumor erfährt so schon früh, daß die Welt außerhalb des Hauses gefährlich ist; diese Erfahrung wird durch die verschiedenen Verwandtschaftsverbote, die es später lernt, noch verstärkt. Von dem Zeitpunkt ab, an dem es gehen lernt, wird die Abneigung der Mutter, es zu säugen, noch entschiedener; es ist nun so alt, daß es auf seine Mutter zulaufen, ihre Beine umklammern und daran emporklettern kann, aber es wird nie versuchen, sich auf ihren Schoß zu setzen, wenn es nicht schwer krank ist und nicht weiß, was es tut. Bei jedem Versuch, die Brüste der Mutter zu erreichen, wird es zurückgestoßen und bekommt einen Klaps zum Abgewöhnen. Es gibt keine Entwöhnungsmethode, die Brust zum Beispiel unschmackhaft zu machen und an ihrer Stelle liebevoll eine andere Nahrung zu reichen; die Kinder werden einfach immer mehr von der Mutter weggeschoben, schlafen nicht mehr bei ihr in dem langen geflochtenen Schlafsack und werden beim Tragen immer so gehalten, daß sie die Brust nicht erreichen können. Gutherzigere Frauen streichen bitteren Saft auf die Brustwarzen. Nach wochenlangem aussichtslosem Kampf fügt sich das Kind darein, Sagosuppe zu essen und erwartet nun noch weniger Trost von der Mutter. Das ganz kleine Kind bekam den Groll und die Ungeduld der Mutter dadurch zu spüren, daß es eilig und unbequem im Stehen gestillt und erleichtert wieder abgesetzt wurde, sobald es die Brust losließ. Die Schläge und Schelte, die die Entwöhnung begleiten, verstärken für das Kind noch den Eindruck von einer feindlichen Welt. Einige Mundugumor-Kinder lutschen an zwei Fingern oder am Handrücken, doch ist dies eine Eigenschaft einzelner, keine allgemeine Gewohnheit. Ein damit beschäftigtes Kind ist verdrießlich und hat einen ängstlich-mürrischen Gesichtsausdruck; es kaut mehr an den Fingern, als daß es daran lutscht oder sie zum Stimulieren von Lippen oder Zunge gebraucht.

Bis zum zweiten Lebensjahr unterliegt die Ernährung der Kinder einigen Tabus, danach verabreicht ihm die Schwester des Vaters die bis dahin verbotenen Speisen bei einer besonderen zeremoniellen Mahlzeit. Diese Tabus entspringen nicht einer elterlichen Sorge, sondern sind Ausdruck von Feindseligkeit. Erkrankt ein Kind, so pflegt man die Schuld auf jemanden zu schieben, der dem Kind verbotene Nahrungsmittel gegeben haben könnte, um die Eltern zu schädigen. Wenn Mundugumor-Eltern das Kind als Erweiterung des eigenen Ich ansehen, dann, aber nur dann ist die Bezeichnung »mein Kind« ohne jede Zweideutigkeit.

Eine Frau wird zwar einen Jungen etwas anders behandeln als ein Mädchen, aber dieser Unterschied fällt kaum auf, weil das Verhalten der Mutter beiden Kindern gegenüber grundsätzlich abweisend und geradezu feindlich wirkt. Schon im frühesten Alter wird den kleinen Mädchen beigebracht, daß sie begehrenswert sind. Im Gegensatz zu ihren kleinen Brüdern, die stets nackt und ohne Schmuck herumlaufen, werden sie schon mit wenigen Wochen mit Muschelschmuck, langen Ohrringen, Halsbändern und Gürteln aus Muscheln von der Größe einer Zitronenscheibe behängt. Gelegentlich ziehen ihnen die an Kleidung interessierten Mütter winzige Grasröckchen an, aber da die Kinder noch nicht gelernt haben, auf diese Röcke zu achten, beschmutzen sie sie rasch. Die erboste Mutter reißt ihnen sofort das betreffende Stück vom Leib und erklärt dem kleinen Mädchen, nun müsse es zur Strafe nackt herumlaufen. Kleine Mädchen sind auch gewohnt, in den Armen eines eitlen, aber unbekümmerten Vaters herumgezeigt und von anderen Männern unter dem Kinn gekrault oder getätschelt zu werden.

Die Knaben legen im Alter von sieben oder acht Jahren den ersten Lendenschurz um. Früher sind die Mundugumor-Männer sogar bis zur ersten Teilnahme an einer Kopfjagd nackt gegangen; hatten sie sich bewährt, bedeckten sie sich mit einem Schürzchen aus der Haut von Riesenfledermäusen und mit einem Gehänge aus Nassamuscheln. Vor etwa zehn Jahren, noch vor der Überwachung durch die Regierung, erhielten sie Stoffe von den Stämmen des unteren Sepik, und die gesamte männliche Bevölkerung trägt vom siebenten oder achten Jahr an seitdem das Lendentuch. Übrigens zeigen die Leute von Alitoa, die bereits seit drei Generationen Kleidung tragen, viel weniger Schamgefühl als die Mundugumor, die erst seit einer halben Generation bekleidet gehen; sogar die kleineren Knaben der Mundugumor halten am Brauch des Lendenschurzes nachdrücklich fest.

Das erste, was ein Kind der Mundugumor lernt, ist eine Reihe von Verboten[22]. Das Kind darf das Haus nicht verunreinigen, es darf sich nicht außer Sichtweite entfernen, es darf nicht in das Haus einer anderen Frau des Vaters gehen und dort um Essen betteln, es darf sich nicht an die Mutter klammern, weder aus Zuneigung noch aus Angst, es darf nicht schreien, es darf die Aufmerksamkeit der Erwachsenen nicht auf sich lenken – es sei denn, es handelt sich ausnahmsweise um einen Erwachsenen, der kinderlieb ist. Innerhalb der Sippe eines jeden Kindes finden sich meist eine oder zwei solche Personen, ein freundlicher, schlichter Onkel oder eine wieder verheiratete Witwe, die ruhig und zurückgezogen dahinlebt, mit den anderen Frauen ihres Mannes nicht rivalisiert und es nicht der Mühe wert hält, zu deren Kindern unfreundlich zu sein. Ob das Kind dort eine Zufluchtstätte finden kann, hängt jedoch von den Beziehungen der eigenen Eltern zu der oder dem freundlichen Verwandten ab; bestehen Spannungen, so darf es das betreffende Haus nicht betreten. Schon im Alter von vier oder fünf Jahren lernen die Kinder, zwischen den einzelnen Verwandten zu unterscheiden; der Junge wird von der Mutter, das Mädchen vom Vater unterwiesen. Die Bedeutung dieser Trennung des Kindes vom gleichgeschlechtlichen Elternteil, des Bruders von der Schwester, kann schwerlich übertrieben werden. Das Sippenverhalten der Mundugumor unterscheidet sich stark von dem der Arapesh, die ja den Kindern das gleiche Benehmen gegenüber allen Personen beibringen, die sie mit einer Verwandtschaftsbezeichnung anreden – ganz gleich, ob es sich um Mann oder Frau, jung oder alt handelt. Die Mundugumor dagegen teilen die Verwandtschaft auf in Leute, mit denen man Scherz treiben kann, andere, denen man schamvoll ausweichen muß, und schließlich solche, mit denen man mehr oder weniger vertraulich umgehen kann. Mit einem für Scherz geeigneten Verwandten kann man jedoch nicht scherzen, wenn man gerade will: ihm gegenüber ist Scherzen das einzig korrekte Verhalten, eine Verhaltensart, die kulturell ebenso festgelegt ist wie Händeschütteln.

Vielleicht wird das Bild für den Leser ein wenig klarer, wenn ich einen Vergleich mit unserer Gesellschaft anführe. Da müßte also ein Kind lernen, dem Onkel die Hand zu geben, der Tante die Hand zu küssen; bei der Begegnung mit den Großeltern müßte es unverzüglich den Hut lüften, die Zigarette wegwerfen und achtungsvoll strammstehen, während es einen Vetter mit einer langen Nase zu begrüßen hätte. Man stelle sich ferner vor, daß in einer kleinen ländlichen Gemeinschaft, in der die Familien immer wieder untereinander heiraten, die Verwandtschaft in jeder genealogischen Linie weit zurückverfolgt wird, so daß nicht nur die Schwestern des Vaters und der Mutter, sondern auch deren Kusinen ersten und sogar zweiten Grades »Tante« genannt werden, bis zwanzig oder dreißig Verwandte verschiedenen Alters vorhanden sind, denen die Hand geküßt, und ebensoviele, denen eine lange Nase gedreht werden muß; ferner, daß in einer so großen Gruppe die »Tanten«, »Onkel« und »Vettern« allen möglichen Altersstufen angehören und in der gleichen Schule oder Spielgruppe sind. Dies ist etwa der

Zustand in einer primitiven Gesellschaft, in der jede Verwandtschaftskategorie ein besonderes Benehmen erfordert. Bei den Mundugumor muß jeder stets auf der Hut sein, um das im einzelnen Falle passende Verhalten anzuwenden. Wird der vorgeschriebene Scherz unterlassen, so ist das ein größeres Vergehen, als wenn bei uns jemand einen Bekannten auf der Straße nicht grüßt. Der Verstoß kann so schwer sein, als würde man bei uns einen vorgesetzten Offizier nicht grüßen oder den freundlichen Gruß eines möglichen Chefs nicht erwidern. Während man bei uns auf der Straße nur zwischen Leuten, die man kennt und die man nicht kennt, zu unterscheiden und gegebenenfalls die richtige Form des Grußes zu wählen hat, wird in vielen primitiven Gesellschaften ein viel komplizierteres Verhalten gefordert.

So wird einem Mundugumor-Kind beigebracht, daß die Brüder der Mutter, die Schwester des Vaters, die Söhne der Schwester, die Töchter des Bruders und deren Ehepartner zu der Kategorie von Verwandten gehören, die mit lauten Scherzen begrüßt werden müssen: man muß ihnen ungewöhnliches, unanständiges Verhalten vorwerfen, ihnen drohen und sich über sie lustig machen. Trifft einer die Schwester seines Vaters – und das gilt nicht nur für die richtige Schwester, sondern für alle Frauen, die der Vater Schwester nennt und die wir als Kusinen ersten, zweiten und manchmal auch dritten Grades bezeichnen würden –, schlägt er ihr auf den Rücken, sagt ihr, daß sie alt aussieht und vermutlich bald sterben wird und daß sie einen scheußlichen Nasenring trägt; dabei versucht er, ein paar Betelnüsse aus ihrem Tragkorb zu stehlen. Trifft jemand jedoch einen Schwager – d. h. einen Mann, der von der Frau Bruder genannt wird oder der mit einer Frau verheiratet ist, die er Schwester nennt –, so muß er sich reserviert und etwas verlegen verhalten, darf nicht um eine Betelnuß bitten oder ihm etwas zu essen anbieten. Schon früh wird dem Kind klargemacht, daß es auf der Welt eine große Anzahl solcher Verwandtschaftskategorien gibt und ein Verhalten, das der einen Kategorie gegenüber angemessen ist, einer anderen gegenüber beleidigend sein würde; immer muß es auf der Hut und immer bereit sein, richtig und scheinbar spontan den Forderungen der Konvention zu gehorchen. Es ist keine Welt, in der man froh herumlaufen kann, in der man von jedem ein freundliches Lächeln oder Tätscheln, ein Stückchen Betelnuß erwarten oder nach Belieben lustig oder traurig sein darf. Auch Lustigkeit bedeutet für den Mundugumor keine Entspannung; er muß immer bei der richtigen Gelegenheit und der richtigen Person gegenüber lustig sein; er muß darauf achten, daß niemand in der Nähe ist, dem gegenüber ein solches Betragen unpassend wäre. Dadurch wird das Scherzen und Lachen zu einer Art Balanceakt; die Mundugumor lachen laut, aber nicht glücklich; ihr Lachen klingt hart und knattert in festgelegten Bahnen dahin.

In dieser Hinsicht gleicht das Leben der Mundugumor dem anderer primitiver Gesellschaften und ein bißchen auch den streng konventionellen Teilen unserer Gesellschaft wie Heer und Marine – auch dort sind ja dem Scherz und der Familiarität zwischen Angehörigen verschiedener Grade oder in deren Gegenwart strenge Grenzen gesetzt. Aber das »Strang«-System der Mundugumor erzeugt noch weitere Komplikationen. Der Leser wird sich erinnern, daß zu einem »Strang« ein Mann, dessen Tochter und der Sohn der Tochter gehören und daß seine Frau, sein Sohn und die Tochter des Sohnes einen anderen »Strang« bilden. Diese »Strang«-Organisationen sind teilweise an Namen erkennbar, an denen die Zugehörigkeit einer Frau zu ihrer Großmutter väterlicherseits und eines Mannes mit seinem Großvater mütterlicherseits abgelesen werden kann. Nach der Vorstellung, die mit dieser Struktur verbunden ist, ist ein Mann gesellschaftlich mit seinem Großvater mütterlicherseits identisch; er verwendet der großväterlichen Generation gegenüber die gleichen Verwandtschaftbezeichnungen wie der Großvater selbst. Er redet sogar die Großmutter mütterlicherseits so an wie seine eigene Ehefrau. Diese Anwendung von Verwandtschaftsbezeichnungen deckt sich mit der idealen Heirat, durch die die »Stränge« wieder vereinigt werden, ist aber in der gegenwärtigen Desorganisation der Mundugumor-Gesellschaft ganz bedeutungslos geworden. Heute kann ein Junge im Scherz die Bezeichnungen verwenden, die sein Großvater gebraucht. Kleine Jungen – Männer haben ja keine lebenden Großväter mehr – prahlen damit, von alten Männern und Frauen als von Bruder und Schwester, von Schwager und Frau sprechen zu können. Da ein Mädchen die gesellschaftliche Persönlichkeit der Großmutter väterlicherseits weiterzuführen hat, lernt es die Einzelheiten der Sippe durch den Vater, der sich darin besser auskennt als die Mutter; das gleiche gilt für den Jungen, der von der Mutter über den »Strang« informiert wird, dem er angehört. Die Mundugumor sagen hierzu: »Das Mädchen hilft seinem Vater« und »Der Junge hilft seiner Mutter«, während es sich doch nur um eine Sache der strukturellen Funktion handelt.

Auf Grund ihrer »Strang«-Verwandtschaften beschimpfen sich die Eheleute gewöhnlich. In einer kleinen Blutsgemeinschaft sind die Menschen natürlich auf vielfältige Art untereinander verwandt. Der Onkel der Frau eines Mannes kann gleichzeitig Vetter zweiten Grades seiner Mutter sein; der Mann muß von ihm normalerweise als »Mutters Bruder« sprechen[23] und darf nicht das Wort benutzen, das »verschwägerter älterer Mann« bedeutet. Ein Mann kann seine Frau in ihrer Gegenwart beleidigen, das ist gleichbedeutend damit, daß er leugnet, mit ihr verheiratet zu sein. Ebenso darf eine Frau ihren Mann beleidigen und erzürnen, indem sie eine entfernte Blutsverwandtschaft mit einer zum »Strang« des Mannes gehörenden Person geltend macht. Welche Psychologie diesen förmlichen Beleidigungen zugrunde liegt, können wir an Bemerkungen erkennen, die in manchen Familien unserer Gesellschaft gebräuchlich sind: wenn eine Frau, die auf ihren Mann böse ist, betont distanziert zu den Kindern von ihm als »euer Vater« spricht, oder wenn der Sohn, vom Vater sprechend, zur Mutter sagt: »Was anderes habe ich von deinem Mann auch nicht erwartet.« Die Mundugumor haben sich dieser bequemen Form des Beleidigens bemächtigt und sie genormt. Der Sippenunterricht, den der Vater seiner Tochter erteilt, soll sie also nicht in erster Linie über die Mitglieder ihres »Strangs« informieren, sondern ihm dazu verhelfen, gegen seine Frau Punkte zu sammeln. Er ist dabei peinlich bemüht, gerade die Personen auszusuchen, die mit ihm und seiner Frau auf höchst unterschiedliche Weise verwandt sind; er kann dann sicher sein, daß die Tochter bei jeder Erwähnung dieser Verwandten etwas Ausfälliges gegen die Mutter sagt. Die Mutter rächt sich dafür, indem sie den Sohn in der gleichen Art unterrichtet.

Zu all diesen Verwicklungen kommt noch eine Einstellung der Mundugumor, die fast auf eine Inzest-Angst hinausläuft: Personen, die verschiedenen Generationen angehören, dürfen nicht heiraten. Ein Mann darf also kein Mädchen heiraten, das er als »Tochter« bezeichnet, selbst dann nicht, wenn es die Tochter eines Vetters vierten Grades ist. Da sie der gleichen Generation angehört wie seine eigene Tochter, sollte eine solche Heirat verboten werden. In der Praxis kommen solche und ähnliche Heiraten natürlich vor, und Männer heiraten

Frauen, die sie »Mutter« oder »Tante« nennen würden; aber in jedem solchen Fall geraten die Verwandtschaftsbeziehungen zwischen einer großen Anzahl von Personen durcheinander. Die Menschen fühlen sich dann so unbehaglich, zornig und peinlich berührt, als handelte es sich um Inzest. Sie blicken sich ärgerlich an und geben das frühere Verhalten der Sippe gegenüber auf – einerlei, ob es sich um die Konventionen des Scherzes, der Intimität oder der Schüchternheit handelt. Es heißt dann etwa: »Er war der Bruder meiner Mutter, bis er meine Schwester heiratete. Jetzt sollte ich ihn Schwager nennen. Aber das tue ich nicht. Ich stehe auf und starre ihn an.« Dieses Anstarren, das an die Stelle aller anderen Verhaltensformen tritt, drückt Ärger und Beschämung aus und charakterisiert die Einstellung des einzelnen gegenüber etwa einem Drittel der Gemeinde.

So sieht also die Welt aus, in die der heranwachsende Junge, der seine Mitmenschen unterscheiden lernen will, eingeführt wird. Er lernt, daß der und der Mann oder Junge ein »Bruder der Mutter« ist, was bedeutet, daß grobe Späße gemacht werden müssen, sobald er erscheint. Das gleiche gilt, wenn auch mit weniger Aufwand, für die »Schwestern des Vaters«. Er lernt, daß die Bezeichnungen, die die Mutter ihm beibringt, den Vater reizen. Er erfährt, daß die Schwester andere Bezeichnungen für die Verwandten hat als er und sie nicht die gleichen Häuser betreten dürfen. Er merkt, daß dies auch auf ihn und seine Halbbrüder zutrifft, daß er ferner mit seinem eigenen Bruder steif und zurückhaltend umgehen muß und die Anwesenheit des Bruders, der Schwester, des Vaters, der Brüder des Vaters oder sonstiger Verwandten, die zum anderen »Strang« gehören, ihn in seinem Verhalten gegenüber Verwandten hemmt, mit denen er eigentlich Späße austauschen sollte. Er lernt ferner, daß er mittels der genealogischen Verbindungen, durch die er sich mit Mitgliedern der großväterlichen Genealogie gleichsetzen kann, erwachsene Männer von oben herab mit Bezeichnungen anreden kann, die sie in Alter und Generation im Vergleich zu ihm herabsetzen. Etwas später erfährt er, daß die Mädchen, die er »Schwestern« nennt, in Wirklichkeit nicht Schwestern, sondern Basen ersten oder zweiten Grades sind, mit denen er in einem ganz besonderen Scherzverhältnis steht, das zu einem ständigen Austausch von plumpen, skatologischen Bemerkungen verpflichtet, bei dem die Mädchen nichts schuldig bleiben. Diese Mädchen sollte er eigentlich nicht heiraten; tut er es dennoch, so regt das die Gemüter nicht übermäßig auf, die Beziehungen zwischen den Generationen geraten nicht in Unordnung und niemand braucht »dazustehen und zu starren«. Heiratet jedoch ein Mann eine solche Frau, so muß er diese leichte und anstößige Unterhaltung unverzüglich aufgeben; zwischen Ehegatten wäre sie nämlich unschicklich. Die Möglichkeit, vielleicht eines der Mädchen zu heiraten, über deren Mangel an persönlicher Hygiene er sich ausläßt, gibt seinen Späßen noch einen pikanten Beigeschmack – ungefähr so, als wenn bei uns jemand mit einer Frau flirtet, die er vielleicht schon als seine zukünftige Schwiegermutter betrachtet. Dieses ganze Wechselspiel beobachten die kleinen Jungen oder Mädchen und nehmen es in sich auf.

Welches Haus ein Kind betreten, wen es um Nahrung oder Wasser bitten und wen es auf Expeditionen begleiten darf, all das richtet sich nach diesen vielfältigen Umständen und nach den augenblicklichen Beziehungen der Eltern zu anderen, die ja durch kürzliche Streitigkeiten und Meinungsverschiedenheiten getrübt sein können. Dem Kind wird das alles in negativer Form beigebracht: »Du darfst dieses Haus nicht betreten«, heißt es, nicht: »In dieses Haus darfst du gehen.« Es ist kein Wunder, daß Verwandtschaft und persönliche Beziehungen ein Kind nervös und unruhig machen und daß es dieses Problem mit Verdruß, Schwierigkeiten, Mißverständnissen und Streit verbindet. Daß die Brüder der Mutter dem Jungen eine Zuflucht vor dem Vater bieten, daß auch die Brüder des Vaters ihm unter gewissen Umständen Obdach gewähren, sind erfreuliche Tatsachen in einem unerfreulichen Zusammenhang und lassen den Widerstreit, der um ihn brandet, nur noch stärker werden.

Auch in die Spiele der Kinder drängt sich die Sippenfrage, und die größeren Jungen machen ständig vom Vorrecht der »Brüder der Mutter« Gebrauch, indem sie die kleineren Kinder knuffen, stoßen, bedrohen, necken und einschüchtern. Das ist jedoch der einzige Einbruch der Erwachsenen-Welt in die Vorstellungen der Kinder, wenn man davon absieht, daß sie angeschrien und gelegentlich auch geschlagen werden, wenn sie sich zu weit zum Fluß hinwagen. Im übrigen spielen sie Ball mit ungenießbaren, leuchtenden Orangen, die in Mengen auf dem Boden herumliegen, oder machen ihre endlosen Spiele mit Stöckchen, die sie zwischen den Fingern oder Zehen manövrieren, wobei ein Kind das andere an Geschicklichkeit zu übertreffen trachtet. In diese wetteifernde, aber ungeordnete Gruppe dringen die größeren Kinder mit der Erlaubnis zu unterdrücken ein, von der sie ausgiebig Gebrauch machen. Hat aber ein zwölfjähriger »Bruder der Mutter« erreicht, daß ein vierjähriger »Sohn der Schwester« in Tränen ausbricht, so benutzt dies vielleicht einer der älteren Brüder als Anlaß, ihn in symbolischer Verteidigung des kleinen Dulders, der ja ebenfalls ein »Schwestersohn« von ihm ist, zu verhauen. Mit großem Raffinement werden von den Halbwüchsigen die Sippenregeln ausgeschlachtet, um damit kleine Kinder ärgern, Vater oder Mutter kränken oder ältere Leute demütigen zu können. Bis zu einem gewissen Grad entschädigt sie das vielleicht für die Schamhaftigkeit, zu der sie gegenüber Schwäger- und Verwandtschaften, die durch irreguläre Heiraten zustande kommen, verpflichtet sind. Bei den acht- bis zehnjährigen Jungen – Knaben und Mädchen spielen niemals zusammen – beruhen die Spielgruppen immer auf Sippenzusammengehörigkeit. Ein ahnungsloser Zuschauer würde erstaunt die grenzenlose Entfaltung körperlicher Gewalttätigkeit verfolgen, die ohne Übelnahme erwidert wird. Ein Schlag von einem »Bruder der Mutter« oder dem »Sohn der Schwester« kann nicht verübelt werden, so daß die kleinen Jungen sich daran gewöhnen, rauh angefaßt zu werden. Nur wenn zwei Brüder raufen, ändert sich die emotionale Färbung.

Mädchen bilden dagegen keine Spielgruppen; ihr Verhalten der Umwelt gegenüber ist auch nicht so streng vorgezeichnet. In mancher Hinsicht erlaubt ihnen die gesellschaftliche Struktur einen freundlicheren Verkehr untereinander. Das heißt aber nicht, daß Schwestern einander immer nett begegnen; das ist in der allgemeinen Atmosphäre von Streitbarkeit, Konkurrenz und Neid kaum möglich. Es wird nur nicht verlangt, daß Schwestern sich konventionell und zurückhaltend zueinander verhalten; auch Halbschwestern gehören zum gleichen »Strang«. Eine enge Verbindung besteht zwischen zwei Mädchen, die gegeneinander ausgetauscht wurden. Sie werden beide als »Gegenleistung« betrachtet, und es ist keine Rede von Rivalität oder Schädigung, wie das so häufig zwischen Schwägern der Fall ist. Die gewöhnliche Vorstellung von der Ehe, das gesellschaftliche Ideal, ist ein Ehemann mit mehreren Frauen. Diese Frauen kommen zwar schlecht miteinander aus, sie lehnen es ab, gegenseitig ihren Kindern Essen zu geben und kämpfen dauernd darum, die Erwählte des Ehemanns zu sein und von ihm in den Schlafkorb geholt zu werden; trotzdem bilden sie die einzige Gruppe der Mundugumor, bei der es wenigstens ein gewisses Maß an dauerhafter Zusammenarbeit gibt. Sie leben alle hinter dem gleichen Zaun, sehen sich ständig, und keine konventionellen Vorschriften trennen sie oder regeln ihr Verhalten. Sie nennen sich gegenseitig »Schwester« und stellen die Gruppierung der um den Vater gescharten Töchter wieder her. Höchstes Mißbehagen, das regelwidriges Heiraten auslöst, breitet sich in dem Haushalt aus, wenn ein Mann eine Witwe mit Tochter heiratet und später noch die Tochter zur Frau nimmt, oder wenn er ein Mädchen heiratet, das vorher mit einem seiner Söhne verlobt worden war. Hier wird die Verletzung des Tabus, das auf Heiraten zwischen verschiedenen Generationen liegt, sehr stark empfunden. Mutter und Tochter, die mit dem gleichen Mann verheiratet sind, sprechen nicht miteinander oder schmähen sich öffentlich so schwer, daß die Empfindsamere von beiden Selbstmord verübt. Immerhin leben oft zwölf oder fünfzehn Frauen in einem solchen Haushalt, und da es keine festen Regeln für ihr Verhalten untereinander gibt, bilden sich wandelbare Bündnisse, innerhalb derer der Grad der Feindschaft zumindest geringer ist als gegenüber anderen Parteien. Hieraus entsteht ein Grundplan, der es einer Gruppe von jungen Mädchen ermöglicht, in ruhiger Unterhaltung beim Anfertigen von Grasröcken beieinander zu sitzen, ohne lästige Vorschriften einhalten zu müssen, die sie zwingen, je nach Lage scherz- oder schamhaft zu sein. Die ganz kleinen Mädchen folgen den größeren Schwestern auf Schritt und Tritt und ahmen ihre Geschäftigkeit nach.

Im Laufe seiner Erfahrungen wird ein Kind mehr und mehr selbständig; es lernt Schlag mit Schlag zu vergelten und seine Freiheit wertzuschätzen. Die Kinder lehnen sich gegen Einmischung auf; die ganz Kleinen nehmen es besonders übel, wenn man sie an den Armen festhält; sich nicht bewegen können, wenn sie etwas beängstigt, treibt sie zur Raserei. Ein Arm, der sie umfaßt, bedeutet ihnen nicht Schutz, sondern Hindernis bei der Flucht. Die einzige Sicherheit, die den Kindern geboten wird, ist der Sitz auf der Schulter von Vater oder Mutter, wo sie sich hoch über der Welt mit eigenen Kräften behaupten können. Den etwas größeren Kindern wird sogar diese Zuflucht versagt; das ängstliche oder zornige Kind zieht sich in ein leeres Moskitonetz zurück und brütet Rachepläne aus, bis seine Tränen getrocknet sind. Niemals wird versucht, das Kind mit Güte und Zärtlichkeit fügsam zu machen. Die heranwachsenden kleinen Mädchen schließen sich mit großer Anhänglichkeit an ein größeres Mädchen oder eine Frau innerhalb ihrer kleinen Welt an; das gleiche tun auch die Knaben. Inzwischen ist ihr Verhältnis zu den Eltern immer gespannter geworden. Schon siebenjährige Jungen widersetzen sich dem Vater und verlassen das Heim. Die Väter versuchen nicht, sie zurückzuholen. Die heranwachsenden Mädchen werden dagegen mit einer eifersüchtigen Sorge bewacht, die sie demütigt und erbittert. Der Unterschied in der Behandlung von Knaben und jungen Mädchen beruht jedoch nicht auf der Annahme, daß Frauen sich temperamentsmäßig von den Männern unterscheiden; man hält die Mädchen für ebenso roh, aggressiv und eifersüchtig wie die Knaben, nur eben für körperlich schwächer. Manche Frau steht freilich im Kampf »ihren Mann«, und ein Gatte, der seine Frau züchtigen will, nimmt dazu einen Krokodilskiefer mit und vergewissert sich, daß die Frau unbewaffnet ist, wenn auch Frauen meist keine Waffen tragen und nicht lernen, mit ihnen umzugehen; die Widerspenstigsten bändigt schließlich die Schwangerschaft. Obgleich die Frauen ebensooft die Männer wählen wie umgekehrt, ist die Gesellschaft doch so organisiert, daß die Männer um die Frauen kämpfen und die Frauen alles tun, was in ihren Kräften steht, um diesen Bemühungen zu trotzen und sich ihnen zu entziehen. Auf diese Weise wachsen die kleinen Mädchen ebenso aggressiv heran wie die Knaben und machen keine Anstalten, widerspruchslos ihre Rolle zu übernehmen.

Lange ehe er erwachsen ist, weiß der Junge, was für ein Verhalten von ihm gefordert wird, und er haßt diesen Zwang. Seine Umwelt teilt sich in verschiedene Personen, mit denen verschiedene Verbote, Gefahren, Beschränkungen verknüpft sind. Der Gedanke an seine Verwandten ist für ihn mit Verboten und feindlichen Haltungen verbunden. Häuser, die er nicht betreten, Jungen, die er nicht necken oder knuffen darf, weil sie seine »Schwäger« sind, kleine Mädchen, die er an den Haaren ziehen darf, Jungen, die er schikanieren darf, Männer, aus deren Körben er Betelnüsse oder Tabak stehlen darf. Er weiß, daß er auf die eine oder andere Weise kämpfen muß, um eine Frau zu bekommen: entweder mit dem Vater um die Schwester als Tauschobjekt oder mit dem Bruder, der ebenfalls die Schwester beansprucht, oder mit irgendeinem zukünftigen Schwager, der die Schwester stiehlt; wenn er keine Schwester hat oder sie verliert, wird er sich eine Frau rauben müssen und mit deren Brüdern kämpfen. Das heranwachsende Mädchen weiß, daß es der Mittelpunkt solcher Kämpfe und Konflikte sein wird und daß es den männlichen Mitgliedern des Haushalts bereits als geeignetes Tauschobjekt erscheint. Es weiß weiterhin, daß es nach vollzogenem Tausch ebenfalls Mittelpunkt der Streitigkeiten sein wird, nur daß dann statt des Vaters und der Brüder der Ehemann sich mit seinem eigenen Vater und seinen eigenen Brüdern um den Besitz raufen wird.

Im Alter von acht oder neun Jahren wird ein Junge, gelegentlich auch ein Mädchen, einem fremden Stamm als Geisel übergeben, während eine Kopfjagd veranstaltet wird. Manches Kind erlebt das wiederholt, manches überhaupt nicht, aber es ist bezeichnend für die Robustheit der Kinder, daß man ihnen das überhaupt zumuten kann. Unter fremden Gesichtern, unter Menschen, die eine fremde Sprache sprechen, bekommt das Kind eine unvertraute Nahrung zu essen und ist oft Wochen und Monate hindurch einer feindseligen Atmosphäre ausgesetzt. Gelegentlich kommen solche Kindergeiseln auch in die Hütten weiter entfernt lebender Mundugumor und werden von deren Kindern schikaniert. Jedes Kind hat also diese Möglichkeit vor sich, von der es aus den Erzählungen anderer und durch die fremden Kinder weiß, die es selbst schlecht behandelt hat.

Noch bevor der Knabe voll ausgereift ist, wird ihm oft befohlen, für ein Kannibalenfest einen Gefangenen zu töten. Das ist weder ein Privileg noch eine Ehre. Der Vater kauft[24] das Opfer nicht oder nimmt es gefangen – wie es in anderen Teilen der Sepik-Region der Fall ist –, damit der Sohn Mordtrophäen erwirbt, sondern läßt das Töten deshalb von einem Kind ausführen, damit die Männer aus anderen Dörfern nicht sagen können: »Habt ihr denn keine Kinder, daß bei euch erwachsene Männer die Gefangenen töten müssen?« Der Junge, der die Tötung vornimmt, erhält dafür keine Auszeichnung, und wenn er später nicht selbst einen Gefangenen einbringt, dann bekommt er stets den Vorwurf zu hören: »Du! Als Kind hast du einen Gefangenen getötet, der gefesselt war. Aber seitdem hast du niemand mehr getötet. Du bist kein Krieger!«

Diese spartanische Erziehung bewirkt, daß die Mundugumor-Kinder schon in der Pubertät den Eindruck barscher Reife erwecken und, sieht man von den sexuellen Erfahrungen ab, mit zwölf oder dreizehn Jahren dem individualistischen Persönlichkeitsideal ihrer Gesellschaft voll und ganz entsprechen. Die Initiation gilt bei den Mädchen als eine Art Vorrecht für zunehmend aggressives und herausforderndes Verhalten, bei den Jungen eher als eine Strafe, der sie nicht entrinnen können. Sie dient dazu, den Unterschied zu verwischen, der zwischen der den Mädchen und der den Jungen gewährten Freiheit besteht; denn während die Mädchen nur in die Hütte geführt werden, damit sie kultische Gegenstände betrachten, werden die Jungen mit Schlägen und Schimpfen zusammengetrieben und mit Krokodilschädeln erschreckt – ein sadistischer Brauch, der den Peinigern offensichtlich Vergnügen bereitet. Die Zeremonie findet nicht an einem festgesetzten Zeitpunkt statt, sondern immer dann, wenn ein »großer Mann« ein Initiationsfest gibt, was im Leben eines jungen Menschen zwischen seinem zwölften und zwanzigsten Jahr mehrmals der Fall ist. Es handelt sich nicht um *rites de passage*, die dem Jüngling oder Mädchen über die Veränderungen in ihrem Leben hinweghelfen sollen, sondern einfach um etwas, was die Gesellschaft dem Jungen aufzwingt und dem Mädchen gewährt. Eine kultische Figur oder Maske flößt dem Betrachter das Gefühl der Ehrfurcht und Erhabenheit ein. Die Zeremonie wird tagelang vorbereitet; Streit und Schreierei sind verboten; morgens und abends erklingen die Flöten, und alles ist auf ein gemeinsames Ziel gerichtet. In feierlicher Prozession werden die Initianten in eine dunkle Hütte geführt, in der die kultischen Gegenstände wirkungsvoll aufgebaut sind. Sie werden in den für die Ernährung geltenden Tabus unterwiesen, den einzigen, die die Mundugumor ihr Leben lang befolgen. Der Anblick der kultischen Flöten auf ihren hohen, muschelverzierten Ständern, überragt von einer großköpfigen Puppe in Muscheldiadem und reichem, anmutigem Schmuck, aus dessen Mitte Perlmutteraugen blinken, ist wirklich ein großes Erlebnis. Auf diese heiligen Flöten, den erblichen Besitz eines »Strangs«, der nahezu ebenso wertvoll ist wie eine Frau, konzentriert sich der Stolz der Mundugumor; die geschicktesten Schnitzer haben an ihnen gearbeitet, und der kostbarste Muschelschmuck einer ganzen Gruppe ist für sie aufgewendet worden. Ihr Land, ihre Häuser und ihr bewegliches Eigentum hüten die Mundugumor nachlässig, da sie überhaupt wenig dazu neigen, Besitz anzuhäufen. Nur auf ihre Flöten sind sie maßlos stolz, sprechen sie als Verwandte an, tragen ihnen prächtige Speisen auf; in einem schweren Anfall von Beschämung und Zorn mag ein Mann wohl

»seine Flöte zerbrechen«; damit meint man, daß er sie in ihre Bestandteile zerlegt, sie ihres schönen Zierats beraubt und namenlos macht. Die Einweihung junger Leute in die Pracht der Flöten mit Schlägen und Schimpfworten hebt nur die zwischen allen Männern herrschende Feindschaft hervor. Für die Mädchen bedeutet die Einweihung erhöhte Unabhängigkeit. Bei beiden Geschlechtern streiten sich die Eltern um diese Zeremonie; sie findet deshalb erst statt, wenn die Jugendlichen unter dem Ausschluß schon ziemlich gelitten haben.

XII
Jugend und Ehe bei den Mundugumor

Es ist charakteristisch für die Verhältnisse bei den Mundugumor, daß man die Entwicklung der Kinder nicht als einen geregelten Prozeß diskutieren kann, in dem alle jungen Menschen der gleichen Altersstufe ähnliche Erfahrungen haben. Weil es für die Jugend keinen elterlichen Schutz gibt und auch keinen sozialen Bezug bei ihrer Erziehung, können in der sozialen Stellung gleichaltriger junger Leute sehr erhebliche Unterschiede bestehen. Darum wachsen Kinder gleichen Alters oft ganz verschieden auf. Ein Knabe von elf Jahren hat vielleicht lange Zeit bei einem fremden Stamm als Geisel gelebt, oder er hat mit seinem Vater gestritten, ist von Zuhause geflohen und nur ungern zurückgekehrt, um seine sechzehnjährige Braut zu verteidigen, in deren Gegenwart er beleidigt und verschämt ist. Ein anderer Junge gleichen Alters ist noch das Schoßkind seiner Mutter und war vielleicht nie Geisel; der Kampf gegen den Vater ist ihm erspart geblieben, weil er selbst wesentlich älter als seine Schwestern ist und diese somit als Tauschobjekt vorerst nicht in Frage kommen. Der Vater arbeitet noch immer mit der Mutter zusammen, da die Töchter noch nicht arbeitsfähig sind, so daß der Junge noch nicht die Mutter erhalten muß. Bei dem einen Jungen mag die Initiation schon stattgefunden haben, bei dem andern noch nicht. Zwischen den Gruppen der Jungen, die so unterschiedliche Erfahrungen machen mußten, besteht nur sehr wenig Zusammenhang. Manchmal betreibt eine Gruppe Spiele; dabei gibt es stets zwei Parteien und heftigen Wettbewerb. Oder sie rotten sich zur Ausführung ungesetzlicher Taten zusammen, ziehen in den Busch, jagen auf eigene Faust, bestehlen die Gärten und bereiten ihre Jagdbeute selbst zu. Das geschieht zwar nur selten, aber jeder Junge erinnert sich mit Begeisterung an diese Nächte im Busch und an die Freude über die gestohlenen Nahrungsmittel, wenn diese auch durch die Furcht vor den Busch-*marsalais* etwas gedämpft worden war.

Die übliche Beschäftigung eines Jungen besteht darin, seiner Mutter oder einem älteren Verwandten, sehr selten seinem Vater oder seinen Brüdern, bei der Arbeit zu helfen. Er sucht Holz für den Hausbau oder zur Bearbeitung, fällt Sago-Stämme oder sammelt für ein Fest die Früchte des Brotbaums. Diese Arbeiten werden unsystematisch und planlos getan, es sei denn, daß es sich um die Vorbereitungen zu einem Fest handelt. Mitunter arbeitet ein Halbwüchsiger längere Zeit mit einem jüngeren Mann, etwa einem Schwager, zusammen; dann bricht ein Streit zwischen ihnen aus, und die beiden werden nie mehr zusammen gesehen.

Die Mädchen dieser Altersstufe machen ebenfalls verschiedene Erfahrungen; manche sind bereits verheiratet und leben bei den Schwiegereltern, andere noch im elterlichen Heim, wo sie von eifersüchtigen Vätern bewacht werden. Während sich die bereits versprochenen Mädchen wegen der Jugend oder des Alters des künftigen Ehemanns Sorgen machen, ärgern sich die noch unvergebenen über die Wachsamkeit des Vaters, der ihnen auf Schritt und Tritt folgt und sie keinen Augenblick ungestört läßt. In Liebesangelegenheiten sucht man sich vorübergehend manchmal Verbündete, meistens aber hält man seine Liebe geheim, da es zu gefährlich ist, andere ins Vertrauen zu ziehen. Übrigens herrscht angesichts der vielen Konflikte bei den von den Eltern arrangierten Ehen eine starke Vorliebe für freie Gattenwahl. Kinder, die bereits in frühestem Alter gelernt haben, um jeden Tropfen Milch aus der Mutterbrust zu kämpfen, lassen sich nicht ohne weiteres in eine Ehe zwängen, die andere Leute um eigener Vorteile willen für sie arrangiert haben. Fast jedes Mädchen, ob versprochen oder nicht, ist ständig auf der Suche nach einem Liebhaber und putzt sich daher nach Kräften heraus. Jüngere und ältere Männer reagieren auf das geringste Zeichen der Ermunterung. Die Liebesverbindungen der jungen, unverheirateten Menschen gleichen einer heftig züngelnden Flamme und entspringen mehr der Leidenschaft als der Zärtlichkeit oder romantischen Empfindungen. Es bedarf nur ein paar hastig gemurmelter Worte, wenn sich ein Paar auf dem Buschpfad begegnet, um die geschlechtliche Verbindung herbeizuführen. Da ihnen stets die Angst vor der Entdeckung im Nacken sitzt, geht alles sehr schnell. Ein älterer Mann gibt einem heranwachsenden Jungen den folgenden Rat, der solche Begegnungen charakterisiert: »Wenn du im Busch einem Mädchen begegnet bist und dich mit ihr eingelassen hast, mußt du auf schnellstem Wege ins Dorf heimlaufen und deine Abwesenheit genau erklären. Wenn deine Bogensehne zerrissen ist, kannst du sagen, daß du damit an einem Ast hängengeblieben bist. Sind deine Pfeile zerbrochen, dann sagst du, du wärst damit gegen einen Baumstamm gestolpert. Ist dein Lendenschurz zerrissen, dein Gesicht verkratzt oder dein Haar zerzaust, mußt du eine Ausrede bereit haben; du kannst sagen, daß du gestolpert und gefallen bist oder eine Jagdbeute verfolgt hast. Wenn du keine Ausrede zur Hand hast, werden dich die Leute auslachen.« Ein Mädchen erhält ganz ähnliche Ratschläge: »Wenn dir die Ohrringe aus den Ohren gerissen sind, wenn deine Halskette zerbrochen, dein Grasrock zerrissen ist, wenn deine Arme zerkratzt und blutig sind, mußt du sagen, daß du Angst hattest, ein Geräusch im Busch hörtest und bei der Flucht gestürzt seist, sonst werden die Leute darüber witzeln, daß du dich mit einem Liebhaber getroffen hast.« Das Vorspiel dieser hastigen Begegnungen im Busch besteht in der Regel darin, daß man sich gegenseitig kratzt und beißt, um möglichst schnell die Erregung auf den Höhepunkt zu treiben. Pfeile und Körbe zu zerbrechen, Schmuck wegzureißen und zu zerschlagen gilt als Kundgebung leidenschaftlicher Liebe.

Auf diese Weise kann ein Mädchen eine ganze Reihe von Liebesverhältnissen haben, ehe sie heiratet. Das ist jedoch gefährlich; denn wenn sie entdeckt werden, dann weiß die ganze Sippe sogleich, daß sie keine Jungfrau mehr ist, und die Mundugumor messen der Jungfräulichkeit ihrer Töchter und Bräute größten Wert bei. Als Tauschobjekt kann nur Jungfrau gegen Jungfrau angeboten werden; andernfalls kann nur ein Mädchen, dessen Wert in gleicher Weise verringert ist, eingetauscht werden. Wenn jedoch ein Mann nach der Hochzeit feststellt, daß seine Braut keine Jungfrau mehr war, schweigt er darüber, weil man ihn sonst auslachen würde. Zuweilen wird ein Zusammentreffen im Busch auch daheim fortgesetzt, indem der erwählte Liebhaber sich nachts in den Schlafkorb des Mädchens schleicht. Väter haben das Recht, bei einer heranwachsenden Tochter zu schlafen, bis diese heiratet, und Mütter dürfen das gleiche Recht bei heranwachsenden Söhnen ausüben. Besonders eifersüchtige Väter und Mütter machen von diesem Recht auch Gebrauch. Häufig teilen zwei Mädchen einen Schlafkorb; wenn eines nicht anwesend ist, kann das andere einen Liebhaber empfangen, aber es hat nicht nur Entdeckung, sondern sogar Verletzungen zu gewärtigen: der erzürnte Vater rollt das betreffende Paar im Schlafkorb an die steile Hausleiter und stößt es auf den etwa anderthalb Meter tiefer liegenden Erdboden hinab. Der Korb bekommt Fußtritte, wird vielleicht auch mit einem Speer durchlöchert. Diese Art des Buhlens ist daher auch nicht sehr beliebt, und nur verwegene Liebhaber nehmen gelegentlich in der Regenzeit dazu Zuflucht, wenn der Busch unter Wasser steht. Junge Leute erzählen stockend von schrecklichen Pannen, die sich bei solchen Gelegenheiten ereignet haben, von Vorfällen, die so himmelschreiend entwürdigend und verletzend waren, daß sie heute noch Anlaß zur Schadenfreude bilden. Kaum jemals wird ein außerhalb der Ansiedlung Wohnender sich zu einem Stelldichein im Hause des Mädchens wagen, während neue Beziehungen zwischen Menschen, die vorübergehend zusammen wohnen, sich häufig auf solche Weise ergeben, weil dann die Gefahr weit geringer ist.

Im Leben der Mundugumor spielt der Moskitokorb immer wieder seine Rolle. Das kleine Kind wird von der Mutter in den Korb gelegt, wobei sie das Köpfchen fest unter den Arm preßt, damit der Hals nicht bricht. Erschreckte Kinder und schmollende Erwachsene verstecken sich in ihren Moskitokörben. Erzürnte Eltern werfen ihre Kinder aus dem Korb, so daß sie draußen eine kalte Nacht überstehen müssen und von Moskitos geplagt werden. Der Vater sichert den Schlafkorb seiner erwachsenen Töchter mit dem Speer und zwingt seine Söhne, auf einer ungeschützten Veranda zu schlafen. Der Schlafkorb steht im Mittelpunkt von verletztem Stolz, Tränen, Zorn und sexuellen Vergehen; er ist der Inbegriff des Heimlichen, der ungestörteste Ort in dieser primitiven Gesellschaft. Während ein Treffen von Liebenden im Busch gewalttätig und kraftbetont ist, heißt es im Moskitokorb außerordentlich leise und fast unbeweglich sein – was die Mundugumor nicht schätzen. Auch verheiratete Männer begleiten ihre Frau oft in den Busch, angeblich zur Arbeit, in Wahrheit aber, weil sie die temperamentvolle Form ihrer vorehelichen Zusammenkünfte im Busch der gemäßigten häuslichen nach der Eheschließung vorziehen. Die Freuden eines solchen Zusammenseins im Busch können noch dadurch gesteigert werden, daß man sich in Gärten anderer Leute ergeht und deren Yamspflanzen beschädigt. Diese Ausflüge verheirateter Paare in den Busch bilden eine Art von zulässigem Exhibitionismus, den man zweideutig lächelnd etwa wie folgt erwähnt: »Ach, er hat seiner Frau beim Sagoschneiden *geholfen.* Gestern hat er ihr wieder *geholfen.*« Dieses Nebeneinander von äußerster Verschwiegenheit und unverfrorener Offenheit ist typisch für alle Mundugumor. Einmal erklärt die Frau, keinen Schmuck tragen zu wollen, den ihr der Mann geschenkt, sondern nur solchen, den sie vom Vater oder vom Bruder bekommen hat; dann wieder macht sie gegenüber den anderen Frauen ihres Mannes laut schimpfend ihre persönlichen Rechte auf ihn geltend. Ein Mann, der gewohnt ist, beim Verlassen einer Gruppenzeremonie eingeschärft zu bekommen: »Hör nicht auf, mit deiner Frau zu schlafen. Lauf zurück, wir wissen ja alle, was du wohl tun wirst«, wird plötzlich tückisch vor Wut, wenn er entdeckt, daß zwei kleine Jungen seiner Frau und ihm aus dem Hinterhalt zugesehen haben; er kann so wütend werden, daß er die Jungen durch Zauberei zu töten versucht. Unter dem Deckmantel der verschiedenen zu Späßen verpflichteten Verwandtschaften wird ständig zwischen der Betonung persönlicher Unverletzlichkeit und Intimsphäre und den gröbsten, rabelais'schen Anspielungen auf alle Lebensvorgänge abgewechselt. Jede Unterhaltung, insbesondere über sexuelle Dinge, ähnelt daher etwas einem Ballspiel mit Handgranaten. Es geht darum, einen zur Zielscheibe äußersten Spotts zu machen, ihn bis an die Grenzen blinder Wut zu reizen. Davor müssen sich besonders die jungen Liebenden schützen, indem sie immer Ausreden bereit haben, wenn sie aus dem Busch kommen.

Die raschen Liebschaften im Busch erzeugen einen starken Besitzanspruch gegenüber dem Partner, namentlich seitens der jungen Mädchen. In der Regel haben verheiratete Männer mehr Liebschaften als verheiratete Frauen. Der erste Liebhaber eines jungen Mädchens ist meistens ein verheirateter Mann. Sie wird versuchen, den Mann zur gemeinsamen Flucht zu bewegen; sehr oft nimmt sie die Angelegenheit trotz seiner vorsichtigen Einwände in die Hand und setzt ihren Willen durch. Nur sehr selten wird sie einen nachsichtigen, verständnisvollen Vater haben, oder es ergibt sich, daß ihr Liebhaber eine Schwester hat, die gegen sie ausgetauscht werden kann. In einem solchen Fall kann sie ihrem Vater erklären, daß sie sich ihren Mann bereits ausgesucht habe. Dann wird alles zwischen den beiden Elternpaaren abgesprochen, und das Mädchen zieht ohne viel Zeremoniell in den Haushalt des Geliebten ein. Sie bringt wohl die muschelbedeckte kultische Flöte mit, die ihre Mitgift ist und die sie an ihren Sohn vererben wird. Oft wird diese Flöte erst bei der Geburt des ersten Sohnes ausgehändigt. Wenn das Mädchen jedoch schon versprochen ist oder wenn ihr Liebhaber keine geeignete Schwester zum Austausch hat, ist der

Kampf unvermeidlich. Der Tag der Entführung wird festgelegt, und der junge Liebhaber sammelt möglichst viele männliche Mitglieder seiner Sippe um sich. Das Mädchen flüchtet zu dem vereinbarten Ort, und die Männer versammeln sich um sie, um sie zu verteidigen. Falls das Mädchen Gelegenheit hat, die Erbflöte zu stehlen, nimmt sie diese mit, damit sie ihr nicht von Vater und Brüdern vorenthalten wird. Ihre Verwandten nehmen die Verfolgung auf. Es kommt zu einem Kampf, dessen Heftigkeit und Stärke von der Zahlungsfähigkeit des jungen Liebhabers und der Eifersucht der männlichen Verwandten des Mädchens abhängen. Etwa ein Drittel aller Ehen der Mundugumor beginnt mit solchen Raufereien.

Eine dritte Form der Eheanbahnung ist die der Vereinbarung zwischen Vätern kleinerer Kinder. Dabei braucht deren Alter nur ungefähr übereinzustimmen oder auch gar nicht, da es sich manchmal in erster Linie darum handelt, daß durch den Austausch von Mädchen zwei Väter ausgesöhnt werden. Eine Sechzehnjährige kann Eigentum ihres fünfjährigen Bruders sein. Wählt sie einen Gatten oder wird eine Tauschheirat für sie vereinbart, so muß auch für den Bruder eine Frau gewählt werden, deren Alter zwischen zwei und vierzehn bis fünfzehn Jahren liegen kann. Die Eltern übergeben das betreffende Mädchen sofort den künftigen Schwiegereltern; nicht damit es sich dort eingewöhnen kann oder der Übergang von einem Haushalt in den anderen schmerzlos erfolgt, sondern weil die eigene Sippe auf diese Weise die Verantwortung für eine etwaige Entführung von sich abwälzen kann. Sie haben dann mit der ganzen Sache nichts mehr zu tun; sie haben für die Frau des eigenen Sohnes gezahlt und können nicht mehr zur Verantwortung gezogen werden. In aller Eile übergeben sie ohne jegliche Zeremonien das Mädchen seinen zukünftigen Schwiegereltern.

Das Mädchen, mit dem die Schuld des Bruders beglichen worden ist, kommt in eine kulturell genau festgelegte Situation. Der Ehemann ist meist jünger als sie; aber selbst, wenn sie ungefähr gleichaltrig sind, befindet er sich genau in dem Alter, in dem es ihn höchst unglücklich und verwirrt macht, eine Frau zu haben. Sie hat ihn sich nicht ausgesucht und gar keine Verwendung für ihn. Er geht ihr aus dem Weg, brummt ärgerlich, wenn von ihr als seiner Frau gesprochen wird, beobachtet sie jedoch scharf, weil ihn seine Mutter ständig mahnt, sein Besitzrecht zu verteidigen. Er ist noch zu jung, sie sexuell zu besitzen; so nimmt die ängstliche Selbstbehauptung die Form von Spionage an. Mittlerweile entzweien sich die Älteren. Möglicherweise hat der Vater oder einer der älteren Brüder des jugendlichen Ehemannes auf das Mädchen ein Auge geworfen. Streitigkeiten im Hause sind die Folge. Sie entwickeln sich je nach der Stärke der einzelnen Personen und hängen bis zu einem gewissen Grad von der jungen Frau selbst ab. Zieht sie ein Familienmitglied den anderen vor, so gibt ihre Entscheidung oft den Ausschlag; ist ihr dagegen die ganze ihr aufgezwungene Familie verhaßt, dann wird sie nur herumgestoßen, ohne etwas dagegen machen zu können – es sei denn, daß sich ein Liebhaber findet, der sie entführt. Wenn keiner der älteren Männer des Haushalts sie begehrt oder sich ihrer bemächtigen will, vereinigt sich der gesamte Haushalt in dem Bemühen, sie zu beaufsichtigen, und diese Aufsicht ist strenger als die der eigenen Familie – bei einem Verlust wären nämlich die Möglichkeiten, sie wiederzubekommen oder eine Gegenleistung für sie zu erhalten, gering. So bemüht sich die verschwägerte Gruppe darum, daß die Ehe so schnell wie möglich vollzogen wird. Wie die Arapesh halten auch die Mundugumor frühe sexuelle Betätigung für das Wachstum der Knaben abträglich; aber statt sie wie die Arapesh zu verhindern, nötigen sie den Jungen dazu. Wenn er einmal verheiratet ist, wird er sich wohl an die Frau gebunden fühlen, und sie wird wahrscheinlich auch lieber bei ihm bleiben, statt sich entführen zu lassen; eine Menge Ärger und Verdruß würde damit erspart bleiben. Gegen ihren Wunsch und Willen werden also zwei verdrossene Halbwüchsige im Moskitokorb vereint. Gibt es eine Rauferei und wird einer aus dem Korb geworfen, bleibt ihm oder ihr nichts anderes übrig, als sich die ganze Nacht von den Moskitos quälen zu lassen, da niemand sich einmischt. Läuft der Junge zu Verwandten, weil er das Mädchen nicht will, hat er sein Recht darauf verloren, daß ihm die Eltern eine Frau verschaffen. Sie haben ihre Pflicht ja erfüllt, und es ist nicht ihre Schuld, wenn er die junge Frau ablehnt. Manchmal läuft der junge Mann davon, und manchmal nimmt sich die junge Frau einfach einen Liebhaber. Oft ist sie allerdings zu jung und unfertig dafür; so bleiben in den meisten Fällen die beiden wenigstens für ein paar Jahre zusammen, wenn sie etwa gleichaltrig sind – mehr durch Brauch und Gewohnheit als durch persönliche Wahl verbunden. Wird die junge Frau schwanger, ärgert sich der Mann viel weniger, als er sich im gleichen Fall bei einer von ihm begehrten Frau ärgern würde. Jung, mager, verwirrt und brummig, steht er der Tatsache gegenüber, daß er Vater geworden ist. Die junge Frau hat ihrerseits jetzt kaum noch Aussicht, entführt zu werden; denn obwohl die Mundugumor sich auch mit verheirateten Frauen einlassen, heiraten sie nicht leicht eine Frau mit Kindern. Junge Frauen pflegen sich daher an ihre heranwachsenden Söhne zu halten und wirken schon in mittleren Jahren mehr wie Witwen als wie Ehefrauen. Tatsächlich habe ich mich dabei ertappt, die Mütter von halbwüchsigen Knaben in Gedanken dauernd als »Witwen« zu betrachten, obwohl sie wahrscheinlich die ersten Frauen von rüstigen und beherzten Männern waren.

Das ist die Struktur der Gesellschaft, in der die jungen Mundugumor heranwachsen, heiraten und selber Eltern werden. Jungfräulichkeit steht hoch im Kurs, aber es gibt auch energische junge Mädchen, die die Sexualität bejahen und trotz aller Beaufsichtigung ihre eigenen Affären planen. Es existiert eine gesellschaftliche Grundregel, nach der die Schwester als Gegenwert für ihres Bruders Frau dient. Diese Regel wird vom Vater, vom Bruder und vom schwesterlosen Liebhaber, der versucht, das Mädchen zu entführen, ständig mißachtet. Ehen werden entweder von den Eltern arrangiert und haben nur Bestand, weil die Partner meist viel zu jung und zu unerfahren sind, um ihnen zu entfliehen; oder es sind Liebesehen, in denen eine ursprünglich starke Leidenschaft durch Schwangerschaft, eine andere Frau und die daraus resultierenden Auseinandersetzungen und Eifersüchteleien gedämpft wird. Schließlich schaffen der Tod von Ehemännern und die Neuverteilung der Witwen weitere Verwirrung und Streitereien unter den männlichen Erben sowie unter den vielen Frauen des neuen Ehemannes, vor allem, wenn eine Witwe halberwachsene Kinder mit in die Ehe bringt. Während die Entführung eines Mädchens die ganze Sippe etwas angeht, bleiben die häufigen Streitigkeiten innerhalb eines Anwesens in der Familie. Wenn eine Frau, die von ihrem Mann geschlagen worden ist, sich das Gesicht mit der traditionellen weißen Trauerfarbe einschmiert und sich fern von ihrem Haus an den Weg setzt, wo alle Vorüberkommenden sie sehen, bleiben die Leute wohl neugierig stehen, aber nicht einmal ihre eigenen Brüder würden sich zu ihren Gunsten einsetzen. Die Mundugumor behandeln die Frau nicht als schwaches, zerbrechliches Geschöpf, das unbedingt männlicher Hilfe bedarf. Gelegentlich verbünden sich Ehemänner und Brüder sogar, um widerspenstige Frauen zur Raison zu bringen. Wenn diese auch andere Schwierigkeiten hervorrufen als die Männer und mehr in den persönlichen Beziehungen Unruhe stiften, so werden sie doch als voll verantwortliche Störenfriede und nicht als Personen, die Schutz und Führung bedürfen, angesehen. Da das Mädchen häufig reifer als der Junge ist – sei es wegen wiederholter Eheerfahrung, sei es, weil es seine ersten Erfahrungen bereits im Busch gesammelt hat –, herrscht in jungen Ehen sehr häufig die überlegene und aggressivere Frau. In späteren Jahren wird sich der Mann mehr und mehr seiner Macht bewußt und stellt nun seinerseits den jungen Mädchen nach. Die Frau läßt sich in ihrem energischen Kurs nicht stören, sucht vielmehr Rückhalt bei ihrem Sohn. Bei den Mundugumor weicht man nicht aus freien Stücken zurück. Selbst Großmütter, die als Witwen noch heiraten, unterlassen keinen Versuch, den Gatten wenigstens durch den Reiz der Neuheit zu fesseln.

Da ein gemeinsames Interesse der Eltern an ihren Kindern fehlt, bringen Kinder Konflikte in die Ehen und werden bei Streitigkeiten ausgenutzt. Sexuelle Feindschaft spielt in einem Haushalt mit erwachsenen Kindern eine ebensogroße Rolle wie in einer jungen Ehe. Bei allen Kämpfen und Verwicklungen, die sich hieraus ergeben, wird mit der Frau als tüchtiger Gegnerin gerechnet, die zwar in einiger Hinsicht benachteiligt, aber keinesfalls schwach ist.

XIII
Abweichungen vom Idealtyp der Mundugumor

Die Mundugumor schätzen bei Männern und bei Frauen die gleichen Charaktereigenschaften, nämlich Gewalttätigkeit, Ehrgeiz, sexuelle Energie, Eifersucht, Rachsucht und die Freude an Aktivität und Kampf, also gerade die Eigenschaften, die den Arapesh so unbegreiflich sind, daß sie ihre Existenz nahezu leugnen. Menschen wie Wabe, Ombomb, Temos und Sauwedjo hätten viel besser zu den Mundugumor als zu den Arapesh gepaßt. Diese lehnen kämpferische Naturen in einem Maße ab, das Menschen von aggressiver Veranlagung in neurotische Abwehrhaltungen treibt. Ist es bei den Mundugumor nun umgekehrt so, daß friedfertige, wohlwollende und kinderliebe Menschen als ebenso minderwertig betrachtet werden wie bei den Arapesh die rohen, streitbaren und egoistischen Menschen? Was geschieht mit dem sanftmütigen Mann, der seinen Söhnen und Töchtern gleichermaßen ein guter Vater sein möchte, mit der Frau, die ihr Kind liebevoll in die Arme nimmt? Werden sie ebenso als »mißraten« betrachtet, wie es bei den Außenseitern der Arapesh der Fall ist?

»Er war nicht stark, er hatte keine Brüder«, sagen die Mundugumor ungeachtet ihrer Ansichten über die natürliche Feindschaft zwischen Brüdern. Diese Redensart zeigt, welchen Nutzen für ihre Gesellschaft diejenigen darstellen, deren Hände zittern, wenn sie als Knaben das tödliche Messer handhaben, die nie mit blutigen Schrammen von Liebesabenteuern aus dem Busch kommen, die nicht sämtliche Schwestern als ihr Eigentum betrachten oder die es hinnehmen, wenn ältere Brüder die Schwestern für sich beanspruchen – Knaben, die nie dem Vater trotzen, selbst wenn die Mutter sie aufhetzt. Für solche Leute setzt sich kein Bruder ein, aber ihnen ist zu verdanken, daß das Leben weitergeht. Sie können in Frieden mit ihren Nachbarn leben und deren Frauen und Töchter in Ruhe lassen. Sie haben keinen Ehrgeiz, sind mit einer bescheidenen Rolle im Kampf zufrieden und beteiligen sich nicht an Streitigkeiten, die ihre aggressiven Brüder im eigenen Dorf oder mit anderen Dörfern ausfechten. Sie bleiben der Kopfjagd fern, gehören aber dem Rat an, der die Führer bestimmt, sie leben als jüngere Brüder, als Schwiegersöhne, helfen beim Hausbau und bei der Vorbereitung von Festen. Wenn der ideale Mundugumor auch ein Löwe und von Löwinnen umgeben ist, die ebenso wild und kämpferisch sind wie er, so gibt es in Wirklichkeit auch eine beträchtliche Anzahl von Lämmern unter den Mundugumor, die keinen Sinn für Stolz, Gewalttätigkeit und Ehrgeiz haben. Ihnen ist es zu verdanken, wenn überhaupt irgendwelche Lebensregeln erhalten bleiben und an die nächste Generation vererbt werden. Wenn ein Vater mit seinem Sohn Streit hat, weil er sich für dessen Schwester noch eine Frau eintauschen will, so findet der Sohn Zuflucht bei einem dieser sanftmütigeren Männer. Wenn es sie nicht gäbe, wäre wohl die Atmosphäre von Kampf und Konflikt unerträglich und auch kaum aufrechtzuerhalten, da ja jeder gegen jeden kämpft. Sie komplizieren nicht das gesellschaftliche Leben wie die Mißratenen der Arapesh, die ein unverständliches, verworrenes Benehmen an den Tag legen, sondern ermöglichen erst den heftigen Konkurrenzkampf des Lebens, der ihnen selber so wenig entspricht.

Kann man solche Männer als Außenseiter bezeichnen? Versteht man hierunter, daß sie ihrer Gesellschaft Ungelegenheiten bereiten, so fallen sie nicht unter diesen Begriff. Sieht man sie aber als Individuen, die keine Ausdrucksmöglichkeit für ihre spezielle Begabung, keine ihrer Veranlagung entsprechende Rolle finden, dann muß man sie wohl so bezeichnen. In einer Umwelt, deren Frauenideal die Jungfrau ist, müssen sie sich mit Witwen abfinden – ja mit Frauen, die von anderen verschmäht werden. Wo Erfolg an der Zahl der Ehefrauen, der abgeschnittenen Köpfe und der Siegesfeste gemessen wird, haben sie höchstens eine einzige Frau, selten einen erbeuteten Kopf und bestimmt kein großes Fest aufzuweisen. Sie verhalten sich loyal in einer Gesellschaft, die Loyalität für ein törichtes Verkennen der wesentlichen Feindschaft hält, die unter allen Männern besteht, sie verhalten sich als Eltern in einer Umwelt, in der eine solche Haltung deutlich abgelehnt wird.

Abgesehen von der demütigen Akzeptierung dieser untergeordneten Rolle bleiben ihnen nur das Tagträumen oder der Versuch, sich zu verstellen. Von der ersten Möglichkeit wird selbstverständlich häufig Gebrauch gemacht. Ein Mensch dieser Art behält seine Söhne bei sich und erzählt ihnen von den guten alten Zeiten, in denen man noch die Gesetze hielt und es noch nicht diese regelwidrigen Heiraten gab, die einen »stehen und starren« lassen; er erzählt ihnen davon, wie die Väter ihre Söhne liebten und diese all die kleinen Riten zu beachten suchten, mit denen das Leben des Vaters geschützt wird, so daß sie zum Beispiel keinen Weg betraten, auf dem noch die Fußspuren des Vaters zu sehen waren. So sprach Kalekum'ban, ein gutmütiger, aber etwas dummer Mann, der im Lauf der Zeit wohl einem Dutzend seiner jungen männlichen Verwandten Unterkunft gewährt hatte. Und so sprach auch der einäugige Komeákua, der gern malte, aber nicht mit der Nabelschnur um den Hals geboren war und darum unter der Fuchtel der Meister-Handwerker ewig Lehrlingsarbeit tun mußte. Komeákua hatte stets zu seinen Brüdern und später auch zu seinen Neffen gehalten. Erst spät in seinem an Ereignissen armen Leben heiratete er eine Witwe; sie gebar ihm zwei Söhne, mit denen er im Dorf umherstolzierte, in rührender Mißachtung des spöttischen Vergnügens anderer Leute. Aber er wußte von früheren, schöneren Zeiten friedlichen und wohlorganisierten Lebens zu reden. Manches weist darauf hin, daß an dieser Legende etwas Wahres ist, aber ob es drei Generationen oder zwanzig her ist, daß geordnetere Verhältnisse herrschten, läßt sich nicht mehr feststellen. Tagträumer wie Kalekum'ban sind durchaus fähig, die Legende von der Zeit, da alles »richtig« war, wo die »Stränge« und die patrilinearen Gruppen miteinander verflochten waren, die Menschen sich gegenseitig bei der Arbeit halfen und die Gesetze hielten, immer weiter auszuspinnen. Derartige Tagträume beeinträchtigen natürlich die Gesellschaft. Sie hindern die Jugend daran, sich realistisch auf die Verhältnisse einzustellen und sie durch geeignete neue Gesetze zu festigen. Sie lähmen die Wachsamkeit derer, die die Gesetze halten wollen, durch eine unfruchtbare Sehnsucht nach der Vergangenheit und erfüllen sie mit Schuldgefühlen. Würde man den Glauben an frühere paradiesische Zustände endgültig verlieren, brauchte niemand mehr vor Scham in den Boden zu sinken, wenn die Leute sagen, seine Schwester sei die Frau eines Onkels. Die alten Wohnvorschriften, der alte Heiratsaustausch, alles das existiert nicht mehr, etwas Neues muß vollendet werden. Aber gerade das verhindert der Träumer mit seinen Anpassungsmängeln; zu schwach und zu untauglich dafür, viel Einfluß auf die Formung seiner gegenwärtigen Gesellschaft zu nehmen, verwirrt er nur die Nachkommen. Für seine Talente hat die Umwelt wenig Verwendung, und so kommt bei seinen Anpassungsmängeln nichts Brauchbares heraus.

Der andere Typ des Mannes, der nicht in seine Umwelt paßt, ist viel seltener. Wir fanden ihn nur in einer Person verkörpert, in Omblėan, unserem besten Führer. Er war ein schlanker, lebhafter junger Mann, der seiner Veranlagung nach ganz und gar nicht zu den Mundugumor paßte. Er war freundlich, zuvorkommend und stets hilfsbereit. In seinem Haushalt befanden sich immer einige Personen, für die er eigentlich gar nicht verantwortlich war: neben seiner Frau Ndebáme, die er durch einen Glückszufall bekommen hatte, und ihren gemeinsamen drei Kindern, sorgte er für seine Schwiegermutter Sangofélia und ihre beiden Kinder von ihrem zweiten Mann. Dieser Mann war einer der wohlhabendsten und prominentesten des Stammes; er war Sangofélias überdrüssig geworden und hatte begonnen, sie schlecht zu behandeln. Damals hatte Ombléan sie in sein Haus genommen. Dann war da noch Ndebámes Schwester, die sich mit ihrem Mann gestritten hatte und mit ihrem Neugeborenen zu Ombléan geflohen war. Während unseres Aufenthaltes war auch noch Numba, ein großer, schlaksiger Bursche, den seine Eltern gezwungen hatten, mit der für ihn ausgesuchten Frau zu schlafen, zu Ombléan gekommen, obgleich er nur sein Vetter war, und blieb in seinem Haus. Somit hatte Ombléan drei Frauen, fünf kleine Kinder und einen faulen, eben erwachsenen jungen Mann bei sich. Sie bezeigten ihm nicht viel Respekt, weil er gar so gutmütig war und nicht mit Krokodilschädeln und Holzscheiten um sich warf. Er machte die ganze Arbeit fast allein, baute Yams und Sago und ging auf die Jagd, da die Frauen keine Lust hatten, zum Fischen zu gehen. Er war unermüdlich, voller Ideen und zu energisch und intelligent dafür, sich in Träumereien zu flüchten. Statt dessen studierte er seine Gesellschaft, lernte jedes Gesetz und kannte alle Schliche, mit deren Hilfe Intelligenz über rohe Gewalt siegt. Er war der verständigste Gewährsmann, den wir je gehabt hatten; er war so scharfsinnig und klug, daß er, um sich nicht wiederholen zu müssen und nicht monoton zu erscheinen, mit Reo F. Fortune den gegenwärtigen Zustand der Gesellschaft erörterte, während er mit mir besprach, wie sie theoretisch sein sollte. Seine überlegene Intelligenz war durch die Entfremdung von allen Motivationen seines Stammes bis zu einem Grad geschärft worden, wie er in einer homogenen Kultur selten zu finden ist. Aber er mußte zynisch sein, wo er in einer anderen Umgebung Begeisterung gezeigt hätte. Er mußte seine ausgezeichneten intellektuellen Fähigkeiten zur Überlistung seiner Umwelt verwenden, in der er geistig nicht zu Hause war. Vierzehn Tage nach unserer Abreise von den Mundugumor kehrte eine Pinasse mit dreißig jungen Mundugumor von den Goldfeldern zurück, wo sie zwei Jahre gearbeitet hatten. Diese Männer waren seinerzeit zornentbrannt davongegangen und hatten geschworen, erst nach dem Tode ihrer Väter und älteren Brüder, die sie um ihre Frauen betrogen hatten, zurückzukommen. Nachdem sie zwei Jahre hindurch einander in ihrer Rachsucht angestachelt hatten, kehrten sie mit Messern und Tomahawks bewaffnet zurück und stürzten sich sogleich auf die Männer, die sich zu ihrem Empfang am Ufer versammelt hatten. Ombléan war der Vertrauensmann der Regierung und hatte es übernommen, zwischen der Regierung und den Mundugumor zu verhandeln. Er warf sich zwischen die Kämpfenden, um den Streit zu beenden, und wurde dabei schwer verwundet.

Wie sah es mit den Frauen aus, die aus der Art geschlagen waren? Da haben wir Kwenda. Sie hatte eine rundliche, weiche Gestalt, während der Idealtyp der Mundugumor-Frauen groß und schlank ist. Kwenda hatte Kinder sehr gern. Sie hatte sich geweigert, auf Befehl ihres Gatten Mbunda ihren erstgeborenen Sohn zu töten. Als sie das Kind stillte, war der Mann mit einer anderen Frau durchgebrannt. Statt nun in grimmigem Trotz im Haus zu verharren, hatte sie einfach das Kind genommen und war ihm und seiner neuen Frau gefolgt. Er warf sie aber hinaus und ließ sie in Biwat, dem Dorf seiner Mutter, zurück, während er fortzog, um für den weißen Mann zu arbeiten. Kwenda gebar Zwillinge, und als diese starben, kehrte sie nach Kenakatem zurück, um bei Yeshimba, dem Bruder ihres Vaters, zu wohnen. Zu diesem Zeitpunkt gebar Gisambut, Ombléans Schwester, Zwillinge; Kwenda, obgleich sie niemand hatte, der sie materiell unterstützte, adoptierte eines der beiden Kinder und stillte es an ihrer kräftigen Brust. Das Kind wuchs genauso gut heran wie der andere Zwilling, der bei seiner eigenen Mutter war. Allerdings bestand ein wesentlicher Unterschied zwischen den Kindern: Kwendas Kind lachte stets, während das andere immer mürrisch war. Kwendas Zwilling sah man oft im Dorf; ich begrüßte es immer und freute mich über das glückliche Lächeln des Kindes. Gisambuts Kind mit seinem ängstlichen starren Blick zu treffen, war ein alptraumähnliches Erlebnis, in dem sich der ganze Unterschied zwischen dem durchschnittlichen Mundugumor-Kind und Kwendas kleinem Pflegling, über den sie ihre ganze fröhliche, ungehemmte Liebe ausgoß, ausdrückte. Kwenda arbeitete freudig für ihren eigenen sechsjährigen Sohn und für das adoptierte Kind, aber auch für andere. Sie war stets bereit, auf eine Bitte hin eine hohe Palme zu erklettern, und machte sich lächelnd an die mühsame Arbeit, obwohl sie sich mit ihrer Fülle und ihren vollen Brüsten dabei genug plagen mußte. Sie säugte nicht nur das Adoptivkind, sondern holte auch noch die Kleinen anderer Frauen den Tag über zu sich. Ihr Mann kehrte ins Dorf zurück und nahm sich eine junge Frau mit scharfen Gesichtszügen. Um ihr die Schwangerschaft zu ersparen, adoptierte er ein Kind. Sie arbeiteten Tag für Tag im Busch in den Sago-Gärten. Er wollte von Kwenda nichts wissen und erklärte, daß er sie nie mehr zu sich nehmen werde. Er versuchte sogar, sie an einen Jungen eines anderen Stammes zu verkuppeln, ein Vorgehen, das von einem Nachbarvolk geübt, von den meisten Mundugumor jedoch scharf verurteilt wird. Er hatte Kwenda gesagt, er selbst wolle in der Nacht zu ihr kommen; der Plan mißlang aber. Die Leute im Dorf waren zwar ein wenig entsetzt; denn es ist unvereinbar mit dem Stolz der Mundugumor, ihre Frauen zu Prostituierten zu machen; aber im Unterton ihrer Empörung war doch zu hören, daß man es einem Mann nicht verübeln könne, wenn er eine Frau wie Kwenda satt hat, eine so unerschütterlich gutmütige, hingebungsvoll mütterliche Frau. Die junge, warmherzige und kraftvolle Kwenda mußte sich damit abfinden, Strohwitwe zu bleiben, weil kein starker Mann sie zur Frau begehrte, ein schwacher sie jedoch nicht bekommen konnte; denn wenn Mbunda sie selbst auch nicht mehr haben wollte, so verlangte er doch einen hohen Preis für sie. So ist bei den Mundugumor die gutmütige, verständnisvolle, mütterlich warme Frau gesellschaftlich genauso unnütz wie der gutmütige, verständnisvolle, väterlich warme Mann.

Daneben gibt es Außenseiter, die so roh und gewalttätig sind, daß nicht einmal die Mundugumor sie brauchen können. Ein Mann solcher Art verwickelt seine Mitmenschen zu oft in Streit, bis er schließlich während eines Angriffs auf einen anderen Stamm von einem seiner eigenen Kampfgenossen getötet wird. Diesem wird dafür die Buße auferlegt, keine Kopfjägerauszeichnungen mehr zu tragen, oder er flieht in die Sümpfe und kommt dort um. Eine Frau von allzu gewalttätiger Natur, die sich immer neue Liebhaber sucht und in ihrem Begehren unersättlich ist, wird schließlich einer anderen Sippe übergeben, bei der sie in aller Öffentlichkeit von den Männern vergewaltigt wird. Das Schicksal solcher Menschen entspricht dennoch dem

Ideal der Mundugumor, nach dem für Männer wie für Frauen ein gewaltsamer Tod wünschenswert ist. Solange die Weißen die Mundugumor-Dörfer nur überfielen und niederbrannten oder auf Strafexpeditionen wegen eines Überfalls auf einen anderen Stamm oder einen durchreisenden Weißen einige ihrer Männer töteten, war es nicht möglich, sie zu unterwerfen. Es galt sogar als etwas ehrenvoller, von den weißen Männern getötet zu werden, als in einem Kampf mit den Männern der Andoar oder der Kendavi umzukommen. Voller Stolz wird heute noch von einem Mundugumor berichtet, der von den Weißen wegen Mordes gehenkt wurde; er hatte seine rechte Hand hoch erhoben und die Namen seiner Vorfahren ausgerufen, ehe er starb. Das einzig Ergreifende war, daß man ihm als Henkersmahl Geflügel geben wollte, und da gerade dieser Vogel sein Totem war und er stilgerecht sterben wollte – für gewöhnlich sind die Mundugumor sehr lässig gegenüber ihren Totem-Tabus –, hatte er die Mahlzeit abgelehnt und war hungrig gestorben. Erst als die Angst vor der Gefängnisstrafe für die »großen Männer« an die Stelle der Angst vor Strafexpeditionen trat, wurden die Mundugumor zahm. Ihre Führer waren jederzeit bereit, dem Tod ins Auge zu blicken; aber der Gedanke, sechs Monate im Gefängnis eingesperrt zu sein und darüber nachzudenken, wer inzwischen ihre Frauen verführen oder stehlen würde – mit dieser demütigenden Untätigkeit wollten sie sich nicht abfinden. So herrschte nun seit drei Jahren Friede; die Zeiten der Kopfjagden waren vorüber; es gab keine Kannibalenfeste mehr.

Es ist verständlich, daß in einer solchen Gesellschaftsform die Auffassung herrschte, daß nicht die Länge des Lebens entscheidend sei, sondern die gewalttätigen Handlungen, die dieses Leben ausfüllten. Den Ombléans und Kwendas war es versagt, sich anzupassen, sie verbrauchten ihre Gaben im aussichtslosen Bemühen, gegen den Strom einer Tradition zu schwimmen, die sowohl von den Männern als auch den Frauen Stolz, Rauheit und Maßlosigkeit verlangt und zartere Gefühle weder dem einen noch dem andern Geschlecht zugesteht.

Dritter Teil: Die Tchambuli vom See

Warum wir die Tchambuli wählten

Unser Aufenthalt bei den Mundugumor hatte ähnliche Resultate ergeben wie unsere Studien bei den Arapesh; bei beiden Stämmen waren Männer und Frauen nach dem gleichen Temperament-Muster geprägt. Inhaltlich unterscheiden sich die Verhaltensmuster der beiden Stämme allerdings erheblich: betont das Persönlichkeitsideal der Arapesh Freundlichkeit und Güte, so steht bei den Mundugumor Maßlosigkeit, Individualismus, Ehrgeiz und Machtstreben im Mittelpunkt. Wir waren nun auf der Suche nach einem dritten Stamm und mußten uns dabei wiederum von Erwägungen leiten lassen, die mit dem Studium der Beziehungen zwischen den Geschlechtern nichts zu tun hatten. Unser Ratgeber war der Distriktsbeamte Eric Robinson, der während seines jahrelangen Dienstes am Sepik alle Teile des Distrikts gut kennengelernt hatte. Er schlug uns zwei Stämme vor: das Bergvolk der Washkuk, das oberhalb der Regierungsstelle in Ambunti lebte und erst vor kurzem unter Regierungskontrolle gekommen war, und die Tchambuli am Aibom-See. Mr. Robinson beschrieb die Washkuk als einfache, derbe, gutartige Leute, die noch nicht viel Berührung mit den Weißen gehabt hatten. Ihre jungen Burschen, die sich zur Arbeit bei den Weißen verdungen hatten, waren noch nicht zurückgekehrt und hatten mit ihrem Pidgin-Englisch und ihren Lendenschurzen noch nicht vor den alten Männern prunken können, so daß neue Elemente in das alte Leben eingedrungen wären. Die Tchambuli dagegen unterstanden der Regierung schon seit etwa sieben Jahren. Sie waren von den Kopfjägern des mittleren Sepik in die Berge vertrieben worden; die Regierung hatte sie dann in ihre alten Dörfer zurückgebracht. Kunst und Kultur waren bei ihnen hochentwickelt, und es war viel Gemeinsames zwischen ihnen und der vielfältigen Kultur des mittleren Sepik festzustellen. Wir beschlossen, uns zuerst die Washkuks anzusehen, und begaben uns auf eine Expedition zu ihrem Berggipfel. Wir fanden dort bärtige, kleine Männer, mit denen wir uns mittels zweier Misch-Sprachen unterhielten; sie flehten uns an, nicht bei ihnen zu bleiben, da sie Vorbereitungen für eine längere Jagdexpedition getroffen hatten und nun unseretwegen ihre Wanderung nicht hätten antreten können. Es gab nicht viele Menschen bei ihnen, und sie wohnten zu zweit oder zu dritt über den steilen Bergrücken verstreut. Da sie den Arapesh sehr ähnlich zu sein schienen und unser Bleiben ihre Pläne sehr gestört hätte, da ferner Transport und Arbeitsweise sehr schwierig gewesen wären, entschlossen wir uns, es lieber bei den Tchambuli zu versuchen. Wir wußten von ihnen nur, daß sie an einem See lebten und über eine feine, lebendige Kunst verfügten – das war alles.

XIV
Das soziale Leben der Tchambuli

Der Stamm der Tchambuli lebt am Ufer eines Sees, der mit dem Sepik hundertachtzig Meilen vor dessen Mündung durch zwei Wasserwege verbunden ist. Der See liegt in einer Sumpflandschaft, aus der am südlichen Rand kleine Hügel aufsteigen. Die Ufer sind unregelmäßig und ändern sich ständig, weil die großen schwimmenden Inseln durch den veränderlichen Wind hin und her getrieben werden. Manchmal bleibt eine dieser Inseln, die mehrere ausgewachsene Bäume tragen können, an einer Uferstelle stecken; manchmal blockieren sie sogar eine der Mündungen und müssen zerhackt werden, damit die Eingeborenenkanus eine Durchfahrt haben. Die Beschaffenheit der kleineren Wasserwege durch das hohe Gras wechselt mit dem Wind: einmal kommen die Kanus ungehindert vorwärts, ein andermal bleiben sie völlig stecken.

Das Seewasser ist durch dunkle, torfbraune Gewächse so stark gefärbt, daß seine schwarze Oberfläche bei Windstille wie Emaille aussieht. Auf dieser polierten Fläche breiten sich die Blätter von Tausenden rosa und weißer Lotosblumen und kleinerer tiefblauer Wasserlilien aus; zwischen diesen Blumen stehen am frühen Morgen in großer Zahl weiße Seeadler und blaue Reiher und vervollständigen die dekorative Wirkung. Wenn Wind aufkommt, wird die schwarze Wasserfläche zu einem kalten Blau aufgerauht; auch die Lotosblätter geraten dann in Bewegung und zeigen, an ihren Stengeln leicht in die Höhe gehoben, daß sie nicht eintönig grün, sondern von einem veränderlichen Rosa und Silbergrün und von zartester Biegsamkeit sind. Um die Gipfel der kleinen kantigen Hügel, die den See umranden, sammeln sich Wolken, die an Schnee erinnern und die steilen Hügel erst recht aus dem Sumpfland hervortreten lassen.

Die Tchambuli sind ein verhältnismäßig kleiner Stamm; von fünfhundert Personen, die seine Sprache sprechen, benutzt ein Teil etwas andere Wörter mit einer anderen Betonung. Sie leben in drei Dörfern am Fluß des Tchambuli-Gebirges, und ihre Kulthäuser stehen wie langbeinige Vögel auf hohen Pfählen am Seeufer. Zwischen insgesamt fünfzehn Kulthäusern verläuft ein Weg, der bei niederem Wasserstand zu Fuß begangen, bei Hochwasser mit schmalen Kanus zurückgelegt wird, die mit den Gabelspitzen ihrer Paddel gestakt werden. Wenn der See steigt, überflutet das Wasser den unteren Teil der Kulthäuser. Deren Fußböden bestehen aus gestampftem Lehm; an ihren Wänden sind erhöhte Rampen errichtet, auf denen jedes Mitglied einen zugewiesenen Sitzplatz hat. Unten in der Mitte sind Feuerstellen; um sie herum stehen einige geschnitzte Hokker, auf denen man sich den dicken Rauch um die Beine ziehen lassen kann, der die Moskitos vertreibt. Zuweilen ist das untere Stockwerk durch lang herabhängende Vorhänge aus hell- und dunkelgrünen Blättern, die zu kunstvollen Mustern geflochten sind, den Einblicken der Vorübergehenden entzogen. Wenn draußen Stimmen oder Schritte ertönen, geraten diese Vorhänge in Bewegung; die Leute schauen neugierig heraus und rufen dem Wanderer einen Gruß zu. Das ist ein Männerweg, der von Frauen und Mädchen nur anläßlich eines Festes beschritten wird. Der Weg folgt den Windungen des Seeufers, und nach jeder zweiten Krümmung trifft man auf ein weiteres zehn bis fünfzehn Meter langes Kulthaus parallel zum See. Schlanke, hohe Türme sind an jedem Giebel; zwischen ihnen zieht sich ein Firstbalken, der in der Mitte gesenkt ist, was dem Dach das Profil einer Mondsichel gibt. An jedem strohgedeckten Giebel befindet sich ein geschnitztes, rot und weiß gestrichenes großes Relief, das ein Gesicht darstellt. Beim Bau eines neuen Hauses werden die Türme zunächst aus leichtem Flechtwerk errichtet. Ein männlicher und ein weiblicher Vogel, die aus dem gleichen Material gefertigt sind, werden auf die Giebelspitzen gesetzt. Nach Belieben der Erbauer werden die Türme später solide abgedeckt und die geflochtenen Vögel durch schwereren Schmuck ersetzt: einen Vogel aus Holz, dessen Flügel aus einer hohlen Männermaske heraustreten.

Von jedem Kulthaus führt ein Weg die steilen, mit Felsen bedeckten Höhen zu den zwischen Bäumen versteckten Häusern der Frauen hinauf. Diese Häuser sind länger und niedriger als die der Männer; der Firstbalken ist gerade und flach. Langgestreckt und massiv stehen sie auf starken Pfosten; die Fußböden sind sorgfältig angelegt, kräftige Leitern führen zu jedem Eingang. Diese Häuser sind stark genug, um viele Jahre zu halten, und groß genug für drei oder vier Familiengruppen. Schweine buddeln unten an den Hausleitern; von den Decken hängen halbfertige Körbe, und überall stehen Angelgeräte herum. Der Weg zur Küste, auf dem die Frauen zum Fischen und die Männer zu den fröhlichen Festen in den Männerhäusern gehen, ist recht ausgetreten. Die Wohnhäuser, auch »Häuser der Frauen« genannt, sind durch einen Höhenweg miteinander verbunden, auf dem die Frauen von einem Haus zum anderen gehen. In jedem Haus wohnen zwei bis vier Familien, und auf dem geräumigen Hof finden sich immer einige Frauen, die kochen, flechten und ihre Fischereigeräte ausbessern. Von ihrer energischen Aktivität geht eine heitere Stimmung von Solidarität, dauerhafter Zusammenarbeit und Gruppengeist aus, die in den lustig geschmückten Kulthäusern am Seeufer fehlt, wo jeder Mann vornehm auf seinem Platz sitzt und seine Gefährten genau beobachtet.

Am frühen Morgen, wenn das erste Licht auf dem See liegt, sind die Menschen schon unterwegs. Die Frauen kommen mit ihren spitzen Regenumhängen auf den Köpfen die Anhöhen herunter und waten durch die Lotosblüten zu ihren schmalen Kanus, um nach ihren glockenförmigen, großen Fischreusen zu sehen oder sie wieder auszulegen. Einige Männer sind schon in die Kulthäuser gegangen, besonders in jene, in denen ein oder zwei kleine Novizen – zehn- oder zwölfjährige Knaben mit weißbemalten Körpern – in der Morgenkühle kauern. Die Novizen dürfen zu Hause schlafen, müssen aber vor Tagesanbruch zur Stelle sein; vollkommen in eine Regenmatte eingehüllt, kriechen sie hinunter zum Seeufer. Aus einem Kulthaus ertönt ein Gong, dessen Klang bei jedem Haus anders ist, und ruft in anderen Teilen der Siedlung wohnende Männer zu kultischen Aufgaben zusammen: Stroh ist für ein Dach zu schneiden oder Tanzmasken sind zu flechten.

An Markttagen startet eine kleine Kanuflotte zur langen Fahrt nach dem entfernten Ort in den Sümpfen, an dem sie die mürrischen, schwer zu behandelnden Buschleute treffen, bei denen sie Fische und Muschelgeld gegen Sago und Zuckerrohr eintauschen. Als Zahlungsmittel dienen grüne Schneckenhäuser, *talibun*[25] genannt. Diese Schneckenhäuser, die von der weit entfernt liegenden Insel Wallis an der Arapesh-Küste kommen, werden von den Menschen nördlich des Sepik geschliffen und mit Arabesken verziert. Wenn die Tchambuli sie erhalten, stellt jedes Exemplar schon eine Individualität an Größe, Gestalt, Gewicht, Farbe, Politur und Verzierung dar und besitzt für die Tchambuli Geschlecht und Persönlichkeit. Wo *talibun* verwendet werden, handelt es sich weniger um den

Einkauf von Nahrungsmitteln gegen Geld als um den Austausch von Nahrungsmitteln gegen Wertsachen, unter denen sorgfältig gewählt wird. Eingekauft wird auf beiden Seiten, und der Besitzer der Währung muß den Wert jeder einzelnen Münze fast noch mehr anpreisen als der Besitzer der Nahrungsmittel seine Ware.

Wenn es heißer wird, kommen die Frauen vom Fischen zurück und steigen wieder die Anhöhen hinauf; von den Häusern unter den Bäumen dringt dann ununterbrochen – wie das Zwitschern eines Vogelschwarms – das Geräusch der Frauenstimmen. Treffen die Leute einander auf dem Weg oder in Kanus, so begrüßen sie sich mit endlosen höflichen Fragen: »Wohin geht es?« – »Ich hole mir Lotos.« – »So, du gehst zu den Lotos hinaus.« – »Ja, ich pflücke Lotos zum Essen.« – »Geh denn hinaus und hole dir Lotos.«

Das tägliche Leben folgt dem ruhigen Rhythmus der Fischerei und Flechterei der Frauen und der kultischen Pflichten der Männer. Anläßlich eines Festes oder Maskentanzes wird die Arbeit eingestellt; Männer und Kinder legen prächtige Festkleidung an: die Männer setzen sich einen Kopfschmuck aus Paradiesvogelfedern auf die sorgfältig frisierten Locken; die Kinder tragen mit Muscheln verzierte Kappen sowie schwere Muschel-Halsbänder und -Gürtel; alle versammeln sich auf dem Tanzplatz. Die Männer gehen selbstbewußt, doch zum Essen zu schüchtern, zwischen den ungeschmückten, lächelnden, schlagfertigen Frauen umher; die Kinder knabbern an Stücken von Zuckerrohr. Bei einem Todesfall und bei der Initiation muß ein Fest gegeben werden. Fünfzig oder sechzig Frauen kommen in einem der Häuser zusammen, stehen in Grüppchen um die Kochtöpfe herum, reinigen sorgfältig ihre irdenen Bratpfannen und backen die dünnen, vollkommen symmetrischen Sagopfannkuchen, die bei keinem Fest fehlen dürfen. An bestimmten Höhepunkten der kultischen Vorgänge tragen rituell zusammengesetzte Gruppen von Männern und Frauen besonders zubereitete Speisen oder Muschelwertsachen den Uferweg entlang von einem Kulthaus zum anderen. Manche Männer sind verkleidet, tragen Masken und mischen sich possenreißend und als Pantomimen unter die tanzenden Frauen, die zeitweilig zwischen ihre Beine tauchen oder ihre schönverzierten Limonenkürbisse unter ihren Füßen zerbrechen, so daß sich ein Schauer weißen Puders aus ihnen ergießt. Fast immer gibt es genug zu essen. Die Menschen sind nicht von landwirtschaftlicher Ernte abhängig, wenn auch gelegentlich tatkräftige Sonderlinge auf den Höhen Yamsgärten und bei niedrigem Wasserstand Taropflanzungen anlegen. Sago wird in großen Mengen gekauft und in großen irdenen Krügen gelagert, die am Hals mit grotesken Reliefgesichtern geschmückt sind. Es ist nicht notwendig, täglich zu arbeiten; der Sago wird gelagert, der Fisch geräuchert, der Markt findet nicht jeden Tag statt; so ist es möglich, die Arbeit mehrere Tage lang ruhen zu lassen und sich mit ganzem Herzen einem Ritual oder Fest hinzugeben. Das ist der normale Verlauf, den das Leben nimmt; aber wenn die Buschstämme, die den Sago produzieren, Krieg führen oder der Fischfang der Tchambuli besonders unergiebig ist, während die wenigen Tarogärten unter Wasser stehen, dann herrscht Hunger. Die gastfreundlichen, an Überfluß gewöhnten Menschen haben kein System für Zeiten des Mangels, abgesehen von erbarmungsloser Unnachsichtigkeit gegenüber Diebstahl. Nahrungsmitteldiebe wurden – ob Mann oder Frau – gnadenlos einem anderen Dorf übergeben und dort hingerichtet. Der Kopf wurde als Trophäe für das Kulthaus des Dorfes geschätzt; das Dorf, dem ein solcher Dieb angehört hatte, bekam eine Zahlung dafür.

So wurden Kopfjagd und Hinrichtung eines Verbrechers kombiniert. Jeder heranwachsende Knabe der Tchambuli mußte in seiner Jugend ein Opfer töten, und zu diesem Zweck wurden Kinder von Nachbarstämmen erworben. Das Opfer durfte auch ein Kriegsgefangener oder ein Verbrecher sein. Der Vater führte dem Knaben die Hand mit dem Speer und weihte das entsetzte Kind in den Ritus der Kopfjagd ein. Das Blut des Opfers spritzte gegen die hohen Steine, die außerhalb des Kulthauses in der kleinen Lichtung stehen, und wenn es ein Kind war, wurde die Leiche unter einem der Hauspfähle begraben. Der Kopf wurde wie bei den im Krieg getöteten Feinden aus Ton am Originalschädel nachgebildet, mit phantastischen Mustern schwarz-weiß bemalt, mit Muschelaugen und angeklebten Locken versehen und im Kulthaus als eine Trophäe des Ruhmes aufgehängt. Im Grunde genommen machten sich die Tchambuli nicht viel aus Krieg oder Kopfjagd; natürlich muß ein Kulthaus Köpfe enthalten, aber dazu kann man auch Bastarde, Waisen und Verbrecher von den Buschleuten einhandeln und feierlich töten, statt die Gefahren des Kampfes auf sich zu nehmen. Das Ausschmücken der Köpfe galt als künstlerische Arbeit, ihr Besitz als rituelle Ehrensache; beschafft wurden sie auf möglichst ungefährliche, zahme Weise.

In dieser Beziehung unterscheiden sich die Tchambuli sehr stark von ihren kriegerischen Nachbarstämmen am mittleren Sepik, bei denen die Kopfjagd die wichtigste Tätigkeit der Männer ist. Diese Stämme beziehen von den Tchambuli die geflochtenen, moskitosicheren Schlafkörbe, die zum unentbehrlichen Mobiliar jeder Eingeborenenhütte in den von Moskitos heimgesuchten Regionen gehören; die Tchambuli kaufen einen Teil ihrer Kanus von den Stämmen am Sepik, die viel früher und in größeren Mengen eiserne Werkzeuge zum Kanubau besaßen als sie. Aber die Nachbarn am Sepik verachten die Tchambuli und betrachten sie als geeignete Objekte für ihre Überfälle. Etwa zwölf Jahre vor unserem Besuch waren die Tchambuli wegen der ständigen Raubzüge, Kopfjagden und dem Niederbrennen ihrer Häuser zu befreundeten Stämmen geflohen; eine Gruppe wanderte weit weg bis zum Kolosomali-Fluß, eine zweite in die hinter Tchambuli gelegenen Berge, eine dritte weit nach Norden. Diese Flucht entsprach den engen Handelsbeziehungen und Heiratsverbindungen zwischen den drei Tchambuli-Dörfern in früheren Generationen. Nachdem die weiße Regierung in das Sepikgebiet eingedrungen war, kehrten die Tchambuli in ihre angestammten Dörfer zurück, überzeugten die Regierungsbeamten von ihrem Anspruch auf das Land, vertrieben die kleinen Gruppen von Eindringlingen und ließen sich in ihren alten Wohnstätten nieder. Der Schutz der Regierung bedeutete gleichzeitig Aufgabe der Kopfjagd, aber an dieser war ihnen nicht so viel gelegen wie daran, ihre Kulthäuser mit schönen Schnitzereien auszuschmücken, anmutige Doppelhaken für die kunstvoll verzierten Netztaschen herzustellen, die sie vom Nordufer des Sepik beziehen, und Masken für die verschiedenen Clans und Zeremonien-Gruppen zu flechten. Da sie jetzt auch eiserne Werkzeuge besitzen, bauen sie ihre Kanus selbst, statt sie zu enormen Preisen von den Sepik-Leuten zu beziehen. Seit keine Gefahr des Überfalls mehr besteht, haben die Frauen nicht nur Zeit zum Fischen, sondern können auch die verschiedenen Arten der Wasserlilienwurzeln und des Lotossamens sammeln, die sie ihren männlichen jungen Verwandten vorsetzen, wenn sie kommen, um ihren Müttern und Tanten *talibun* und den zwanzigfach wertvolleren Perlmutterhalbmond, *kina* genannt, abzuschwatzen. Unter der Pax Britannica erlebt die Kultur der Tchambuli eine Wiedergeburt. Am Seeufer hallt es von den Axtschlägen der Kanubauer wider; jeder ist damit beschäftigt, Kürbisflaschen zu dekorieren, Vögel zu flechten, Jalousien anzufertigen oder aus einem Kasuarknochen etwas zu machen, das einem Papagei oder Nashornvogel ähnelt.

XV
Die unterschiedliche Rolle von Mann und Frau bei den Tchambuli

Wenn die Arapesh ihre wichtigste Lebensaufgabe darin sehen, Kinder und Nahrung wachsen zu lassen, während die Mundugumor sie im Kampf und im machtlüsternen Erwerb von Frauen erblicken, so leben die Tchambuli in erster Linie für ihre Künste. Jeder Mann ist ein Künstler, und viele verstehen sich auf mehrere Künste: Tanz, Malerei, Schnitzerei, Flechterei. Jeder Mann ist hauptsächlich mit seiner Rolle auf der Bühne seiner Gesellschaft beschäftigt: mit der Ausarbeitung der Kostüme, der Schönheit seiner Masken, der Geschicklichkeit seines Flötenspiels, der Vollendung und dem Elan seiner zeremoniellen Darbietungen; dabei liegt ihnen viel an der Anerkennung der anderen Leute. Die Zeremonien der Tchambuli sind kein Nebenprodukt eines Ereignisses im Leben eines einzelnen: sie veranstalten nicht Feiern, weil ein Junge initiiert wird, sondern sie initiieren, um eine Feier abhalten zu können. Trauer über einen Todesfall wird gedämpft oder beinah ausgelöscht durch das Interesse an den damit verbundenen Zeremonien (welche Flöten sollen geblasen, welche Masken und Tonköpfe zum Grabschmuck verwendet werden?), an den Verhaltensvorschriften für die formell zu den Trauernden gehörenden Frauen, die als Erinnerungsgabe wunderhübsche kleine Andenken aus Schilf erhalten. Das Interesse der Frauen an der Kunst beschränkt sich darauf, innerhalb ihres Kreises eine anmutige Rolle zu spielen, ihre Körbe und geflochtenen Kappen mit etwas Malerei zu schmücken und an den gemeinsamen Tänzen teilzunehmen; für die Männer aber ist die Kunst das einzig Wichtige im Leben.

Die Struktur der Tchambuli-Gesellschaft ist patrilinear. Die Gruppen der Männer sind durch männliche Vorfahren verbunden, sie führen einen gemeinsamen Namen und besitzen Gebietsstreifen, die sich von den Berghängen, an denen gelegentlich Gärten angelegt werden, hinunter zu den Frauenhäusern am bewaldeten Fuß des Gebirges bis zum Seeufer erstrecken, an dem jeder Clan, oft auch zwei benachbarte Clans zusammen, sein Versammlungshaus errichtet. Innerhalb dieser männlichen Verwandtschaft bestehen bestimmte Tabus. Der älteste Sohn ist in seinem Verhalten dem Vater gegenüber scheu und zurückhaltend, und so benimmt sich auch der jüngere Bruder dem älteren gegenüber. Zwischen ihnen steht die Erbfolge als hemmendes Element. Die jüngeren Brüder, die davon kaum betroffen sind, gehen ganz zwanglos miteinander um. Die Beziehungen zwischen einem Mann und dem Sohn eines Bruders sind freundschaftlich; diese Männer – ihre Stellung wird auf Pidgin-Englisch sehr anschaulich *small papa* genannt – schalten sich zwischen den kleinen Jungen und deren etwas selbstherrlichen Erziehern, den größeren Jungen, ein. Die Zugehörigkeit zum Männerhaus wechselt, und Streitigkeiten sind häufig. Es braucht nur jemand einen unberechtigten Anspruch auf Vorrang geltend zu machen oder die Frau eines Mannes die Schweine eines anderen nicht zu füttern oder einen entlehnten Gegenstand nicht zurückzugeben, schon zieht die dadurch gekränkte Person weg und lebt bei einer anderen Clan-Gruppe. Trotzdem hält man ein solches Verhalten allgemein für falsch und meint, daß die Männer eines Clans beieinander sitzen sollten, weil in der großen Zahl älterer Männer die Weisheit des Kulthauses begründet liege. Bei Krankheit oder Unglück erklären die Schamanen, daß die schamanischen Geister und die Gespenster der Toten an den Hauspfählen zornig darüber sind, daß ein Mitglied des Clans weggegangen ist. Die Solidarität dieser Männer ist mehr scheinbar als echt; es ist so, als säßen sie alle nur vorübergehend auf dem Rand des ihnen zugewiesenen Schemels, immer auf dem Sprung, bei einem feindlichen Blick oder Wort oder einer feindlichen Berührung fortzugehen.

Jeder Clan besitzt bestimmte Privilegien: lange Listen mit Namen, die den Kindern aller Frauen des Clans verliehen werden dürfen, eigene Gesänge und eine Menge Masken, Tänze, Lieder, Flöten, Trommeln, besondere Rufe, sowie seine eigenen Geister, die *marsalais* vom See, manchmal auch einen schamanischen Geist und sonstige kleine übernatürliche Wesen, deren Stimmen durch Flöte, Trommel und Schwirrholz hörbar werden. Im Männerhaus eines der Clans besteht die Vorschrift, daß die maskentragenden Tänzer einen Augenblick bei den Steinen in der Lichtung still stehenbleiben; anderen Kulthäusern steht das Recht zu, bei Hochwasser das Schwirrholz zu schwingen.

Neben den Clans gibt es noch weitere Formen der gesellschaftlichen Organisation, zum Beispiel zwei nebeneinander bestehende Gemeinschaften: die Sonnen- und die Muttermenschen. Gewöhnlich gehören alle Clan-Mitglieder entweder der einen oder der anderen an; manchmal spaltet sich ein Clan jedoch je zur Hälfte in Sonnen- und in Muttermenschen. Geheiratet werden soll stets über die Grenze zwischen beiden Gemeinschaften, aber das wird nicht immer beachtet. Beide haben das Recht auf viele eigene Zeremonien und besitzen zahlreiche eigene Kultgegenstände, die gewöhnlich in einem der Männerhäuser aufbewahrt werden. Jeder Mann gehört außerdem zu verschiedenen anderen Gruppen, in denen er eine Rolle bei den Einweihungszeremonien und bei Festen anderer Art spielt. Seine Clan-Zugehörigkeit ist zwar das festeste seiner Bündnisse, aber er kann sich ebenso stolz und geadelt durch die kultische Zurschaustellung dieser sich kreuzenden Verbindungen fühlen. Ebenso kann er sich als Mitglied einer dieser Gruppen in seinen Gefühlen verletzt sehen und sich bei einem Disput über kultische Belange mit einer anderen Gruppe überwerfen. Jeder Mann hat eine hohe Meinung von der Bedeutung und dem Wert dieser Bindungen. Er gleicht einem Schauspieler, der viele Rollen spielt und sich während der Dauer der jeweiligen Aufführung mit den übrigen Mitgliedern des Ensembles identifizieren kann. Als Angehöriger der Sonnenhälfte erhebt er Einspruch dagegen, daß die Muttermenschen bei einer Totenfeier ihre Flöten herausgeholt haben, obwohl sie gar nicht an der Reihe waren; die Woche darauf ist dieser Ärger vergessen, weil er sich nun über das Benehmen einer anderen Initiationsgruppe bei einem kleinen Einweihungsfest aufregt. Jeder dieser kurzlebigen Treuebeweise, die sich nicht vereinbaren lassen, stiftet Verwirrung; derselbe Mann ist heute Verbündeter, morgen Gegner, übermorgen mit gespielter Nonchalance ein unbeteiligter Zuschauer. Der Tchambuli-Mann fühlt sich mit seinen sorgfältig frisierten Locken, seinem Lendenschurz aus der muschelgeschmückten Haut von Riesenfledermäusen, seinem gezierten Gang und seinem selbstbewußten Ausdruck wie ein Schauspieler, der allerhand nette Rollen zu spielen hat.

Seine Beziehungen zu allen übrigen Männern sind so heikel und schwierig, daß er sich sogar im Hause eines Mannes des eigenen Clans nur ganz leicht niedersetzt; bei Leuten eines anderen Clans ist er so unruhig und empfindlich, daß er kaum die Speisen berührt. Sein Verhältnis zu Frauen ist die einzige sichere, dauerhafte Gegebenheit in seinem Leben. Als kleines Kind hielt ihn eine Mutter, die zufällig in der Nähe war, lachend im Arm und nährte ihn ebenso großmütig wie lässig, während ihre Finger geschäftig an Schlafkörben oder Regenumhängen aus Schilf flochten. Fiel er hin, so nahm ihn die Mutter wieder auf und steckte ihn unter den Arm, ohne ihr Gespräch zu unterbrechen. Nie war er allein, immer waren acht oder zehn arbeitende, lachende Frauen um ihn herum, die sich bereitwillig, doch ohne sich ein Bein auszureißen, um seine Bedürfnisse kümmerten. Gab ihm eine andere Frau des Vaters nicht so reichlich zu trinken, so genügte ein kleiner Vorwurf der Mutter: »Gibt es denn so viele Kinder, daß man sie vernachlässigen darf?« Seine Kindheit verbrachte er, indem er auf dem Fußboden des großen Wohnhauses herumpurzelte und sich mit anderen Kindern balgte. Sein Mund war niemals leer. Die Frauen entwöhnen ihre Kinder nämlich genauso sorglos und obenhin, wie sie sie gesäugt haben; dem Kind werden einfach Leckereien in den Mund gestopft, damit es zu schreien aufhört. Später gab es dann viel zu essen: Lotosstengel, Lilienstengel, Lotossamen, Malayenäpfel, Zuckerrohr; der kleine Junge verbrachte die ganze Zeit kauend und schmatzend in dem großen Haus mit Kindern seiner Sippe und mit arbeitenden, freundlichen Frauen. Manchmal gab es eine Zeremonie, und die Mutter nahm ihn mit, wenn sie den Tag über in einem andern Haus kochte. Auch hier konnte er unter einer größeren Anzahl Frauen und mit noch mehr Kindern, die auf dem Fußboden herumkugelten, weiter schmatzen und kauen. Seine Mutter hatte immer ausreichend Naschwerk in einem Körbchen bei sich, um es ihm zu geben, wenn er weinte.

Im Alter von sieben oder acht Jahren erwacht in dem Jungen das Interesse für das zeremonielle Leben der Männer. Kommt er während einer Zeremonie einem Kulthaus zu nahe, jagt man ihn oft wohl fort; bei gewöhnlichen Versammlungen kann er jedoch hineinschlüpfen und sich hinter dem Rücken eines *small papa* verstecken. Die älteren Jungen gehen etwas herrisch mit ihm um, schicken ihn auf Botengänge, werfen mit Stöcken nach ihm oder prügeln ihn, wenn er nicht gehorcht. Schnell läuft er die Anhöhe zum Haus der Mutter hinauf, wohin ihn die großen Jungen nicht verfolgen. Wenn er das nächste Mal im Haus einer Frau mit diesen Jungen zusammentrifft, wird er ihre Verlegenheit und Scheu ausnutzen, sie necken und ärgern, ihren Gang und ihre Art nachmachen, ohne daß die großen Jungen ihn angreifen.

Zwischen acht und zwölf Jahren – der genaue Zeitpunkt

liegt im Ermessen seines Vaters – findet seine Initiierung statt. Er wird auf einem Stein festgehalten, während ein Onkel mütterlicherseits und ein kundiger Tätowierer allerlei Muster in seinen Rücken schneiden. Der Knabe kann schreien, soviel er will; niemand kommt ihm zu Hilfe, niemand kümmert sich um sein Geheul, und niemand ergötzt sich daran. Völlig unbeteiligt erfüllen die Verwandten geschickt ihre rituelle Pflicht, für die sie anmutige Bewunderung ernten, und der Tätowierer bewährt sich als Künstler, wenn er Muster in den Rücken des kleinen Jungen schneidet. Dann bestreichen sie den Jungen mit Öl und Gelbwurz. Um ihn herum ist ein geschäftiges Treiben, aber der Knabe hat daran keinen Anteil. Sein Vater gibt dem Bruder der Mutter Geschenke. Die Frauen des Mutter-Bruders bekommen schöne neue Grasröcke, neue Regenumhänge, neue Tragkörbe. Um den Jungen, dessen Initiation doch Anlaß zu all der Geschäftigkeit ist, kümmert sich niemand.

Eine lange Zeit des Abgesondertseins folgt. Zum Schlafen darf er nach Hause gehen, aber schon vor Morgengrauen muß er sich, von oben bis unten in einen großen Regenumhang gehüllt, aus dem Frauenhaus schleichen. Sein Körper ist mit weißem Lehm bestrichen. Den ganzen Tag muß er im Kulthaus verbringen. Jeden vierten Tag darf er sich waschen und wird darauf von neuem bemalt. Es ist wirklich sehr unbequem. Manchmal tun sich zwei Männer des gleichen Clans zur Initiierung ihrer Söhne zusammen, aber ebenso oft wird sie an einem Jungen allein vorgenommen. Niemand erklärt ihm, daß das alles nur seinem eigenen Wohl dient, und nichts läßt erkennen, daß die Erwachsenen an den Beschwerden seiner Lage und an seinen Schmerzen Anteil nehmen. Um ihn herum dreht sich alles nur um die Gestaltung der Zeremonie, und wenn der Vater diese noch prunkvoller machen kann, indem er die rituelle Waschung des Jungen erst nach drei Monaten vornimmt, so wartet er eben so lange; an das Kind selbst denkt dabei niemand. Hat sich der Vater jedoch über einen Verwandten geärgert, der ihm bei der Zeremonie behilflich sein sollte, dann wäscht er den Jungen in der ersten Woche nach der Initiation. Diese rituelle Waschung beendet die Zeit der Isolierung. Von der Mutter erhält der Knabe nun einen kunstvoll geflochtenen Gürtel, Muschelschmuck und eine schön verzierte Kürbisflasche mit durchbrochenem Flachlöffel. All das trägt er unter dem Arm, wenn er Männer begleitet, die in seinem Namen Nahrungsmittel, *talibun* oder *kinas* zu anderen Leuten bringen. Er soll sich nun viel im Männerhaus aufhalten, nimmt aber jede Gelegenheit wahr, zu den Frauen zu flüchten. Je mehr er sich männlicher Reife nähert, um so eifersüchtiger beobachten sein Vater und die älteren Brüder sein Verhalten ihren jüngeren Frauen gegenüber, vor allem, wenn er auf dem Frauenweg einhergeht.

Die Frauen bleiben aber für den Knaben eine festgefügte Gruppe, die ihm Essen, Rückhalt und auch Zuneigung bietet, gleichgültig, ob es Frauen seiner Blutsverwandtschaft oder die weiblichen Angehörigen seiner künftigen Frau sind. Diese pflegt eine Tochter von Halbbrüdern oder Vettern mütterlicherseits zu sein. Er redet sie mit dem Namen seiner Mutter, *aiyai*, an. Alle kleinen Mädchen vom Clan der Mutter, auf die er seine Hoffnungen richtet, nennt er so. Eine dieser »Mütter« wird eines Tages seine Frau sein. Die Geschenke, die sein Vater in seinem Namen verteilte, als er noch ganz klein war – solche Geschenke muß er jetzt selber zu den Brüdern der Mutter bringen –, gelten als eine Art »Handgeld«, durch das er Anspruch auf eine Frau aus dem mütterlichen Clan erhält. Auf diese Weise bleibt ein Clan mit dem anderen von Generation zu Generation verbunden; denn die Männer jedes Clans besitzen ein Pfandrecht[26] gegenüber den Frauen des anderen. Für den Jungen teilen sich die Frauen also in die Gruppe, auf die er sich stützt und zu der alle *aiyai* einschließlich der eigenen Mutter, deren Schwestern, die Frauen der Vater-Brüder, die Frauen der Mutter-Brüder und die Töchter der Mutter-Brüder gehören; und in die andere Gruppe, der Schwestern des Vaters und ihren Töchtern. Ihnen gegenüber ist sein Benehmen förmlicher, weil keine von ihnen seine Mutter, seine Frau oder seine Schwiegermutter sein kann – die drei Verwandtschaftsgrade, die für die Tchambuli zusammengehören. Bei der Heirat müssen für die Braut außer den bei kultischen Anlässen gesandten Geschenken noch viele *kinas* und *talibun* gezahlt werden, und wegen dieser Zahlungen ist der junge Mann von seinen nächsten männlichen Verwandten abhängig. Ein Waisenknabe, sofern man ihn überhaupt am Leben läßt, hat wenig Aussicht, in jungen Jahren eine Braut zu finden. Er ist das Kind von niemandem – wie kann er da hoffen, eine Frau zu bekommen?

Da die Einstellung des jungen Mannes zu den Frauen aufrichtig und offen ist und es zwischen ihnen keine Komplikationen durch widerstreitende Verhaltensweisen gegenüber Mutter, Schwester, Ehefrau und Schwiegermutter gibt, so bilden auch die Frauen des Hauses, in dem er aufgewachsen ist, eine festgefügte Gruppe. Wenn ein Mädchen heiratet, kommt es nicht in das Haus eines Fremden, sondern zu einer Schwester ihres Vaters, die nunmehr ihre Schwiegermutter wird. Hat der Vater zwei Frauen, so sind sie meistens aus der gleichen Familie und häufig sogar Schwestern. Das Band zwischen zwei Ehefrauen des gleichen Mannes gilt als sehr fest und hält auch nach der Trennung beim Tod des Mannes und der Wiederverheiratung der Witwen. Das Ideal des Tchambuli ist die Ehe eines Mannes mit zwei Schwestern, die als Bräute in ein Haus kommen, in das eine oder mehrere Schwestern des Vaters vor ihnen hineingeheiratet haben; die alte Frau am Feuer, die gelegentlich ein paar Nörgeleien von sich gibt, soll möglichst auch vom eigenen Clan stammen und so die jungen Frauen nicht hart oder ungebührlich behandeln. Das ungewöhnliche Bild des Zusammenhaltens und der Freundschaft zwischen zwei Ehefrauen und zwischen Schwiegermutter und Schwiegertöchtern kennzeichnet das Verhältnis der Tchambuli-Frauen untereinander. Die Tchambuli-Frauen arbeiten gemeinschaftlich; ein Dutzend findet sich zum Flechten eines der großen Moskitoschlafsäcke zusammen, deren Verkauf die meisten *talibun* und *kinas* einbringt. Gemeinsam kochen sie für ein Fest auf ihren Feuerstellen aus Lehm in runden Töpfen mit terrassenförmigen Aufsätzen, die dicht nebeneinander stehen und von einem Platz zum anderen bewegt werden können. In jedem Wohnhaus sind ein bis zwei Dutzend Feuerstellen, so daß keine Frau allein in einer Ecke zu kochen braucht. Der ganze Betrieb erweckt den Eindruck von Kameradschaft und zielstrebiger, fröhlicher Arbeit, die von Neckereien und lebhaftem Geplapper belebt wird. Bei den Männern dagegen herrscht immer Spannung und gegenseitiges Mißtrauen – hier eine bissige Bemerkung, dort eine versteckte Anspielung: »Warum hat er sich wohl drüben hingesetzt, als er dich auf dieser Seite sitzen sah?« – »Hast du Koshalan mit der Blume im Haar vorbeigehen sehen? Was er wohl vor hat?«

Der heranwachsende Knabe sieht die Welt, die er nun betritt, als ein Netz aus gegensätzlichen Richtungen, deren jede reizvoll ausgeschmückt ist. Er lernt, die Flöte so zu spielen, daß sie wie der Ruf des Kasuars oder wie Hundegebell, wie Vogelgeschrei, wie eine Orgel, wenn mehrere Flöten gleichzeitig geblasen werden, klingt. Wenn er schlau ist und sich beliebt zu machen versteht, kann er eines Tages zwei Frauen haben – oder sogar drei wie Walinakwon. Walinakwon sah gut aus, war ein anmutiger Tänzer und guter Redner; er war stolz und herrisch, aber zugleich höflich und findig. Seine erste Frau hatte er als Kind durch die Sippe der Mutter bekommen, und zwei weitere Frauen hatten ihn selbst gewählt. Er war ein glücklicher Mann. Alle drei Frauen konnten Moskitoschlafsäcke flechten, und Walinakwon war auf dem besten Wege, reich zu werden.

Trotz der männlichen Erbfolge und der Vielweiberei, bei der für die Frauen ein Kaufpreis erlegt werden muß – zwei Einrichtungen, von denen gewöhnlich angenommen wird, daß sie die Frau erniedrigen –, haben bei den Tchambuli die Frauen die eigentliche Macht. Das patrilineare System umfaßt Häuser und Landbesitz zum Bewohnen und zum Bestellen; von der Möglichkeit des Landbestellens machen jedoch nur besonders tatkräftige Männer Gebrauch. Für die Nahrung ist man von der Fischerei der Frauen abhängig. Männer fischen niemals – es sei denn, daß plötzlich Fischschwärme im See erscheinen. Dann springen sie frohgemut in ihre Kanus und erlegen ein paar Fische mit Speeren. Auch bei Hochwasser, wenn der Uferweg überflutet ist, fischen sie manchmal nachts beim Schein der Fackeln zu ihrem Vergnügen. Für die Fische werden Sago, Taro und Betelnüsse eingehandelt. Das wichtigste Gewerbe, die Herstellung der Moskitosäcke – für zwei von ihnen kann schon ein gewöhnliches Kanu eingehandelt werden – betreiben ebenfalls nur die Frauen. Ihre Abnehmer sind vor allem die Stämme am mittleren Sepik, und die Nachfrage ist so groß, daß die Käufer bereits im voraus bestellen. Die Frauen überwachen auch den Erlös an *kinas* und *talibun*, überlassen aber den Männern die Durchführung des Tauschgeschäfts. Ein Mann betrachtet diese Reisen als eine Art Fest; sobald ihm ein endgültiges Angebot für einen Schlafsack vorliegt, zieht er, prächtig mit Federn und Muscheln geschmückt, los und verbringt ein paar genußreiche Tage mit der Transaktion. Er zögert und windet sich, macht einen Vorstoß, zieht sich wieder zurück, nimmt diesen *talibun*, weist einen anderen zurück, fordert eine noch schlankere oder besser geschnittene *kina*; und wenn die Tauschobjekte vor ihm ausgebreitet liegen, verlangt er, daß die Hälfte davon ausgewechselt und ihm mehr Auswahl geboten wird – etwa so, wie eine moderne Frau mit wohlgefülltem Portemonnaie in der Großstadt zum Einkaufen geht. Aber die *talibun*, *kinas* und Schnüre aus Conusringen, die er von der Reise mitgebracht hat, darf er nur mit Einverständnis seiner Frau wieder ausgeben. Erst hat er dem Käufer einen guten Preis abgeschwatzt, jetzt muß er die einzelnen Posten des Preises seiner Frau abschwatzen. Von Jugend auf ist dies die Einstellung der Männer gegenüber Besitz. Wirklichen Besitz, der einem tatsächlich gehört, bekommt man gegen schmachtende Blicke und zärtliche Worte von den Frauen. Hat man das Gewünschte erhalten, wird es ein Zahlpfennig im Spiel der Männer; es hat nichts mehr mit wirtschaftlichen Grundlagen des Lebens zu tun, sondern dient der Ehrung eines Schwagers oder der Aussöhnung eines Gekränkten. Der ständige Kleinkrieg zwischen den Männern, die Besänftigung verletzter Gefühle muß durch die Arbeit der Frauen finanziert werden. Wenn eine Frau im Sterben liegt, so denkt sie an die jungen Männer, denen sie geholfen hat, an ihren Sohn, den Sohn der Schwester, den Sohn der Gatten-Schwester; wie wird es dem Jungen ergehen, der Waise ist und niemanden hat, der ihm weiterhilft, wenn sie selbst tot ist? Wenn noch Zeit bleibt, wird sie diesen Jungen holen lassen und ihm eine *kina* oder ein paar *talibun* geben. So ein hübscher Mensch wird sicher andere eifersüchtig machen und in Händel geraten; da braucht er dann die Mittel, sich wieder herauszuarbeiten.

Die Frauen bezeigen den Männern freundliche Toleranz und Wertschätzung. Sie haben Freude am Sport und Spiel der Männer, vor allem an den Theatervorstellungen, die diese für sie veranstalten. Ein besonderes Vergnügen bietet eine große Maskenschau. Bei einem *mwai*-Tanz zum Beispiel tanzen die Frauen um jede Maskengruppe herum. Die Männer tragen geschnitzte Holzmasken, die durch einen Kopfputz aus Blättern und Blumen gehalten werden, in die mit Stöckchen Dutzende von zarten kleinen Schnitzereien gesteckt sind. Jeder hat sich mit Polstern einen dicken Wanst zurechtgemacht, über den eine lange Kette aus mondsichelförmigen *kina*-Muscheln baumelt; sie hängt wie ein Elefantenrüssel über die Taille. Im Polster stecken grimassenschneidende, geschnitzte Gesichter. Die Beine sind von Strohgamaschen umhüllt. So schreiten die Männer von einer Plattform herab, die mit einer Gebirgskulisse als Hintergrund aufgebaut worden ist. Die beiden männlichen Masken tragen Speere, die beiden weiblichen Besen; sie blasen durch kleine Bambusmegaphone und lassen geheimnisvolle

Gesänge ertönen, während sie durch das Spalier zuschauender Frauen und Kinder einen Weg auf und ab paradieren. Die Masken sind clan-eigen, und wenn die Masken des eigenen Clans erscheinen, tanzen die Frauen um sie herum und heben sorgsam die Federn und Muscheln auf, die aus dem Zierat des Kostüms fallen. Auf dem Tanzplatz sind keine Männer außer den vielen, die in den Masken stecken; in den männlichen Masken sind ältere Männer, in den weiblichen frivole junge. Die Jünglinge finden ein seltsames, abartiges Vergnügen daran, sich halbverkleidet – meist haben sie wenigstens einer der Frauen die Besonderheiten der Gamaschen als Erkennungszeichen zugeflüstert – unter die Frauen zu mischen. Im Schutz ihrer weiblichen Maske dürfen sie an dem primitiven homosexuellen Spiel teilnehmen, das eine Gruppe von Frauen bei jeder festlichen Gelegenheit darzustellen pflegt. Sind keine Masken auf dem Tanzplatz, spielen die Frauen unter sich, indem sie den Verkehr pantomimisch karikieren. Wenn die maskierten Gestalten auftauchen, so werden die beiden weiblichen in das Spiel einbezogen, nicht jedoch die männlichen. Diese werden von den Frauen mit freundlichem Ernst behandelt, damit sie sich nicht verletzt fühlen. Den weiblichen Masken gegenüber verhalten sich die Frauen sehr aktiv, sie stoßen sie mit den Blätterbündeln, die sie in der Hand tragen, rempeln sie in deutlich herausfordernder Haltung an, kitzeln und necken sie. Diese zweideutige Situation, das Schauspiel, wie Frauen Männern in Frauenmasken den Hof machen, charakterisiert besser als alle anderen Kulthandlungen, deren Zeuge ich war, die Verwicklungen auf dem Gebiet der Sexualität. Die Männer sind zwar dem Namen nach Eigentümer der Häuser, sie sind Familienoberhaupt und sogar Eigentümer ihrer Frauen, aber die eigentliche Initiative und Macht liegt in den Händen der Frau. Den männlichen Masken wird geschmeichelt, einige Frauen, gewöhnlich die älteren und gesetzteren, tanzen mit ihnen und heben den Schmuck auf, den sie verlieren. Den weiblichen Masken gegenüber bekunden die Frauen aggressives sexuelles Verlangen und prahlen mit ihrem Recht zur Initiative. Die jungen Männer können ja mit ihren schweren, rutschenden Masken und unter der Aufsicht der älteren Männer in den männlichen Masken auch weiter nichts tun, als auf dem Tanzplatz auf und ab zu stolzieren und darauf zu warten, daß sich einzelne Frauen an sie pressen und ihnen etwas zuflüstern. Diese Zeremonien werden meist schon nach einer viel kürzeren Anzahl von Tagen, als vorgesehen war, abgebrochen, da Gerüchte über Liebschaften herumschwirren und die älteren Männer erschrecken, die nun finden, sie hätten ihre Ehefrauen zu keinem guten Zweck auf den Tanzplatz gelockt. Denn selbst wenn es unter dem Deckmantel des Tanzes zu keinen neuen Liebschaften gekommen sein sollte, erzeugt doch der Tanz bei den Frauen einen hohen Grad an sexueller Erregung, die in den nächsten Tagen nach Entladung drängen könnte. Die größte Freude an diesen Tänzen haben die jungen Ehefrauen älterer Männer.

Solche Feste sind den Frauen eine willkommene Abwechslung vom Alltag. Leichtfüßig und mit geschickten Händen huschen sie hin und her; von den Fischreusen zu ihren Flechtarbeiten, vom Kochen zum Fischen; immer sind sie gut aufgelegt. Fröhliche Kameradschaft und rauhe Scherze sind an der Tagesordnung. Zu einem Haushalt gehört häufig eine kleine Braut, ein Kind von zehn oder elf Jahren, das seinen Vetter, einen der Söhne des Haushalts, heiraten soll. Es fällt den Frauen nicht schwer, das kleine Mädchen an sich zu gewöhnen. Es ist die Tochter des Bruders, sie kennen es seit seiner Geburt; es ist eine willkommene Hausgenossin, der man verschiedene Handfertigkeiten beibringt und eine Feuerstelle zum Kochen anweist. Im Gegensatz zum Leben der Männer, das angefüllt ist mit kleinen Streitigkeiten, Mißverständnissen, Wiederversöhnungen, Dementis und Beteuerungen, denen Geschenke folgen, ist das Leben der Frauen ungewöhnlich frei von Gehässigkeit und Streit. Auf fünfzig Streitigkeiten der Männer kommt bei den Frauen höchstens eine. Ordentlich, emsig und ihrer Macht bewußt, sitzen sie mit ihren ungeschmückten Kahlköpfen lachend in Gruppen zusammen oder halten einen nächtlichen Tanz ohne Männer ab, bei dem jede Frau für sich allein den Tanzschritt ausführt, den sie am aufregendsten findet. Hier ist die Solidarität der Frauen, die Bedeutungslosigkeit der Männer wiederum erkennbar. Für dieses Verhältnis zwischen Männern und Frauen ist das Wohnhaus der Tchambuli charakteristisch, in dem die Frauen unerschütterlich einträchtig die Mitte beherrschen, während die Männer sich an der Tür oder der Hausleiter herumdrücken, geduldet, aber nicht gebraucht werden und sich bald gern wieder in das Haus der Männer zurückziehen, wo sie selber kochen, ihr eigenes Feuerholz sammeln, fast wie Junggesellen leben und sich gegenseitig argwöhnisch beobachten.

Die Gespanntheit unter den Männern der Tchambuli entwickelt sich im Alter der Brautwerbung. Keiner weiß, auf wen die Wahl einer Frau fallen wird, man kann nur wünschen, hoffen und seine Altersgenossen scharf im Auge behalten. Solche Brautwerbung entsteht durch die Anwesenheit von Witwen und unbefriedigten Ehefrauen. Unbefriedigte Frauen gibt es dadurch, daß man einem institutionalisierten Verhalten genauso ohne Rücksicht auf praktische Überlegungen treu bleibt wie die Mundugumor ihrer Tauschehe. Wenn von den »Müttern« seiner Generation, die ein Junge heiraten darf, keine etwas jünger ist als er, so teilt ihm die mütterliche Sippe eine Braut zu, die etwas älter ist. Während er noch unreif und unsicher ist und sich vor der Sexualität fürchtet, reift sie heran und wird vielleicht von einem seiner Brüder oder einem älteren Verwandten in ein Verhältnis gezogen. Die Brüder seiner Mutter werden das zu verhindern suchen, indem sie den Jungen lächerlich machen, wenn er sich nicht zu seiner versprochenen Frau in den Schlafsack legt; sie drohen ihm, daß es Schwierigkeiten geben und die Frau an einen anderen Clan verlorengehen könne. Durch diese Misere wird der Junge noch verschlossener und lehnt immer trotziger die Annäherungsversuche seiner Frau ab. Sie wird dann meist mit einem anderen Mann der Sippe verheiratet. Auch im Fall einer jungen Witwe ist ihre Wahl ausschlaggebend; denn kein Mann ist so töricht, für eine Frau zu bezahlen, die ihm ihre Zuneigung nicht dadurch zu verstehen gegeben hat, daß sie mit ihm schläft. Das wäre, so meinen sie, weggeworfenes Geld. Eine junge Witwe ist eine große Belastung für die Gemeinschaft. Niemand erwartet von ihr, daß sie bis zur Wiederverheiratung enthaltsam lebt. Hat sie denn vielleicht keine Vulva? Der übliche Kommentar in Tchambuli lautet: »Sind denn die Frauen passive, geschlechtslose Geschöpfe, von denen man verlangen kann, daß sie zusehen, wie mit den Formalitäten wegen des Brautpreises die Zeit vertrödelt wird? Von den Männern, bei denen ja das Sexuelle nicht so vordringlich ist, kann man eher erwarten, daß sie sich den Regeln und Vorschriften fügen!«

Doch der Verlauf von treuer Liebe ist hier, wo Frauen herrschen, nicht weniger unsanft als in einer von Männern beherrschten Gesellschaft. Manchmal wird in Schilderungen von Heiratsvereinbarungen die Auffassung vertreten, daß unter der Vorherrschaft von Frauen die Frau zwangsläufig die Freiheit hat zu heiraten, wen sie will, aber das ist wohl ebensowenig ein zwangsläufiges Ergebnis einer Frauengesellschaft wie die Freiheit des Jünglings, selbst seine Frau zu wählen, in einer Männergesellschaft unvermeidlich ist. Der Ehrgeiz einer Mutter kann auch in einer patriarchalischen Gesellschaft die Ehe ihres Sohnes zum Scheitern bringen, und auch bei den Tchambuli läßt man Söhnen und Töchtern nicht mehr Freiheit, als unbedingt erforderlich ist. Das Ideal ist, die Heirat zwischen einem Vetter und seiner Base schon in deren Kindesalter zu arrangieren und auf diese Weise wenigstens einigen Schwierigkeiten zuvorzukommen. Es hängt später vom Charme des Mannes ab, ob es ihm gelingt, weitere Ehefrauen zu erwerben. Eifersüchtig betrachten die älteren Männer die zunehmende Schönheit jüngerer Brüder und später ihrer Söhne, die ihnen bei den eigenen jungen Frauen gefährlich werden kann, deren Gunst sie sich vielleicht beim letzten Aufflackern der Kraft ihrer mittleren Jahre erworben haben. Die jungen Männer beklagen sich bitter darüber, daß die älteren alle Mittel und Methoden anwenden, um ihre jungen Rivalen auszustechen und sie in den Augen der Frauen herabzusetzen.

Die wirkungsvollste Methode, einen jungen Rivalen zu diskreditieren, ist zu behaupten, daß er Waise sei. Der Vater pflegt für seinen Sohn bis zu 20 Prozent vom Kaufpreis der jungen Frau zu bestreiten, den Rest bringt der Clan auf. Dabei wird der Hauptbeitrag von dem Mann oder den Männern geleistet, dessen bzw. deren Heirat vor allem vom Vater des Bräutigams finanziert worden war. Wenn ein Knabe verwaist ist, so bedeutet das also nicht, daß er nicht in der Lage ist, für die Braut zu zahlen, sondern nur, daß er in einer exponierten Lage ist, die von anderen Männern ausgenützt werden kann. So kommt es vor, daß ein lüsterner Greis, der sich schon dem Grabe nähert, grausam seine Macht ausnützt, um sich zwischen einen elternlosen Jüngling seines Clans und die junge Witwe zu drängen, die ihre Neigung für den Jungen zu erkennen gegeben hat. Wir wurden Zeugen eines dramatischen Falles solcher Art. Tchuikumban war Waise; sein Vater und seine Mutter waren Kopfjägern zum Opfer gefallen, und sein Clan war am Aussterben. Er war jedoch groß und schlank, von einnehmender Anmut, wenn auch herrischer und arroganter, als die Männer der Tchambuli zu sein pflegen. Yepiwali, ein Mädchen aus dem Clan seiner Mutter, war schon als Kind in ein anderes Dorf verheiratet worden, und Tchuikumban hatte sie seitdem nicht mehr gesehen. Etwa zu der Zeit unseres Eintreffens in Tchambuli sahen sich die potentiellen Gefährten Yepiwali, die seit vielen Monaten Witwe war, und Tchuikumban, der unbeweibte Waise aus einem armen Clan, täglich. Yepiwali, die an einer heftigen Frambösie (einer Hautkrankheit) litt, war zu Besuch bei ihren Eltern; Tchuikumban half beim Bau des neuen Männerhauses von Monbukimbit, ein Dienst, den Neffen den Brüdern ihrer Mutter leisten müssen. Als Yepiwali Tchuikumban erblickte, fand sie sofort Gefallen an ihm. Sie erzählte einer alten Frau, Tchuikumban habe ihr zwei Armreifen geschenkt, was zwar nicht stimmte, aber sie hoffte, damit Tchuikumbans Zuneigung zu erwecken. Dann schickte sie ihm durch seinen Schwager einen Fischkopf; er aß ihn, ging auf ihre Anbahnungsversuche jedoch nicht ein. Einige Tage später erhielt Tchuikumban ein paar Schlangenvögel. Yepiwali erfuhr das und ließ ihm sagen: »Wenn du irgendwelche Knochen hast, schick mir als Gegengabe für meinen Fischkopf ein wenig von den Schlangenvögeln.« So sandte ihr Tchuikumban die Brust eines Schlangenvogels. Am nächsten Tag ging er nach Kilimbit und traf unterwegs Yepiwali. Sie sprachen sich nicht an, aber Yepiwali sah, daß Tchuikumban einen neuen weißen Gürtel trug, den er bei unseren Dienern eingehandelt hatte. Am gleichen Abend ließ sie ihm sagen, er solle ihr diesen Gürtel sowie ein Stück Seife und Zündhölzer schicken, wenn er »Knochen« habe. Diese Bitte erfüllte Tchuikumban ebenfalls.

Yepiwalis Vater war der Ansicht, es sei höchste Zeit, die verwitwete Tochter zu verheiraten. Es waren bereits Gerüchte über ihre Liebschaften im Umlauf, und man durfte sie nicht länger unverheiratet lassen. Er konnte aber nicht selbst mit ihr darüber sprechen und beauftragte deshalb seinen Vetter Tchengenbonga, den sie »Bruder« nannte, mit ihr zu reden. Tchengenbonga fragte sie, welchen der »Söhne« sie heiraten wolle, und sie erzählte ihm, daß Tavalavban versucht habe, ihre Zuneigung zu gewinnen; er habe sie auf einem Weg getroffen und ihre Brüste angefaßt, aber sie möge ihn nicht. Sie zeigte die Geschenke, die sie Tchuikumban entlockt hatte und erklärte, daß sie ihn heiraten wolle. Tchengenbonga bat sie um den Gürtel, und sie gab ihn ihm. Tchuikumban sah den Gürtel an Tchengenbonga, sagte aber nichts. Bald darauf warb ein Mann aus einem Nachbardorf um Yepiwalis Hand, wurde aber nach langen Verhandlungen abgelehnt. Das geschah jedoch erst, nachdem bekannt wurde, daß sie Tchuikumban erwählt hatte.

Bei Tchuikumbans Verwandten tauchte die Frage auf, für Yepiwali zu zahlen; sie weigerten sich jedoch, weil sie nicht Moskitokörbe zu flechten verstand. Was sollte der Junge mit einer Frau, die nicht für seinen Unterhalt sorgen konnte? Der Pflegevater war unerbittlich: »Du bist ein Waisenkind. Wie kannst du erwarten, eine Frau deiner Wahl zu heiraten? Das Mädchen taugt nichts. Sie ist vom losen Leben verbraucht. Sie kann nicht flechten. Was hast du davon, wenn du sie heiratest?« Tchuikumban verdroß das. Als er bald darauf Yepiwali auf einem verlassenen Pfad begegnete und sie lächelnd stehenblieb, floh er beschämt, weil er als Waise nicht wagen wollte, sich ihr in Liebe zu nähern. Yepiwali verlor die Geduld. Sie hatte diesen Mann doch erwählt – warum zögerte er also? Sie schickte an die Männer des Nachbardorfes zwei Körbe mit Lebensmitteln und ließ ihnen ausrichten, in ihrer Ortschaft hätten die Männer keinen Mumm, so solle einer von ihnen kommen und sie entführen. Ihre Verwandten wurden beunruhigt. Sie wurde nun überwacht. Mitten in die Zeremonie und die Bestürzung eines Trauerhauses platzte das Gerücht, Yepiwali habe sich heimlich mit jemandem getroffen; dieser Mann entpuppte sich als ein älterer Mann des Clans namens Akerman, der das Recht, sie zu heiraten, hatte. Obwohl sie Tchuikumban noch liebte, wenn sie auch auf ihn und alle jungen Männer einen großen Zorn hatte, wurde sie mit Akerman verheiratet. Eine ältere Frau tröstete sie mit den Worten: »Akermans erste Frau ist die Schwester deines Vaters. Sie wird dich freundlich behandeln, obwohl du keine Moskitokörbe flechten kannst.« Akermans erste Frau war eine vorzügliche Korbflechterin; Akerman selbst war alt und wohlhabend, und es ging niemanden etwas an, wenn er sich eine junge Frau nahm. So endete eine Liebesangelegenheit, weil der junge Mann Waise und die Frau nicht fähig war, für einen jungen Ehemann zu sorgen.

So gibt es den Streit um Frauen, der bei den Arapesh geächtet und bei den Mundugumor ein wichtiger Bestandteil des Kampfes und des Widerstreits im Leben ist, also auch bei den Tchambuli, wo alte und junge Männer heimlich um die Gunst der Frauen streiten – aber das Ringen findet meist im Untergrund statt. Es ist kein offener Kampf, sondern ein geheimer Wettbewerb, in dem junge Männer wie junge Frauen dem Willen der älteren gegenüber meist den kürzeren ziehen.

Aufschlußreich für die Stellung der Geschlechter sind auch die Geheimkulte der Männer und die Heiligkeit der Männerhäuser. Diese sind eine Verbindung von Klub und Konversationszimmer; die Männer können sich dahin zurückziehen, um den Frauen aus dem Weg zu gehen und ihr Essen selbst zu bereiten; auch dienen ihnen diese Räume als Werkstatt und Umkleideraum für Zeremonien. Frauen betreten diese Häuser nur bei bestimmten zeremoniellen Anlässen. Soll ein Kind skarifiziert werden, so betritt die Frau, die das Kind trägt, das Männerhaus in großer Aufmachung und sitzt stolz auf einem Schemel. Wenn die Männer streiten, versammeln sich die Frauen auf den Hügeln und rufen mit lauter Stimme Ratschläge und Anweisungen ins Kulthaus hinunter, wo die Debatte stattfindet; sie sind auch mit Pfählen und Knüppeln bewaffnet, um notfalls in den Kampf einzugreifen. Kulthandlungen wie das Schlagen der Wassertrommeln und das Flötenspiel sind den Frauen kein Geheimnis, sie hören aber andächtig zu, wenn die »Stimme des Krokodils« ertönt. Ich fragte sie: »Wißt ihr denn, wie dieses Geräusch entsteht?« – »Natürlich, das ist die Wassertrommel, doch sagen wir nicht, daß wir das wissen, sonst würden sich die Männer ja schämen.« Als ich junge Männer fragte, ob ihre Geheimnisse den Frauen bekannt seien, antworteten sie: »Ja, sie kennen sie, sind aber so freundlich, so zu tun, als kennten sie sie nicht, weil sie fürchten, daß wir uns schämen würden. Und wir schämen uns vielleicht so arg, daß wir sie schlagen.«

»Wir schämen uns vielleicht so arg, daß wir sie schlagen.« In diesem Satz liegt der ganze Widerspruch der Tchambuli-Gesellschaft: die Männer herrschen dem Namen nach, spielen aber eine emotional unterwürfige Rolle, sind wirtschaftlich von den Frauen abhängig und überlassen ihnen auch auf sexuellem Gebiet die Führung. Die Steine, die die Frauen zur Selbstbefriedigung verwenden, werden von den Männern gestohlen und als Liebeszauber verwandt: es erfüllt sie nämlich mit Groll, wenn sie nicht Nutznießer der stärkeren weiblichen Sexualität sein sollen. Was die Frauen denken, sagen, tun werden, diese Frage beschäftigt unbewußt jeden Mann, wenn er die dünnen Fäden seiner unbeständigen Beziehungen zu anderen Männern knüpft. Jeder Mann steht allein, spielt eine Vielzahl von Rollen, heute mit diesem, morgen mit jenem verbündet, während die Frauen eine beständige Gruppe bilden, keine Rivalität aufkommen lassen und immer lebhaft, hilfsbereit und heiter sind. Sie füttern ihre Söhne und ihre jungen männlichen Verwandten mit Lotossamen und Lilienwurzeln; den Ehemännern und

Liebhabern teilen sie Liebe in angemessener Portion zu. Und doch sind die Männer stärker; sie dürfen ihre Frauen prügeln, und diese Möglichkeit verwirrt den Zustand weiblicher Herrschaft und männlicher untertäniger, koketter Werbung ein wenig.

XVI
Die Außenseiter der Tchambuli

Das Männer- wie das Frauenideal der Tchambuli steht in scharfem Gegensatz zu den entsprechenden Idealen sowohl der Mundugumor als auch der Arapesh. Bei diesen beiden Stämmen spielen Männer und Frauen die gleiche gesellschaftliche Rolle, während sie sich bei den Tchambuli als Gegensätze ergänzen. Arapesh wie Mundugumor pflegen zwischenmenschliche Beziehungen in erster Linie im eigenen Interesse; die Tchambuli aber widmen sich wenigstens der Idee nach unpersönlichen künstlerischen Zwecken. Die Mundugumor erhöhen das eigene Ich bei den Versuchen, andere in ihren Dienst zu zwingen, die Schwachen unbarmherzig auszunutzen und die starken Gegner beiseite zu schieben; die Arapesh bemühen sich eher, das Ich zu entmutigen – für sie ist das Ideal von Mann und Weib in dem Individuum verkörpert, das seine Erfüllung in der Hingabe an die Interessen anderer findet. Sowohl die Mundugumor wie die Arapesh betonen dabei jedoch nachdrücklich das Persönliche. Die Struktur ihrer Gesellschaft wird dauernd zugunsten persönlicher Bedürfnisse und Wünsche verbogen und durchbrochen und ihnen angepaßt; sie empfinden diese Struktur keineswegs als so gültig und schön, daß der einzelne zu ihrer Erhaltung und Verfeinerung zurückzutreten hätte und sie den Tanz für wichtiger nehmen müßten als den Tänzer.

Die Tchambuli dagegen schätzen in erster Linie ihr kompliziertes soziales Leben, ihre endlosen zyklischen Feste und Tänze, die strahlende Außenseite ihrer Wechselbeziehungen. Weder Männer noch Frauen verfolgen persönliche Interessen; die Frau arbeitet in einer großen Verwandtschaftsgruppe, der Mann gehört verschiedenen Verbänden an, deren Zwecke und Ziele er miteinander in Einklang bringen soll. Die Frauen fischen und legen immer wieder ihre Reusen aus, rudern in der Morgendämmerung auf den See hinaus, steigen wieder zu ihren Häusern hinauf, um den Rest des Tages mit dem Flechten von Moskitosäcken zu verbringen, mit dem sie noch mehr *kinas* und *talibun* in Umlauf setzen werden; und die *kinas* und *talibun* sind es ja, die das kultische Leben in Gang halten, da jeder Tanz, jede Zeremonie große Ausgaben für Speisen und Wertsachen erfordert. Diese Leistungen vollbringen die Frauen mit nüchterner, nachdrücklicher Tatkraft, sie arbeiten nicht in erster Linie für den Mann oder den Sohn, sondern dafür, daß ein Tanz in großer Pracht vor sich gehen kann.

Wenn es Sache der Frauen ist, die Mittel für einen Tanz bereitzustellen, so ist es die Pflicht der Männer, zu tanzen und die Schritte und Noten so zu vervollkommnen, daß die Zeremonie zu einem großen Erfolg wird. Der Beitrag der Frauen ist allgemeiner Art: sie beschaffen Geld und Essen; die Leistung der Männer entspricht ganz spezifisch der jeweiligen Situation und ist eine Angelegenheit intensivsten Trainings. Ansehen durch persönliche Heldentaten zu erwerben, ist so gut wie unmöglich; denn gekaufte Opfer, die auf dem geweihten Boden dargebracht werden, sind an die Stelle der durch persönliche Tapferkeit im Krieg getöteten Feinde getreten. Heiraten werden in völlig konventioneller Weise vereinbart, wobei alte gefühlsmäßige Beziehungen und Blutsbande eine sichere Grundlage für die Lebensführung bilden.

Dieses Idealbild von einem unpersönlichen, künstlerischen Utopia wird den Leser vielleicht überraschen nach allem, was im letzten Kapitel über Streitigkeiten, verletzte Gefühle und Intrigen gesagt wurde, die für das Leben der Männer so charakteristisch sind. Und so war diese Beschreibung auch gedacht; denn die Tchambuli wählten ebenso wie die Mundugumor und die Arapesh einen für die menschliche Natur allzu einengenden Weg, einen, der zu speziell ist, als daß er allen Temperamenten entsprechen könnte. Noch komplizierter wird es durch ihre Vorschrift, daß ein Mann anders zu fühlen und zu handeln habe als eine Frau, wodurch ein neues Erziehungsproblem auftaucht. Wenn Knaben und Mädchen solch unterschiedlichen Einstellungen dem Leben gegenüber angepaßt werden müssen, so könnte man eigentlich erwarten, daß schon die Erziehung der frühen Jahre starke Unterschiede aufweist. Ist sie aber bei beiden Geschlechtern bis zum Alter von sechs oder sieben Jahren vollkommen gleich, dann wird das Mädchen von den Frauen rasch in deren nüchternes Arbeitsleben eingeführt, während dem Knaben keine entsprechende Schulung für seine künftige Rolle zuteil wird. Er ist zu alt für das Leben unter den Frauen, zu jung für das der Männer. Er ist noch nicht alt genug, um im Innern der Männerhäuser zugelassen zu werden, wenn geheime Vorbereitungen im Gang sind; denn man kann sich nicht auf seine Verschwiegenheit verlassen. Er ist noch zu jung, um die großen Flöten fehlerlos spielen zu lernen; man kann ihm auch noch nicht die schwierigen geheimen Clan-Gesänge anvertrauen, die er später durch ein Megaphon posaunen wird. Wenn es sich nur um Geschicklichkeit, um das Erlernen einer glatten, perfekten Technik handelte, so könnte man die Jungen schon zu kleinen Virtuosen ausbilden; aber die Verschwiegenheit des Künstlerraums – eine Erbschaft des *tamberan*-Kults auf Neuguinea – macht das unmöglich. Diese Geheimnistuerei, die ohne allen Grund ist, lastet wie ein schweres Gewicht auf den Interessen der Tchambuli und ist gleichzeitig ihr Verhängnis. Sie macht es unmöglich, den heranwachsenden Jungen zur Hingabe an etwas außer ihm Liegendes zu erziehen. Die Stellung des Achtjährigen zeigt sich deutlich bei der Einteilung der Teilnehmer an einer großen Zeremonie. In dem Künstlerraum hinter den Wandschirmen aus Palmblattmatten befinden sich die alten und die jungen Männer sowie die kürzlich initiierten Knaben, die auf kleinen Botengängen hin- und herrennen müssen. Auf dem Tanzplatz sind Gruppen von Frauen und Mädchen; einige tanzen mit den Masken, andere sitzen heiter plaudernd herum. Die kleinen Mädchen tanzen oder sitzen bei den Frauen, halten die kleinen Kinder oder schälen Zuckerrohr für die größeren; sie identifizieren sich ganz mit ihrem eigenen Geschlecht. Nur die kleinen Jungen sind ausgeschlossen. Sie gehören nirgendwohin, sind allen im Weg. Verdrossen hocken sie auf Holzklötzen zusammen. Gelegentlich gibt ihnen jemand Essen, das sie wegtragen und mürrisch allein verzehren, wenn es ihnen nicht von einem anderen kleinen Jungen in gleicher Lage streitig gemacht wird. Alles feiert, nur sie nicht.

Diese Zeitspanne von drei oder vier Jahren, in der sie nirgendwohin gehören, wirkt im späteren Leben der Jungen nach. Wenn sie für die Männer oder für die größeren Jungen Botengänge machen sollen, fühlen sie sich, da man sie ja bisher auch nicht brauchen konnte, natürlich ausgenützt. Abends werden sie von den Großen zu den Frauen nach Hause gejagt, wo sie mit neutraler Freigebigkeit verwöhnt werden, was sie noch mehr reizt. So sitzen sie herum und hören dem Flötenspiel zu. Sie wissen, daß sogar die Frauen die Geheimnisse kennen; die kleinen Schwestern, die allerhand von den Gesprächen der Frauen aufgeschnappt haben, unterbrechen ihre kichernde Unterhaltung über irgendeine Zeremonie, wenn ein noch nicht initiierter Knabe sich nähert. Niemand sagt ihnen, daß der Aufschub ihrem eigenen Interesse dienen soll, wie das die Arapesh ihren kleinen Jungen gegenüber tun. So nehmen sie an, daß die älteren Männer sie aus Bequemlichkeit ausschließen und brüten in einem dumpfen Groll vor sich hin, der sich nie wieder ganz verliert. Sie bleiben das ganze Leben hindurch überempfindlich. Allmählich werden sie einer nach dem anderen in die Geheimnisse eingeweiht, aber das hinterläßt nur den Eindruck, daß ihnen schöne, furchterregende Dinge gezeigt worden sind – das religiöse Gefühl fehlt bei den Tchambuli. Das schöne, beinahe Furcht einflößende Schauspiel als Endergebnis einer Produktion kennt der kleine Junge seit seiner Kindheit. Die Geheimnisse des Künstlerraums aber bestehen aus weiter nichts als kleinen Abfällen, Halbmasken und unbemalten Wimpeln: lauter Überreste von der Vorbereitung der Zeremonie. Mit der Initiation treten sie in eine Gruppe ein, die bereits von Mißtrauen und Rivalität durchsetzt ist und einer Ballettgruppe ähnelt, in der die Unterordnung aller unter die Regeln mit dem Ehrgeiz und der Eitelkeit jedes einzelnen in Konflikt gerät. Die stückweise Einführung in die Geheimnisse und die Art, in der man die Jungen mitlaufen läßt, ohne ihnen eine persönliche Aufgabe zu überlassen, vervollständigt ihr Unglück, und die vollkommene Hingabe an den Tanz, wie es das Ideal der Tchambuli vorschreibt, wird nie erreicht.

Diese leichte Trübung der Einstimmigkeit und Harmonie der Darsteller ändert nichts an der freundlichen Oberfläche des Lebens der Tchambuli. Das Spiel geht weiter; neue Masken mit Schlitzaugen und dem Gesicht eines Werwolfs, neue Flöten mit zierlichen kleinen Vögeln werden geschnitzt, und wenn die Sonne über dem glatten, unwirklichen See versinkt, erhebt sich aus den Kulthäusern Flötenspiel. Wenn den Tänzern ihre eigenen Tanzschritte auch wichtiger sind als der Tanz selbst, so ist ihre Leistung doch vollendet. Ein Hauch von Unwirklichkeit liegt über dem ganzen Leben. Echte Empfindungen werden durch zeremonielle Vorschriften so verhüllt, daß alles Gefühl etwas unwirklich wird, bis der Ausdruck von Zorn und Angst auch nur noch als Tanzfigur erscheint. So ertönen vom sumpfigen Ende des Sees, wo junge Männer baden, Angstschreie, Hilferufe und Todesröcheln. Niemand ertrinkt jedoch – obschon auch Fälle von Ertrinken vorkommen: vergangene Woche ertrank tatsächlich das Kind von Kalingmale, als es in tiefes Wasser geriet und von Schlingpflanzen festgehalten wurde. Aber hier schreien die jungen Leute nur zum Spaß – sie spielen »Ertrinken«. Nicht weit davon entfernt sitzt Kalingmale und schaut auf eine Axt, die ihm die Frauen weggenommen haben. Seine Frau hat ihn dafür verantwortlich gemacht, daß das Kind sich ins Wasser verirrte; er aber will die Mutter mit der Axt töten, weil sie dabei war, als das Kind ertrank, und nicht selbst ertrunken ist. Zweimal ist er schon auf sie losgegangen, und nun lassen ihn die anderen Frauen nicht mehr aus den Augen. Aber unten am See lachen die jungen Leute krampfhaft über das von den verschiedenen jungen Stimmen realistisch kopierte Todesröcheln.

Oder man erfährt, eine Frau sei von einem fremden Stamm geraubt worden. Beim Fischen wurde sie überfallen und entführt, um zur Frau eines Feindes gemacht zu werden. Die jungen Männer im Kulthaus versehen witzelnd Kürbisflaschen mit Schnitzereien. »Bist du zornig, daß deine Schwester geraubt worden ist?« fragt einer den Bruder dieser Frau. »Das weiß ich noch nicht«, lautet die Antwort, »die alten Männer haben noch nichts gesagt.«

Aber unter der Oberfläche dieses heiteren Unbeteiligtseins, das Teil der Lebensordnung ist, in der Anmut der Form über elementare Empfindungen gestellt wird, verbirgt sich eine tiefere Ursache für Anpassungsmängel. Es wurde schon geschildert, daß in der Tchambuli-Gesellschaft trotz ihres patriarchalischen Systems die Frauen dominieren. Obgleich ihre Persönlichkeit sogar noch weit beherrschender und bestimmter ist als bei Frauen in einem matrilinearen System, sind sie theoretisch doch dem Manne unterworfen – schließlich werden sie gekauft und bezahlt, ein Umstand, der oft erwähnt wird. So wächst der Knabe mit einer Reihe von widersprüchlichen Vorstellungen auf; er hört, daß der Vater die Mutter gekauft hat, wieviel er für sie bezahlte und wieviel er nun für die junge Frau seines Sohnes wird bezahlen müssen. Er hört Bemerkungen wie die vorhin zitierte: »Wir schämen uns vielleicht so sehr, daß wir sie schlagen werden.« Er sieht junge Mädchen, die mit ihrem Verlobten nicht einverstanden sind, eine Liebschaft anfangen, schwanger werden und, von Männern und Frauen gequält, die Hausleiter hinunterrasen und felsige Pfade hinauf- und hinabstürmen, um eine Fehlgeburt herbeizuführen. Und er sieht, daß sie zuletzt doch selbst wählen dürfen. Gleichzeitig erkennt er, daß das Leben ganz auf die Frauen abgestellt ist, daß die Feste für die Frauen veranstaltet werden, daß sie das erste und das letzte Wort bei allen wirtschaftlichen Entscheidungen zu sagen haben. Alles, was er von der Sexualität weiß, zeigt ihm das Recht der Frauen auf Initiative. Ein zum Gatten erwählter

Junge erhält von dem Mädchen, das ihn erwählt hat, ein Geschenk; den Männern hilft ihr Verlangen nach einer Frau nicht viel, wenn die Frau nicht selbst aktiv interessiert ist; es kann sein, daß sie Selbstbefriedigung vorzieht. Hier liegt ein Konflikt an der Wurzel seiner psychosexuellen Anpassung; seine Gesellschaft sagt ihm, daß er die Frauen beherrscht, seine Erfahrung zeigt ihm auf Schritt und Tritt, daß die Frauen ihn beherrschen wollen, so wie sie seinen Vater und seinen Bruder beherrschen.

Die Herrschaft der Frauen ist eine weit größere Realität als die Machtstellung der Tchambuli-Männer, die sich schon in jungen Jahren daran gewöhnen, sich den Wünschen der Frauen anzupassen. Im Giebel der Kulthäuser steht, von Vorhängen verdeckt, die Holzstatue einer Frau mit einer übertrieben groß dargestellten Vulva, die mit grellroter Farbe bemalt ist. Das ist das Symbol, das die männliche Gefühlswelt beherrscht. Die Mehrzahl der heranwachsenden Männer findet sich mit den gegebenen Umständen ab, aber wie in den beiden bereits untersuchten Kulturen gibt es auch bei den Tchambuli Männer, die sich nicht anzupassen vermögen. Sie gehören zur gleichen Kategorie wie die Anpassungsunfähigen der Arapesh: gewalttätige, besitzgierige, mit einer aktiven Sexualität versehene junge Männer, jeder Kontrolle feindlich und jeder Aktivität gegenüber, die nicht von ihnen selbst ausgeht, unduldsam gesinnt. Bei den Arapesh haben solche Jünglinge die ganze Gesellschaft gegen sich; für ihren Argwohn und ihr Mißtrauen können sie höchstens bei dunklen Gestalten der Folklore und bei altmodischen Gartenzaubern Unterstützung finden. Wenn sie ihre Ehefrauen hitziger bedrängen, als es ihnen nach dem Gefühl der Arapesh vorgeschrieben ist, empfinden diese es wenigstens nicht als einen Eingriff in ihre weiblichen Vorrechte. Bei den Tchambuli sind die Verhältnisse jedoch komplizierter. Der gewalttätige junge Mann mit dem Bedürfnis, die Initiative zu ergreifen und zu befehlen, findet bei den Tchambuli formal sehr viel mehr Rechtfertigung. An den Wänden der Kulthäuser hängen viele Köpfe angeblich erschlagener Feinde. Hat ein Knabe jahrelang von den Kopfjagden geträumt, entdeckt er eines Tages, daß es sich um die Ausbeute des Schachers mit Verrätern handelt, nicht um Kriegstrophäen. Er sieht, daß seine zukünftige Frau gekauft und bezahlt wird, und er meint, er kann dann mit ihr tun, was er will. Das alles verwirrt ihn. Diese jungen Männer fallen bei den Tchambuli mehr aus dem

Rahmen ihrer Gesellschaft als die Außenseiter anderer Völker, die ich kennenlernte. Táukumbank war mit einem Hautausschlag behaftet; nach einer kurzen Abwesenheit von seinem Dorf hatte er seine eigene Sprache vergessen und mußte sich mit seinem Vater in dem Händlerjargon der Leute vom mittleren Sepik unterhalten. (Seine Verwirrung wurde noch dadurch verstärkt, daß die Ehe seiner Eltern regelwidrig war, so daß er zwei einander verfeindeten Sippen angehörte und sich in dem Gesellschaftssystem gar nicht mehr auskannte.) Tchuikumban litt an hysterischer Taubheit und hörte keinen an ihn gerichteten Befehl. Yangitimi hatte eine Furunkulose und wurde immer lahmer und eigenbrötlerischer. Kaviwon, ein junger, muskulöser Bursche, der Sohn des von der Regierung eingesetzten *luluai*, versuchte, auf Grund der Stellung seines Vaters das ganze Dorf zu terrorisieren. Aber sein Vater schüttelte nur die Locken und wich ihm aus. Eines Tages wurde Kaviwon von dem unwiderstehlichen Drang ergriffen, einen Speer in eine Gruppe schwatzender Frauen, seiner beiden Frauen und ihrer Schwestern, zu schleudern. Er sagte später ganz einfach, daß er ihr dummes Gelächter nicht mehr anhören konnte. Der Speer durchbohrte die Wange seiner Frau, die eine Weile in Lebensgefahr schwebte. Solche neurotischen Symptome und Ausbrüche kennzeichnen die jungen Männer, denen immer noch gesagt wird, sie seien Herren in ihrem Heim, obgleich das längst nicht mehr den Tatsachen entspricht.

Die Frauen dieser zu keiner Anpassung fähigen jungen Männer leiden ebenfalls – nicht nur durch verirrte Speere, die ihre Wangen durchbohren; sie fühlen sich gezwungen, ihre Herrschaft stärker zu betonen. So ging es mit Tchubukéima, der Frau von Yangitimi, einer schönen großen Person mit dem Temperament einer Primadonna. Während ihrer Schwangerschaft kümmerte sich Yangitimi wenig um sie; er war mürrisch, seine Furunkel wurden schlimmer. Sie rächte sich, indem sie ständig öffentlich unter möglichst aufsehenerregenden Umständen in Ohnmacht fiel. Diese Anfälle machten die Befolgung strenger Riten nötig, sie brachten sehr viel Aufregung und Getue mit sich. Yangitimi gab sich vorübergehend besorgt. Als seine Frau ihre Geburtswehen bekam und mit der Hebamme und den Schwestern ihres Vaters, zwischen deren Knien eine Gebärende niederknien muß, sich zurückgezogen hatte, wurde Yangitimi seiner Rolle als hilfloser, bekümmerter Zuschauer am äußersten Ende des Hauses bald überdrüssig.

Er begann, mit dem Zauberer, der einen Zauberspruch über die Prozedur sprechen sollte, zu lachen und zu scherzen. Die Frau hörte sein sorgloses Lachen und wurde wütend. Sie stolzierte hinaus in die Mitte des Hauses, wo niemand sie vermuten würde. Sie stöhnte und jammerte. Er verstummte, und sie zog sich wieder zurück. Aber wieder drang dieses typisch banale Männergeschwätz an ihr Ohr. Abrupt hörte ihr rhythmisches Stöhnen auf, das zuletzt alle fünf Sekunden eingetreten war, und sie fiel in Schlaf. Sorge überfiel das Haus. Wenn ihre Kraft versagte, würden sie und das Kind sterben. Die Frauen versuchten, sie aufzuwecken. Die Männer wurden zum Schweigen gebracht. Sie wachte auf, das Stöhnen setzte wieder ein, und wieder machte sich Yangitimis Langeweile selbständig. Tchubukéima erschien abermals, stellte ihr Leiden zur Schau und fiel schließlich wieder in Schlaf. So ging es vom frühen Morgen an. Mittags wurden die Männer ein wenig ängstlich. Sie erörterten die Möglichkeiten der Zauberei, verwarfen aber eine nach der anderen. Grimmig meinten die Frauen, Tchubukéima habe wahrscheinlich nicht genug Brennholz während der Schwangerschaft getragen. Am Nachmittag griffen sie zu allerletzten Mitteln. Sie kamen überein, daß die Geister des Hauses feindlich gesonnen seien und die Frau von Yangitimi in ein Haus am Ende des Dorfes gebracht werden müsse. Das bringe die Frau dazu, so meinten die Leute, ihre Anstrengungen fortzusetzen und das Kind doch noch zur Welt zu bringen. So zogen wir los und kletterten etwa eine halbe Stunde auf einem rauhen, schlüpfrigen Pfad zu diesem Haus hinauf, die Gebärende wutentbrannt voraus, die sie begleitenden Frauen hinterher. Ich selbst, gerade von einem Fieberanfall genesen, bildete die Nachhut. In dem erwählten Haus angekommen, schlossen sich die Frauen wieder ein, und Tchubukéima kniete wieder zwischen den Knien der Schwestern ihres Vaters. Aber nun trat eine neue Komplikation ein: auch die Frauen hatten die Geduld verloren. Die Tante saß mit abgewandtem Gesicht und plapperte lebhaft mit einer anderen Frau über die Palmenbretter, die die Leute von Indéngai schnitten, über eine kürzlich erfolgte Versöhnung in Wómpun, über den Zustand des Gesichts von Kaviwons Frau und über ihre Ansicht von Männern, die ihren Frauen einen Speer ins Gesicht schleudern. In regelmäßigen Abständen drehte sie sich zu der wütenden knieenden Frau um und forderte sie auf: »Krieg dein Baby!« Tchubukéima legte sich wieder hin und fiel in Schlaf. Erst um zwei Uhr morgens, als der nun ernstlich beunruhigte Yangitimi eine *kina* an einen der irdischen Repräsentanten der schamanischen Geister gezahlt hatte, entschloß sich Tchubukéima, ihr Kind zur Welt zu bringen. Als despotische Ehefrau eines von der Norm abweichenden Mannes war sie zur ungewöhnlichen Verlängerung des Vorgangs gezwungen worden, um ihre überlegene Stellung zu demonstrieren.

Die Stellung des Außenseiters in der Mundugumor-Gesellschaft zeigt: bei einem sanftmütigen Individuum fällt die Schlechtanpassung an eine vorgeschriebene Rolle, die kulturell mit Gewalttätigkeit und Aggressionslust verbunden ist, viel weniger auf als bei einem leidenschaftlichen Individuum, das dazu verurteilt, aber nicht erzogen worden ist, eine sanftmütige und passive Rolle zu spielen. Die Tchambuli-Verhältnisse bestätigen diesen Schluß. Auffallend Schlechtangepaßte sind unter den Männern zu finden, die zu Neurasthenie, Hysterie und Wahnsinnsausbrüchen neigen. Die ruhige, zurückhaltende Frau taucht meist in der großen Frauengruppe unter, wird von einer jüngeren Ehefrau in den Schatten gedrängt und von einer Schwiegermutter gelenkt. Ihre Schlechtanpassung fällt überhaupt nicht auf. Und wenn sie nicht die auffallende Rolle spielt, zu der ihr Geschlecht sie berechtigt, wird sie nicht sonderlich gegen ihre Stellung aufbegehren.

Ist sie aber besonders intelligent, dann wird sie wie Ombléan bei den Mundugumor ihrer Kultur ein Schnippchen schlagen. Eine solche Frau war Tchengokwále, die Mutter von neun Kindern und Frau eines gewalttätigen, anmaßenden, ganz und gar schlechtangepaßten Mannes, der unmittelbar in unserer Nachbarschaft wohnte. Tchengokwále schickte sich in die Gewalttätigkeit des Mannes, die durch ihre Fügsamkeit noch stärker hervortrat, und hielt sich von den viel geschlechtsbetonteren jüngeren Frauen ihres Haushalts, der zweiten Frau und der Verlobten des Sohnes, fern. Sie hatte aus sich selbst heraus als Hebamme Karriere gemacht, ein Beruf, den die Tchambuli fast zu gefühlvoll und weichlich finden. Aber wenn eine Gruppe ängstlicher, beunruhigter Männer zusammengerufen wurde, um über eine Komplikation zu beraten, dann war die einzige Frau, die sich mit ihnen und nicht mit den herrschsüchtigen, selbstbewußten Frauen im Einklang fühlte, Tchengokwále, die Hebamme.

Vierter Teil: Die Bedeutung der Forschungsergebnisse

XVII
Die Normierung von Geschlecht und Temperament

Wir haben im einzelnen die jeweils typischen Männer und Frauen bei drei primitiven Völkern untersucht. Wir haben festgestellt, daß bei den Arapesh Männer und Frauen eine Persönlichkeit entwickeln, die wir in unserer historisch begrenzten Betrachtungsweise unter dem Elternaspekt mütterlich und unter dem Aspekt der Sexualität weiblich nennen würden. Männer und Frauen werden dazu erzogen, hilfreich, friedfertig und verständnisvoll gegenüber den Bedürfnissen anderer Menschen zu sein. Die Sexualität ist weder für Männer noch für Frauen eine mächtige treibende Kraft. In deutlichem Gegensatz hierzu haben wir bei den Mundugumor den Typus rücksichtsloser, aggressiver, stark sexueller Männer und Frauen vorgefunden, bei dem mütterliche Neigungen kaum vorhanden sind. Männer wie Frauen näherten sich einem Persönlichkeitstyp, der in unserer Kultur nur von undisziplinierten, äußerst gewalttätigen Männern verkörpert wird. Weder die Arapesh noch die Mundugumor ziehen irgendeinen Nutzen aus einem Gegensatz der Geschlechter. Das Ideal der Arapesh ist der gutartige Mann, verheiratet mit einer ebenso gutartigen Frau, das Ideal der Mundugumor der aggressive und gewalttätige Mann, verheiratet mit einer gleichartigen Frau. Bei den Tchambuli fanden wir die Haltung der Geschlechter in unserer eigenen Kultur geradezu auf den Kopf gestellt, da die Frau der herrschende, sachliche und lenkende, der Mann der weniger verantwortliche und gefühlsmäßig abhängige Teil ist. Daraus ergibt sich eine ganz bestimmte Schlußfolgerung. Wenn das für gewöhnlich den Frauen zugeschriebene Naturell – Passivität, Zartgefühl, Mütterlichkeit – in einem Stamm ohne weiteres als Muster männlichen Verhaltens, in einem anderen als für Mann und Frau in gleichem Maße unzulässig gelten können, besteht überhaupt kein Grund mehr, derartige Verhaltensweisen für geschlechtsbedingt zu halten. Diese Schlußfolgerung ist noch zwingender, wenn wir die Umkehrung betrachten, die sich bei den Tchambuli in der Herrschaft des einen Geschlechtes über das andere vollzogen hat – und zwar trotz der formal patrilinearen Institutionen.

Eigenschaften, die als maskulin oder feminin zu gelten pflegen, scheinen demnach mit dem Geschlecht ebenso lose verbunden zu sein wie Kleidung, Kopfputz, äußeres Benehmen, die eine Gesellschaft im Lauf der Zeit jedem Geschlecht zuweist. Vergleichen wir das Verhalten des typischen Mannes der Arapesh mit dem des typischen Mannes der Mundugumor, so spricht alles dafür, die Unterschiede den jeweiligen gesellschaftlichen Verhältnissen zuzuschreiben. Das gleiche gilt für die Frauen. Nur so ist die einheitliche Entwicklung der Arapesh-Kinder zu friedlichen, zufriedenen, passiven und verläßlichen Menschen und die der Mundugumor-Kinder zu aggressiven, unverläßlichen, gewalttätigen Menschen zu erklären. Die Formung so gegensätzlicher Typen ist nur durch die Wirkung einer Fleisch und Blut gewordenen Kultur zu erklären, und weder Rasse, Ernährungsweise oder Selektion können zur Erklärung herangezogen werden. Wir werden zu der Folgerung gezwungen, daß die menschliche Natur außerordentlich formbar ist und auf verschiedene Kulturbedingungen entsprechend reagiert. Individuelle Unterschiede zwischen Menschen verschiedener Kulturmilieus beruhen fast ausschließlich auf verschiedenen Umweltbedingungen, vor allem auch der frühesten Kindheit, und die Beschaffenheit dieser Umwelt wird durch die Kultur bestimmt. Hierzu gehören die zur Norm erhobenen Persönlichkeitsunterschiede zwischen den Geschlechtern sowie die kulturellen Errungenschaften, denen sich jede Generation – männlich und weiblich – anpassen soll. Zu lösen bleibt jedoch das Problem des Ursprungs dieser gesellschaftlich festgesetzten Unterschiede.

Die grundlegende Wichtigkeit der Umweltbedingungen wird zwar – nicht nur von Laien, sondern auch von speziell damit befaßten Wissenschaftlern – noch immer nicht genügend anerkannt, aber darüber hinaus den möglichen Einfluß von unterschiedlichen Erbanlagen zu erwägen, ist ein waghalsiges Unternehmen. Ein Leser, für den die Anerkennung der erstaunlichen Wirkungsweise von Umweltbedingungen zu einem Teil seines Denkens geworden und der davon überzeugt ist, daß dasselbe Kind zu einem vollwertigen Mitglied jeder dieser drei Kulturen werden könnte, wird die folgenden Seiten natürlich anders aufnehmen als ein Anhänger der Theorie, nach der die

Einzelheiten des gesellschaftlichen Verhaltens bereits im Keimplasma festliegen. Wenn wir auch die volle Bedeutung der Formbarkeit des menschlichen Organismus und den überwiegenden Einfluß der Umweltbedingungen erkannt haben, so sind doch noch weitere Probleme zu lösen, und es muß gesagt werden, daß das Verständnis der Umwelteinflüsse diese Fragen erst nach sich zieht. Es sind ausschließlich gesellschaftliche Kräfte, die bei den Arapesh die Kinder zu typischen Arapesh-Menschen heranwachsen lassen, und etwaige Abweichungen können nur vor diesem gesellschaftlichen Hintergrund erörtert werden.

Damit kommen wir zu einer anderen Frage. Setzen wir die Plastizität der menschlichen Natur voraus, woher kommt der Unterschied zwischen den typischen, von jeder Kultur geforderten Persönlichkeiten oder den von manchen Kulturen typisch unterschiedenen Persönlichkeiten des einen oder anderen Geschlechts? Sind diese Unterschiede kulturbedingt, wie unser Material vermuten läßt, wonach ein neugeborenes Kind ebensowohl zu einem gutartigen Arapesh wie zu einem gewalttätigen Mundugumor erzogen werden könnte, warum gibt es dann überhaupt so auffallende Unterschiede? Wenn die Erklärung für die Persönlichkeitsunterschiede zwischen Mann und Frau bei den Tchambuli nicht in ihrem Körperbau liegt – und diese Annahme müssen wir für die Tchambuli wie für unsere Gesellschaft ablehnen –, auf welchen Grundlagen haben die Arapesh, die Mundugumor und die Tchambuli dann aufgebaut? Kulturen sind von Menschen und aus menschlichem Material geschaffen; sie sind vielfältige, aber vergleichbare Strukturen, in deren Rahmen menschliche Wesen sich zu voller Menschlichkeit entfalten können. Worauf beruht ihre Mannigfaltigkeit?

Wir stellen fest, daß eine homogene Kultur, die in ihren bedeutsamsten Einrichtungen und in den unwesentlichsten Vorgängen Zusammenarbeit und Duldsamkeit pflegt, jedes Kind in diesem Sinn formen kann, wobei sie in manchen Fällen vollkommenen Einklang und bei der Mehrheit zumindest freundliches Einverständnis erzielt, während nur einige wenige sich dieser gesellschaftlichen Formung entziehen. Angesichts der Tatsachen können Eigenschaften wie Aggressivität oder Passivität nicht als geschlechtsgebunden angesehen werden. Sind diese Eigenschaften nun – wie Aggressivität oder Passivität, Stolz oder Demut, Objektivität oder Voreingenommenheit, die Bereitschaft, auf die Bedürfnisse der Jungen und Schwachen einzugehen oder ihnen feindlich gegenüberzutreten, die Tendenz, sexuelle Beziehungen aktiv herbeizuführen oder nur auf eine Situation oder das Entgegenkommen einer anderen Person zu reagieren – überhaupt im Temperament begründet? Sind es Möglichkeiten für alle menschlichen Temperamente, die sich durch verschiedene Umweltbedingungen entwickeln können, aber unsichtbar bleiben, wenn diese Bedingungen fehlen?

Damit verändern wir unsere Fragestellung. Wenn wir fragen, warum die Arapesh die beschriebenen Merkmale aufweisen, lautet die Antwort: wegen der Arapesh-Kultur, wegen der komplizierten, kunstvollen, unerschöpflichen Weise, in der eine Kultur jedes neugeborene Kind nach ihrem Bilde formen kann. Und die entsprechende Antwort gilt auch für die Mundugumor und die Tchambuli. Sie entwickeln die Persönlichkeiten nach den Maßstäben der Gesellschaft, in denen sie geboren und erzogen werden. Wir haben die Unterschiede zwischen Arapesh, Mundugumor und Tchambuli als Unterschiede zwischen Gruppen von Menschen betrachtet – etwa so, als hätten wir die Persönlichkeit der Arapesh in weichem Gelb, die der Mundugumor in tiefem Rot, der Tchambuli-Frauen in sattem Orange und der Männer hellgrün dargestellt. Aber wenn wir jetzt fragen, woher die ursprüngliche Anordnung stammt, wonach eine Kultur gelb, die andere rot, die dritte orange und grün wurde, so müssen wir schärfer hinsehen. Bei näherer Betrachtung scheint es, als ob hinter dem Gelb der Arapesh, dem Rot der Mundugumor, dem Orange und Grün der Tchambuli die zarten, gerade noch erkennbaren Umrisse des ganzen Spektrums sichtbar würden, das von der jeweiligen Einfarbigkeit überlagert wird. Dieses Spektrum umfaßt den ganzen Bereich menschlicher Unterschiede. Dort ist die Erklärung für die Inspiration, die Quelle einer jeden Kultur zu finden.

Die Skala der Temperament-Varianten scheint bei den Arapesh etwa wie bei den Mundugumor zu sein, wenn auch der gewalttätige Mann in der Arapesh-Gesellschaft als mißraten und bei den Mundugumor als Führer angesehen wird. Wäre die menschliche Natur ein völlig gleichförmiger Rohstoff ohne individuelle Färbungen und konstitutionelle Unterschiede, so könnten einzelne, die bestimmte Wesensmerkmale im Gegensatz zum sozialen Druck entwickeln, nicht in Gesellschaften mit solch unterschiedlichen Wertmaßstäben wieder auftauchen. Ließen sich die individuellen Abwandlungen auf genetische Vorgänge zurückführen, so könnten sich doch die gleichen Vorgänge nicht in so auffallend verschiedenen Kulturen mit stark voneinander abweichenden Erziehungsmethoden so häufig wiederholen.

Da individuelle Verschiedenheiten in gleicher Verteilung bei allen Kulturen vorhanden sind, ist es angezeigt, eine Hypothese anzubieten, die erklärt, worauf es beruht, daß die Persönlichkeiten von Mann und Frau in der Geschichte des Menschengeschlechts auf so viele verschiedene Normen gebracht worden sind. Diese Hypothese erweitert die von Ruth Benedict in ihrem Buch ›Patterns of Culture‹ (deutsch unter dem Titel ›Urformen der Kultur‹) aufgestellte. Unterstellen wir, daß in den Menschen bestimmte Temperamentsunterschiede vorhanden sind, die, wenn auch nicht vollkommen durch Vererbung, bald nach der Geburt auf erblicher Grundlage zustandekommen. (An dieser Stelle kann nicht näher darauf eingegangen werden.) Diese schließlich in der Charakterstruktur des Erwachsenen festgelegten Unterschiede sind Ausgangspunkt für die Wirkungsweise der Kultur; ein Temperament oder eine Verbindung zusammengehöriger Typen wird als wünschenswert ausgewählt und jeder einzelnen Abteilung des gesellschaftlichen Gebäudes zugeführt: der Pflege der kleinen Kinder, den Spielen der größeren, den Volksliedern, der Struktur politischer Organisation, den religiösen Bräuchen, der Kunst und der Philosophie.

Einige primitive Gesellschaften hatten genügend Zeit und Kraft, einen extremen Typ zu kultivieren und durch geeignete Erziehungsmaßnahmen zu erreichen, daß die Mehrheit jeder Generation diesem extremen Typ entspricht. Andere Gesellschaften haben ihre Modelle nicht unter den extremen Typen, sondern unter den weniger auffallenden Individuen gewählt. In diesen Gesellschaften ist oft auch die Sozialstruktur weniger entschieden festgelegt. Die Kultur einer solchen Gesellschaft kann mit einem Haus verglichen werden, das nach keinem bestimmten Stil oder Geschmack und nicht nach Gesichtspunkten wie Würde, Bequemlichkeit oder Schönheit erbaut worden ist, in dem aber von all dem etwas enthalten ist.

Die Kultur braucht also nicht nach einem einzigen Temperament, sondern kann nach mehreren ausgerichtet sein. Aber anstatt aus den verschiedenen Temperamenten einen widerspruchsvollen Eintopf zu machen oder sie zu einem glatten, aber nicht sehr überzeugenden Ganzen zu verschmelzen, wird sie vielleicht aus dem einzelnen Typ die Grundlage für den sozialen Charakter einer Altersgruppe, einer Geschlechtsgruppe, einer Kaste oder einer Berufsart machen. Auf solche Weise wird die Gesellschaft nicht monoton mit ein paar aufdringlichen Farbtupfen, sondern ein Mosaik verschiedener Gruppen mit verschiedenen Persönlichkeitsmerkmalen. Solche Spezialisierungen können auf vielerlei menschlichen Gaben beruhen: auf intellektuellen Fähigkeiten, auf künstlerischer Begabung, auf emotionalen Zügen. So bestimmen zum Beispiel die Samoaner, daß die jungen Leute friedlich zu sein haben und strafen das aggressive Kind, dessen Charakterzüge nur einem Mann von Rang in mittleren Jahren zustehen. In Gesellschaften, in denen der Rang eine große Rolle spielt, dürfen, ja müssen Angehörige der Aristokratie Stolz und Empfindlichkeit gegen Beleidigung an den Tag legen, was bei Angehörigen der plebejischen Klasse stark mißbilligt würde. So werden auch in Berufsgruppen oder religiösen Sekten gewisse Charakterzüge ausgewählt und institutionalisiert und jedem neuen Mitglied der Gruppe oder Sekte gelehrt. Der Arzt lernt das Verhalten am Krankenbett, das manchen Temperamenten ganz natürlich und den praktischen Ärzten vollkommen geläufig ist, der Quäker lernt wenigstens das äußerliche Gebaren und die Grundbegriffe der Meditation, wenn auch die Fähigkeit zum Meditieren nicht unbedingt allen Mitgliedern dieser Sekte angeboren sein muß.

Ähnlich ist es mit den sozialen Persönlichkeiten der beiden Geschlechter. Züge, die bei Angehörigen beider Geschlechter auftreten können, werden nur dem einen Geschlecht zugestanden, während sie bei dem anderen geleugnet werden. Die Geschichte der Festlegung der Geschlechtsunterschiede durch die Gesellschaft ist voll von willkürlichen Entscheidungen auf intellektuellem und künstlerischem Gebiet; aber durch die Annahme, daß physiologisches Geschlecht und emotionale Beschaffenheit sich decken müssen, erkennen wir nicht, daß auch bei den emotionalen Zügen eine willkürliche Selektion stattfindet. Aus der Tatsache, daß eine Mutter meist für ihr Kind sorgen will, haben wir geschlossen, daß die Frauen durch einen teleologischen Evolutionsprozeß freigebiger mit diesem Zug ausgestattet worden sind. Da die Männer auf die Jagd gingen, eine Tätigkeit, die Unternehmungsgeist, Mut und Initiative erfordert, haben wir geschlossen, daß diese nützlichen Eigenschaften Teil ihres geschlechtlichen Temperaments sein müssen.

Manche Gesellschaften haben diese Schlüsse sowohl öffentlich wie blindlings gezogen. Steht eine Gesellschaft auf dem

Standpunkt, daß Kriegführen eine Hauptaufgabe des männlichen Geschlechts ist, werden alle Knaben zu Mut und Kampflust erzogen. Auch wenn diese Aufteilung, nach der Männer kühn und Frauen zaghaft sind, nicht deutlich ausgesprochen wird, so wird sie doch aus den verschiedenen Beschäftigungsarten erkennbar. Wenn aber eine Gesellschaft einen Schritt weitergeht und erklärt, daß die Männer mutig sind, die Frauen furchtsam, wenn es Männern verboten ist, Angst zu zeigen, während man es den Frauen ohne Einschränkungen gestattet, so wird diese Haltung eindeutig. Mut, Verachtung der Schwäche, des Zurückweichens vor Schmerz und Gefahr – diese Einstellung, die eine so starke Komponente mancher Temperamente bildet, wurde zum Grundton des männlichen Verhaltens gewählt, während das Zeigen von Furcht und Schmerz zum Grundton des weiblichen Verhaltens bestimmt wurde.

Die Verachtung der Furcht und die Bereitschaft, sie zu zeigen, ursprünglich zwei Varianten des menschlichen Temperaments, wurden von der Gesellschaft zu unvereinbaren Wesenszügen für beide Geschlechter erklärt, und zu dieser Anschauung wird jedes Kind erzogen; der Knabe muß die Furcht unterdrücken, das Mädchen darf sie zeigen. In einer Gesellschaft, die diese Norm nicht aufgestellt hat, wird der Stolze, der Gefühlsäußerungen ablehnt, die Zähne zusammenbeißen – ganz gleich, welchem Geschlecht er angehört. Dagegen wird der unbeherrschte Mensch, ob Mann oder Frau, Furcht und Leiden erkennen lassen, wenn dies nicht durch die Regeln seiner Gesellschaft ausdrücklich verboten ist. Eine solche in manchen Temperamenten stark betonte Haltung kann durch gesellschaftliche Auslese für alle zur Norm erhoben oder für alle verboten werden, die Gesellschaft kann sie ignorieren oder sie ausschließlich einem Geschlecht zuteilen.

Weder die Arapesh noch die Mundugumor kennen unterschiedliche Haltungen für Mann und Frau, sondern züchten einen einheitlichen Typ ohne Rücksicht auf Klasse, Alter und Geschlecht. Es gibt bei ihnen keine Seher oder Medien, die ihre Eingebungen psychischen Quellen entnehmen, die der Mehrzahl der Menschen verschlossen sind. Die Mundugumor haben zwar ein Kriterium der Auslese, nämlich die Bestimmung zum Künstler für den, der mit der Nabelschnur um den Hals geboren wird, während allen anderen die Ausübung künstlerischer Talente versagt wird. Ein mit einer Hautkrankheit behafteter Knabe ist dazu bestimmt, ein verdrossener, asozialer

Einzelgänger zu werden und sieht sich in eine paria-ähnliche Stellung gedrängt. Von diesen beiden Ausnahmen abgesehen, wird keinem von Geburt an eine besondere Rolle zugemutet. Ebenso wie es keine Rangunterschiede gibt, nach denen der eine der höheren, der andere der niederen Kaste angehört, bestehen auch keine Unterschiede der Geschlechter, die Männer und Frauen verschiedenartige Empfindungsweisen unterstellen.

Bei den Tchambuli hingegen ist einerseits manches bizarr, andererseits vieles durchaus verständlich. Sie erkennen immerhin den Geschlechtern zwei unterschiedliche Charaktere zu und gründen auf diese Unterscheidung ihren sozialen Aufbau, der die herkömmlichen Rollen freilich umkehrt. Nimmt man auch nicht an, daß alle Mädchen der Tchambuli als herrschsüchtige, aktive, führende Persönlichkeiten geboren werden, die auf sexuellem Gebiet die Führung haben wollen, besitzgierig, entschlossen, robust und zielbewußt sind, so entwickeln sie sich doch zu diesem Typus. Und wenn auch vermutlich nicht alle Tchambuli-Männer von Natur aus verständnisvolle Partner in dem zugunsten der Frauen inszenierten Spiel sind, so zeigen doch die meisten Tchambuli-Jünglinge dieses kokette, schauspielerische Benehmen. Gerade weil die Formung männlicher und weiblicher Persönlichkeit bei den Tchambuli unseren Vorstellungen entgegengesetzt ist, können wir erkennen, daß die Tchambuli-Kultur bestimmte Charakterzüge den Frauen und andere, ebenso willkürlich, den Männern zugeteilt hat.

Was ergibt sich nun aus der Untersuchung dieser primitiven Gesellschaften, die durch Jahrhunderte, fern vom Ablauf der Geschichte der übrigen Menschheit, außergewöhnliche Kulturen prägen konnten, wie sie unter den historischen Voraussetzungen des gegenseitigen Austausches zwischen Völkern und der sich ergebenden Vermischung gar nicht denkbar wären? Welchen Schluß lassen diese Ergebnisse zu? Welche Bedeutung hat die Züchtung weniger, ganz bestimmter Charakterzüge aus der breiten Skala menschlicher Gaben und ihre Beschränkung auf eines der Geschlechter oder die ganze Gemeinschaft? Bevor wir diese Frage erörtern, müssen wir uns mit den von den jeweiligen Idealtypen abweichenden Individuen eingehender befassen, deren angeborene Disposition zu unvereinbar ist mit den von der Gesellschaft an ihr Alter, ihr Geschlecht, ihre Kaste gestellten Forderungen, als daß sie jemals in das Persönlichkeitskleid passen könnten, das ihre Gesellschaft für sie geschneidert hat.

XVIII
Die Abweichungen

Welche Folgerungen müssen wir ziehen, um von dem im letzten Kapitel umrissenen Standpunkt aus die sozialen Abweichungen zu verstehen? Als »Abweichungen« bezeichne ich alle jene Menschen, die infolge angeborener oder zufällig geförderter Eigenschaften und Umstände oder infolge widersprüchlicher Einflüsse einer heterogenen kulturellen Situation gesellschaftlich entrechtet wurden, Individuen aber, denen die Hauptanliegen ihrer Gesellschaft unsinnig, unwirklich, unhaltbar oder ganz einfach falsch vorkommen. Der Durchschnittsmensch jeder Gesellschaft spiegelt ganz gefühlsmäßig seine Umwelt wider. Er ist durch die Einwirkung der Erziehung in seiner Gesellschaft geistig beheimatet. Dies trifft jedoch nicht auf das Individuum zu, dessen charakterliche Gaben die Gesellschaft nicht brauchen kann und nicht einmal duldet. Schon die oberflächlichste Betrachtung unserer Geschichte zeigt, daß Gaben, die in einem Jahrhundert geehrt werden, im nächsten schon wieder unzulässig sein können. Männer, die im Mittelalter als Heilige angesehen worden wären, finden in der modernen Welt keine Berufung mehr. Wenn wir primitive Gesellschaften betrachten, bei denen die Auslese sich auf weit ungewöhnlichere Charakterzüge erstreckt, als das bei unseren überlieferten Kulturen der Fall ist, sehen wir noch klarer. In dem gleichen Maß, in dem eine Kultur an ihren Richtlinien festhält und ihre moralischen und geistigen Ziele kompromißlos verteidigt, verurteilt sie auch einzelne ihrer Mitglieder zu einem Leben als Fremdkörper in Unruhe und Bestürzung oder sogar zur Auflehnung, die bis zur geistigen Erkrankung führen kann.

Es ist heute üblich, die sozialen Außenseiter als Neurotiker einzustufen, die vor der »Wirklichkeit« (das heißt den Augenblickslösungen der eigenen Gesellschaft) in ihre Phantasie, in eine transzendentale Philosophie, in die Kunst, in politischen Radikalismus oder auch nur in sexuelle Abartigkeit oder sonstige ungewöhnliche Verhaltensformen – Vegetariertum oder Tragen von härenen Hemden – flüchten. Es wird ihnen ferner die Reife abgesprochen, man findet, daß sie noch nicht genügend Urteilskraft haben, die doch so realen und lobenswerten Einrichtungen ihrer Gesellschaft richtig einzuschätzen.

In dieser Erklärung werden zwei ganz verschiedene Begriffe zusammengeworfen und verschmolzen, von denen der eine den andern aufhebt. Es gibt einerseits die physiologisch Unzulänglichen, deren Gehirn oder Drüsen anomal funktionieren; irgendeine organische Schwäche hat sie vielleicht für alle Aufgaben, die über ein Mindestmaß hinausgehen, unfähig gemacht. In ganz, ganz seltenen Fällen mag auch physiologische Angleichung an das andere Geschlecht vorliegen. Keine dieser Personen leidet an einer Diskrepanz zwischen einer rein temperamentbedingten Neigung und Forderungen der Gesellschaft; sie sind nur die Schwachen, die mit einem Mangel Behafteten, oder sie sind anomal in dem Sinn, daß sie einer Gruppe angehören, die zu weit von der kulturellen Norm abweicht, als daß sie sich im Leben bewähren könnte. Solchen Individuen muß die Gesellschaft eine gemäßigtere, begrenztere Umwelt zur Verfügung stellen, als sie für den Normaltypus vorhanden ist.

Daneben gibt es aber noch einen zweiten neurotischen Typ, der ständig mit dem der physiologisch Gehemmten durcheinander gebracht wird: das ist der von der Norm Abweichende, der mit den Wertbegriffen seiner Gesellschaft im Widerspruch steht. Der moderne Psychiater neigt dazu, alle Anpassungsmängel dieser Menschen frühen Umweltbedingungen zur Last zu legen, also eine Art psychischer Verstümmelung anzunehmen. Das Studium der primitiven Stämme zeigt, daß diese Erklärung zu simpel ist. Sie trägt nicht der Tatsache Rechnung, daß die Anpassungsunfähigen in jeder Gesellschaft immer die Individuen mit starken temperamentbedingten Neigungen sind, die in Widerspruch zu den Forderungen ihrer Kultur stehen; sie geht auch an dem Umstand vorbei, daß der Typus des Anpassungsunfähigen bei den Mundugumor ein anderer ist als bei den Arapesh. Sie gibt keinen Aufschluß darüber, warum das materialistische, geschäftige Amerika und ein materialistischer, geschäftiger Stamm der Admiralitätsinseln Landstreicher hervorbringen und ein zu starken Gefühlen fähiges Individuum in Zuni und Samoa als schlechtangepaßt angesehen wird. Solche Fakten lassen vermuten, daß es einen anderen Typus der Anpassungsunfähigen gibt, deren Anpassungsmängel nicht auf dem eigenen Defekt, nicht auf Zufall oder Krankheit zurückzuführen sind, sondern auf eine grundlegende Diskrepanz zwischen der eigenen Veranlagung und den gesellschaftlichen Normen.

In einer ungeschichteten Gesellschaft mit grundsätzlich gleichen Funktionen von Mann und Weib sind abweichende Individuen bei beiden Geschlechtern zu finden; bei den Arapesh sind es die gewalttätigen Männer und Frauen, bei den Mundugumor die vertrauensvollen, hilfreichen. Bei den Arapesh läßt zu stark ausgeprägtes Selbstgefühl, bei den Mundugumor zu wenig entwickeltes Selbstgefühl das Individuum zum Außenseiter werden. Es wurde schon ausführlich von solchen Individuen gesprochen: Wabe, Temos und Amitoa hätten das Leben bei den Mundugumor gewiß sinnvoller gefunden, Ombléan und Kwenda wären bei den Arapesh besser am Platz gewesen. Aber das Gefühl der Fremdheit beider Gruppen in ihren angestammten Kulturen ließ – wenn es auch ihr Wirken innerhalb der Gesellschaft beeinträchtigte, weil es ihre Verwendungsfähigkeit herabsetzte – doch ihre psychosexuelle Natur unangetastet. Amitoas Ungestüm machte sie nicht einem Mann, sondern einer Flachland-Frau ähnlich. Ombléans Liebe zu Kindern und seine Bereitschaft, durch harte Arbeit für eine Anzahl von ihm Abhängiger zu sorgen, setzte ihn bei den Mundugumor doch weder dem Vorwurf aus, einer Frau zu gleichen, noch dem, verweichlicht zu sein. In seiner Kinder-, Friedens- und Ordnungsliebe verhielt er sich vielleicht wie ein weißer Mann oder irgendein unbekannter Stamm, keinesfalls aber wie einer ihrer Männer oder Frauen. Weder bei den Arapesh noch bei den Mundugumor haben wir Homosexualität feststellen können.

Eine Gesellschaft, die ihre Persönlichkeitstypen nach dem Geschlecht bestimmt und sich darauf festgelegt hat, daß jeder Charakterzug – Liebe zu Kindern, Kunstinteresse, Mut, Streitsucht, Kontaktarmut, Passivität in sexueller Beziehung und hundert andere – unveräußerlich mit der Geschlechtszugehörigkeit verbunden ist, bereitet gefährlicheren Anpassungsmängeln den Weg. Wo eine solche Zweiteilung nicht existiert, kann ein Mann zwar durchaus von der Sinnlosigkeit des Lebens überzeugt sein, trotzdem aber heiraten und Kinder großziehen und in dieser bejahenden Teilnahme in einer von der Gesellschaft anerkannten Form vielleicht eine echte Beschwichtigung seines Unbehagens finden. Da ist es ebenso möglich, daß eine Frau ihr Leben lang Wunschträumen von einer Welt nachhängt, in der es anstelle der sie umgebenden gemeinen Krämermoral Würde und Stolz gibt, und sie ihren Mann doch mit zufriedenem Lächeln begrüßt und ihre Kinder in schwerer Krankheit pflegt. Da kann der abweichende Typ sein Gefühl des Verlorenseins in Malerei, Musik oder revolutionäre Aktivität umsetzen, in seinem persönlichen Leben, in seinen Beziehungen zum eigenen und zum andern Geschlecht aber völlig gesund und normal sein. Die Zweiteilung hingegen, die bei den Tchambuli wie auch in der amerikanischen und europäischen Gesellschaft herrscht, schreibt Männern und Frauen unterschiedliche Charaktereigenschaften zu und belastet den Außenseiter auch noch mit dem Bewußtsein einer vom Standardtyp abweichenden psychophysischen Gesamtverfassung. Nicht nur hat er falsche Gefühle, sondern – weit schlimmer und verwirrender – seine Gefühle sind die einer Frau. Der springende Punkt ist nicht, ob diese Falschorientiertheit, die ihm die Welt der Frauen verständlich und die der Männer fremd und abstoßend erscheinen läßt, zu Homosexualität führt oder nicht. Ein Mann, der seiner Veranlagung nach etwa dem üblichen weiblichen Charakterstandard nahekommt und mit seinen Eigenschaften keinen rechten Platz in seiner Gesellschaftsordnung findet, mag in extremen Fällen zum Transvestiten und bewußt Homosexuellen werden. Bei den Prärie-Indianern konnte ein Mann, der die ruhige Tätigkeit der Frauen den gefährlichen, nervenaufreibenden Unternehmungen der Männer vorzog, sich für die erstere entscheiden; er konnte Frauenkleider tragen, Frauenarbeiten verrichten und erklären, daß er mehr Frau als Mann sei. In Mundugumor, wo es diese Möglichkeit nicht gibt, kann ein Mann sich mit Frauenarbeit, zum Beispiel mit Fischen, befassen, ohne daß es ihm in den Sinn käme, daß er sich damit zur Frau stempeln könnte. Wenn keine Gegensätzlichkeit zwischen den Geschlechtern vorhanden ist, führt eine bestimmte temperamentbedingte Vorliebe nicht zu Homosexualität oder Transvestismus. Da Transvestismus ungleichmäßig über die Welt verteilt ist, scheint es einleuchtend, daß er nicht nur dort vorkommt, wo für Männer andere Charakterzüge festgelegt sind als für Frauen, sondern daß er selbst da nicht vorzukommen braucht. Er ist eine gesellschaftliche Erfindung, die bei den Indianern und in Sibirien, nicht aber in Ozeanien verwurzelt ist.

Ich hatte Gelegenheit, das Verhalten eines jungen amerikanischen Indianers zu beobachten, der vermutlich von Geburt an homosexuell war und gerade seinen Transvestismus offenkundig machte. Als kleiner Junge hatte er so ausgeprägt feminine Körpermerkmale, daß ihn einmal einige Frauen einfingen und auszogen, um festzustellen, ob er überhaupt ein Junge war.

Als er älter wurde, fing er an, Frauenarbeiten zu erlernen und Frauenunterkleidung zu tragen, wenn er auch die Oberkleidung der Männer beibehielt. In seinen Taschen hatte er jedoch immer Ringe und Spangen, wie nur Frauen sie tragen. Bei Tänzen, bei denen Männer und Frauen getrennt tanzen, fing er in Männerkleidern an und tanzte mit den Männern; dann ging er, wie unter einem unwiderstehlichen Zwang, zu den Frauen über und legte dabei ein Schmuckstück nach dem andern an. Zuletzt kam ein Schal zum Vorschein, und am Ende des Abends war er wie ein *berdache*, ein Transvestit, gekleidet. Die Leute fingen gerade an, von ihm als von einer Frau zu sprechen. Ich habe diesen Fall hier angeführt, um einen Schlechtangepaßten zu beschreiben, der nicht in den Rahmen unserer Erörterung gehört. Seine Abseitigkeit war offenbar spezifisch physiologischen Ursprungs und keine von seiner Gesellschaft als feminin definierte Variante eines Temperaments.

Wir beschäftigen uns hier weder mit dem homosexuell Geborenen noch mit dem offenkundigen Verhalten des Homosexuellen. In mancher Weise überschneiden sich zwar die Grenzen zwischen den verschiedenen Typen von Schlechtangepaßten, und der echte Homosexuelle findet sich unter Umständen unter denen, die Zuflucht zum Transvestismus genommen haben. Uns interessieren hier die Individuen, deren Anpassung mit ihrer Temperamentsneigung zu einer Verhaltensform, die als unnatürlich für ihr eigenes und natürlich für das andere Geschlecht angesehen wird, zusammenhängt. Um diesen Typ des Schlechtangepaßten hervorzubringen, muß nicht nur ein Persönlichkeitstyp sozial anerkannt sein, dieser Typ muß sich auch auf eines der beiden Geschlechter beschränken. Der Zwang, sich wie ein Angehöriger seines Geschlechts verhalten zu müssen, ist eines der wirksamsten Mittel, mit denen die Gesellschaft das heranwachsende Kind in die anerkannte Schablone zu pressen sucht. Eine Gesellschaft ohne strenge Zweiteilung der Geschlechter wird einem Kind mit abweichenden Verhaltensweisen bedeuten: »Benimm dich nicht so!«, »Das tut man nicht«, »Wenn du dich so benimmst, mag dich niemand!«, »Wenn du so bist, wird dich niemand heiraten!«, »Wenn du dich so benimmst, werden dich die Leute verzaubern!« Darin zeigt sich, daß die Beurteilung des menschlichen Verhaltens – z. B. der natürlichen Neigung eines Kindes zu lachen, zu weinen oder zu schmollen, wenn kein Grund dafür vorzuliegen scheint, Beleidigungen zu sehen, wo keine sind, oder sie zu übersehen, wo sie beabsichtigt sind – nicht von Geschlechtsmerkmalen, sondern gesellschaftlich bestimmt ist. Der Tenor der Erziehungsmaßnahmen lautet etwa: »Du wirst kein richtiger Mensch, wenn du diese Neigungen, die mit unserer Vorstellung vom Menschsein unvereinbar sind, nicht unterdrückst.« Weder den Arapesh noch den Mundugumor würde einfallen, hinzuzufügen: »Du benimmst dich nicht wie ein Junge, sondern wie ein Mädchen« – selbst wenn dies der Fall ist. Man wird sich erinnern, daß die Arapesh-Eltern weinenden Knaben und ihren Wutanfällen gegenüber nachsichtiger sind als bei den Mädchen; weil jedoch jede Vorstellung von einem Geschlechtsunterschied im emotionalen Verhalten fehlt, wurde ein solcher Unterschied niemals beschworen. In Gesellschaften, die eine Teilung in männliches und weibliches Temperament nicht kennt, wird ein sehr wesentlicher Faktor im Bewußtsein des Kindes von seiner Stellung in der Welt nicht in Frage gestellt: die Echtheit seiner Zugehörigkeit zum eigenen Geschlecht. Es kann die geselligen Verhaltensweisen der Älteren beobachten und seine Wünsche und Erwartungen danach ausrichten. Es ist nicht gezwungen, sich mit dem Elternteil des anderen Geschlechts zu identifizieren, weil es hört, daß sein eigenes Geschlecht in Frage gestellt ist. Ahmt die Tochter den Vater oder der Sohn die Mutter nach, so wird nicht gleich tadelnd oder prophetisch festgestellt, daß das Mädchen sich zu einem Jungen oder der Junge sich in weiblicher Richtung entwickelt. Diese Art von Verwirrung bleibt den Kindern der Arapesh und der Mundugumor erspart.

Man überlege sich, in welcher Weise dagegen unsere Kinder zur Anpassung gezwungen werden: »Benimm dich nicht wie ein Mädchen!«, »Kleine Mädchen tun das nicht!« Mit solch drohenden Hinweisen werden den Kindern zahllose Kinderstuben-Wichtigkeiten aufgezwungen: wie man sitzt oder sich entspannen darf, wie man sich sportlich benimmt, seinen Gefühlen Ausdruck gibt und viele andere Dinge, die für jedes der Geschlechter so festgelegt sind wie beispielsweise die Grenzen der Eitelkeit, des Interesses für Kleider oder für Tagesereignisse. Immer wieder heißt es: »Das schickt sich nicht für Mädchen!« – »Willst du nicht ein richtiger Mann werden wie Vater?« Die Gefühle des Kindes können davon so verwirrt werden, daß es nicht mehr fähig ist, sich seiner Welt anzupassen, wenn es auch nur im geringsten mit dem Temperament behaftet ist, das eigentlich nur für das andere Geschlecht erlaubt ist. Jedesmal, wenn die Rede auf diese Dinge kommt, wenn dem Jungen seine Geschlechtszugehörigkeit als Grund dafür angeführt wird, daß er Hosen tragen soll und keine Röcke, daß Baseballschläger passender für ihn sind als Puppen, eine Balgerei passender als Tränen, wird in ihm eine Furcht geweckt, er könne vielleicht wirklich, dem anatomischen Augenschein zum Trotz, nicht zu seinem eigenen Geschlecht gehören.

Wie wenig der anatomische Augenschein, verglichen mit den Umweltbedingungen, hier bedeutet, wurde kürzlich in einer Stadt des Mittelwestens deutlich erkennbar. Ein Junge war zwölf Jahre lang als Mädchen aufgewachsen, hatte einen Mädchennamen, trug Mädchenkleider und verrichtete Mädchenarbeiten. Einige Jahre vorher hatte er entdeckt, daß er anatomisch ein Knabe war, kam jedoch nicht auf den Gedanken, sich auch als Knabe in die Gesellschaft einreihen zu müssen. Als Fürsorger den Fall entdeckten und die Änderung seiner Geschlechtszugehörigkeit veranlaßten, ergaben sich bei dem Jungen keinerlei Zeichen von Abartigkeit; er war einfach fälschlich als Mädchen eingestuft worden. Aus Gründen, die nie bekannt wurden, lehnten es seine Eltern ab, ihren Irrtum anzuerkennen und zu berichtigen. Dieser ungewöhnliche Fall zeigt die Überlegenheit der gesellschaftlichen Klassifizierung über die rein anatomische Zugehörigkeit zum Geschlecht, und gerade diese Klassifizierung macht es der Gesellschaft möglich, in den Kindern Zweifel und Verwirrung hinsichtlich ihrer Zugehörigkeit wachzurufen. Dabei strickt ein kleiner Junge vielleicht nur deshalb gern, weil er glücklich darüber ist, so geschickt mit den Nadeln umgehen zu können; sein Interesse für das Kochen ist vielleicht das gleiche, das später einmal einen großen Chemiker aus ihm werden läßt; seine Liebe zu Puppen entspringt nicht mütterlichen Gefühlen, sondern vielleicht dem Wunsch, irgendeinen Vorfall darzustellen. Ebenso kann beim Mädchen die Liebe zum Reiten aus der Freude des Sicheinsfühlens mit dem Pferd herrühren; ihr Interesse für das Radiogerät des Bruders kommt vielleicht daher, daß sie stolz darauf ist, den Morsekode zu beherrschen. Eine gewisse physische oder intellektuelle oder künstlerische Veranlagung drückt sich unter Umständen in einer Tätigkeit aus, die für das andere Geschlecht als angemessener gilt. Hieraus ergibt sich zweierlei: das Kind wird gescholten, es wird ihm vorgeworfen, daß es Gefühle hat, die seinem Geschlecht nicht zustehen; aber da seine Vorlieben es mehr mit Gefährten des andern Geschlechts in Berührung bringen, kann es sich wohl ergeben, daß es viel von deren Verhalten übernimmt.

Unsere Zweiteilung der Persönlichkeit nach Geschlechtern kann für das Kind außerdem noch dazu führen, daß es sich mit dem Elternteil des andern Geschlechts identifiziert. Die Identifizierung eines Knaben mit seiner Mutter wird in der modernen Psychiatrie oft genug als Erklärung herangezogen, wenn er später eine passive Haltung gegenüber Angehörigen seines eigenen Geschlechts einnimmt. Es wird angenommen, daß der Junge infolge einer Fehlentwicklung seiner Persönlichkeit sich nicht mit dem Vater identifizieren kann und so den Anschluß an das normale »männliche« Verhalten verpaßt. Es besteht kein Zweifel, daß das heranwachsende Kind in seinem Bemühen, den Anschluß an seine Rolle in der Gesellschaft herzustellen, sein stärkstes Vorbild bei den Eltern findet. Aber wir müssen noch erklären, weshalb diese Identifizierungen stattfinden und daß die Ursache nicht in einer weiblichen Veranlagung des kleinen Jungen, sondern in dieser Zweiteilung der Verhaltensvorschriften für beide Geschlechter liegt. Wir müssen herausfinden, weshalb ein Kind sich mit dem Elternteil des andern Geschlechts statt mit dem des eigenen identifiziert. Die am meisten in die Augen fallenden Kategorien unserer Gesellschaft – wie der meisten Gesellschaften – sind die beiden Geschlechter. Kleidung, Tätigkeit, Wortschatz, all das dient dazu, die Aufmerksamkeit des Kindes auf seine Ähnlichkeit mit dem Elternteil des eigenen Geschlechts zu lenken. Trotz allen Drukkes, der auf sie ausgeübt wird, wählen manche Kinder den Elternteil des andern Geschlechts – nicht weil sie ihn stärker lieben, sondern weil sie dort die Motive und Ziele erkennen, mit denen sie selbst am meisten übereinstimmen, die Entscheidungen, die sie später ebenfalls treffen werden.

Ehe wir diese Frage näher erörtern, möchte ich meine Hypothese wiederholen. Ich sagte, daß von der Gesellschaft bestimmte menschliche Züge nur für eines der Geschlechter als richtiges Verhalten festgelegt wurden, andere dagegen für das andere Geschlecht. Aus dieser Normierung wurde dann eine Theorie gemacht, die besagt, daß die von der Gesellschaft festgelegte Verhaltensform für ein Geschlecht natürlich und für das andere unnatürlich und die Ursache für Abweichungen vom Normalen in Drüsen- oder Entwicklungsstörungen zu suchen sei. Lassen Sie uns einen hypothetischen Fall nehmen. Die Reaktion auf körperliche Intimität variiert sehr stark zwischen den Menschen und wurde in den verschiedenen Gesellschaften auf sehr unterschiedliche Normen gebracht. Es gibt primitive Gesellschaften, wie die Dobu und die Manus, in denen beiden Geschlechtern eine zufällige körperliche Berührung so streng untersagt ist, daß nur ein Irrer wagen würde, einen solchen Kontakt herbeizuführen. Andere Gesellschaften wie die der Arapesh gestatten dagegen die ungezwungene körperliche Intimität zwischen Personen der verschiedenen Altersgruppen und Geschlechter. Nehmen wir an, eine Gesellschaft hat diesen speziellen Zug auf eines der beiden Geschlechter beschränkt. Den Männern wurde aufgegeben, jeden körperlichen Kontakt untereinander unerträglich zu finden, während er für die Frauen als »natürlich« erklärt wurde. Für Männer wäre es abstoßend, vielleicht – je nach Strenge des Kodexes – sogar eklig oder beängstigend, die Hand eines anderen Mannes auf dem Arm oder der Schulter zu fühlen, das Schlafzimmer mit einem Mann zu teilen oder in einem vollbesetzten Auto einen Mann auf dem Schoß zu halten. Unter Frauen der gleichen Gesellschaft würde jedoch ungezwungener Kontakt durchaus willkommen sein. Sie würden sich umarmen, sich gegenseitig über das Haar streichen, die Kleider zurechtzupfen, im gleichen Bett schlafen, und zwar in aller Ruhe und ohne jede Befangenheit. Stellen wir uns in dieser Gesellschaft nun eine Ehe zwischen einem wohlerzogenen Mann, der jede Berührung, wie oben geschildert, ablehnen würde, und einer wohlerzogenen Frau vor, die solche Berührungen unter Frauen als natürlich, aber unter Knaben und Männern als unmöglich ansehen würde. Diesem Paar wird ein Mädchen geboren, das von Geburt an eine »Rühr-mich-nicht-an«-Haltung einnimmt, gegen die die Mutter trotz aller Bemühungen nichts ausrichten kann. Das kleine Mädchen schlüpft der Mutter von den Knien und windet sich zur Seite, wenn sie es küssen will. Mit Erleichterung wendet es sich dem Vater zu, der es nicht mit Liebesbeweisen bedrängt und nicht einmal beim Spazierengehen darauf besteht, seine Hand zu halten. Durch einen so einfachen Tatbestand, d. h. aus einer Neigung, die beim Kind vom Temperament, beim Vater von der Gesellschaft hervorgerufen wurde, wird das kleine Mädchen sich vielleicht mit dem Vater identifizieren und daraus ableiten, daß es mehr ein Junge als ein Mädchen ist. Im Lauf der Zeit wird es sich in mancher Hinsicht tatsächlich mehr dem andern Geschlecht angepaßt haben. Wenn es später als Erwachsene in männlicher Kleidung herumläuft, männliche Tätigkeiten ausübt und unfähig ist,

Glück in der Ehe zu finden, wird ein Psychiater vielleicht feststellen, daß die Ursache ihres Unvermögens, sich als Frau anzupassen, Identifizierung mit dem andern Geschlecht war. Diese Erklärung läßt indessen nicht erkennen, daß die Identifizierung sich nicht in dieser Weise abgespielt hätte, gäbe es nicht die von der Gesellschaft verhängte Zweiteilung des Verhaltens der Geschlechter. Ein Arapesh-Kind, das mehr dem zurückhaltenden Vater als der gefühlsbetonten Mutter ähnelt, fühlt vielleicht, daß es mehr dem Vater als der Mutter gleicht; dies hat jedoch keinen weiteren Einfluß auf seine Persönlichkeit in einer Gesellschaft, in der es die Begriffe »Wie ein Mann fühlen« oder »Wie eine Frau fühlen« gar nicht gibt. Die Differenzierung des Geschlechtsverhaltens bringt die Identifizierung im kindlichen Anpassungsvorgang in Gang.

Unser Beispiel ist natürlich hypothetisch und einfach. Die wirklichen Bedingungen in einer modernen Gesellschaft sind unendlich viel komplizierter. Einige dieser Komplikationen seien erwähnt, um das Problem zu beleuchten. Ein Elternteil kann so sehr von der Norm abweichen, daß er dem Kind nicht helfen kann, seine Stellung in der Welt zu finden. Dies kann auch bei beiden Elternteilen der Fall sein, indem die Mutter Charakterzüge aufweist, die gewöhnlich dem männlichen Geschlecht vorbehalten sind, während der Vater die entgegengesetzten Eigenschaften zeigt. In der modernen Gesellschaft ist man ja der Auffassung, daß zur Ehe zwei gegensätzliche Persönlichkeiten gehören; deshalb heiraten Männer, die von der normalen Grundhaltung abweichen, oft ebensolche Frauen. So kann das nach einem Anhaltspunkt suchende Kind zu einer falschen Identifizierung kommen, weil sein Temperament dem für das andere Geschlecht festgelegten entspricht oder weil der Elternteil des eigenen Geschlechts anpassungsunfähig ist.

Ich habe zuerst die Identifizierung erörtert, die auf das Temperament zurückzuführen ist; sie kann aber auch auf andere Weise vollzogen werden: etwa über den Intellekt oder über besondere künstlerische Fähigkeiten, durch die das Kind sich dem ebenfalls begabten Elternteil ohne Rücksicht auf sein Geschlecht verbunden fühlt. Diese einfache Identifikation wird dann, da ja zweierlei Maßstäbe existieren, auf das geschlechtliche Gebiet übertragen und etwa so ausgelegt: »Maria arbeitet immer mit den Zeichensachen ihres Vaters. Sie hat überhaupt keine Interessen wie andere Mädchen. Mein Mann sagt immer.

an ihr sei ein Junge verlorengegangen.« Dieser Feststellung dürfte sich Maria wohl gern anschließen.

Aufschlußreich ist auch die Art, in der in fast jeder uns bekannten Gesellschaft das Los des Knaben von dem des Mädchens abweicht. Die männliche Tätigkeit wird immer mehr oder weniger höher eingeschätzt als die weibliche. Deshalb kann das Mädchen, »an dem ein Junge verlorengegangen ist«, wenigstens bis zu einem gewissen Grad an den Tätigkeiten teilnehmen, die von der Aura der männlichen Würde umgeben sind. Für den Jungen, »der besser ein Mädchen geworden wäre«, gibt es keine solche Möglichkeit. Wenn er sich mit weiblichen Arbeiten beschäftigt, setzt er sich einem doppelten Vorwurf aus: er hat sich unwürdig erwiesen, als Mann eingestuft zu werden, und er hat sich dadurch selbst zu einer Tätigkeit verurteilt, die niedriger im Ansehen steht.

Es kommt nur selten vor, daß Einstellungen und Interessen, die als feminin gelten, einen starken Ausdruck in der bildenden Kunst oder der Literatur finden. Das Mädchen, das sich von den als maskulin festgelegten Interessen angesprochen fühlt, kann in diesen eine Ausdrucksform finden; der Junge, dem ähnliche Kanäle zur Verfügung stehen würden, wenn es eine vergleichbare weibliche Kunst gäbe, hat keine derartige Möglichkeit. Kenneth Grahame hat die Ratlosigkeit kleiner Jungen gegenüber den begrenzten, spezifischen Mädcheninteressen in seinem berühmten Kapitel ›Worüber sie reden‹ verewigt:

»›Jetzt ist sie wieder mit den Pfarrhofmädchen weggegangen‹, sagte Edward und blickte Selinas langen schwarzen Beinen nach. ›Sie geht jetzt jeden Tag mit ihnen fort, und sobald sie unterwegs sind, stecken sie die Köpfe zusammen und schwätzen, schwätzen ohne Unterbrechung! Ich kann mir nicht denken, worüber sie die ganze Zeit reden . . .‹

›Vielleicht über Vogeleier‹, sagte ich schläfrig . . ., ›oder über Schiffe und Büffel und öde Inseln oder darüber, warum Kaninchen weiße Schwänze haben, oder ob sie lieber einen Schoner oder einen Kutter hätten, oder was sie tun, wenn sie Männer wären – es gibt doch vieles, über das man reden kann, wenn man reden *will.*‹

›Das schon, aber über solche Sachen reden sie ja gar nicht‹, meinte Edward, ›darüber *können* sie ja gar nicht sprechen, sie verstehen ja nichts davon. Sie können ja auch nichts weiter als Klavierspielen, und wer würde schon *davon* reden wollen; und sie interessieren sich für nichts – für nichts Vernünftiges, meine ich. Also, worüber sprechen sie *dann*? . . . Ich kann es einfach nicht verstehen. Wenn sie wirklich irgend etwas Vernünftiges zu reden haben, warum erfährt dann niemand, was es ist? Und wenn nicht – und wir wissen ja, daß ihnen *nichts* Vernünftiges einfällt – warum halten sie dann nicht den Mund? Dieses alte Kaninchen hier, das kommt gar nicht auf den Gedanken zu reden!‹

›Oh, Kaninchen können aber reden!‹ warf Harald ein. ›Ich habe sie oft in ihrem Stall beobachtet. Sie stecken ihre Köpfe zusammen, und dann gehen ihre Nasen auf und ab genau wie bei Selina und den Pfarrhofmädchen!‹

›Na schön‹, sagte Edward ärgerlich, ›aber dann reden sie bestimmt nicht solchen Quatsch wie die Mädchen!‹ Das war sowohl unedel wie unfair; denn es war noch nicht bekanntgeworden – und bis zum heutigen Tag hat es keiner erfahren – über *was* Selina und ihre Freundinnen redeten[27].«

Diese Ratlosigkeit hält das ganze Leben lang an. Die Frau, die sich infolge von Temperament oder Erziehung mehr mit den Interessen der Männer identifiziert und sich dem festgelegten Standard der Geschlechter nicht anpassen kann, verliert ihre wichtige weibliche Rolle des Kinderkriegens aus dem Auge. Der Mann, der von den Interessen des eigenen Geschlechts ausgeschlossen wird, erleidet eine stärkere Einbuße, da ihm ein großer Teil des künstlerischen Symbolismus seiner Gesellschaft unzugänglich wird und es keinen Ersatz gibt, an den er sich halten könnte. Er verharrt in Verwirrung und Bestürzung und ist unfähig, so zu empfinden, wie Männer das »natürlich« tun, findet aber auch keine Befriedigung in den Rollen der Frau, obgleich deren soziale Persönlichkeit seinem Temperament angemessener wäre.

Da das Kind nicht lediglich wie ein Mitglied der gegebenen Gesellschaft in einem gegebenen Zeitraum, sondern auch als Angehöriger seines Geschlechtes zu fühlen hat, wird seine Entwicklung in vielfacher Weise beeinflußt; viele Individuen können dadurch in ihrer Umwelt nicht den richtigen Platz finden. Viele Persönlichkeitsforscher schreiben diese vielfältigen, unwägbaren Anpassungsmängel einer »latenten Homosexualität« zu. Aber diese Auffassung entspricht der doppelten Norm und ist eine *post-hoc*-Diagnose des Resultats, keine Ursachendiagnose. Sie wird nicht nur auf die Homosexuellen angewandt, sondern auch auf die unendlich zahlreicheren Individuen, die von dem von der Gesellschaft für ihr Geschlecht festgelegten Verhalten abweichen.

Wenn diese widersprüchlichen Charakterzüge, die als geschlechtsgebunden gelten, nicht geschlechtsgebunden, sondern einfach allgemeinmenschliche Züge sind, die nur künstlich einem der Geschlechter zugeteilt werden, so ist es unvermeidlich, daß bestimmte Individuen von der Norm abweichen; eine Gesellschaft, die von dem von ihr selbst geschaffenen Zusammenhang zwischen Geschlecht und Tapferkeit, zwischen Geschlecht und Selbstgefühl oder Geschlecht und persönlichen Beziehungen nicht abgehen will, zwingt sie dazu: wenn ein Zusammenhang zwischen der Temperamentsbeschaffenheit von Angehörigen des einen oder des andern Geschlechts und der Rolle fehlt, die die Kultur ihnen zuweist, wirkt sich das auch auf die anderen Individuen aus, deren Temperament den Normen entspricht. Oft wird angenommen, daß in einer Gesellschaft, in der die Männer aggressiv, die Frauen anschmiegsam und unterwürfig sein sollen, die Schlechtangepaßten unter den herrschsüchtigen, aggressiven Frauen und den verständnisvollen, unterwürfigen Männern zu finden sind. Ihre Position ist zweifellos die schwierigste. Menschliche Kontakte aller Art, insbesondere das Werben um Frauen und die Ehe stellen für sie unlösbare Probleme dar. Aber da ist auch noch der mit aggressivem, herrischem Temperament begabte Knabe, der in der Auffassung aufgewachsen ist, daß er als Mann die unterwürfige Frau beherrschen muß. Er ist dazu erzogen worden, auf das unterwürfige, passive Verhalten anderer mit selbstbewußter Aggressivität zu reagieren. Er begegnet aber nicht nur unterwürfigen Frauen, sondern auch unterwürfigen Männern. Sein Bedürfnis zu herrschen, seine Forderung nach bedingungsloser Loyalität und ständiger Bestätigung seiner Wichtigkeit werden in solchen Gruppen bestärkt; damit ist die Situation der »latenten Homosexualität« geschaffen. Er hat ja auch gelernt, daß an seiner Fähigkeit zu herrschen, das Maß seiner Männlichkeit abzulesen ist; nun bestärkt ihn die Unterwürfigkeit anderer Männer noch darin. Begegnet er jedoch einer Frau, die ihn – ohne daß sie ihn durch ihr Temperament beherrschen muß – in einer bestimmten Fertigkeit oder Tätigkeit überflügelt, wird er an seiner Männlichkeit zu zweifeln beginnen. Darum sind auch die Männer, die dem von der Gesellschaft festgelegten männlichen Typ am meisten entsprechen, gegen Frauen, die trotz entgegengesetzter Erziehung die gleichen

Charakterzüge aufweisen, am mißtrauischsten und feindlichsten eingestellt. Ihre Stärke beruht darauf, daß beim anderen Geschlecht keine ähnlichen Charaktere vorkommen.

Die unterwürfige, verständnisvolle Frau findet sich aber, selbst wenn ihr Temperament der von ihrer Kultur festgelegten Norm entspricht, in der gleichen anomalen Lage. Von Kindheit an daran gewöhnt, der Autorität einer herrischen Stimme nachzugeben, mit allen ihren Kräften den verwundbaren Egoismus dominierender Personen zu schonen, begegnet sie vielleicht dem gleichen gebieterischen Tonfall in einer weiblichen Stimme, und obgleich sie das Ideal der Frau in ihrer Gesellschaft verkörpert, findet sie Frauen so faszinierend, daß Heirat für sie überhaupt nicht mehr in Frage kommt. Ihre Verstrikkung mit Personen des eigenen Geschlechts weckt vielleicht in ihr Zweifel am Grad ihrer Weiblichkeit.

Die Zuweisung bestimmter Temperamentseigenschaften an jedes Geschlecht benachteiligt also mehr oder weniger jedes Mitglied der betreffenden Gesellschaft. Menschen, die offensichtlich von der Norm abweichen und sich der Gesellschaftsordnung nicht anpassen, verwirren durch ihr bloßes Vorhandensein, durch ihre ungewöhnlichen Reaktionen jene Zeitgenossen, deren Temperament den festgelegten Normen entspricht. So wird in viele Gemüter ein Samenkorn des Zweifels und der Angst gelegt, das den normalen Lebensablauf stört.

Aber damit ist der Bericht über die entstandene Verwirrung noch nicht zu Ende. Die Tchambuli und in geringerem Maße Teile des modernen Amerika lassen eine weitere Schwierigkeit erkennen, die eine Kultur ihren Mitgliedern mit dem Gebot bestimmter Wesenszüge für jedes Geschlecht auferlegt. Wir haben gesehen, daß die Tchambuli-Gesellschaft patrilinear organisiert ist, in ihr jedoch die Frauen herrschen, so daß die Stellung des Mannes mit abweichendem – das heißt herrischem – Temperament doppelt schwierig ist. Die Formulierung, ein Mann habe für seine Frau gezahlt und könne von ihr Unterordnung verlangen, verführt die von der Norm abweichenden Männer zu immer neuen Versuchen, die Unterordnung ihrer Frauen durchzusetzen; das widerspricht jedoch dem ihnen in der Kindheit anerzogenen Gehorsam und Respekt gegenüber Frauen und ruft Konflikte mit diesen hervor. Die Institutionen der Tchambuli und das Schwergewicht ihrer Gesellschaft widersprechen einander bis zu einem gewissen Grad. Die Geschichte des Stammes führt die starke Entwicklung beherrschender Temperamente auf verschiedene Nachbarstämme zurück, deren Frauen Generationen hindurch wegliefen und Tchambuli-Männer heirateten. Diese Erklärung der Widersprüche im Leben der Tchambuli erinnert an die Situation der Arapesh, die bei diesem Stamm die Anpassung der Männer und Frauen in Frage stellte. Die Widersprüche der Tchambuli-Kultur wurden vermutlich dadurch vermehrt, daß das Interesse für Kriegführen und Kopfjagd nachließ und die schönen Künste in den Vordergrund traten. Auch erhöhte sich vielleicht die geschäftliche Tätigkeit der Frauen ohne entsprechende Anhebung der wirtschaftlichen Rolle der Männer. Was auch immer die historischen Ursachen sind – und sicher sind sie zahlreich und mannigfaltig –, die Verwirrung zwischen den Institutionen der Tchambuli einerseits und ihrem kulturellen Leben andererseits ist schlagend. In Tchambuli gibt es auch eine größere Anzahl Neurotiker unter den Männern, als ich je in einer primitiven Kultur angetroffen habe. Wenn ein Mann in seiner Anomalie, seiner temperamentbedingten Unfähigkeit, die passive Rolle des Tänzers zu übernehmen, durch die Institutionen seiner Gesellschaft bestärkt wird, so ist das einfach zu viel – sogar für Mitglieder einer primitiven Gesellschaft mit weit einfacheren Lebensbedingungen als den unsrigen.

Moderne Kulturen, die im Begriff stehen, sich der veränderten wirtschaftlichen Position der Frau anzupassen, stehen vor ähnlichen Schwierigkeiten. Die Männer haben bisher die Fähigkeit, Alleinernährer ihrer Familie zu sein, als eine Stütze ihrer Vorherrschaft betrachten können; jetzt müssen sie erleben, wie ihnen diese Stütze, die sie oft mit der Vorherrschaft selbst gleichsetzten, entrissen wird. Die Frauen aber sind in der Vorstellung aufgewachsen, daß der Erwerb des Einkommens das Recht zum Befehlen verleiht – ein Grundsatz, der gelten konnte, solange die Frauen kein Geld verdienten; nun finden sie sich immer öfter zwischen ihrer Stellung im Haushalt und der erlernten Tätigkeit hin- und hergerissen. Die Männer, die in dem Glauben erzogen wurden, daß ihre Eigenschaft als Geldverdiener einen Beweis für Männlichkeit darstellt, werden durch Arbeitslosigkeit in Zweifel gestürzt; eine weitere Komplikation kommt hinzu, wenn es demgegenüber der Frau gelingt, sich ihren Arbeitsplatz zu erhalten.

Alle diese Umstände werden in Amerika noch durch die große Zahl von Verhaltensformen verschärft, die für jedes Geschlecht in den verschiedenen nationalen und regionalen Gruppen vorgeschrieben sind, und durch die überragende Bedeutung der Verhaltensregelung zwischen den Geschlechtern, die von den Kindern innerhalb der häuslichen vier Wände zu befolgen ist, verschlechtert. Jeder kleinste Teil unserer vielschichtigen Kultur ist mit eigenen Regeln verbunden, die das Gleichgewicht zwischen den Geschlechtern aufrechterhalten sollen. Diese Regeln sind je nach der nationalen Gruppe oder sozialen Klasse verschieden oder widersprechen sich sogar. Und da es keine Überlieferung gibt, nach der Individuen innerhalb ihrer Gruppe heiraten sollen, kommen ständig Ehen zwischen Personen zustande, deren Begriffe von den zwischen den Geschlechtern bestehenden Beziehungen vollkommen anders sind. Diese Begriffsverwirrung wird dann auf die Kinder übertragen. Daraus entsteht eine Gesellschaft, in der kaum jemand daran zweifelt, daß es für jedes Geschlecht eine andere »natürliche« Verhaltensform gibt, aber niemand so recht weiß, was man unter »natürlichem« Verhalten zu verstehen hat. Die widersprüchlichen Definitionen des richtigen Verhaltens geben fast jedem Menschen Raum für den Zweifel an seiner Männlich- bzw. seiner Weiblichkeit. Wir empfinden weiterhin, daß Anpassung etwas Wichtiges ist, haben aber gleichzeitig die Fähigkeit verloren, sie zu vollziehen.

XIX
Schlußfolgerungen

Jedem Programm, das eine Planung der Gesellschaftsordnung anstrebt, liegt die Erkenntnis zugrunde, daß die Wesenseigenheiten der beiden Geschlechter durch die Gesellschaft erzeugt werden. Es ist ein zweischneidiges Schwert, das einerseits eine äußerst vielseitige Kultur von ungeahnter Plastizität zurechtzuschneiden erlaubt, andererseits aber auch zur Bahnung schmaler Pfade dienen kann, auf denen Mann und Frau organisiert und, ohne nach links oder rechts zu schauen, wandeln sollen. So zwingt ein faschistisches Erziehungsprogramm die Frauen in Verhältnisse zurück, die man in Europa längst für überwunden hielt, während ein kommunistisches Programm beide Geschlechter als gleich behandelt, soweit die physischen Gegebenheiten es erlauben. Da die gesellschaftlichen Bedingungen entscheiden, konnte Amerika sich von der traditionellen europäischen Vorstellung der Vorherrschaft des Mannes abwenden und – ohne bewußte Planung – eine Generation von Frauen heranziehen, die ihr Leben nach dem Vorbild ihrer Schullehrerinnen und ihrer aggressiven, tonangebenden Mütter formen. Ihre Brüder bemühen sich erfolglos, den Mythos der männlichen Vorherrschaft in einer Gesellschaft aufrechtzuerhalten, in der nun die Mädchen das Herrschen als natürliches Recht für sich in Anspruch nehmen. Eine Vierzehnjährige erklärte mir einmal, nachdem sie mir den Ausdruck »tomboy«[28] erläutert hatte: »Ja, früher durfte man das nicht, aber das war noch in der Reifrockzeit. Heutzutage benimmt man sich einfach genau wie die Jungens, ohne viel Aufhebens zu machen.« Die Tradition hat sich in Amerika so schnell verändert, daß der Ausdruck »sissy«, der früher nur für Jungen mit femininen Zügen gebraucht wurde, heute auch von einem Mädchen mit schneidender Verachtung auf ein anderes Mädchen angewandt oder von einem kleinen Mädchen als Bezeichnung für einen Jungen benutzt wird, »der immer einen Baseball-Handschuh trägt und schreit: ›Wirf hierher! Wirf hierher!‹, und wenn man ihm dann den Ball leicht zuwirft, kann er ihn nicht mal fangen!« Diese eindringlichen Kommentare kennzeichnen eine Entwicklung, der die einheitliche Planung eines faschistischen oder kommunistischen Programms fehlt, die jedoch in den letzten drei Jahrzehnten immer schneller verlaufen ist. Pläne, die der Frau den Platz als Mutter und Hausfrau zuweisen oder die unterschiedliche Ausbildung der beiden Geschlechter abschaffen, haben wenigstens den Vorzug, klar und unmißverständlich zu sein. Die augenblickliche Entwicklung in Amerika zeigt die trügerische Zweideutigkeit der Situation, die wir bei den Kopfjägern in Tchambuli vorfanden, wo der Mann der institutionelle Haushaltungsvorstand ist, obgleich die Frau durch ihre Erziehung hierfür weit besser geeignet wäre. In Amerika führt die Entwicklung dazu, daß immer mehr Männer glauben, sie müßten durch größeren Stimmaufwand ihre verwundbare Position stützen, und daß immer mehr Frauen sich unglücklich an die Herrscherrolle klammern, die ihnen die Gesellschaft verliehen hat – ohne ihnen jedoch die Anweisungen dazu zu liefern, mit deren Hilfe sie diese Position ohne Schaden für sich selbst, ihre Ehemänner und ihre Kinder ausfüllen können.

Mindestens drei Wege stehen einer Gesellschaft offen, die das Ausmaß erkannt hat, in dem die männlichen und weiblichen Wesenszüge von der Gesellschaft geprägt werden. Zwei dieser Wege wurden zu verschiedenen Zeitpunkten immer von neuem in der langen, unregelmäßigen, sich ewig wiederholenden Geschichte der Menschheit erprobt. Der erste besteht darin, die Wesenszüge von Mann und Frau als gegensätzlich, sich ergänzend und widersprechend zu normen und dieser Norm die ganze Gesellschaftsordnung anzupassen. Hat die Gesellschaft sich darauf festgelegt, daß es die einzige Aufgabe der Frau ist, Kinder zur Welt zu bringen und aufzuziehen, so könnte sie dafür sorgen, daß jede Frau, die physiologisch dazu in der Lage ist, Mutter wird, und sie in dieser Funktion unterstützen. Sie könnte die Diskrepanz abschaffen, die zwischen der Doktrin von dem Platz der Frau am häuslichen Herde und der Zahl der sich ihr bietenden häuslichen Herde besteht. Sie könnte die Diskrepanz abschaffen, daß Frauen zur Ehe erzogen und dann gezwungen werden, als alte Jungfern ihre Eltern zu ernähren.

Ein solches System würde natürlich die Talente vieler Frauen verschwenden, die sich für andere Funktionen besser eignen als dafür, Kinder in die ohnehin schon übervölkerte Welt zu setzen. Auch die Talente zahlreicher Männer, die sich in der häuslichen Umgebung besser entfalten als auf dem Marktplatz, würden verschwendet. Aber es wäre ein klares System, das jedem Individuum die Rolle anweist, die es auf Grund der von der Gesellschaft festgelegten Erziehung zu übernehmen hat, und das nur die Individuen benachteiligt, die trotz aller Erziehung nicht die geforderten Wesenszüge entwickeln. Millionen von Menschen würden gern zu diesen Methoden der Normung zurückkehren, und wir müssen damit rechnen, daß die größeren Möglichkeiten, die das zwanzigste Jahrhundert den Frauen eröffnete, wieder von der Bildfläche verschwinden und wir zu einer strengen Organisierung der Frauen zurückkehren.

Die Verschwendung würde in einem solchen Fall nicht nur viele Frauen, sondern auch viele Männer betreffen, da ja die Reglementierung des einen Geschlechts mehr oder weniger auch die Reglementierung des anderen mit sich bringt. Jedes elterliche Gebot, das eine bestimmte Art zu sitzen, zu spielen, zu zeichnen, zu singen oder zu tanzen als feminin bezeichnet, formt die Persönlichkeit des Bruders des kleinen Mädchens ebenso wie die Persönlichkeit des Mädchens selbst. Jede Gesellschaft, die von den Frauen verlangt, einem besonderen Persönlichkeitsideal zu gleichen, tut auch der Individualität des Mannes Gewalt an.

Die Gesellschaft kann auch den Kurs einschlagen, der in den Programmen radikaler Gruppen als Alternative auftaucht: Gebt zu, daß Männer wie Frauen ebensogut nach dem einen wie nach einem anderen Persönlichkeitsideal geformt werden können, und hört endlich auf, bei der Beurteilung der Persönlichkeit irgendeinen Unterschied zwischen den Geschlechtern zu machen; Mädchen können genauso geschult werden, den gleichen Kodex, die gleichen Ausdrucksformen, die gleichen Beschäftigungen erlernen wie die Jungen. Dieser Weg ist die logische Folge der Überzeugung, daß die von den verschiedenen Gesellschaften als männlich oder weiblich etikettierten Möglichkeiten nicht geschlechtsbedingt sind, sondern Angehörigen beider Geschlechter offenstehen. Wenn das anerkannt wird, müssen dann nicht logischerweise auch alle künstlichen Normen, die von der europäischen Gesellschaft so lange Zeit für beide Geschlechter aufrechterhalten worden sind, als überflüssig aufgegeben werden? In der heutigen Zeit kann sich die Frau durch Verhütungsmittel vor unerwünschter Schwangerschaft schützen. Der augenfälligste wirkliche Unterschied zwischen den Geschlechtern, der Unterschied an Kraft, wird immer bedeutungsloser. Ebenso wie die Größenunterschiede zwischen Männern keine Rolle mehr spielen und an die Stelle handgreiflicher Auseinandersetzung die gerichtliche Beilegung von Differenzen getreten ist, so braucht auch der zwischen Männern und Frauen vorhandene Kraftunterschied nicht mehr institutionell verankert zu werden.

Erwägt man ein solches Programm, so muß man jedoch die Art der Gewinne beachten, die die Gesellschaft in ihren vielfältigsten Formen erzielt hat. Opfert man die Unterschiede zwischen den Geschlechtern, so opfert man vielleicht auch die Vielfältigkeit. Die Arapesh machen nur wenig Wesensunterschiede zwischen jung und alt, Mann und Frau, und die Kategorien von Rang und Stand sind ihnen unbekannt. Wir haben gesehen, daß eine solche Gesellschaft die Männer und Frauen, die ihrem einfachsten Anliegen nicht entsprechen, im besten Fall zur Enttäuschung, im schlimmsten zum Außenseitertum verurteilt. Ein Gewalttätiger bei den Arapesh findet weder in der Kunst noch in den Zeremonien oder in der Geschichte seines Volkes einen Ausdruck für die inneren Impulse, die seinen Seelenfrieden stören. Dabei verliert nicht nur der Mensch, dessen Persönlichkeit von niemand anerkannt wird: auch der Schöpferische, Hochintelligente, der vollkommen mit den von der Gesellschaft festgelegten Werten übereinstimmt, leidet unter dem Mangel an Weite und Tiefe, der mit zu großer Einfachheit verbunden ist. Der lebhafte, intensive Geist eines der Arapesh-Jungen, den ich näher kennenlernte, fühlte sich durch das Prinzip des Gewährenlassens, durch den Mangel an Dramatik in seiner Kultur unbefriedigt. Auf der Suche nach Stoffen für seine Phantasie, für seine Sehnsucht nach einem Leben, das Raum für stärkere Emotionen bietet, fand er nichts Besseres als Berichte über leidenschaftliche Ausbrüche von Schlechtangepaßten – Ausbrüche, die eine maßlose Feindseligkeit gegen andere erkennen ließen, wie sie ihm selber fremd war.

Es leidet auch nicht nur das Individuum allein. Verlierer ist auch die Gesellschaft – eine solche Schwächung haben wir bei den dramatischen Aufführungen der Mundugumor festgestellt. Die Arapesh schließen die Frauen vom *tamberan*-Kult aus, um sie zu schützen, und lassen sie nicht mehr als erforderlich teilnehmen. Die Mundugumor hingegen haben bei beiden Geschlechtern eine Persönlichkeit entwickelt, für die es eine tödliche Beleidigung sein würde, von irgendeinem Vorgang ausgeschlossen zu werden. Und da die Mundugumor-Frauen immer öfter und mit Erfolg die Teilnahme an der Initiation gefordert haben, kann es nicht überraschen, daß das kultische Leben an Bedeutung verloren hat, die Akteure ihr Publikum einbüßten und ein starkes künstlerisches Element im Gemeinschaftsleben der Mundugumor dahinschwindet. Das Aufgeben der Geschlechtsunterschiede bedeutete für die Gesellschaft eine Einbuße an Vielschichtigkeit.

Das gleiche gilt auch für unsere Gesellschaft. Fordert man die Abschaffung der Wesensunterschiede zwischen den Geschlechtern, die immer daran geglaubt und darauf aufgebaut haben, so erreicht man vielleicht bloß eine subtilere Normierung, als es sie bei der Forderung nach vielen Geschlechtsunterschieden gegeben hat. Das tritt besonders beim Übergang zu einer neuen Tradition ein, wenn eine herrschende Gruppe eine neue gesellschaftliche Persönlichkeit zu entwickeln versucht, wie es ja heute in vielen europäischen Ländern der Fall ist. Nehmen wir nur einmal die geläufige Meinung, daß die Frauen den Krieg entschiedener ablehnen als die Männer und daß deshalb eine ausgesprochene Billigung des Krieges bei Frauen erschreckender, abstoßender wirken muß als bei Männern. Diese Auffassung gestattet den Frauen, für den Frieden zu arbeiten, ohne die Kritik herauszufordern, die an ihren Männern und Brüdern geübt wird, wenn sie in der gleichen Weise Friedenspropaganda treiben. Der Glaube daran, daß die Frauen von Natur aus mehr am Frieden interessiert sind, ist zweifellos künstlich und ein Teil der gesamten Mythologie, die die Frauen für sanftere Wesen hält als die Männer. Stellen wir ihr einmal die Möglichkeit gegenüber, daß eine mächtige Minderheit versucht, eine ganze Gesellschaft für den Krieg zu stimmen. Dazu würde sie vielleicht betonen, daß Männer und Frauen die gleichen Motive und Interessen haben und die Frauen deshalb den Krieg genauso blutdürstig und entzückt vorbereiten sollen wie die Männer. Das Beharren auf der entgegengesetzten Ansicht – daß nämlich die Mutter höher steht als die Staatsbürgerin – wirkt immerhin hemmend auf die Kriegspropaganda und verhindert, daß eine Welle von Kriegsbegeisterung sich über die gesamte jüngere Generation ergießt. Die gleiche Wirkung hat es, wenn die Geistlichkeit von Amts wegen zur Verteidigung des Friedensgedankens verpflichtet wird. Die relative Kriegsfreundlichkeit einzelner Geistlicher würde durch die vorgeschriebene pazifistische Rolle entweder verletzt oder besänftigt; aber ein gewisser Protest, eine gewisse kirchenfeindliche Note würde sich in der übrigen Gesellschaft bemerkbar machen. Die gefährliche Normierung der Reaktionsweisen, die jede Art von Abweichung verbietet, verstärkt sich, wenn bestimmte Individuen weder durch Alter noch durch Geschlecht, noch durch religiösen Glauben automatisch für eine Minderheitshaltung empfänglich werden dürfen. Vielleicht ist die Beseitigung aller rechtlichen und wirtschaftlichen Barrieren, die es den Frauen verwehren, gleichberechtigt mit den Männern am Weltgeschehen teilzunehmen, an sich ein normenschaffender Schritt und führt zur allgemeinen Ausrottung der Mannigfaltigkeit in den Einstellungen, die ein so teuer erkauftes Produkt der Zivilisation ist.

Eine derartig genormte Gesellschaft, die Männer, Frauen, Kinder, Priester und Soldaten insgesamt zur Beachtung undifferenzierter, gleichförmiger Wertmaßstäbe erzieht, muß zwangsläufig den Typ des Anomalen hervorbringen, den wir bei den Arapesh und den Mundugumor gefunden haben: einen Menschen, der – ganz gleich, welchem Geschlecht er angehört und welche Tätigkeit er ausübt – rebelliert, weil er sich auf Grund seines Temperaments mit der Einseitigkeit seiner Kultur nicht abfinden kann. Die in bezug auf ihre psychosexuelle Rolle besonders unangepaßten Individuen werden zwar verschwinden, aber mit ihnen verschwindet dann auch die Erkenntnis, daß es mehr als eine einzige Moral gibt.

Soweit die Abschaffung der festgelegten Wesensunterschiede bei Mann und Frau bedeutet, daß gleichzeitig jeder Ausdruck eines vorher ausschließlich feminin oder ausschließlich maskulin genannten Persönlichkeitstyps abgeschafft wird, erleidet die Gesellschaft einen Verlust. So wie ein Fest lustiger und reizvoller ist, wenn Männer und Frauen verschieden gekleidet sind, so ist es auch in den weniger materiellen Dingen. Wenn die Kleidung an sich ein Symbol ist und der Schal einer Frau der anerkannten Sanftheit ihres Wesens entspricht, so gestalten sich die persönlichen Beziehungen farbiger und in vieler Hinsicht lohnender. Der Dichter in einer solchen Gesellschaft wird die Tugenden, das heißt die weiblichen Tugenden, besingen, die man vielleicht in dem gesellschaftlichen Utopia, in dem die Wesensunterschiede zwischen Männern und Frauen abgeschafft sind, vergebens suchen würde.

Im gleichen Maße, wie die Gesellschaft auf Differenzierung beharrt – so daß eine Alters- oder Geschlechtsgruppe Ziele und Zwecke verfolgen kann, die einer anderen verboten oder unwichtig sind –, wird jedes einzelne Mitglied dieser Gesellschaft reicher. Die willkürliche Festsetzung von Kleidung, Verhalten, Reaktionen für Menschen der gleichen Klasse, des gleichen Geschlechts oder einer bestimmten Farbe, für Menschen, die an einem bestimmten Wochentag oder mit einem bestimmten Teint geboren werden, tut zwar der Veranlagung des einzelnen Zwang an, gestattet aber den Aufbau einer reichen Kultur. Die extremste Entwicklung einer Gesellschaft mit der größten Vielschichtigkeit auf Kosten des Individuums verzeichnet das historische Indien; eine kompromißlose Verbindung von tausenderlei Verhaltensmerkmalen, der Einstellung, der Tätigkeit und der Abstammung bildeten die Grundlage. Jedem einzelnen war die Sicherheit – mitunter auch nur die Sicherheit der Verzweiflung – gegeben, eine bestimmte Rolle zu spielen; jeder hatte das Bewußtsein, in eine äußerst vielschichtige Gesellschaft hineingeboren zu sein.

Wenn wir ferner die Stellung des von der Norm abweichenden Individuums in historischen Kulturen betrachten, finden wir, daß solche Menschen sich in einer vielschichtigen Gesellschaft in besserer Lage befinden als in einer primitiven, die für spezielle Gaben des Temperaments keine Verwendung hat. Die gewalttätige Frau in einer Gesellschaft, die nur Männern Gewalttätigkeit erlaubt, der stark gefühlvolle Aristokrat in einer Kultur, die den Ausdruck von Gefühlen nur bei der Landbevölkerung duldet, der nach Riten verlangende Protestant in einem Land, in dem auch der Katholizismus vertreten ist – sie alle finden in einer anderen Gruppe ihrer Gesellschaft die Emotionen, die sie in der eigenen Gruppe nicht offenbaren dürfen. Die bloße Existenz solcher Werte, die ihnen so wichtig und wegen der Zufälligkeit der Geburt so unerreichbar sind, gibt ihnen Rückhalt. Für Menschen, die sich mit einer Zuschauerrolle oder bloß mit Nahrung für ihre schöpferische Phantasie begnügen, ist schon dieses Wissen beinahe ausreichend. Es mag ihnen schon genügen, vom Bürgersteig bei einer Parade, im Zuschauerraum eines Theaters oder im Kirchenschiff die Emotionen zu erleben, deren direkter Ausdruck ihnen versagt ist. Den rohen Ersatz, den das Kino Menschen mit verkümmertem Gefühlsleben bietet, gewährt die Kunst einer vielschichtigen Gesellschaft dem Individuum, das in seiner Umwelt nicht den richtigen Platz gefunden hat, in subtilerer Form.

Die Anpassung der Geschlechter erfordert jedoch, daß auch der passivste Mensch eine Rolle spielen muß, wenn er am Leben teilhaben will. Und wenn wir auch die Vorzüge der Vielfalt, die reizvollen Verknüpfungen, die sich aus der Zufälligkeit der Geburt ergeben, anerkennen, so fragen wir uns doch, ob nicht der Preis zu hoch ist. Könnte die Schönheit des Kontrasts und der Vielfalt nicht auch auf andere Weise erreicht werden? Wenn das Beharren der Gesellschaft auf den Geschlechtsunterschieden zu so viel Verwirrung, so viel Desorientierung, so vielen unglücklichen Außenseitern führt, können wir uns da nicht eine Gesellschaft vorstellen, die diese Unterschiede abschafft, ohne die damit verbundenen Werte preiszugeben?

Nehmen wir einmal an, eine solche Gesellschaftsform wendet sich von den auf Geschlecht und Rasse basierenden »natürlichen« Unterschieden ab und unterscheidet die Persönlichkeiten nach ihrer Augenfarbe. Alle Menschen mit blauen Augen würden etwa als friedfertig, gutmütig und hilfsbereit, die mit braunen Augen als arrogant, aggressiv und herrschsüchtig gelten. In diesem Fall würden zwei einander ergänzende gesellschaftliche Motive verbunden – die Kultur, ihre Kunst, ihre Religion, ihre persönlichen Beziehungen hätten zwei Fäden anstelle von nur einem. Es gäbe blauäugige Männer und blauäugige Frauen, was bedeuten würde, daß es milde »mütterliche« Frauen und milde »mütterliche« Männer gäbe. Ein blauäugiger Mann würde vielleicht eine Frau heiraten, die im Sinne seiner eigenen Persönlichkeit erzogen wurde, oder eine braunäugige Frau, die im entgegengesetzten Sinn erzogen wurde. Einer der stärksten Impulse für Homosexualität, der Impuls, eher das Gleichartige als das Gegensätzliche zu lieben, wäre damit ausgeschaltet. Die Feindseligkeit zwischen den Geschlechtern wäre auf ein Mindestmaß beschränkt, da die Interessen der Angehörigen jedes der beiden Geschlechter auf verschiedene Weise miteinander verflochten werden könnten; Heiraten von gleichartigen und Freundschaften von gegensätzlichen Partnern brauchten nicht mit psychosexueller Schlechtanpassung belastet zu sein. Der einzelne würde zwar auch hier in seiner Wesensart eingeengt werden, da er ja zu der seiner Augenfarbe entsprechenden Verhaltensform erzogen wird. Jeder Blauäugige wäre zur Unterwürfigkeit gezwungen, wenn er nicht als Außenseiter abgestempelt werden will. Einer solchen Gesellschaft bliebe jedoch der größte gesellschaftliche Schaden, der aus der Einstufung nach dem Geschlecht erwächst, erspart. Die menschlichen Beziehungen, besonders die geschlechtsbedingten, würden nicht künstlich verzerrt.

Aber diese Kindererziehung, bei der die Augenfarbe und

nicht mehr das Geschlecht ausschlaggebend ist – was bereits ein Fortschritt wäre –, bleibt eine Parodie auf alle bisherigen Versuche der Gesellschaft, die Menschen nach Geschlecht, Farbe, Geburtsdatum oder Kopfform zu klassifizieren.

Die einzige Lösung des Problems ist jedoch nicht zwischen der Normung der geschlechtlichen Wesensunterschiede mit dem damit verbundenen Verlust an individuellem Glück und der Abschaffung dieser Unterscheidungen mit den sich daraus ergebenden Wertverlusten zu suchen. Anstelle des Alters oder Geschlechts, der Rasse oder des vererbten Ranges müßten divergierende Begabungen gesetzt werden. Die Gesellschaft müßte auf den vielerlei Kräften, die sie augenblicklich bei einem Teil der Kinder unterdrückt, im andern Teil künstlich zu erzeugen sucht, aufbauen, sie fördern und für sie Platz schaffen.

Die strenge Klassifizierung der Geschlechter wurde zu verschiedenen Zeiten entweder durch Schaffung einer neuen künstlichen Kategorie oder durch die Anerkennung wirklich individueller Unterschiede gelockert. Manchmal hat die Idee der gesellschaftlichen Stellung die Geschlechtseinteilungen überschritten. Gesellschaftsformen, die Abstufungen auf Grund von Reichtum oder Rang anerkannten und den Damen von Rang und Stand mehr Unverschämtheit zubilligten als beiden Geschlechtern im niederen und armen Volk, haben zwar die Emanzipation der Frauen gefördert, nicht aber die Freiheit des Individuums. Ein paar hochgestellte Frauen durften das Verhalten der Oberklasse annehmen, dafür waren viele Männer und Frauen zu einem Leben in Untertänigkeit und Furcht verurteilt. Durch solche Verschiebungen tritt nur eine neue willkürliche Norm an die Stelle der alten. Nur den Männern oder nur bestimmten Ständen Tapferkeit zuzusprechen, ist gleichermaßen weltfremd.

Die Schranken zwischen den Geschlechtern niederreißen und sie zwischen den Klassen wieder aufzurichten, ist also kein wirklicher Fortschritt. Während die Angehörigen der oberen Klassen unerbittlich nach einem einzigen Persönlichkeitstyp geformt werden und einen Hochmut entwickeln müssen, der zumindest einigen von ihnen nicht liegt, kommt den Besitzlosen, von denen Unterwürfigkeit verlangt wird, Arroganz teuer zu stehen. Am oberen Ende der Stufenleiter steht der gutmütige, friedliche Sohn reicher Eltern, der in eine Führerrolle gezwungen wird, am unteren das aggressive, unternehmungslustige Kind aus den Slums, das zum Leben in der Masse verurteilt ist. Wenn wir größere Ausdrucksmöglichkeiten für jedes individuelle Temperament erreichen wollen, ohne daß wir für ein Geschlecht oder sein Schicksal Partei ergreifen, müssen wir uns darüber klar werden, daß diese historische Entwicklung einigen Frauen mehr Freiheit gebracht, jedoch der Gesellschaft bedeutenden Schaden zugefügt hat.

Die strenge Einteilung nach Geschlechtern lockert sich dadurch, daß man anfängt, wirkliche Begabungen in beiden Geschlechtern anzuerkennen und zu fördern. Dadurch tritt eine echte Unterscheidung an die Stelle einer künstlichen. Wenn der Beruf des Schriftstellers für beide Geschlechter geeignet erscheint, braucht sich niemand, der das Talent zu schreiben besitzt, davon ausgeschlossen zu fühlen; auch braucht niemand, der schreibt, an seiner »Männlichkeit« oder »Weiblichkeit« zu zweifeln. Einer Tätigkeit, die nicht auf geschlechtsbedingten Fähigkeiten beruht, steht die doppelte Anzahl von potentiellen Künstlern zur Verfügung. Und hier ist auch ein Grundplan für den Aufbau einer Gesellschaft zu finden, die echte Unterschiede an die Stelle künstlicher setzt. Wir müssen endlich zugeben, daß unter der oberflächlichen Einteilung nach Geschlecht und Rasse die gleichen Möglichkeiten schlummern, in jeder Generation wiederkehren und ungenutzt vergehen, weil die Gesellschaft keinen Raum für sie hat. Ebenso wie heute jeder – Mann oder Frau – künstlerisch tätig sein darf, so sollte die Gesellschaft auch die Entwicklung vieler temperamentbedingter Gaben in beiden Geschlechtern zulassen; sie müßte ihre Bemühungen aufgeben, alle Jungen zur Kampflust und alle Mädchen zur Passivität oder alle Kinder zur Kampflust zu erziehen, und statt dessen dafür sorgen, daß ein Junge mit mütterlichen Neigungen ebenso zu seinem Recht kommt wie ein Mädchen, das kämpferische Neigungen zeigt. Keine Begabung müßte dann ungenutzt bleiben, nur weil sie nicht zum Geschlecht des damit ausgestatteten Menschen »paßt«. Kein Kind würde zu einem vorgeschriebenen Verhalten gezwungen werden, sondern könnte zwischen vielen Möglichkeiten wählen – so vielen, daß jedes Individuum sich nach seiner Veranlagung entwickeln kann.

Eine solche Kultur würde nicht die im Lauf von Jahrtausenden erreichte Mannigfaltigkeit opfern. Der Gewinn bliebe erhalten und jedes Kind fände Förderung seiner Begabungen. An die Stelle der Verhaltensvorschriften für beide Geschlechter würden die Interessen der vielseitig Begabten treten. Jede Begabung würde ihren ethischen Kodex und ihr gesellschaftliches Symbol, ihre Kunst und ihre Lebensform finden.

Historisch hat sich unsere Kultur bei der Schaffung ihrer reichen, kontrastierenden Werte vieler künstlicher Unterscheidungen bedient, deren augenfälligste die der Geschlechter ist. Es handelt sich nicht darum, diese Unterscheidung abzuschaffen, sondern die schlechtpassende Schablone zu beseitigen, die Mann oder Frau in ungemäße Formen des Verhaltens zwingen. Wollen wir unsere Kultur bereichern, müssen wir die ganze Skala menschlicher Möglichkeiten anerkennen und unsere soziale Struktur weniger willkürlich gestalten, so daß sie allen menschlichen Fähigkeiten einen passenden Platz einräumen kann.

[1] Die Sprache der Arapesh kennt dreizehn verschiedene Substantiv- oder Geschlechtsklassen, von denen jede ihre eigenen, Pronomen und Adjektive ausdrückenden Vor- und Nachsilben hat. Es gibt das Maskulinum, das Femininum, einen Genus für das unbestimmte oder gemischte Geschlecht und weitere zehn Kategorien, deren Inhalt nicht so genau definiert werden kann.

[2] Im Pidgin-Englisch der Eingeborenen im ganzen Mandatsgebiet »dirt« genannt; der Ausdruck bedeutet »Abgeworfenes, das bei Zauberei verwendet wird«. Die Arapesh unterscheiden hierbei zwei Gruppen: die erste, zu der Speisereste, Zigarettenstummel, Zuckerrohrenden usw. gehören, bezeichnen sie mit »äußerlich«; für die zweite, die Körperausscheidungen wie Schweiß, Speichel, Schorf, Samen, vaginale Sekretion umfaßt, gibt es einen anderen Spezialausdruck; außer im Fall von ganz kleinen Kindern gehören jedoch Exkremente aller Art nicht zum Begriff »dirt«. Die Arapesh stehen den Körperausscheidungen mit ausgesprochenem Ekel gegenüber, und man wird ihrer Einstellung gerecht, wenn man hier den Pidgin-Ausdruck beibehält.

[3] Ich möchte nicht behaupten, daß die Abneigung der Arapesh gegen Regen und Kälte ganz oder auch nur vorwiegend von diesem Vorgang herrührt; aber es ist doch auffällig, daß die Kinder der Tchambuli, die in warmem Süßwasser gebadet werden, das nicht einmal nach Sonnenuntergang abkühlt, diese Abneigung gegen Regen nicht besitzen und es schön finden, den ganzen Tag im Regen herumzugehen.

[4] Die Gewohnheit des Daumenlutschens, die bei den meisten primitiven Völkern fehlt, wird wahrscheinlich in den allerersten Lebensmonaten entwickelt – in einer Zeit also, in der die Kinder der Primitiven beinahe immer an die Brust gelegt werden, wenn sie schreien.

[5] Zurückgekehrte Arbeitsburschen haben jetzt das amerikanische Fußballspiel eingeführt; als Ball dienen ihnen Limonenfrüchte.

[6] Das Wort für *tamberan wareh* gehört zu den Substantiven, deren Geschlecht, wie bei »Kind«, unbestimmt ist. Von dem Flötenpaar wird immer so gesprochen, als wären sie männlich und weiblich; *tamberan* bildet im Plural *warehas*, mit der Pluralendung, die für die Gruppen des gemischten Geschlechts Verwendung findet. Das hier gebrauchte Pronomen »er« entspricht am ehesten den mit diesen

Wesen verbundenen Gefühlen. In der gewöhnlichen Rede sprechen die Eingeborenen – Männer sowohl wie Frauen – von den Tönen der Flöten, als würden sie von einem einzigen Wesen, einem »er«, erzeugt.

[7] Dies bezieht sich nicht auf gewöhnliche Yamsfrüchte, sondern auf solche, die zeremoniell in einem *abullu* zur Schau gestellt und dann zu Saatzwecken verteilt werden.

[8] Ihre Haut soll frei sein von Pocken, tropischen Geschwüren, Ringelflechte, Hautschwamm und von der nur in Neuguinea vorkommenden Hautkrankheit, die eine Verbindung von Penicillium (einem Schimmelpilz) und Krätze darstellt. Fast alle Menschen leiden zu irgendeiner Zeit an allen oder einer dieser Krankheiten, die jedoch nur selten chronisch werden.

[9] Wenn ein Mann fühlt, daß er verzaubert werden soll, kann er zu einer menstruierenden Frau gehen und sich von ihr auf die Brust schlagen lassen, während er die Jagdhand emporhält. Die Potenz der Frau treibt die magischen Kräfte aus, die ihn bedrohen.

[10] Neuerdings gebraucht sie denselben Ausdruck, den ihr Mann für »jüngere Geschwister desselben Geschlechts« benutzt, und stimmt in ihren Bezeichnungen lieber mit ihrem Mann überein, als den Begriff für »Geschwister des anderen Geschlechts, von der Frau her gesehen« zu benutzen.

[11] Wenn kein anderes Dorf genannt wird, sind alle diese Personen Einwohner von Alitoa.

[12] Bei den Flachland-Arapesh werden Jungverheiratete einen Monat lang miteinander eingeschlossen, und keiner der beiden darf sich ohne den andern fortbewegen, da Zauberei droht. Erst wenn die Frau schwanger geworden ist – sonst nach mehreren Monaten – dürfen sie sich wieder frei bewegen. Oftmals schauen Frauen der Dörfer, die am Rand des Gebiets liegen, in dem diese Sitte besteht, neidisch über die Grenze in die Gegend, in der die Frauen hübsch gekleidet sind und nicht so gedemütigt werden.

[13] Es kann vorkommen, daß eine Tochter im Rahmen einer echten Fehde zurückgeholt wird; so nahmen die Männer von Banyimebis ihre Schwester wieder zu sich, um dem Mann ihre Verachtung darüber zu zeigen, daß er Anhänger eines fremden religiösen Kults geworden war, den er an der Küste kennengelernt hatte. Sie waren zornig, weil er die Leute belogen und betrogen hatte; besonders verübelten sie ihm, daß er ihre Schwester in eine Betrügerei hineingezogen hatte, und sie holten sie zurück. In solchen Fällen ist das

Zurückholen jedoch mehr die Folge eines Streites, der sich eigentlich um etwas anderes dreht. Und selbst dies ereignet sich selten.

[14] Siehe Seite 75 f.

[15] Die Mundugumor hatten bereits drei Jahre lang unter Regierungsaufsicht gestanden. Nachdem hierdurch Krieg, Kopfjägerei und Kannibalismus nicht mehr erlaubt waren, kam das Leben der Mundugumor völlig zum Erliegen, wie eine Uhr, deren Feder bricht. Aber die Erinnerung an die frühere Lebensweise, die sie vor kurzem widerwillig hatten aufgeben müssen, war noch lebendig und frisch. Elf- und zwölfjährige Kinder hatten noch an kannibalischen Festen teilgenommen. Ich werde im Nachstehenden vornehmlich die Gegenwartsform benutzen, um das Leben zu beschreiben, wie es sich noch drei Jahre vor unserer Ankunft abgespielt hatte.

[16] *Barad* ist Pidgin-Englisch und bedeutet einen natürlichen oder künstlichen schmalen Wasserarm, der zwei größere Gewässer verbindet. Sie sind häufig als Kanäle angelegt oder dienen der Fischerei.

[17] Bei den Erläuterungen der Fehlfunktionen in diesem Kapitel stütze ich mich direkt auf die Notizen von Dr. Reo F. Fortune.

[18] Auf Veranlassung der Regierung bauten die Eingeborenen ihre Häuser näher zusammen, lebten jedoch nicht ständig darin.

[19] Diese moskitodichten Körbe werden aus Sagoschößlingen oder Bast geflochten; es sind zylinderförmige Säcke von 3–5 m Länge, die durch Bambusreifen gespreizt werden und bequem Platz für zwei bis vier Schläfer bieten. Eines der Enden ist ständig verschlossen, das andere wird dann von innen befestigt.

[20] Diese Frau war wesentlich beweglicher und gutmütiger, als das bei den Mundugumor üblich ist; sie schloß diesen höchst typischen Arapesh-Boy tief ins Herz.

[21] Nach Meinung der Mundugumor gibt die Brust von manchen, wenn auch nicht von allen Frauen Milch, wenn sie durch Saugen angeregt wird und die Frau gleichzeitig Kokosmilch genießt. Ich hatte Gelegenheit, Gewicht und Gesundheitszustand von zwei Zwillingspaaren zu beobachten; von jedem der zwei Paare wurde ein Kind von der eigenen, das andere von der Adoptivmutter gesäugt, bei der die Bildung der Milch künstlich angeregt worden war. Das eine Kind war zwei Jahre alt und vollkommen von der Adoptivmutter genährt worden, das andere war vier Monate alt. Die Adoptivmutter hatte erst im letzten Monat genug Milch, um das Kind ohne Hilfe anderer Frauen zu nähren. In beiden Fällen wiesen die

adoptierten Kinder die gleiche Entwicklung auf wie die von der eigenen Mutter gesäugten.

[22] Vom Imperativ wird außerordentlich viel Gebrauch gemacht. Wenn ich an ein Verbum der Mundugumor-Sprache denke, fällt mir immer zuerst die Imperativform ein, ganz im Gegensatz zu meiner Erinnerung an die Arapesh-Sprache, die den Imperativ kaum anwendet.

[23] Trotz der ungeheuren Bedeutung, die sie den Verwandtschaftsbezeichnungen beimessen, gebrauchen die Mundugumor sie niemals als direkte Anrede.

[24] Die Opfer werden verkauft oder ausgetauscht, wenn sie einem Stamm angehören, mit dem die Gruppe ihrer Bezwinger auf gutem Fuß steht, und diese sie deshalb nicht zu verspeisen wünscht. Die Gegenwartsform wird hier wie bei allen übrigen Beschreibungen von Kopfjagden und Kannibalismus, die von der Regierung unterdrückt worden sind, nur aus stilistischen Gründen gebraucht.

[25] Pidgin-Ausdruck, der hier wegen seiner verbreiteten Benutzung in Neuguinea wiedergegeben wird.

[26] Zu diesem Pfandrechtsystem vgl. Reo F. Fortune, ›A Note on Cross-Cousin Marriage‹, Oceania 1933.

[27] Aus ›The Golden Age‹ von Kenneth Grahame, erschienen 1895.

[28] Etwa »Range«, »Wildfang«.

Register